盛世长安

刘庆柱 著

北京联合出版公司
Beijing United Publishing Co.,Ltd.

图书在版编目（CIP）数据

盛世长安 / 刘庆柱著 . -- 北京 : 北京联合出版公司 , 2025. 6. -- ISBN 978-7-5596-8396-0

Ⅰ . K294.11-49

中国国家版本馆 CIP 数据核字第 2025CK2531 号

盛世长安

作　　者：刘庆柱
出 品 人：赵红仕
责任编辑：肖　桓
版式设计：豆安国
责任编审：赵　娜

北京联合出版公司出版
（北京市西城区德外大街 83 号楼 9 层　100088）
北京华景时代文化传媒有限公司发行
河北鹏润印刷有限公司印刷　　新华书店经销
字数 260 千字　　710 毫米 × 1000 毫米　　1/16　　31 印张
2025 年 6 月第 1 版　　2025 年 6 月第 1 次印刷
ISBN 978-7-5596-8396-0
定价：98.00 元

序

西安古称长安，20世纪80年代中期，国家组织编写《祖国丛书》，中国社会科学院考古研究所领导考虑我当时是汉长安城考古队负责人，就把这个撰写工作交给我了。1988年6月人民出版社将我撰写的《长安春秋》出版了。本书主要是通过有关古都长安的历史文献记载与考古发现，介绍长安的历史。限于篇幅，该书简要介绍了汉唐时期都城长安的辉煌历史。

21世纪之初，不少出版社与我商谈，希望《长安春秋》能够再版。但是由于我当时田野考古工作任务比较重，一直没有答应。直到2014年6月，"丝绸之路起点：长安－天山廊道的路网"联合申遗成功，长安作为丝绸之路的起点得到国际公认。西安当地的一些出版部门希望再版此书，这就是《长安春秋》第二版（《地下长安》）撰写与出版的原因。相较于《长安春秋》，《地下长安》的主要特点是，增加了大量汉唐长安的考古新发

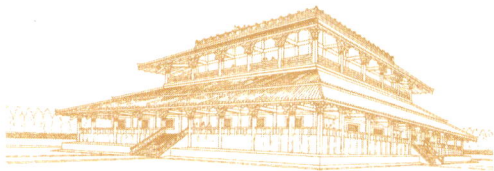

现。更为重要的是，《地下长安》充实了丝绸之路开通后都城长安与"国家文化"相关的诸多内容，包括汉唐帝陵、都城社会管理、域外宗教与东西方文化交流等重要方面。

近年来中华五千年不断裂文明史备受国内外关注，而汉唐长安是中国古代历史上的"盛世"突出代表，也是中华文明突出特性（"连续性""创新性""统一性""包容性""和平性"）的集大成，我认为当前需要重新认识"地下长安"，不仅要介绍古都长安的历史，更要通过《盛世长安》的出版，更加清晰地回望、理解中华五千年不断裂文明的"突出特性"。

汉唐时代是中国历史上之"盛世"，人们常说的中国历史上的著名帝王"秦皇汉武唐宗宋祖"，其中前三位均在"长安"，中国古代历史上最辉煌的时代，"汉唐"当之无愧，而其都城长安，更是中国历史上"盛世"的典范！汉唐盛世的辉煌，集中体现在其国家政治统治中心、军事指挥中心、经济管理中心与文化礼仪活动中心——汉唐长安上。

通过汉唐长安的历史，可以认识到中华文明的"连续性"，这体现在其都城规制思想所蕴含的中华文明发展史中"中"与"中和"这一核心思想。因为人类历史的延续，正是基于正确思想的继承与发展。如始于汉长安城城门的"一门三道"形制，和战国时代楚国都城湖北江陵"纪南城"的西城墙之北城门与其南城墙的西城门各有三个门道的形制很类似，二者均为"一门三道"，只是"纪南城"并未形成城门定制。楚国先后是春秋五霸与战国七雄之一，而"楚文化"与"汉文化"有着极为重要的文化"亲缘"，因为"汉文化"的缔造者实际上就诞生于楚国故地（丰沛），如汉高祖刘邦及其朝廷的重要军政高官萧何、曹参、王陵、审食其、周勃、周亚夫、樊哙、夏侯婴、周昌、任敖等均为楚人。这种文化传承也使得"汉唐盛世"的汉字、汉人、汉族、汉文化圈由此走向世界，世界也走向中国。如果人们再看一看都城附近的唐高宗与武则天合葬墓乾陵司马门前真人大小的60多尊蕃臣石像，可知唐太宗李世民为何被世人称为"天可汗"，这堪称世界史上的奇迹！这是中华文明"和平性"与"包容性"特质的实证。

汉唐长安城的规制，体现了中国古代都城"居中"的理念（如太极宫位于宫城中央，东宫与掖庭宫分布于其东西两侧）。从考古发现来看，至迟在商代都城（洹北商城）的宫城已位于都城中部。此后，略晚于汉长安城的北魏洛阳的宫城、宋开封城、元明清北京城的都城规制基本继承了汉唐长安城的规制，这也就佐证了中华文明都城规制发展的"连续性"。汉唐形成的古代都城规制思想延续至元明清。大金王朝海陵王认为"燕京乃天地之中"，因此他建都"燕京"（北京），其都城名为金中都，"中都"之名体现出古代都城"择中建都"、都城之内"择中建宫"、宫城之内"择中建殿"的理念。蒙古族建立的元大都、清代满族建立的清王朝都城北京城，都是例证，这种"国家文化的认同"，更加凸显了中华文明的国家至上与各民族之凝聚力，中华民族共同体意识全面形成、深入民心。

唐长安城是中国古代都城与宫城正门从过去的"一门三道"发展为"一门五道"的重要里程碑，这里体现的是中华文明"国家认同"理念的进一步强化与深化。上述都城规制变化，使国家至上的政治理念得到充分体现。

中国古代都城规制发展所体现的"连续性"，与中华文明突出特性的"创新性"密切相关，历史在发展，都城城门从汉长安城"一门三道"发展为唐长安城（外郭城）与宫城正门的"一门五道"，正是中华五千年不断裂文明"创新性"的见证。这一规制为后世所继承，直至元明清，北京城皇城正门天安门便体现了这一规制，天安门前增设的金水桥，更加凸显了都城及其宫城至高无上的地位。都城作为国家的缩影，不仅是政治与权力的中心，也通过空间布局象征性地体现国家的自然地理与宇宙观。一些皇城内安排了"水池"，如汉代未央宫中的"沧池"、建章宫中的"太液池"，唐长安城宫城中的"四海池"，这一制度一直传承至元明清，北京城中的"中南海""北海"等都有所体现。其实秦始皇陵的地宫中就灌注了大量的汞，如《史记·秦始皇本纪》记载：秦始皇地宫之中"以水银为百川江河大海，机相灌输，上具天文，下具地理。"这些无疑强化了国家观念中的"海洋"意识。随着中华文明不断发展，国家的概念越来越完整。

中华文明在不断的创新中一代又一代地发展着。"汉唐盛世"时期，大唐王朝都城长安的国际地位，唐太宗李世民被国内外称为"天可汗"，长安城中的佛教、祆教、摩尼教、景教等宗教建筑及宗教碑刻，以及唐代历史文献记载的域外商人、政界人士在长安的数量之多、地位之高、影响之大，充分反映了中华文明的"包容性"与"和平性"。至今西安保存的"大唐景教流行中国碑"，就是中华文明"包容性""和平性"的历史佐证。可以说《盛世长安》生动展现并佐证了中华文明的这些突出特性。

刘庆柱

2025 年 5 月

目录

一

古代长安的自然地理环境

地理位置

古代长安位于今陕西省西安市，地处关中盆地中部。关中盆地，南倚秦岭山脉，北临北山山系，西起宝鸡，东到潼关，整个地形西高东低，南北高、中间低，渭河河槽南北两侧为不对称的阶地和台塬。阶地地势平坦，台塬之上地面广阔，发展农业有着得天独厚的条件，这对于以农立国的古代中国显得尤为重要。

关中地区的地理形势十分优越。所谓关中，就是说此地在关塞之中，其东、西、南、北的关塞分别是函谷关、散关、武关和萧关。

函谷关以函谷得名。函谷东自崤山，西至孟津，东西40里。谷道两边是悬崖峭壁，山崖之上长满了郁郁葱葱的松柏。苍松翠柏遮盖着狭长的谷道，更增加了函谷之中的险要气氛。由于谷道深险如函，因而得名函谷。秦汉时代，此地也称为崤函。函谷关历史上有两处：一是春秋战国时代、秦代到西汉中期的函谷关，位于今河南省灵宝市王垛村。西汉中期，函谷关迁徙至今河南省新安县，又称汉函谷关，此关作为丝绸之路起点的第一关，已经成为世界文化遗产。汉函谷关之关城建于过关的古道之上，东西160米，南北110米。关城东北与东南分别是传说的鸡鸣台和望气台，这或许就是函谷关的东阙。汉代函谷关遗址考古发现的"关"字瓦当，成为汉代函谷关的重要佐证。

关中西界散关，因关塞在大散岭上，所以取名为散关，或称大散关。又一说，散关因临古散谷水而得名。还有一说，散关所在地因西周时代为散国而得名。散关位于今陕西省宝鸡市渭滨区神农镇二里关村，这里曾出土

汉函谷关遗址航拍

"关"字瓦当

西周青铜器散氏盘，其上有铭文"周道"，周道应该是西周时代秦蜀之通道。此关适于秦岭咽喉之地，扼川陕交通要道，自古以来为兵家必争之地。

武关为关中南部之关，春秋时代称少习。战国时代，秦国于少习置武关，为秦之南关，刘邦就是从武关进入关中、灭亡秦朝的。武关遗址在今陕西省丹凤县武关镇武关村。关城遗址平面为长方形，面积约 4 万平方米。

关中北界的萧关，是长安与西北地区的交通要冲。萧关位于今宁夏回族自治区固原市原州区东南 15 公里的古城镇，关城平面为长方形，东西 800 米，南北 500 米，墙基宽 2 米。城外置护城壕，城壕深约 12 米，宽约 30 米。萧关是"长安咽喉，西凉襟带"。

从以上所述不难看出，关中地处我国华北、西北、西南和中南几大地区的交界之地，西北通戎狄，西南连巴蜀，东北接三晋，东南达楚越，地理位置非常重要。汉唐时代，长安又是世界著名的丝绸之路的起点。

山脉与塬地

长安处于秦岭和渭北塬地之间。秦岭是长安附近最著名的山脉，东西横贯中国中部，为中国地理上的南北分界线。广义的秦岭西起甘肃、青海两省边境，东至河南中部，海拔 2000 —3000 米，山势巍峨壮丽。长安面对的秦岭山势巍峨，群峰林立，东西分布有太白山、终南山、万华山、观音山等 40 余座海拔 2000 米以上的山峰。狭义的秦岭，为陕西境内商洛至宝鸡的一段，秦岭诸山之中，终南山与汉唐长安距离最近。终南山在今西安市南 40 多公里处，是秦岭西自武功、东至蓝田县境的总称，包括翠华山、南五台、圭峰山、骊山等山峰，文献亦称此段秦岭为南山。历史文献记载的终南山，又名中南山，是因其山被古人认为居天下之中、首都之南而得名。终南山又称太乙山、太一山，元封二年（前109），汉武帝在终南山修建了太乙宫（或称太一宫），祭祀太一神（太一神是天神中最尊贵的神）。终南山附近土地肥沃，谓天下陆海之地，故又称之福地，是长安南部的天然屏障。

如果说终南山山势雄伟、苍松翠柏、气象万千，那么渭北塬地则又是另外一番自然景象。它犹如一条气势磅礴的黄龙，首饮黄河，尾衔西天。汉唐时代著名的甘泉宫、池阳宫、扶荔宫、仁寿宫与九成宫、玉华宫等，都分布在渭北塬地之上。渭北塬地地势高亢、地面平坦。这类塬地在长安附近也多有分布，如少陵原、白鹿原、铜人原、细柳原和咸阳原等，大多是高而平的地形，土层深厚，土质肥沃。它不像山地那样瘠薄，坡度较大；虽高平，但其间河流纵横，用水并不困难；虽近临河水，但高差较大，河水泛滥对其影响甚微。因此，我们祖先早在远古的史前时代就生活在这里，出现过旧石器时代的蓝田人、大荔人等，创造了白家文化、北首岭文化、仰韶文化半坡类型与姜寨类型、杨官寨类型、客省庄二期文化等灿烂的史前文明，为中华民族的发祥地之一。这些塬地里，保存着中华民族丰富的历史文化遗存。

少陵原位于今西安市东南，地处浐（chǎn）河与潏（jué）河东西之间，南起长安区大兆街道司马村，北至何家营，南北20余千米。少陵原，因西汉孝宣许皇后的陵墓——少陵而得名。

白鹿原位于今西安市东南，其西为浐河，东为灞河，北起西安东郊纺织城，南至秦岭北麓，南北长20多千米，东西宽约6—10千米。据说周平王时，有白鹿游于此。古代白鹿被视为祥瑞动物，为纪念白鹿降临的瑞兆，所以取名为白鹿原。西汉初期，汉文帝在此修筑了霸陵，因而此原又称霸陵原。白鹿原地势险要，历来为兵家所重视。刘邦攻克武关，占领峣关，进入关中以后，就屯兵于此原之上，然后西取咸阳，东扼项羽之兵。

铜人原位于今西安市灞桥东北，东西 7 千米，南北 5 千米。秦始皇铸铜人 12 枚置于咸阳宫前，西汉时代移至汉长安城长乐宫。东汉晚期，董卓挟持汉献帝到长安，因其财政困难，把 10 个秦代铜人熔铸成钱币。剩余 2 个铜人，魏明帝欲运往洛阳，运至霸城，重不可致而留在霸城大道之南，该地因此取名铜人原。这里汉唐墓葬很多，可能是汉唐时代长安居民的墓地之一。

细柳原位于今西安市长安区细柳街道，处于汉唐昆明池故址以南。需要说明的是，西汉名将周亚夫驻军之地细柳营，并不在长安区的细柳原，而是在今咸阳市渭河附近。

咸阳原位于渭河北岸，西自今兴平市东北，东迄高陵区西南，在今咸阳市渭城区和秦都区的北部，其北为泾河，南临渭河。咸阳原东西长 32 千米，南北宽 10—13 千米。原区海拔 420—510 米，地势西北高、东南低。秦孝公徙都的咸阳，就在咸阳原南部。咸阳原上，还埋葬有战国时代的秦王陵墓。咸阳原应该始于秦咸阳城之名。咸阳原的北部，是西汉王朝的主要帝陵陵区，这里有 9 座西汉皇帝的陵墓，并有数以百计的陪葬墓，陪葬者均为西汉一代的达官显贵与皇亲国戚。在 9 座帝陵之中，有 5 座帝陵设置了陵邑，所以咸阳原又称五陵原。咸阳原以北的北山南麓分布有关中唐十八陵及数以百计的陪葬墓。

河流与池泽

古代都城与河流有着极为密切的关系，长安之前，西周王朝的都城丰京、镐京，建于沣河、滈河之旁，其都城名称都因其附近河流而得名。战国时代中晚期，秦国首都咸阳城和秦帝国的都城咸阳城，南临渭河，北依泾河。渭河是关中最主要的河流，泾河是渭河最大的支流，渭河与泾河为咸阳城提供了充足的水源。西汉王朝定都长安，汉长安城及其附近诸陵邑城市用水量远远超过西周的丰京、镐京及秦咸阳城，因此汉长安城必须广开城市水源，"八水绕长安""荡荡乎八川"，使汉代长安附近河流纵横，都城用水得到保证，并为此后唐长安城所沿用。

所谓八水、八川即长安附近的渭、泾、灞、浐、沣、滈、潏、涝（潦）等八条河流。渭河作为长安八水之中最重要的河流，发挥着灌溉、航运双重功能。泾河是保证汉唐时代长安北部地区农业灌溉的主要河流。灞河、浐河为古代长安东部提供了充足的水资源并成为都城东部的天然屏障。沣河、滈河、潏河、涝河则承担了古代长安的用水，也是汉唐时代长安城昆明池的主要水源。

渭河发源于今甘肃省渭源县鸟鼠山，由西向东流至陕西省潼关县入黄河，是黄河最大的支流，河流全长818千米，流域面积134934平方千米。渭河东西横贯关中盆地，是条羽状河流，像一棵大树的主干，而关中盆地的其他诸河，则犹如这棵大树上大大小小的枝条。渭河还是汉唐京师与东方物资运输的重要通道。

泾河发源于宁夏六盘山东麓，东南流经甘肃东南部的陇东高原，由长武进入陕西，经彬州、永寿、淳化、乾县、礼泉、泾阳，至高陵入渭河。河流全长455千米，流域面积4.54万平方千米，蕴藏着丰富的水利资源。泾河中下游流经长安城西北，秦汉时代，这里先后开凿了郑国渠、六辅渠、白公渠等引泾灌溉工程，成为当时全国重要的农业基地，号称国家的天府、陆海。

浐河发源于今蓝田县境内的秦岭焦岱镇，向北流经白鹿原和少陵原之间的蓝田县、长安区、西安市东南郊和东郊，于西安市未央区光大门入灞河，河流全长63.5千米。

灞河原名滋水。秦穆公称霸，为显示其武功，更滋水名为霸水，即今之灞河。灞河发源于今蓝田县东秦岭北麓，汇辋川，北流经白鹿原东部，纳浐河，又北流，入渭河，河流全长 107 千米，流域面积 2645 平方千米。灞河在古代长安东部，是都城与东方交通联系的必经之河，因此早在汉代，灞河之上就修筑了桥梁——灞桥。在军事战略上，灞河是古代长安东部的一道重要屏障，灞桥是都城的一处重要军事通道。古代灞河附近又称霸上，为都城长安的战略要地，故《雍录》云：霸上"为长安冲要，凡自西东两方而入出崤、潼两关者，路必由之"。霸上曾经发生过许许多多重大的历史事件。汉初，文帝葬于灞河西岸，取陵名为霸陵。

潏河发源于终南山大义峪，至香积寺纳滈河，再北流，入沣河，全长73.6 千米。潏河还有一支流，流经汉长安城西北部，然后注入渭河，此即古代所称的沉水，今名皂河。这虽然是条不大的河流，但水量丰沛，西汉中期以前，汉长安城用水主要来自潏河。潏河上游的樊川，原名樊乡，因西汉初年开国元勋樊哙的封邑于此而得名。此地物产丰富，风景优美，汉武帝曾留宿樊川，故又称御宿川。樊川是古代长安的著名风景区，为汉唐都城的名胜之地，尤其在唐代，樊川成为朝廷达官显贵的别墅区，其中的韦、杜二氏尤为突出，故时人有"城南韦杜，去天尺五"的说法。樊川的另一特色是名寺古刹林立，如樊川八大寺的律宗祖庭净业寺、净土宗祖庭香积寺、华严宗发祥地华严寺、法相宗创始人玄奘灵塔所在的兴教寺及兴国寺和牛头寺等。

滈河在长安西南，位于沣河之东、潏河之西，今名太平河。滈河又称镐水或鄗水。滈河上游称交水。汉武帝开凿昆明池之前，交水由南向北注入滈池（即镐池），池水北出，入滈河，北流注入渭河。滈池在西周镐京故址附近，供应镐京用水。昆明池开凿以后，滈池水源被截，滈河也就成了无源之水。滈河上游的交水，注入了昆明池。

沣河发源于终南山的沣谷，流经今鄠邑区 、长安区，至汉长安城西南郊，流向咸阳入渭水，全长81.9 千米。沣河也称丰水或酆水，西周王朝所建的都城丰京，在沣河西岸。沣河北流，注入渭河。

涝河又称潦河，发源于今鄠邑区的秦岭北麓，流经鄠邑区西部，北流入渭河，全长 86 千米，流域面积 665 平方千米，曾是汉代上林苑中的一条重要河流。

长安城附近，除了密如蛛网的河川之外，还有繁如群星的池泽，如上林苑中的昆明池、建章宫中的太液池、未央宫中的沧池、长乐宫中的酒池、京畿的兰池等，这些池泽，不仅提供了长安附近的生产和生活用水，而且美化了环境。

富庶的名山，广阔的塬地，众多的河流，繁密的池泽，这些自然条件使关中地区自古就有天府、陆海之称。那时全国土地分为九等，而这里被誉为第一等。关中的耕地，占当时全国总耕地面积的 1/3，人口占全国的 3/10，而其财富却占全国的 3/5。古代周、秦、汉、唐诸王朝均建都关中，与这里良好的自然地理环境是分不开的。

二

汉代以前的关中历史

黄河流域被认为是中华民族的摇篮，关中地区又是华夏文明的重要发祥地之一。关中的蓝田公王岭，曾在 1965—1966 年进行过较大规模的考古发掘，根据古地磁测年数据，公王岭蓝田人生活在距今 115 万—110 万年前。公王岭直立人头骨的形态，既与北京猿人有相似之处，又有一系列特征比北京猿人更原始。关中东部的大荔，曾发现旧石器时代中更新世早期的智人化石。大荔境内的沙苑，发现黄河流域为数不多的中石器时代的文化遗物。关中的新石器时代文化，在全国占有突出重要的地位。已发掘的西安半坡遗址、临潼姜寨遗址、杨官寨遗址等，是我国新石器时代仰韶文化的重要遗址，也是闻名世界的母系氏族社会的村落遗址。考古学家研究认为，仰韶文化庙底沟类型是华族文化的核心遗存，其特征之一是花卉图案的彩陶，而这可能就是华族名称的由来（古代"华""花"二字通用）。关中东部的华山，可能由于华族祖先所居而得名，华阴、华县（今华州区）等地名，又是由华山派生出来的。西安市高陵杨官寨遗址的考古发掘，揭示出关中地区在庙底沟文化中的重要地位。而庙底沟文化，是史前时代在中国分布范围最大、文化影响最广泛的史前文化。

轩辕黄帝是中华民族共同的祖先，两千多年来，传说人文初祖黄帝的陵墓坐落于长安以北的黄土高原之上，历史上这里祭祀黄帝的香火不断。中国古代以农立国，历史文献记载神农后稷就活动在今长安西部的武功一带。考古发现证实，他们始于陕西宝鸡市今岐山，扶风一带的"周原"，周人早期的都城已经考古发现，作为创造了中华民族文明周礼与《周易》的周人，取代商人建立了西周王朝，其都城为丰京和镐京。丰京在今西安市长安区沣河西岸的客省庄、马王村、张家坡、大原村、冯村、曹家寨和西王村一带，镐京在沣河东岸的洛水村、泉北村、普渡村、花园村、白家庄和斗门街道一带。西周丰、镐二京，是古代长安附近出现的第一个全国性古代都城。丰、镐二京遗址，1961 年被国务院列为第一批全国重点文物保护单位。

秦王朝是我国历史上第一个多民族、统一的帝国，其都城遗址在今咸阳市东北 15 千米的窑店街道一带。根据目前考古工作所获得的材料推断，秦咸阳城的范围约东自柏家嘴，西至毛王沟，北自渭惠、高干渠，南到西安市草滩农场附近，东西 6 千米，南北 7.5 千米。在秦咸阳城附近，分布有大量离宫别馆。秦咸阳宫第一号宫殿建筑遗址已经进行了考古发掘，是目前考古发现的战国时代与秦代都城之中唯一的高台宫殿建筑遗址。该宫殿建筑，将各种不同的建筑单元统一于一个整体的高台宫殿建筑群，在使用功能、通道、采光、排水及结构诸多方面都作了合理的安排。建筑物平面主次有别，布局灵活自由，统一而不呆板。大小房屋均以高台为基础，

秦咸阳宫一号宫殿建筑遗址

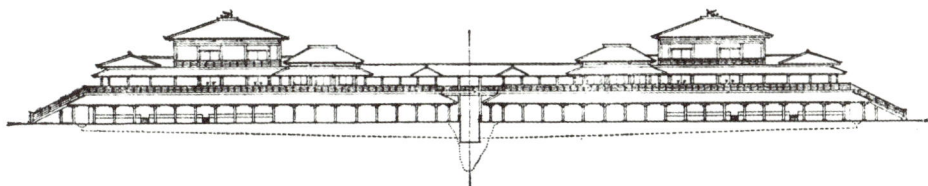

秦咸阳宫一号宫殿建筑复原示意图（引自《文物》1976 年第 11 期第 33 页）

阿房宫前殿基址

分别位于台基上下，使其高低错落、参差有致。战国秦汉时代是中国建筑史上的重要阶段，这座大体量的多层楼阁式高台建筑遗址，是目前所知最有典型性、代表性的古代高台宫殿建筑物遗存，它把过去认为汉代建筑施工技术特点的许多方面，提前到战国中期或秦代。

　　早在秦始皇统一六国之前，秦国国王已在与秦咸阳城相对的渭河南岸修建了不少宫观苑囿，如兴乐宫、南宫（即甘泉宫）、章台、诸庙和上林苑等。秦统一六国之后，秦始皇又在渭南（基本为汉长安城所在地区）修筑了信宫（即极庙）。秦始皇去世之前，在渭南上林苑开始了阿房宫前殿工程（位于今西安市未央区三桥街道西南的聚家庄、赵家堡）的建设，但这是一个未完成的半拉子工程。已经勘探究明阿房宫前殿基址东西 1270米、南北 426 米，现存基址夯土最高达 12 米。秦王朝灭亡之后，代之而起的汉王朝定都关中，其都城长安就在渭南。因此，司马迁的《史记》中就有"长安，故咸阳"的说法。长安作为地名，始于战国时代秦咸阳城的一个乡聚。秦王嬴政的弟弟成蟜，就被封为长安君。但是，作为一座城市、都城之名，则始于西汉时代。其后至唐代，又有多个王朝定都于此。

三

汉长安城的营建及其形制与布局

汉长安城的营建

汉高祖刘邦定都长安

公元前 202 年，刘邦在汜水（今属山东定陶）称帝，前呼后拥地奔向洛阳。当时刘邦左右的文武大臣多是东方人，他们从那里揭竿而起，参加了推翻秦王朝的战争。当刘邦消灭了项羽的势力、统一全国以后，面临都城选址问题，朝中大臣曾经展开了一场激烈的争辩。主要有两种意见：一说在洛阳，一说在长安。当时主张建都洛阳的意见，在文武大臣中占了优势，他们认为：洛阳东有成皋，西有崤邑，背靠黄河，面临伊河、洛河，地形有利，因而周平王由关中的镐京迁都到洛邑。而当时有一位原籍山东、戍守陇西的军人娄敬路过洛阳，他求见刘邦，就定都问题提出建都关中意见。他认为：武王灭商，建立了周王朝，定都镐京。但是，为了便于收取四面八方的诸侯给周王室的贡赋，周朝统治集团又在王朝版图的中心地区——洛阳，营建了成周洛邑作为东都。西周晚期，秦国力量的兴起和东进，西北地区戎狄势力的发展，使周王室在关中已无法继续较好地维持对全国的统治，平王被迫迁到成周洛邑，这绝不是因为洛阳有比关中更为险阻的地形。娄敬进一步指出，洛阳虽居天下之中，但作为国都，地理形势并不理想。高帝从丰沛带领 3000 人的队伍，举起义旗，战事取得节节胜利，很快席卷了今陕南，占领关中。为了统一全国，又出兵关东，与项羽在河南荥阳为争夺军事重地成皋展开了决战。战争进行得非常激烈，大战七十，小战四十，双方死伤惨重，尸横遍野，血流成河。仗打得如此艰难，不能不说与当地地形有关。回过头来看，陕西关中，被山带河，四塞为固，可谓一夫当关、万夫莫开。娄敬的话打动了刘邦，留侯张良也表示支持他的意见。张良说，洛阳的地理形势虽然可能像一些文武大臣所说的那样坚固，但洛阳附近面积狭小，土地瘠薄，打起仗来，四面受敌，从军事上讲不是用武之地。而关中地区则不然，左有崤函，右有陇蜀，面积宽广，土地肥沃，堪称沃野千里。关中西南有富饶的巴蜀，西北有广阔的后方，南、北、西三面有天然屏障，东面进可攻、退可守。局面和平安定的时候，诸侯接受中央政权领导，通过黄河、渭河的漕运，把东部的资财、粮帛运到关中，供应京师。如果诸侯反叛，中央政府可以从关中派出军队，顺流东下，控制东方形势。因此人们说，关中是金城千里、天府之国。刘邦最后接受了娄敬和张良的意见——定都关中。中国古代历史最终说明，娄敬和张良的论断是正确的，娄敬是有远见卓识的政治家。选定都城是件非常重要的事情，由于娄敬在汉王朝定都问题上起了重大作用，所以被汉高祖赐皇室之姓——刘，因此娄敬又名刘敬，拜为郎中，号为奉春君。

长安城的营建过程

西汉时代都城长安的建设基本可以分为三个时期，即：高祖至文景时期、武帝时期、西汉晚期和新莽时期。

高祖至文景时期的都城长安建设。汉高帝五年（前202），刘邦采纳娄敬的意见，定都关中长安，设置长安县。都城长安，是在秦咸阳城渭南地区秦兴乐宫、章台、南宫（即甘泉宫）、官社、诸庙等基础之上建设的。高帝六年（前201），营建大市于长安，这应该就是汉惠帝时期建立西市以后的东市。汉高祖在秦兴乐宫的基础上，修建了长乐宫。汉高帝七年

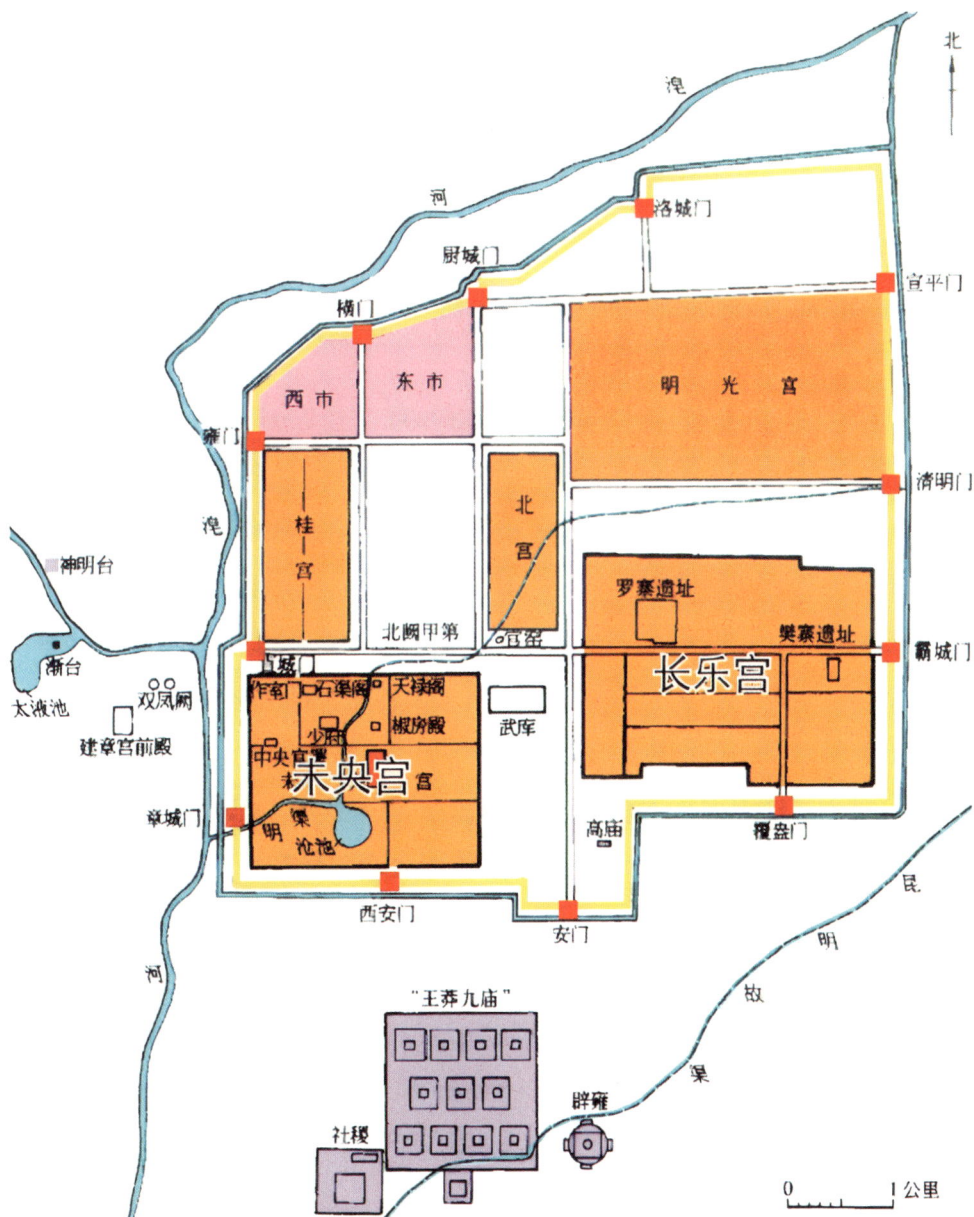

北

沼

河

洛城门

厨城门

宣平门

横门

雍门

西市   东市

明　光　宫

桂宫

北宫

清明门

神明台

北阙甲第

宫窑

罗寨遗址

霸城门

渐台

作室 石渠阁 天禄阁

太液池

少府

椒房殿

樊寨遗址

双凤阙

未央宫

建章宫前殿

中央官署

长乐宫

章城门

明 渠 沧池

武库

覆盎门

西安门

安门

高庙

昆

明

"王莽九庙"

故

渠

社稷

辟雍

0　　　　　1 公里

汉长安城遗址平面示意图

（前200），长乐宫建成，刘邦自栎阳（今西安市阎良区武屯街道）徙都长安，长乐宫为这一时期都城的临时皇宫。所谓临时皇宫，是因为高祖在修建长乐宫的同时，就规划并进行了都城长安皇宫——未央宫的建设。

都城建设首先是从皇宫——未央宫东阙、北阙、前殿及武库、太仓等项目的营建开始的。两年后，未央宫建成。与此同时，还建造了北宫。这些工程由萧何领导，阳城延负责具体设计、安排施工。阳城延出身行伍，从军于河南，西汉初年担任少府。由于他在都城建设上的突出业绩，后被封为梧齐侯。

惠帝刘盈即位以后，开始修筑长安城城墙。这是一项浩大工程，后来仍然由阳城延负责。惠帝三年（前192）春，中央政府下令，征召14.6万人来京师修筑长安城城墙。由于工程浩大，用工多，所以征用劳力的范围扩及长安周围600里之内。男劳力不够，就大量征用妇女。这次为时一个月的筑城工程，用去工日438万个。工程进度紧张的时候，不仅冬春之季施工，夏季酷暑还要进行。京畿附近劳力不够用，则由全国各地诸侯王、列侯提供刑徒和奴隶来补充。惠帝三年6月，中央政府就通过各诸侯王和列侯，征召了2万名徒隶修筑长安城城墙。惠帝五年（前190）春，再次征召长安附近600里之内男女劳力14.5万人修筑长安城城墙，用去工日435万个。同年9月，长安城全部城墙工程才告竣工。

高祖和惠帝时期，分别修筑了长乐宫、未央宫、北宫、武库、太仓、大市（东市）、西市和长安城城墙等建筑，这时长安城已初具规模。

汉武帝时期的长安城建设。汉长安城的第二次大规模建设，是在汉武帝时期。这一时期都城及相关的重点建设项目主要有：汉武帝在城内修筑了桂宫和明光宫，整修了北宫；在城西修建了建章宫；全面扩建上林苑；又在城郊开凿了昆明池；大规模地扩建了皇室避暑胜地——甘泉宫；开凿漕渠。汉长安城的建设，这时达到了顶峰。

西汉晚期与新莽时期的都城长安建设。西汉晚期与新莽时期，王莽为推翻西汉王朝制造理论根据、扩大舆论宣传，采取了大量复古主义做法。在长安城的建设上，表现尤为突出的是：拆毁建章宫和上林苑中的大批宫观建筑，在城南营建了圜丘、社稷、王莽九庙、明堂、辟雍、太学、灵台等礼制建筑，构成古代都城完整的礼制建筑群，形成汉长安城左祖右社的格局。

在长安城的营建过程中，随着皇帝陵园的出现，城郊建设了一些陵邑。这些陵邑规模大、人口多，在当时京畿地区的政治、经济和文化生活中起着十分重要的作用，逐步形成长安的卫星城。

汉长安城的形制与布局

长安城的形制

长安城平面近似正方形，经纬大致相等，方向基本作正南北向，总面积约36平方千米。东城墙平直，西、南、北三面城墙多曲折，尤以南、北城墙显得更突出。看上去，南、北城墙的平面，与天上的南斗星和北斗星形状很相似，因此后代有人称长安城为斗城，认为这是当时修筑长安城的规划者，以天空中的北斗和南斗为蓝图设计的。

我们认为汉长安城被称为斗城的历史原因是：一些古代文人要神化皇权、神化皇帝，皇帝的一言一行、一举一动、衣食住行都要披上神圣的外衣。皇帝都城自然更在神化之列。在古代，长安城被说成斗城，恐怕就是这种神化活动的产物。

长安城南、北城墙平面，形如天空中南斗和北斗形状的原因，我们认为有以下三点：

第一，根据考古钻探资料，西汉时代长安城距渭河不远，二者南北相距约500米至1200米。长安城以北的渭河呈西南至东北流向，为了充分利用渭河南岸的土地，长安城北城墙走向与渭河流向呈平行状态。但城墙设计者考虑到加强防卫的要求，城墙不宜为直线，故北城墙大方向虽为西南至东北方向，但形成的每段城墙或东西、或南北、或西南至东北三种，因而北城墙多处折角，平面看来颇似天空中北斗七星之分布情况。

第二，北城墙上所辟厨城门、洛城门，为了便于守卫，在城门东部城墙均向北突出，扩大守卫视野，这样就使斜直的城墙出现了几处弯折，因而形成了北城墙的北斗形状。

第三，至于南城墙，则因长乐宫、未央宫修筑在前，城墙营筑在后，因而南城墙只能沿着已修好的未央宫和长乐宫宫墙营建。加之长乐宫西南有高庙建筑，为了将其包容于城内，故南城墙既不平直，中部又向外凸出，呈现出所谓南斗之形。

关于长安城斗城之称，我们认为这是古代文人的附会，他们视皇帝为天子（天的儿子），为了神化皇帝，也把皇帝都城的北城墙与南城墙比作天界的北斗与南斗。目前我们可以看到的汉代历史文献，如《史记》《汉书》等，均没有关于汉长安城北斗、南斗之说的记载。把汉长安城南、北城墙与南斗、北斗联系在一起的历史记载，均出现在汉代以后，其中尤以魏晋南北朝时期的文献为多，这大概与这一时期玄学的流行有关。

城墙、城壕与角楼

根据近年实测，汉长安城东墙长5916米，西墙长4766米，南墙长7453米，北墙长6878米，城墙周长25013米，总面积为34392202平方米。汉长安城城墙在中国古代都城遗址中，属于保存比较好的，尤其是南城墙、东城墙保存更为完整。城墙纵剖面为梯形，上窄下宽，城墙基址底

修复的汉长安未央宫少府城遗址

部宽约 16 米。城墙内外向上均有收分，倾斜度各为 11 度。城墙原来高度均在 10 米以上，全部为版筑夯土墙，夯土纯净，质地坚硬，夯层厚 7—8 厘米，墙体坚硬如石。城墙与城门内侧，发现一些类似马道的遗存。

城墙外侧有宽约 40 米的城壕围绕。都城的城壕又称御沟；长安城城壕边，广植参天白杨，因而城壕又有杨沟之名。

汉长安城的东南、西南、西北和东北原有角楼建筑，东南和西南角楼基址保存较好，其中许多角楼遗址都进行了考古勘探与试掘。

汉长安城西南角楼遗址，位于西安市未央区三桥街道车刘村北部，东西 67.4 米，南北 31.5 米，现存高 0.3—0.6 米，角楼外侧为半圆形。在角楼内侧以东 12 米，分布有南北向道路。

东北角楼基址平面，东西 36 米，南北 27.7 米。角楼南部和北部，分别与东城墙、北城墙相连接。

汉长安城城墙夯土

汉长安城东城墙

历史文献记载，唐太宗李世民为高士廉送葬，其灵柩出汉长安城西北的横桥，太宗登上汉长安城西北角城楼，"望之恸哭"，为其送行。可见一直到唐代，这处角楼保存还很好。

城门

长安城每面各开 3 座城门，全城共 12 座城门。东面城门，由北而南是宣平门、清明门和霸城门。南面城门，由东而西是覆盎门、安门和西安门。西面城门，由南而北是章城门、直城门和雍门。北面城门，由西而东是横门、厨城门和洛城门。

从汉长安城已勘探、试掘、发掘的城门遗址看，每座城门中部均有两条并列隔墙，将城门分成 3 个门道，每个门道实际使用宽度约 6 米。根据霸城门考古发掘中所发现的汉代车辙痕迹看，汉代车辙一般宽 1.5 米，那么每座城门的每个门道可并排通行 4 辆车，3 个门道则可容纳 12 辆车并列通行。由于城门的隔墙宽窄不同，城门规模也就不一。隔墙宽者 14 米，窄者 4 米。目前已经进行考古发掘的西安门、霸城门门道二隔墙各宽 14 米，宣平门、直城门、横门门道二隔墙各宽 4 米。西安门、霸城门分别与未央宫南宫门、长乐宫东宫门相对，与宫城宫门相对的城门面阔约 52 米，其余城门面阔 32 米，前者较后者壮观宏伟。

汉长安城不但城门规模大小不同，而且城门形制也不甚一样，即东面城门之外两侧置阙，南、北、西三面城门之外无阙。已经考古发掘的宣平门、霸城门遗址的门阙遗存，对我们了解汉长安城城门制度十分重要。宣平门遗址的门阙分列于城门两侧，南门阙与北门阙分别在南门道与北门道之外 17 米，门阙东西宽 25 米，南北长 35 米，其西端均与东城墙相连。霸城门遗址的门阙为分列于城门两侧的南门道与北门道之外 20 米，门阙东西宽 10 米，南北长 35 米，其西端均与东城墙相连。

汉长安城西北角楼遗址

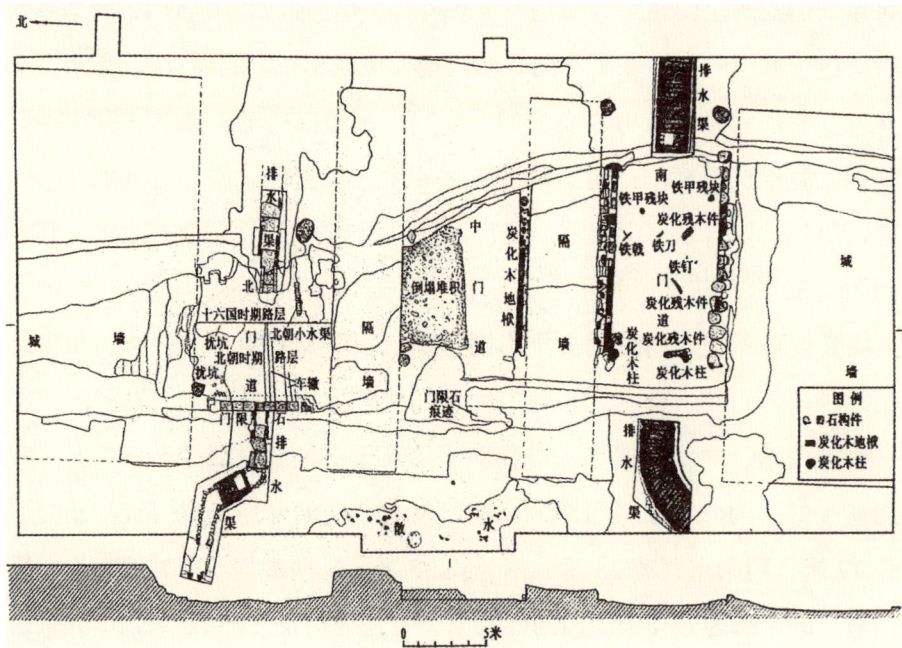

直城门遗址平面示意图

长安城城门门道结构基本相同，在门道两边发现了大量柱础石与壁柱遗迹，木柱之上架设城门楼。城门门道长约 16 米，与城墙厚度相同。城门门道之前平铺一列方石，作为门槛石，两端的两块方石为门臼石，臼穴尚在，城门枢安置于其上。从发掘的长安城城门遗迹看，门道两壁是垂直的，城门门道之上没有圆弧形券顶，应属于骑楼式建筑，这不同于后代的拱券式城门。

已发掘的几座城门遗址或门道两旁的内侧，还发现了一些房屋建筑遗迹。如在霸城门和直城门南侧、西安门两个门道隔墙处，均有房屋遗迹，至少包括两三间房子。房屋墙体用土坯砌筑，白灰涂壁，础石之上立木柱。这些房屋大概是供守卫城门的官兵使用的。在西安门遗址内侧东部，还考古发现了可能是马道的遗迹。

发掘资料表明，长安城的多数城门在西汉末年毁于战火，此后不少城门或一些门道便废弃不用了。有一些城门只清理、修整出一两个门道，因陋就简，继续使用。也有个别城门（如宣平门）虽遭火焚，但以后历代仍多次修复和重建，一直作为一座完整的城门沿用至隋文帝徙都大兴城。

长安城城门管理制度十分严格，每座城门都有重兵把守，设城门校尉

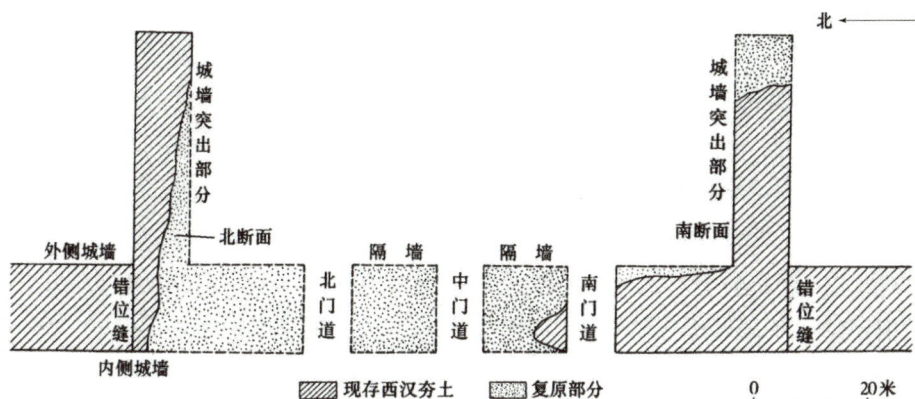

汉长安城霸城门及其门阙遗址平面复原示意图

统领城门兵。城门校尉大多由皇室亲信或皇亲国戚充任。如"孔光为太师，领城门兵"。又如，成都侯王商、红阳侯王立、平阿侯王谭等国戚，都曾领管城门兵。此外，各城门又有司马、城门侯等官员，具体负责城门的各项工作。如城门的启闭时间有严格规定，城门侯则专司其职。城门作为要塞，交通管理十分严格，左出右入，不得违犯。这些措施，都是为了保证都城的安全。

汉长安城四面各置 3 座城门，全城共 12 座城门，与《周礼·考工记》所记载的"匠人营国""旁三门"是一致的。虽然目前学术界一般认为《考工记》成书于战国时代，但从目前先秦都城遗址考古发现中，未见旁三门现象。汉长安城规整的都城旁三门城门配置制度，对以后历代都城城门配置产生了深远影响。

汉长安城一门三道形制，可上溯到夏代都城偃师二里头遗址第一号宫殿建筑遗址的院落南门。降及春秋晚期的楚纪南城，其西垣北城门和南垣西城门（其中的水门）各有三个门道，但一门三道在纪南城并未形成城门定制。从目前考古发现资料看，一门三道城门之制，最早形成于汉长安城，并为后代都城相沿袭。关于城门一门三道各个门道的使用功能，古代一些

楚纪南城复原模型

学者认为是"男子由右，女子由左，车从中央"。这样的说法，值得进一步推敲，"车从中央"之说，与考古发现是不一致的。在汉长安城考古发掘的各城门中，城门两边的门道保存有清晰的车辙遗迹，说明两边门道并不仅仅是供行人徒步通行的门道。恰恰在直城门遗址考古发现的中门道，遗迹保存较好，其门道地面为草泥地面，没有发现车辙遗迹，而且草泥门道地面也不便车辆行驶。应该说，作为都城城门所独有的一门三道，其中道就是皇帝所使用的驰道、御道在城门门道的反映，城门两侧门道，则是供官民使用的通道，与男女行走或步行、车行无关。

门阙

在汉长安城城门遗址、宫城宫门遗址，均发现与门阙相关的遗存。据文献记载，阙在西周时代已经出现。关于东周时代的阙，著名的有秦孝公徙都咸阳所修建的冀阙，以及秦始皇规划修建的阿房宫"表南山之颠以为阙"。

关于阙的功能，古代文献记载说法不尽相同，主要有两种观点：其一是标示作用，其二是反映使用者的社会地位。汉代阙的不同建筑形制，标示着使用者社会地位的不同。帝王至尊才能使用三出阙，达官显贵使用二出阙，一般官吏使用单阙。

考古发现的阙，一般使用于都城城门、宫城城门、宫殿、祠庙之门、陵园司马门和神道与陵区、墓葬之旁等。

阙开始出现时，只用于重要建筑或规格比较高的建筑前面。随着春秋战国时代社会的变化，旧的秩序被破坏，新的秩序尚未建立，阙作为特定的建筑从"上"走向"下"，汉代阙的普及与此不无关系。一般而言，社会文化滞后于社会政治的发展变化，汉代以后阙的使用范围大大缩小，与阙相关的建筑级别大大提高，周而复始，阙又恢复了它出现之时的高贵，

乾陵陵园南门复原修建的三出阙

西安汉墓出土的陶二出阙

汉画像石的单出阙图像

成为帝王建筑的象征，成为皇权强化的物化载体。阙形建筑出现、发展与专用的历史过程，反映了王权、皇权强化的历史变化。

桥梁

与长安城高大城墙、雄伟城门楼相映成辉的是长安城附近各式各样的桥梁。汉代长安周围分布有众多河流，有所谓"八水绕长安"之说。文献记载，长安附近的河流之上建设了不少桥梁，桥梁成为汉代长安交通的重要组成部分。见于秦汉时期历史文献记载的汉代长安附近的桥梁名称，主要有渭桥、横桥、中渭桥、便桥、灞桥等；汉代以后相关文献记载汉代长安的桥梁，还有包括中渭桥、西渭桥、东渭桥在内的三渭桥，以及汉长安城 12 座城门之外、城壕之上的桥梁。之后的考古发现已经对汉代以后历史文献中所说的汉代长安北部渭河三桥（或三渭桥）之说提出了挑战。汉代长安的桥梁，以沟通渭河南北的渭桥最重要，但是汉代长安附近的桥梁绝不只有以上所说的几座桥，还有不少我们现在还不知道的桥梁。如近年来在汉代长安周围考古发现的沙河古桥、皂河古桥等。除了水上的桥梁外，地面上还修筑了具有桥梁性质的复道与栈道。

渭桥，顾名思义是渭河之上的桥梁。古代渭河之上，桥梁应该不少，但不是京畿附近所有渭河之上的桥梁均称渭桥。《史记》与《汉书》多处记载的渭桥均为汉长安城北部的桥梁，因此可以说汉代长安的渭桥，应该是特指汉长安城北部渭河之上架设的桥梁。汉代长安渭桥，最早见于《史记·孝文本纪》记载："昌至渭桥，丞相以下皆迎。宋昌还报，代王驰至渭桥，群臣拜谒称臣。"文帝之后的景帝，为了"预作寿陵"——阳陵，在汉长安城东北的渭河之上新建了一座渭桥。显然文帝与景帝时期的上述渭桥，不是一座桥，至少是两座桥。汉长安城北部渭河之上的桥梁，是为出入长安城而修建的，出入都城必须通过城门，因此汉长安城北部的渭桥，应该是与城门相对的桥梁。最近，考古工作者在汉长安城北部与厨城门、洛城门相对的渭河故道，发现了南北向的秦汉时代桥梁，这应该就是汉代长安的渭桥。

至于长期以来学术界所说的中渭桥、西渭桥、东渭桥的渭河三桥之说，在汉代应该是不存在的。此说始于汉代以后，流行于唐代。汉长安城北部的渭桥，《史记》《汉书》个别之处也记载有中渭桥、横桥之说，如《史记·张释之冯唐列传》记载："上行出中渭桥，有一人从桥下走出，乘舆马惊。"对此，《集解》引张晏说：中渭桥在渭桥中路。臣瓒曰："中渭桥，两岸之中。"以上两种解释的共同点是，中渭桥不是渭桥的名称。根据汉代制度，皇帝出行的道路，设置专门的驰道，城内道路分为三股，中路专供皇帝出行使用，因此都城城门为一门三道，中间门道亦为皇帝专用。渭桥之上专门设置皇帝通行的中道，应该是符合当时礼仪制度的。这里特别需要关注，"上行"与传统所说的中渭桥相连，其实就是皇帝出行至渭桥，渭桥之上设置了中道专门供皇帝出行。唐代学者在《史记索隐》中提出的"张晏、臣瓒之说皆非也"，其理由是："今渭桥有三所：一所在城西北咸阳路，曰西渭桥；一所在城东北高陵道，曰东渭桥；其中渭桥在古城之北也。"其实，这里的"今"即唐代，汉代高陵道的东渭桥不存在；至于城西

厨城门一号桥（渭桥）遗址全景

北咸阳路的西渭桥，实际上是汉代的便桥（或称便门桥），也有可能是唐代杜甫诗歌中的咸阳桥。

关于横桥的记载，《史记》与《汉书》的记载很少，见于《汉书·武五子传》的记载："焚苏文于横桥上。"颜师古注曰："即横门渭桥也。"横桥的正式名称，应该是渭桥。北出横门，过渭河至咸阳，《史记·外戚世家》有记载："景帝崩后，武帝已立，王太后独在。而韩王孙名嫣素得幸武帝，承间白言太后有女在长陵也。武帝曰：'何不早言！'乃使使往先视之，在其家。武帝乃自往迎取之。跸道，先驱旄骑出横城门。"

汉长安城北部渭河之上的桥梁名称，可能汉代一般称为渭桥，以城门命名渭桥的横桥，在当时是个别现象。至于汉武帝修建的便门桥（或称便桥），实际上不属于汉代历史文献中所说的渭桥。

以中、东、西方位命名的渭桥，应该是汉代以后的事情。汉代中渭桥的中,则是渭桥中路之说为是。我们根据目前最新的考古发现,现在应该就长期以来学术界所说汉长安城的渭桥及其所涉及的渭河三桥进行辨正。

2012年至2013年,考古工作者在汉长安城遗址北部与东北部,发现了2组6座古代渭河之上的桥梁遗址,它们分别编号为厨城门一号桥至五号桥和洛城门桥,其中以厨城门一号桥保存最好。

厨城门一号桥遗址,北距今渭河南岸大堤约3000米,南距厨城门遗址1200米左右。桥址为南北方向,桥宽约15.4米,长约880米。发现的桥桩一般高(或长)6.2—8.8米,桥桩截面圆形,周长约1—1.47米。桥桩下端削三角锥形,长约1米。桥桩的树种,有侧柏、云杉、冷杉、桢楠、香椿、榆树等。从桥址露头的桥桩遗存观察,东西向桥桩排列较紧密,一般间距在0.7米左右;南北向桥桩的间距较大,一般在4.5—5米左右。与桥桩同时发现的,还有长方形、方形、五边形、梯形等石构件。有的石构件侧面有"巳""杠上""左四""子五"等编号、人名题刻。在桥址附近发现数量较多的秦汉板瓦、筒瓦、瓦当等建筑材料,还有夯头、权、臼等石质遗物。厨城门一号桥测年结果显示,此桥建造在战国晚期,使用时期应该延续较长时间。一号桥碳十四测年数据说明,从战国晚期经西汉至魏晋时期一直使用,其下限可能要到唐宋时期,甚或更晚。至于厨城门一号桥附近的其他几个桥址和洛城门桥,目前还不清楚它们是分属于不同的渭桥个体,还是作为主体渭桥的辅助桥梁。至于这些桥址的时代关系,也有待进一步究明。但是已经发现的厨城门一号桥,无疑是目前所知汉长安城北部渭桥中规模最大、兴建时间最早、使用时间最长的,为此我们推测,厨城门一号桥,应该是汉长安城北部最为重要的渭桥。

考古调查发现的洛城门桥址,位于今西安市未央区汉城街道高庙村北。正南750米左右,为汉长安城洛城门遗址。桥址北距今渭河的南岸大堤3500米左右,西与厨城门桥址相距1700米左右。桥址东西宽不小于15.2米。桥桩长3.45—9米,周长0.6—1.56米,下部的三角锥形长约0.4—

2.1 米。在桥址附近，发现了许多汉代板瓦、筒瓦等建筑材料及大型 U 形铁构件。从目前采集到的洛城门桥址遗物看，洛城门桥时代为汉代，但是否为汉景帝修建的渭桥，有待进一步研究。

历史文献记载，秦迁都咸阳，以后又在渭河南岸相继修建了兴乐宫、章台和上林苑等，并在渭河之上架设了连接渭河南、北两岸宫室苑囿的桥

渭桥遗址桥桩及其石构件

渭桥遗址出土的木桥桩

梁。考古工作者曾在秦咸阳宫遗址南面（今咸阳市窑店街道东龙村），发现了秦代的南北大路。这条路北对窑店街道牛羊村和刘家沟的咸阳宫遗址，南对长安城遗址，路宽50余米，应当是通往渭桥的大路。现在发现的汉长安城北部的几座渭桥，与其北部的秦咸阳宫遗址南部的南北向大路遗迹基本相对。

关于渭桥的建筑形制。据《水经注》记载，渭桥为多跨梁式桥，共有68跨，由750根桥柱组成67个桥墩，每个桥墩由11或12根桥柱组成。桥柱之下，由使用铁锥打成的桩基撑托，桥宽13.8米。桥的南北两头，砌筑有泊岸（堤激），这是现代仍在使用的工程技术。在桥头，还立有华表。

渭桥作为丝路第一桥，历史上发生过许多大事。如西汉初年，陈平、周勃灭诸吕，迎立文帝刘恒于渭桥之上；汉武帝派遣张骞出使西域，张骞踏上征程，也是从渭桥出发的；汉宣帝亲临渭桥，欢迎匈奴贵族来访等。

文献记载，汉代长安有16座桥，它们应是城壕之上所架设的12座正对城门的桥梁，以及城北部、西部渭河之上所架设的桥梁，还有城东部灞

厨城门一号桥石构件与桥桩

河之上的桥梁等。

汉长安城西安门之外的城壕遗址考古发掘揭示，城门之外的城壕之上架设有桥梁。关于这类桥梁的形制，目前还不清楚，是否采用吊桥形式，更难推测。这些桥的名称，大多与城门之名有关。如宣平门又称青门，门外的桥称青门桥。城壕边广植杨树，壕沟又称杨沟，城门、城壕之上的桥，又通称杨桥。

近年来，考古工作者在汉长安城附近的上林苑遗址中，又发现了一些汉代的桥梁遗址，主要有沙河桥址、沈河桥址等。

沙河古桥遗址，位于今咸阳市秦都区钓台街道资村以南、西屯村东北的古河道上，西距今渭河河道2.5千米。该古河道应为沙河故道，其上游自今西安市长安区斗门街道马王村与沣河汇流处，下游至今咸阳市秦都区钓台街道文王嘴入渭河，全长约10千米。1986—1992年，考古工作者发掘了沙河古桥遗址。

古桥遗址包括两座桥梁遗存，编号为一号桥遗址和二号桥遗址，二桥遗址东西相距约300米。二者时代不同，碳十四测定年代，一号桥遗址时代为秦汉时期；东部的二号桥遗址时代为隋唐时期。一号桥遗址，是汉代长安附近的重要桥梁遗存。该桥为木桥，桥梁方向北偏西50度，桥宽约20米，残长70米，发现截面圆形桥桩16排145根，每排2—20根不等，桥桩排距1.1—7米，桥桩直径0.15—0.46米，现存桥桩高度2—3米。桥桩由松、柏、樟、楠等树木制作。关于一号桥的性质，学术界的看法还不一致：一种观点认为，一号桥是汉代渭河之上的便桥（即西渭桥）；另一种观点认为，一号桥是汉代沣河之上的桥梁。我们认为，沙河应为秦汉时代的沣河故道，而古沣河位于秦上林苑之旁、汉上林苑之中，沙河古桥应属于秦汉上林苑之中的桥梁。

沈河古桥遗址，位于今西安市未央区三桥街道湾子村东北约200米处，建章路以东，陇海铁路以南。古沈河基本为今皂河，沈河古桥遗址

秦汉时期的桥梁（引自《重庆市博物馆藏四川汉画像砖选集》第73页）

在皂河西岸。沇河古桥遗址距今地表深约14米，考古发现楔入沇河河床的木桩5排，共160根，木桩直径0.30—0.55米，一般保存高度1.5—2.5米。现存桥桩应位于古桥东南部，其分布范围东西宽28米，南北长22米。根据考古调查，古桥遗址附近古皂河的河床宽度约60米，也就是说古桥的长度至少应在60米以上。从其结构和排列走向看，此桥当为木柱木梁桥。

从地理位置看，此桥位于汉长安城西南角以外约300米，介于汉长安城和建章宫之间，北距建章宫双凤阙遗址约2000米，东南为西汉社稷、明堂、辟雍及王莽九庙等礼制建筑群，汉长安城西南部为上林苑。

这座古桥应是古沇水的桥梁，沇水上游是潏水，发源于终南山之大义峪，大方向是由南向北，但在今三桥街道湾子村，水流拐了个弯自西向东

上林苑沙河桥一号桥遗址

流，然后转向北经汉长安城西，北流入渭。发现的这处桥址，正是横跨这段沈水的南北向古桥，应是西汉时期建于沈水上的长安城建章宫通向上林苑或上林苑之中的桥梁。

汉武帝建元二年（前139），营筑茂陵。茂陵在咸阳原西端，由于茂陵与长安城之间横亘着渭河，为了交通方便，就在茂陵南部的渭河之上修建了便桥。后人认为，便桥因西与汉长安城西城门中的便门相对，故又称便门桥。

汉代始建的灞桥，是一座木桥，位于今西安市东北约10千米，在今灞河桥西北约5千米，陇海铁路在灞桥故址北边经过。灞河是汉长安城东部的天堑，灞桥则是这一天堑中的要塞。刘邦由武关经蓝田，至霸上，扼关

沈水古桥遗址

中之咽喉，迫使秦王子婴率秦军迎降于轵道。刘邦与项羽交战，宁可退出秦都咸阳，也要固守霸上，可见此地之重要。因此，西汉时代中央政府专门在灞桥设亭，加强交通和治安管理。历史上有个故事：大将军李广夜过灞桥，守卫人员根据规定不让他通过。李广的随从说，来者是将军李广。守卫人员说，将军也不能例外。因而，堂堂的将军也只好留宿在灞桥亭下的简陋房屋之中。由此也可看出，当时灞桥过往管理之严格。

王莽时，灞桥曾遭火灾，数千人救火不灭。灞桥被焚毁后，进行了重新修复，并取了个吉祥名字——长存桥。

飞阁复道，是长安城中的天桥。复道，秦代已有，当时也称阁道。复道是连接重要宫殿的空中道路，有的长达数十里，甚至上百里。汉代长安的复道，大多筑于皇宫与后宫之内，皇帝和后妃们往来于其中。复道之上有屋顶，所以又称阁道。因其凌空而筑，亦称飞阁。复道上上下下，不能行车，皇帝及其妃嫔只得以辇代步，因而复道也叫辇道。

道路

交通对于城市至关重要，都城更是如此。汉代长安的交通是一种全方位的交通，也就是说汉代长安的交通，有市内的交通网，也有城市郊区的道路系统，更有与国家其他重要地区来往的交通线，使都城长安成为全国的交通中心。汉代长安，有陆路交通，也有水路交通，这些交通线上设置不少桥梁等交通附属设施。与交通运输、安全管理配套的，还有仓储、关驿等建筑。

道路是城市的骨架。通过长期考古勘探、发掘，长安城的主要道路遗迹分布已基本清楚。勘探出的长安城宣平门、清明门、安门、直城门、雍门、横门、厨城门和洛城门八座城门，各有一条大街通入城内，形成所谓八街。八条大街，街道笔直，或东西向，或南北向，在城内互相交叉、汇合，形成八个丁字路口和两个十字路口。八条大街长度不等，宣平门大街长 3800 米，清明门大街长 3100 米，安门大街长 5400 米，直城门大街长 2900 米，雍门大街长 2890 米，横门大街长 2830 米，厨城门大街长 1060 米，洛城门大街长 800 米。八条大街之中，东西向的宣平门大街、清明门大街、雍门大街、直城门大街和南北向的安门大街较宽，路宽 45—56 米；横门大街和厨城门大街，路宽约 45 米。上述八条大街，结构基本相同，每条大街之上，各有两条排水沟，将其分为并行的三股道，这就是历史学家班固所说的"披三条之广路"，其中的中股道宽 20 米，两侧的道路各宽约 12 米。排水沟系明沟，宽约 0.9 米，深约 0.45 米。中股道，即文献所载之驰道。

秦代已有驰道，秦始皇统一全国后，为了加强国家的管理，修建了专为皇帝行走的驰道。西汉时代的贾山说，秦始皇修建的驰道分布范围很广，以关中的秦咸阳城为中心，东部至河北、山东一带，南部至东南沿海。驰道宽 50 步，中间三丈宽的路面，为天子专用车道，即中道或御道，其两侧种植青松与两边道路隔离，路基夯筑，坚固结实。秦汉时代一步六尺，一尺折今 0.231 米，驰道宽约 69.3 米，中道宽约 6.93 米。

汉代长安的驰道，在三辅地区均有设置，城外一些皇帝经常去的地方，也应该修筑有驰道。如从汉长安城至甘泉宫之间，就修筑了皇帝和皇室经常来往其间的驰道。这条驰道从长安城北出，过渭桥，经渭城、望夷宫、长平观，过泾河，出池阳西北行，经云阳，至甘泉宫。都城京畿驰道所在地区的地方官员，要负责好驰道的养护工作。一次，汉武帝由长安去甘泉宫，其间南北 300 余里，又多山路，加之山洪的破坏，驰道路面的养护谈何容易。汉武帝在驰道行进中觉得不适，竟大发脾气，以驰道养护失职罪，对右内史义纵大加责难。

如前所述，西汉时代的驰道，是天子在都城及离宫之间专门使用的道路，一般来说，别人不能使用，太子、公主也不例外。但有的皇帝或太后，也特许过个别人使用驰道。如汉武帝及其母王太后，就曾分别下诏允许东武侯母、馆陶长公主在驰道行驶。就是得到特许者，其他车骑也不能同行。历史文献记载，馆陶长公主虽得到太后恩准，在驰道中行驶，但仍遭到江充的"呵问"。

至于汉长安城主要道路上的驰道，管理更为严格。这里的驰道，是专供皇帝行走的道路，其他官吏和平民不但不能在其上行走，穿越也不允许，就是贵为太子，也不敢违反这个规定。一些经过皇帝特许的诸侯王或皇亲国戚，虽然可在驰道上行走，但中央三丈宽的驰道还是不能使用，只允许在驰道两侧，而且仅限于本人，随从不在其内。对于违反规定者，处罚是严厉的。如平州侯昭涉昧，就因为在驰道中行车而获罪国除。

驰道两边的两股道，供一般吏民行走。城内大街与城门相连，城门又是一门三洞，恰好与城内一道三股相对应。据文献记载，城门三个门洞，中间门洞专供皇帝使用，两边两个门洞为吏民"左出右入"，与城门相连接的大街之三股道的使用，也是与此一致的。

考古发现的汉长安城道路分成三股（一道三涂）的形制，是目前已知最早的"道中三涂"之路。

历史文献记载，长安城中的八街名称有：香室街、藁街、夕阴街、尚冠前街、华阳街、章台街、城门街和太常街。在城墙里侧，沿城垣有一周道路，可能是守城卫兵的专用道路——环涂。

根据历史文献记载，通过汉长安城城门进出都城的道路，以宣平门、横门较多，其次是覆盎门、雍门。然而从考古发现的汉长安城北部渭桥遗址看，厨城门之外的大型渭桥遗址说明，厨城门的作用在西汉时代也是相当重要的，这也可以通过厨城门内设置的长安厨机构得到佐证。现存厨城门遗址，还保存着其东部，长安厨遗址应该在其附近。这些城门之内的道路一般称大街，而其城门之外的道路一般称大道。

长安城是西汉王朝的交通中心，这与"天下之道涂毕出于邦畿之内"的历史文献记载是一致的。汉长安城连接京畿之外各地的道路，主要是向南之子午道、褒斜道、故道，向东之函谷道，向东南之武关道，向西北之萧关道，向东北之蒲关道，向北之直道等。上述道路将长安与全国四面八方相连，可谓四通八达。

直道　直道是汉代长安最重要的南北向国道，始开于秦代，是秦始皇时期一项重要的国家工程。秦直道的大体路线是：南起今咸阳以北的淳化县甘泉宫遗址，经旬邑县至陕、甘两省交界处，东北进入黄陵县、富县、甘泉县、志丹县，又经安塞区、子长市、榆林市，进入内蒙古自治区鄂尔多斯市东胜区至包头市。直道遗迹宽30—40米，沿途曾发现不少秦汉遗址或遗物。这条道路汉代继续使用，史学家司马迁曾亲自陪同汉武帝去过直道。西汉时代，汉王朝与匈奴的关系十分密切，无论是战争，还是和平交往，直道都是双方必须使用的。公元前177年，匈奴南侵，汉文帝到甘泉宫指挥部署，后又发兵高奴（今延安市延长县）并亲临前线。公元前166年，汉王朝又在北地、上郡等地与匈奴发生战争。汉武帝时，汉王朝与匈奴在北方多次交战与媾和。汉宣帝在甘泉宫会见匈奴单于，上述活动都与直道有着极为密切的关系。

函谷道 连接长安与洛阳的东西大路函谷道，是当时最重要的道路，更是一条关乎王朝存亡之路。汉代长安能否统治全国，关键在于能否有效控制关东各地诸侯。西汉初年，刘邦定都关中，张良就指出了这条道路的极端重要性。

这条道路的西端起点，是汉长安城宣平门，东行经轵道亭，过灞桥，再东经芷阳、新丰、鸿门、郑县（今华州区）、平舒（今华阴西北）、宁秦（今华阴东）至函谷关（今河南省灵宝市，汉武帝时迁至新安县），又东至洛阳。这条路中今陕西潼关以东至河南省灵宝市北 15 千米的秦汉函谷关故址，其间道路处于山区狭谷之间，深险如函，故名函谷。函谷关附近的道路，是其最重要、最艰险的一段，此即史称的崤函古道。近年来，在

厨城门遗址

河南灵宝秦汉函谷关遗址附近，考古发现了崤函古道遗迹。

子午道　子午道基本为南北向，古人以子为北，以午为南，子午道取名于此，顾名思义是南北向道路。但是真正属于南北向的谷道并不多，主要是由汉长安城，经秦汉杜城故址，到今长安区子午街道西南，从子午谷口进入子午谷，谷道长 10 多千米。子午道从子午谷进入终南山后，又进沣峪谷，沿沣峪河向南，经喂子坪、子午关、黑沟口、红岩子、千佛崖、鸡窝子等地，翻越秦岭主脉，经甘沟口进入宁陕县，沿洵河和池河向南，经广货街、江口、沙坪、旬阳坝、新矿、龙王、铁炉坝乡至石泉县，再沿池河向南经云川、后池、青石、中池、前池乡至池河镇马池街折向西北，进入汉江谷地，沿途有古代栈道遗迹 17 处。子午道全长千里以上，其中山间谷道长约 440 千米，是关中通向秦岭以南几条南北向古代道路中最长的。秦岭之中的道路，大多沿着河谷或山谷，子午道即沿子午谷和沣河、洵河、池河等河谷形成的谷道。子午道是古代关中和都城长安连接陕南及巴蜀的道路。

公元前 206 年，刘邦被项羽封为汉王，离关中去南郑就汉王位，走的就是这条路。子午道在西汉时代为一条十分重要的道路，王莽因孝平王皇后元始五年"有子孙瑞"，而又"通子午道"。

陈仓道　因陈仓而得名。陈仓为春秋秦邑，秦置陈仓县，治所在今陕西省宝鸡市东 20 里渭水北岸。

陈仓道自陈仓西南行出散关。散关位于大散岭上，古为兵家要地。散关遗址，在今宝鸡市神农镇二里关村西。东汉建安二十年（215）曹操伐张鲁、蜀汉建兴六年（228）诸葛亮伐魏等军事活动，均出入或据守此关。陈仓道自散关，经观音堂、黄牛铺、草凉驿至凤县分为两条道：一条道是自凤县折向东南，经三岔乡、留凤关镇至留坝县褒斜道，这条道又称连云栈道；另一条道自凤县经两当县、徽县、青泥岭、白水江、老爷岭、略阳、煎茶岭、白马关至勉县入金牛道，刘邦定三秦，即走此道，也就是历史上著名的"明修栈道，暗渡陈仓"故事所在地。陈仓道，亦称故道。

褒斜道　褒斜道作为国家工程，始修于汉武帝时。褒斜道自今陕西省眉县沿斜水及其上源石头河，经今太白县，循褒水及其上源白云河至汉中，长 470 余里。褒斜道的开通，减少了陈仓道"多坂"的复杂地形与"回远"的漫长路程，缩短了关中与蜀地的交通距离 400 里。西汉中期以后，褒斜道成为秦蜀之间的主要道路。褒斜道因取道褒水、斜水而得名。褒水源于紫金水，出今陕西省太白县东南太白山，西南流经留坝县，至勉县东、汉中市西入汉水，东北流至岐山县南入渭河。西周时有褒国，在今陕西省汉中市西北褒城镇东。斜水亦名斜谷水，即今陕西省岐山县南渭水南岸支流桃川河、石头河。刘邦去南郑，张良辞行归韩，汉王把他送至褒中，二人临别前，张良给刘邦出谋划策，让他烧绝栈道，以示不再返回关中和关东的决心，以达到麻痹项羽的目的，故事就发生在这条栈道的南段。

褒斜道总长 250 千米。道南口石门长 16.5 米，宽 4.1 — 4.4 米，高 3.45 — 3.75 米，向北进入今留坝县，沿褒河、红岩河河谷，经青桥驿、马道、铁佛殿、姜窝子、南河、柳川、江口、柘梨园，进入太白县。沿红岩河、石头河又向北，经王家堎、白云、咀头镇、桃川、鹦鸽镇，进入眉县斜峪关。褒斜道沿途现存的栈道、栈桥遗迹约 60 — 70 处。

武关道　武关道辟于周秦之际，是关中与东南地区的联系之路，也是秦人向东南地区的发展之路。武关道对于西汉王朝而言，是又一条重要道路。秦末陈胜的农民起义军，就是出南阳进武关的。此后，刘邦率领军队第一次进入关中，也是首先攻克武关，通过武关道挺进关中腹地，大败秦军，灭亡秦王朝的。二百年后，绿林起义军又是从武关攻入关中进军长安的。又一个二百年后，董卓胁汉献帝从洛阳到长安，华歆从长安至武关，避之南阳。有汉一代，武关道上发生了许多重大的政治、军事事件。

汉代武关道，从汉长安城东出，过灞桥，由霸陵亭向东南，沿灞河东岸至今蓝田县，再南行经峣关，东南行经商洛、丹凤县至武关，出武关东南至南阳，再下可至鄂西北和江汉平原。

萧关道　由都城长安出发的汉代丝绸之路，分为北路与南路，萧关道就是汉代长安丝绸之路的北路。由汉长安城西北行，沿泾河由东南向西北，经今礼泉、乾县、永寿、彬州、长武，进入甘肃泾川、平凉市崆峒区，又入宁夏，沿清水河至固原，西北行至海原，再西行至甘肃靖远渡黄河，西北行至武威，与南路相汇于丝绸之路的河西走廊。萧关道因萧关而得名。

蒲津关道　为汉代长安通往晋、燕地区的重要道路。汉长安城北部的渭桥，是通往这条道路的必经之路。西汉时代，出长安城过渭桥，至高陵，再东行至栎阳，又东行北过洛水、临晋、芮城乡至黄河蒲津，北达晋、燕。汉文帝刘恒从太原到长安即帝位，应该就是走的这条道路。西汉一代，在山西北部与匈奴之间的战争或交往，大多也是通过这条道路，由河东郡、太原郡北上。

陕西汉中的褒斜栈道

当时在京畿地区使用的交通工具，主要有牛车、马车。牛车是交通运输的主要工具，修建汉昭帝平陵时，当时中央政府仅在长安近郊就租用了3万辆牛车，由便桥附近的渭河河滩往平陵拉运沙子。牛车也是人们乘坐的重要交通工具，不过乘坐牛车似较马车贫寒。如西汉初年，中央政府财政困难，将军和丞相都不能乘马车，只好坐牛车。西汉时代，有些人虽然有钱有势，但为了标榜自己节俭，也乘坐牛车。如汉宣帝外祖母王媪随使者进皇宫，乘坐的就是黄牛车，因此老百姓称她黄牛媪。又如大学者朱云居住在长安西郊的鄠县（今鄠邑区），他经常乘坐牛车去京城。

西汉时代，马车主要用来乘人，已非先秦时代主要用于战争。与乘坐牛车相比，马车大多为有钱人乘坐的。马车种类很多，当时统治阶级以官爵大小、地位高低之不同，而规定乘坐不同形制的马车。皇帝要乘驷马之车，而且四匹马的颜色要一样。西汉初年，由于国家贫困，就是皇帝乘坐的驷马之车，要找四匹同样颜色的马都不能够，因而历史学家把这作为特殊事件载入史册。马车中大多是一马驾乘的轺车，是长安一般官吏、文人和殷实人家的交通工具。车的等级不仅在于驾马数量的多少，车子本身因

汉代的牛车

其用途不一样、乘车人地位不同，形制也各异。当时除了以车代步者外，还有骑马的。如张敞下朝后，走马章台街。不过他这样做，似乎不合乎当时的礼仪，因此被时人所讥笑。

给水与排水设施

西汉初年修建长安城之前，那里已经有秦在渭河南岸修建的兴乐宫、章台和信宫等建筑。这些秦建筑群的给水系统，是以西周都城——镐京的给水系统为基础营建的。镐京的给水系统，以沣、滈二水为水源，以滈池为水库。汉初，长安城一方面利用了周秦时代的给水系统，更主要的还是依靠沋水的水源。沋水由少陵原西南的樊川，向西北流经皇子陂、杜城、阿房宫故址东，至长安城西南角，沿西城墙北流，在章城门附近分为二支，一支引沋水入长安城内，称为明渠，属于城内主要供水渠道。长安城的地势，总的走向是西南高东北低，明渠流向大体也是从西南向东北。目前已勘探的明渠故道遗迹，从章城门向东流入沧池，然后从沧池东北部流出，向北经前殿、椒房殿和天禄阁西边，流出未央宫，再向北流至今北徐寨附近，即汉长安城的贵族居住区——北阙甲第。由此折向东流，经北宫南部，入长乐宫北部，从长乐宫东北部流至清明门附近。明渠承担了为长安城未央宫、北阙甲第、北宫和长乐供水的重任。明渠故道在城内一般宽约11—13米，深约1.5—1.7米。明渠流出长安城后又分为二支：一支泄入城壕——王渠之中，王渠之水沿东城墙，向北流注入渭河；另一支向东流，注入漕渠。《水经注·渭水》对明渠在汉长安城的流经地有详细记述，考古勘查的明渠分布情况与之基本相近。

汉武帝时期，是长安城发展的顶峰。西汉初期，长安城内宫室建筑主要是未央、长乐二宫。汉武帝即位后，在都城大兴土木，一时间长安城宫观林立，使得长安城及西郊、西南郊原来的给水系统满足不了都城的供水需要，因此寻找新的水源，解决都城及其附近地区的给水问题，已较为急迫。就是在这种情况下，元狩四年（前119），汉武帝开凿了昆明池。过去人们多据历史文献记载，认为昆明池的开凿是为训练水军，其实长安城的水源问题，才是当时急需解决的问题。

与城内明渠相关的未央宫沧池与长乐宫酒池，既是宫城之中的池苑，又是皇宫与太后之宫的给水配套工程。此外，城西建章宫中的太液池，也是宫城中的重要人工水池。

在长安城西部，汉武帝时修筑了"度比未央""千门万户"的建章宫，宫里的供水是依靠沣水的另一分支，即沣水从章城门继续沿长安城西城墙平行向北流至直城门南向西分出一支渠，向西经双凤阙进入建章宫，又西经建章宫前殿北部，流入太液池。沣水经章城门，被明渠大量截流，主流水量变微。为改变这一状况，揭水陂北出之昆明池水，于双凤阙南注入沣

汉代带辘轳水槽的陶井

水主流，使之水量增加，从而保障了建章宫供水。

进入建章宫的沈水支渠，从太液池西北流出，经今孟家村东，又北流经泥河村，注入渭河。太液池在建章宫前殿西北，今双凤村西、高堡子村西北、柏梁村东南，现名为太液池苗圃，仍是一片洼地。

沈水主流由直城门向北流至长安城西北角，又折转向东北流去，流向基本与北城墙方向平行，最后注入渭河。沈水在长安城西城墙和北城墙这段主流，满足了西城和北城附近地区的用水，尤其对长安城西北部的工商业区，无疑是至关重要的。

长安城内宫殿、官署、邸第、里居等生活用水，多为井水。水井有井台，其上铺砖，井平面为圆形，井壁一般上中部以券砖或扇形砖砌壁，下部井壁置陶井圈。井的大小并不一致，因需而设。如未央宫椒房殿的水井，井台平面方形，边长 3.5 米，井径 1.54 米，深 8.3 米；未央宫少府（或其官署）的水井，井台平面长 4 米，宽 3.3 米，井径 1.9 米，井深不详；桂宫第二号宫殿的水井，井台平面方形，边长 3 米，井径 1.4 米，深 5 米；未央宫中央官署的水井较小，井台平面长 1.5 米，宽 1.1 米，井径 0.85 米，深 7.1 米。宫殿较一般官署人多，活动多，用水量大，因此其水井修筑得较好，规模亦略大。水井在建筑群中的位置，一般多置于建筑群的一隅，且和主要建筑距离不远。这样既使水井不太显眼，不影响建筑整体布局，又方便使用。如未央宫椒房殿水井和少府（或其官署）水井，均位于建筑群东南部；桂宫第二号宫殿建筑遗址水井，发现于该建筑群西北部；未央宫中央官署的水井，则安排在官署建筑群的东北部。

都城之内，大型建筑遗址附近水井的发现，说明人们把获取清洁卫生用水作为重要目标。

在一些规模较大的宫殿建筑群中，也设置了水池，如未央宫少府建筑遗址东北部发现的水池遗址。

从现有考古材料看，长安城的排水工程已形成系统，设施基本完整，包括城壕、排水沟、地下排水设施等。

汉长安城城墙外有城壕，宽 40—45 米，深 3 米。城墙与城壕之间，一般相距 30 米。北城墙的东段和东城墙外的古城壕遗迹至今仍有保存，不过有的已开扩成河塘或河池，远非当年的样子了。其他部分的城壕遗迹仍可探寻。在汉长安城西南角的南城墙之外，考古发现有城壕遗存，城壕北边与城墙外侧（南城墙南边）相距 25—30 米，城壕宽 40—50 米。《三辅黄图》记载："长安御沟，谓之杨沟，谓植高杨于其上也。"《中华古今注》卷上载："长安御沟，谓之杨沟，植高杨于其上也。一曰羊沟，谓羊喜抵触垣墙，故为沟以隔之，故曰羊沟。"

长安城内的排水，主要是依靠路沟，即街道两边的排水沟。有的路沟与城内大型排水渠道相连，或与城外城壕相通，使城内积水排至城壕。在城门底部发现构筑有排水渠涵道，如在长安城西安门、直城门遗址的发掘中，均发现了这类遗存。西安门遗址发现的城门之下埋筑的排水涵道，以砖石砌筑，宽约 1.2—1.6 米，高 1.4 米左右。城内大型排水渠一般为明渠，如桂宫北部发现的一条东西向

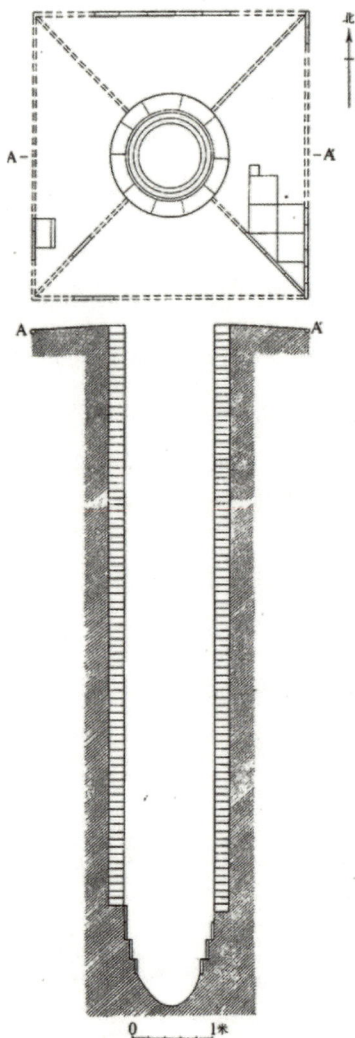

椒房殿遗址水井平面示意图

排水渠，其东自横门大街西侧路沟，向西横穿桂宫，约流至城西的城壕之中。排水渠为明渠，渠宽约 2 米，深约 1.5 米。在排水渠流经的宫殿建筑区内，由于城市排水设施规划和施工在前，有的宫殿或其他建筑兴建于后，为了保证宫城中建筑布局的整体要求，有些建筑要建于排水渠之上，这样排水渠则由明渠变为暗渠。如位于桂宫西北部第三号建筑遗址的第七号房

直城门门道之下的排水涵洞

子之下，有砌筑的排水渠，渠道内宽 0.9 — 1.12 米，高 0.88 — 1.12 米。渠壁以长条砖砌成，顶部用子母砖券顶，渠底夯打处理。渠顶券砖在汉代房屋地面以下约 0.92 米。暗渠东西长约 14.6 米，两端均在第七号房子以外。类似的排水渠在都城之内其他诸区亦应存在，有的还不只一条，或有多条，这些有待今后考古工作进一步究明。

都城中宫殿、官署等的排水设施，主要有地漏、排水管道。

地漏多发现于建筑群的一隅或天井院子中，一般位于地势较低处，便于雨水汇集。如未央宫中央官署遗址东院二号天井发现的地漏，位于天井西边；桂宫第二号宫殿建筑遗址 A 区发现的地漏，位于建筑群东北部，B 区发现的地漏位于三号天井中。地漏均为砖砌，大小不甚一致。如桂宫第二号宫殿建筑 A 区地漏，口呈方形，边长 0.6 米；B 区地漏，口近方形，长 0.34 米，宽 0.32 米。未央宫中央官署遗址东院二号院地漏，口呈长方形，长 0.8 米，宽 0.66 米。地漏结构也不一样，如未央宫中央官署遗址地漏，直接与五角形排水管道相接；桂宫第二号宫殿建筑遗址地漏，则与附

桂宫宫室建筑之下的排水涵洞

近砖砌排水道相连。

建筑群中的排水管道，是其重要排水设施。长安城中，许多重要建筑内的排水设施，是五角形水管道，陶质，表面饰斜绳纹，截面为五角形，底平，上尖，中空，一般长 0.62—0.67 米，通高约 0.4 米，底宽约 0.36—0.4 米，管道壁厚 0.06—0.07 米。管道顶部距当时地面约 0.1 米，因其顶部截面为人字形，分解、减轻了上面的压力。这种管道一个连接一个，形成较长的地下排水管道。有的地方排水量较大，设置了并列的两排五角形水管道，如未央宫中央官署建筑的东院二号天井西边的五角形排水管道。在长乐宫还发现了有上下两层的五角形排水管道，其排水量之大可以想见。这种排水管道的排列方式是，下层并列 3 排五角形排水管道，平底在下，尖顶在上。上层并列两排五角形排水管道，平底在上，尖顶在下，上层排水管道尖顶插入下层排水管道尖顶之间。这组排水管道宽 1.32 米，高 0.75 米，已清理长度 12.95 米。

五角形水管道

未央宫中央官署遗址地下排水管道

在建筑群的主体建筑之外，排水设施一般为露天的排水渠或排水沟，有的建筑群内排水管道的排水口，直接通至排水渠或排水沟内。如未央宫椒房殿北部有一南北长 55 米的排水沟，其上口宽 0.9 米，底部宽 0.7 米，沟深 0.6 米，沟壁以条砖砌筑。未央宫中央官署建筑东、西院之间有排水渠，渠口宽 3.2 米，底宽 1.3 米，渠深 0.8 米。东院的地下五角形排水管道西口，辟于排水渠东壁。除此之外，该排水渠还收纳东、西院邻近的屋顶雨水，因此排水渠为明渠。该渠流至中央官署建筑的院墙处，即变为以五角形水管砌筑的暗渠。

城壕之中收纳的城内排水，由南向北注入渭河。

长安城的给排水设施的重要特点，是生活用水采取开渠引水，挖池蓄水，导渠输水，提高地下水位，凿井滤水、用水。排除污水、雨水，则于建筑群内地下化，全城排水渠网化，由宫内排到城内，由城内排到城外，

长乐宫遗址地下排水管道

由城壕汇流至渭河。古人还注意到将给排水工程开挖的渠、池，与城市园林建设相统一。如昆明池、沧池、太液池等，不只是蓄水库，还是风景优美的池苑。这些都形成了中国古代都城给排水工程的重要特点。

城内和城郊的布局

长安城内的道路，将城里分成宫殿、市场、作坊和居住区等。宫殿区包括未央宫、长乐宫、桂宫、北宫和明光宫，占全城总面积的 2/3 以上，分布在城的南部和中部。宫殿区四周围以墙垣，形成宫城。五座宫城中，以未央宫和长乐宫规模最大、地位最重要。每座宫城之中，又有各种各样的宫室建筑。

市场在长安城西北的横门附近。

长安城中的手工业作坊，主要由官府掌握，并为官府服务。有的作坊设在皇宫之中，如未央宫中的东、西织室等。有的作坊分布在城内西北部，如铸币、冶铸、制作东园秘器的作坊等。

一般平民和官吏，居住在长安城北部和东北部。达官显贵，以居住在未央宫东部（东第）与北阙附近为荣耀。此外，北阙附近还有外国、少数民族地区的首领、使者和商人们的住地——蛮夷邸。城内的文化设施，诸如图书馆等，自然是为皇室服务的，一般都置于皇宫之中。

西汉中期是西汉王朝的鼎盛时期，国都长安这时也处于它发展的黄金时代。汉武帝不仅在长安城内大兴土木，而且还向城外大力发展，按照"夏宫"标准，营建了长安城北郊的避暑胜地——甘泉宫，营筑了长安城西邻"度比未央"的建章宫，大规模扩建了上林苑，使之变成了一座楼台亭阁耸立其间，珍禽异兽、奇花名果俱备的皇家公园。

古代统治者，把陵墓的营筑和都城建设看作一个整体。西汉帝陵除文帝霸陵和宣帝杜陵坐落于长安城东南之外，其余九座帝陵均分布在与长安

东汉纺织场面铜贮贝器

城相对的渭河北岸的咸阳原上。帝陵所在地的地势，一般高于都城。在咸阳原的九座帝陵中，有五座帝陵设置了陵邑，在渭南的两座帝陵，也均设置了陵邑。班固《西都赋》中"南望杜、霸，北眺五陵"，描述的就是环拱都城长安诸陵邑的情况。这是长安城很有特色的地方，如果把长安城比作一颗行星，那么诸陵邑就颇似这颗行星周围的卫星。

长安城及其离宫、苑囿和帝陵，构成了都城的统一整体。其布局，对以后我国历代王朝的都城建设有着深远的影响。

四

汉代长安的宫殿及其离宫、苑囿

西宫——未央宫

　　未央宫位于长安城西南部，包括今大刘寨、马家寨、小刘寨、柯家寨和东张村等多个村庄。长乐宫与未央宫分布于安门大街东西两边，因而又分别称为东宫与西宫，未央宫、西宫，又称公宫。"未央"为吉祥语，含无尽、永远、长寿、长生之意。

　　未央宫，又称紫宫或紫微宫。我国古代天文学家分天体恒星为三垣，中垣有紫微十五星，也称紫宫。紫宫是天帝的居室，之所以把未央宫称为紫宫，是因为它是天子的皇宫。

　　高帝五年（前202），刘邦派丞相萧何修建长乐宫。两年后，长乐宫建成。高帝七年（前200），刘邦开始兴建正式皇宫——未央宫，继续由萧何主持监造。萧何的未央宫建设原则，是以其建筑的壮丽，体现皇帝的"重威"。对于皇宫建筑的要求，是"亡令后世有以加"。高帝九年（前198），未央宫建成。不久，高祖就在未央宫前殿举行大型国宴，并为其父祝寿。未央宫虽然于高帝九年建成，但高祖一直以长乐宫为皇宫。刘邦死后，其子刘盈即位，始以未央宫为皇宫，终西汉一代未改其制。

　　新莽末年，未央宫在战火中遭受严重破坏。东汉初年，光武帝虽曾下诏对其进行修缮，但已难恢复昔日的宏伟壮观。东汉时期，顺帝、桓帝、献帝等均到过未央宫，董卓胁迫汉献帝迁都长安，还应该是以未央宫为皇宫。后赵建平三年（332），石虎攻占长安。建武十一年（345），他征发雍州（今陕西中部）、洛州（今河南洛阳一带）、秦州（今甘肃天水一带）、并州（今山西太原及陕北一带）等地16万人修筑未央宫，使未央宫得到了部分恢复。文献记载，南北朝时期的刘宋、北魏皇帝，均到过长安与未央宫。开皇二年（582），隋文帝在汉长安城东南创建新都大兴城，唐代更名长安城，汉长安城故址成了唐长安城禁苑的一部分。唐代初年，皇帝发怀古之幽情，还到未央宫凭吊古迹。贞观七年（633），太宗李世民仿效汉高祖刘邦在未央宫设酒宴为其父李渊祝寿。会昌五年（845），唐武宗还在未央宫中修复了249间殿屋。未央宫成了中国古代最著名的宫殿建筑群之一。

未央宫四周建有宫墙，形成宫城。考古勘探发现，宫城东西墙各长2150米，南北墙各长2250米，平面基本呈方形，周长8800米，面积约5平方千米，约占长安城总面积的1/7，是中国古代都城中宫城规模最大的。宫城北邻直城门大街，东距安门大街约750米，南面和西面邻近长安城南、

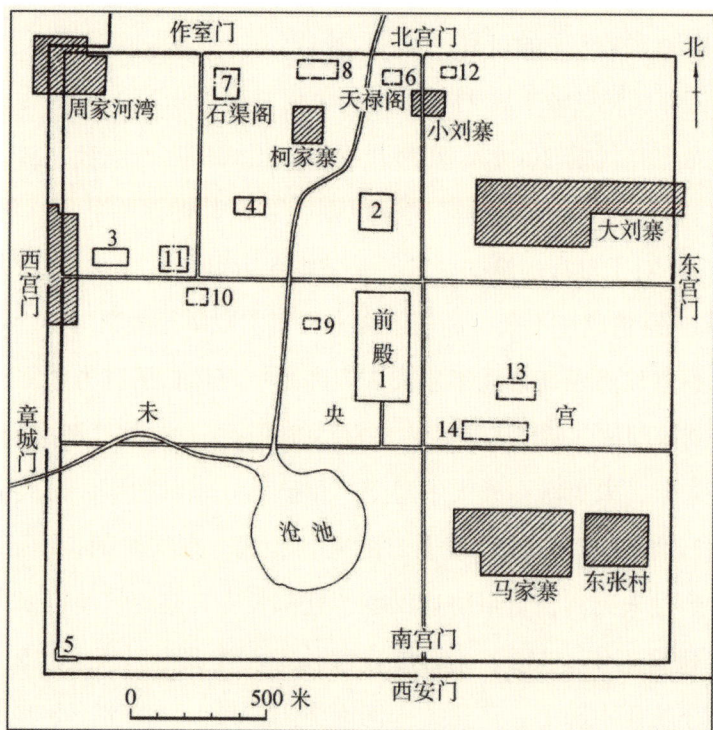

未央宫遗址平面示意图

西二城墙。

　　未央宫选址于龙首山北麓，为长安城内地势最高的地方，高程 385 —396 米。龙首山实际是条土梁，长 60 里，呈南北走向，南起樊川，北至渭河南岸。山的形势为北高南低，高处 20 余丈，低者六七丈。关于龙首山有个传说：秦时有条黑龙，从终南山出来，奔驰到渭河饮水，所经之地形成一条土山，山形犹如龙状，土山北部最高处似龙头高昂，故名龙首山。先秦时期，秦国国王在龙首山北麓修筑了章台。汉初，在章台基础上，又修筑了前殿。未央宫建筑以前殿为主体，其他重要建筑物分布在前殿周围，其中以前殿东南和西北部各种宫室建筑最为密集。根据历史文献记载，未央宫有各种楼台殿阁 40 多座。

　　战国时代盛行高台建筑，西汉时代长安的一些重要宫殿建筑，继承了这一传统，并在建筑规模和技艺方面，得到了进一步发展。未央宫中以前殿、石渠阁、天禄阁和柏梁台等为代表的宫殿台阁，是我国古代高台宫殿建筑中的杰作。

宫门

　　未央宫宫城四面各辟宫门，又称司马门。勘探已发现，未央宫南北各有一座宫门，东西各有两座宫门。南北二宫门，由宫城内的一条南北路通至前殿东侧。东西宫墙之上各有两座门，分别与未央宫内南北平行分布的两条横贯未央宫的东西向道路相连通。按照历史文献记载与当时宫城制度，未央宫应该有东西宫门各一座，除宫门之外，未央宫的其他门应称为掖门。但目前我们还不能认定，未央宫的东西宫墙之上的两座门，哪座是宫门或掖门。

　　萧何建未央宫时，于北宫门和东宫门之外，修筑了高大的阙楼——东阙与北阙，为萧何营筑未央宫第一期工程中的第一批重点建设项目。阙是

汉代的凤阙（引自《巴蜀汉代画像集》）

门前的两个高耸建筑物，对称分布于门外的门道两旁。皇宫宫门之前的阙，是宣布国家政令和张贴重要安民告示之处。根据礼仪，文武大臣进皇宫宫门之前，都要候于阙下，要在阙下想想自己有什么不足（即"缺"什么）。阙上有罘罳（fú sī），罘罳是用木头镂空雕刻成的各种连续的几何纹图形，观其形状，反复不得其解，所以称为罘罳，实际是复思，即反复思考。阙上装饰罘罳，就是要求大臣朝见皇帝行至阙下，要反复考虑其奏章与应答。皇宫宫门一般有门楣格两重，里重是青色，称青琐，因此宫门又称青琐门，为当时天子宫城所独有的门制。所以曲阳侯王根在自己建筑物上建造的门，形式如青琐门，被指责为僭上。

北宫门之外的阙址，目前尚未发现。西汉时代，与长安一水之隔的渭北咸阳原上，是汉朝皇室的陵区，其中长陵、安陵、阳陵、茂陵和平陵，均设置了陵邑，五座陵邑是京师重地，因而长安城和未央宫的北门，成为通往咸阳原的重要通道。从长安城内布局看，未央宫位于城内西南隅，桂宫、北宫和明光宫，均在其北与东北部，它们与未央宫之间的交通，自然以进出未央宫北门为方便。百官和外国酋长、使者到未央宫朝见天子，也入北宫门。

当时，进北宫门有南北向道路直达未央宫前殿。北宫门外有高大的阙楼，称北阙。西汉一代，谒见皇帝、上书奏事，都要到北阙之下等候召见。北阙之内有许多重要建筑，高入云天的柏梁台、学者云集的天禄阁等，都在北阙附近。北阙之外有许多达官显贵的宅第，他们以居住在北阙附近而深感荣幸。此外，北阙还是重要的行刑之处，楼兰王和南越王被斩首后，首级就是悬挂于北阙之下示众的。

西汉中晚期的历史记载中，多次提到未央宫有金马门。金马门，简称金门。此门名称的来历，是因为汉武帝得到了一匹大宛的良马，十分喜爱，于是下令仿照此马铸成了一匹金光闪闪的铜马，安放在当时的鲁班门之前，并更名鲁班门为金马门。汉代不少名人，如公孙弘、东方朔、主父偃、严安和徐乐等人，都曾待诏金马门。

东宫墙之门外南北两侧，对称分布着形制、大小相同的两个阙址，二者南北间距 150 米，阙址夯筑。二阙址东西长各 32 米，南北宽不尽相同，北部阙址宽 18 米，南部阙址宽 14 米。如果上述推测不误的话，这座宫门可能就是当年营建未央宫时所修筑的东阙，当然另一座东宫门，也就是未央宫的掖门了。

未央宫东宫门，有东西向道路直达未央宫前殿。从礼制上讲，未央宫东宫门，可能比北宫门更重要。诸侯王朝见皇帝都要进东宫门，因此有"朝诸侯之门"之称。出东宫门之路有驰道，可见这里还是皇帝出入的宫门。据《汉书·五行志》记载，西汉时未央宫的门阙共发生三起火灾，即"文帝七年六月癸酉，未央宫东阙罘罳灾""景帝中五年八月己酉，未央宫东阙灾""永始四年四月癸未，长乐宫临华殿及未央宫东司马门灾"。这些火灾均发生在未央宫东阙或东司马门，不见有未央宫其他方位门阙发生火灾的记载。上述三起火灾发生的时间，均在四月至八月，正是当地雷雨较多的季节，估计门阙失火，可能多与雷电所击有关。如果这一推测成立的话，或可认为未央宫东门阙，较其他方位的门阙，规模更高大宏伟，因此它或为宫城之正门。皇亲国戚来往于未央、长乐二宫，都要出入东宫门。

未央宫南宫门，与西安门基本南北相对，从宫门有道路通至前殿南部。西汉晚期，西安门之外分布有宗庙、社稷、明堂、辟雍、太学等长安城的礼制建筑群，因而是一座十分重要的宫门。对于西汉晚期汉长安城面朝后市、左祖右社的布局而言，南宫门对长安城和未央宫有着重要意义。

未央宫西宫门，位于原芦家口[1]村南，有东西向道路自宫门通往前殿。

未央宫除了4座宫门外，还有掖门，有道路与宫内重要建筑物相通。历史文献记载，未央宫的掖门有14座，大概宫城四面都有掖门。皇宫中的宫门和掖门，虽然都是人们出入未央宫的通道，但古代社会等级森严，什么样的人出入什么样的门，是由他们的政治地位和身份决定的。有的掖门另有称谓，如作室门即因作室而得名，辟于未央宫北宫墙，东南距石渠阁60米。《雍录》卷九记载："作室者，未央宫西北织室、暴室之类。"一般来说，作室门是作室中工徒们出入未央宫的门户。

宫城角楼

未央宫宫城四角修建有角楼。勘探了解到，宫城西南角楼遗址保存尚好，1988年至1989年，考古人员对其进行了考古发掘。

西南角楼遗址，位于今西安市未央区三桥街道车刘村北，西侧与南侧

1　为配合未央宫遗址的保护和申遗工作，芦家口村已拆迁。

未央宫西南角楼遗址

为汉长安城的西城墙与南城墙。角楼遗址夯筑，平面呈曲尺形，东西 67.4 米，南北 31.5 米。基址东西向部分南北宽 11.2 — 13.3 米，南北向部分东西宽 10.5 米。这种曲尺形平面宫城角楼形制，应是承袭了汉代以前早期宫城角楼建筑的特点。如洛阳东周王城的西北角；临淄齐国故城小城东北角的城墙加宽，尽管其边缘不甚整齐，但大轮廓呈现为曲尺形平面的建筑。平面为方形的城隅角楼，出现的时代较晚。如唐大明宫宫城西南、西北和东北城隅角楼遗址，均为方形夯土台基，边长 15 米。未央宫城隅的曲尺形建筑平面，也与西汉时期许多重要皇室建筑的城隅建筑平面形制相近。如孝宣王皇后陵园墙基一般宽 3.9 米，而在陵园东墙基北端（长 35 米）和北墙基东端（长 30 米），分别变宽为 10 米与 5 米，形成陵园东北隅建筑基址。再如汉长安城南郊礼制建筑中的宗庙，其主体建筑的院落四隅，均有曲尺形平面建筑遗迹。汉明堂遗址，也在围墙四隅各有一曲尺形平面的廊庑遗迹，每边长 47 米，宽 5 米。这种廊庑，实际上是城隅性质的安全防卫建筑。

宫殿与大朝正殿

宫殿是宫城中的主要建筑，依其使用功能不同分成各种类型。根据文献记载，前殿是大朝正殿，包括宣室殿（也称宣室阁）、后阁、非常室等。后妃宫殿群中以椒房殿为首殿，包括昭阳殿、增成殿、合欢殿、兰林殿、披香殿、凤凰殿、鸳鸾殿、鹓鸾殿、安处殿、椒风殿、常宁殿、发越殿、蕙草殿、茝（chǎi）若殿等众多后宫掖庭宫殿，此外还有云光殿、九华殿、鸣鸾殿、开襟阁、丹景台、月影台和临池观等。寝居、政务、文化等方面的宫殿，有清凉殿（也称延清室、清室）、飞羽殿（亦名飞雨殿）、白虎殿、曲台殿、金马殿、承明殿（亦称承明庐）、玉堂殿、麒麟殿（亦

未央宫前殿遗址（航拍）

名麒麟阁）、朱鸟殿、宣明殿、广明殿、昆德殿、金华殿、敬法殿、高门殿、天禄阁、石渠阁、柏梁台、钩弋殿、晏昵殿、长年殿、含章殿、大秘殿、龙兴殿、武台殿等。前殿约居未央宫中央，后妃宫殿多在前殿以北，文化性、咨询性殿阁在宫城北部，至于其他宫殿建筑，多在前殿东西两侧。未央宫北部和西北部，还分布着大量皇家手工业官署，如织室、作室等。

前殿

秦汉之前殿，即周之路寝，因此王莽当政后，复古改名未央宫前殿为王路堂，王路堂"如言路寝"。魏明帝改前殿名为太极殿，后代长期沿用此名。

在宫城中，前殿作为大朝正殿，居各殿之前，这应该就是前殿之名的缘起。前殿居未央宫中央，宫城内的宫殿、官署等建筑，均在其两侧或后部。这种布局，对后代宫城中前殿、太极殿或其他大朝正殿位置的安排有着深远的影响。如东汉洛阳城南宫中的前殿、北宫之德阳殿，曹魏邺北城宫殿区的文昌殿，建业城太初宫的神龙殿、昭明宫的赤乌殿，晋建康城、北魏洛阳城、东魏和北齐邺南城、隋大兴城、唐长安城等宫城中的太极殿，大明宫中的含元殿，隋唐洛阳城宫城中的乾元殿（武则天时改为明堂，玄宗时毁明堂又建含元殿），北宋开封城宫城的大庆殿，金中都宫城的大安殿，元大都宫城的大明殿，明清北京城宫城的皇极殿、太和殿等，这些正殿一般都在宫城之内东西居中位置，南与宫城正门相对，二者之间或无建筑，或仅南北设置几重门而已，其他重要宫殿均在其后或其东西两侧。

西汉时代，皇帝登基、大婚、发布诏书、接受朝谒、庆贺寿诞、驾崩入殡等重大活动，一般都安排在未央宫前殿举行。前殿更是皇帝处理日常国家政务之地。

前殿利用了龙首山丘陵形成的高台作为殿址。丞相萧何选择龙首山丘陵作为前殿台基有两方面的考虑：其一，是为了使前殿建筑高大、雄伟、壮观，从而体现皇帝的"重威"；其二，这样施工可节省大量财力和人力。这在西汉初年刚刚结束多年战争的情况下，是十分必要的。

前殿是未央宫的主体建筑，距东、西、南、北宫墙分别为 990 米、1060 米、860 米和 890 米。这种设计安排，应与古代天子的择中观念有关。前殿遗址的高大台基，至今仍高高耸立于汉长安城故址之中，南北长 400 米，东西宽 200 米，高 15 米，地势由南向北逐渐升高。台基由南向北，可分低、中、高三层台面，中间台面的主体建筑，是前殿的中心建筑物。未央宫前殿遗址，是目前我国历史上保存最完整、规模最大、最有代表性、时代较早的高台宫殿建筑遗址。前殿坐北朝南，正门为南门，南门在前殿基址南边约东西居中位置，东西面阔 46 米，现存南北进深约 26 米，此门或即文献记载之"王路朱鸟门"。前殿东西两侧与北面，均有上殿墁道。

未央宫前殿西南部建筑群遗址

前殿南门两边，筑有南墙。前殿中部和北部的东西两边，分别有封闭性廊道。前殿南门与宫殿之间，有一东西约 150 米、南北约 50 米的广场。前殿是一大型宫殿建筑群，包括南、中、北三座宫殿，其间有宏大的庭。前殿的南、中、北三座宫殿面积，分别为 3476 平方米、8280 平方米、4230 平方米。未央宫前殿的三殿布局形制，在后代宫城三殿之制方面有着清楚的反映，对后世影响深远。如唐长安城宫城中的太极殿、两仪殿、甘露殿，大明宫中的含元殿、宣政殿、紫宸殿，北宋开封城宫城的大庆殿、文德殿、紫辰殿，明南京城的奉天殿、华盖殿、谨身殿，明北京城的皇极殿、中极殿、建极殿，清代更名之太和殿、中和殿、保和殿。

前殿台基周围有附属建筑，如在前殿西侧南段和前殿南侧西段发现的南北与东西排列的 46 座房屋建筑群，南北长 128 米，东西宽 13.8 —15.4 米，平面大多为方形，长方形者较少。前者主要在中、南部，后者在北部。长方形房址面积较大，大多系库房或办公用房。方形房址大多为内外屋形

未央宫前殿西南部建筑遗址出土的木简

式，大概是供办公或居住使用。从这些房址中出土的兵器、工具、生活用品和木简等遗物来看，这组房址居住者可能是西汉至王莽当政时期一批服务于皇室的一般工作人员，他们在皇宫从事保卫、医疗和正常的管理、劳务等活动。这里出土的木简，是汉代都城考古中前所未有的重要发现。更为重要的是，它们出土于皇宫的大朝正殿范围之内。这批木简共有115件，为墨书隶字，木质为杉属。木简的内容，主要是祭祀、治病、健身等方面的。

未央宫前殿为高台建筑。高台建筑在战国秦汉时代相当流行，但不是什么建筑都能建成高台建筑，只有重要的建筑才采取这种形式。如齐国临淄城小城中的桓公台遗址，赵国邯郸城宫城中的龙台遗址，燕下都的武阳台、望景台、张公台和老姆台遗址，秦咸阳城咸阳宫牛羊村、纪家道高台建筑遗址等。需要指出的是，战国时代的上述主体建筑基址均为夯筑而成，未央宫前殿则是利用了当地龙首原高起的地形，仅四周加工夯筑而已。唐长安城大明宫含元殿为大朝正殿，也是利用龙首原东边南缘铲削加夯建成的高台建筑。这比战国时代的高台建筑基址的处理方法，既节省劳力，又达到了构建高台之目的。

历史文献记载，未央宫前殿之上的宫殿有宣室（或称宣室殿）、西厢、后阁、更衣中室、西堂、非常室等。宣室的主要功能是"布政教"，因而"非法度之政"，即使贵为皇亲国戚，也不能随便进入。皇帝经常在宣室召见治国安邦的社会名流贤达，讨论国家大政，委以重任。属于军政要事，皇帝召见其主要臣僚，也在宣室讨论。有时皇帝还在宣室举行盛大家宴。

前殿之上，还有皇帝冬居之温室殿、夏处之清凉殿。温室殿为汉武帝时修建，殿内有清洁卫生、设计别致的壁炉，炉内以木炭取暖。殿的墙壁上披挂着文绣的丝帛；殿中的木柱以清香的桂木制成；殿门之内设置能反射出五光十色的云母屏风；紫红色的地面之上，铺放了厚绒绒的西域地毯。每当冰天雪地的寒冻之季，进入温室殿，顿觉暖融融的。

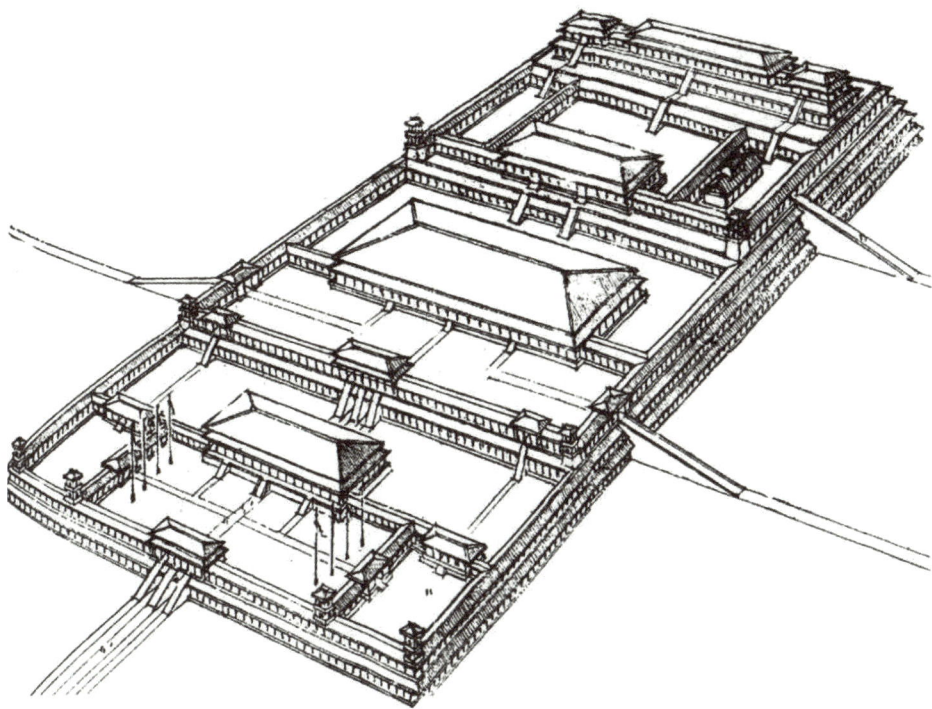

未央宫前殿遗址复原示意图（引自杨鸿勋《宫殿考古通论》第 235 页）

　　清凉殿又名延清室，殿内陈放着线雕图案的白玉石床，床上罩着紫色琉璃帐，床边放着盛有冰块的水晶石制作的鉴盘。《三辅故事》记载，汉武帝的宠臣董偃，就经常在清凉殿中休息。夏季的一天，董偃热得喘不过气来，他在清凉殿中，躺在玉石床上，仆人从凌室中给他取来大量冰块，放在殿内的冰鉴之中，他还觉得没有凉意。于是他索性将床边竹几上盛放冰块的水晶石鉴盘放在床上，靠近身边。仆人进殿后，看到董偃身边的水晶石鉴盘，以为是冰块置于石床之上，怕冰融而弄湿石床，于是用手拂动冰块和鉴盘，结果冰、盘俱碎。由此可见，鉴盘水晶之清莹，虽近在咫尺，冰、石难辨。

　　《三辅黄图》记载，前殿建筑之豪华，为其他宫殿所莫及。建筑前殿所用木材，是清香名贵的木兰和纹理雅致的杏木。屋顶椽头贴敷的金箔，在阳光照射下熠熠发光。大门上的鎏金铜铺首，镶嵌着闪光的宝石。回廊栏杆上，雕刻着典雅的图案。洁白无瑕的玉石般的础石上耸立的高大木柱，使殿堂显得格外壮观。紫红色的地面，金光闪闪的壁带，烘托得大殿富丽堂皇。

前殿的正门端门居南，王莽时改名为朱鸟门。门前有谒者十人，全副武装，手持长戟，日夜守卫。门内是广阔的庭院，中道安排在庭院东、西居中的位置。每逢朝会，庭院之中旌旗迎风招展，仪仗浩浩荡荡。功臣、列侯、诸将军列队站在西边，面向东方；丞相、御史、太常等文职官员列队站在东边，面向西方。庭院之北，则是前殿之上的三大殿。

椒房殿、昭阳殿和掖庭殿

皇后的宫殿称椒房殿，位于前殿北面，因此汉代文献中往往也以椒房为皇后的代称。《太平御览》卷一百八十五《居处部》引《汉官仪》载："皇后称椒房。"关于椒房的含义，有的文献记载认为，因其以椒和泥涂壁，使屋内呈暖色、散清香，故名椒房殿；还有文献记载，"椒聊之实，蕃衍盈升"，为取其意而名椒房殿。

椒房殿遗址，位于西安市未央区未央宫街道大刘寨村西 290 米，南距未央宫前殿遗址 330 米。1981 年至 1983 年，考古工作者对椒房殿遗址进行了考古发掘，发掘面积 12437 平方米。该遗址东西 130 米，南北 148.75 米，遗址主要分三部分，即正殿、配殿和附属房屋建筑。正殿位于椒房殿南部，配殿在正殿东北部，附属房屋建筑在正殿北部、配殿西部。正殿台基平面呈长方形，东西 54.7 米，南北 29 — 32 米。殿堂周施回廊，廊道均为方砖铺地。殿堂东西设有踏道，为出入殿堂的主要通道。殿堂台基之上的西北部有一地下房屋，平面为长方形，东西 8.7 米，南北 3.6 米。此房屋应为正殿地下室，或作为密室使用。皇帝后妃的宫殿之中设置地下的密室，

未央宫椒房殿遗址（航拍）

在其他汉代后妃宫殿遗址中也有发现。

　　配殿范围南北 86—87 米，东西 44.5—50 米，由南、北二殿组成，二殿之间和北殿北部，各有一座庭院。配殿之内，分布有 5 条巷道。

　　配殿之南殿台基，东西 50 米，南北 32.5 米。北殿台基东西 43.5 米，南北 23.2 米，属于配殿的后殿。

　　椒房殿巷道均分布于配殿遗址区内，主要在配殿西部，其中 4 条巷道在南殿，1 条在北殿。这些巷道在古代建筑遗址中罕见，其分布位置、形制结构和使用功能的研究，将对探讨与之相关的建筑物性质至关重要。配殿巷道原来构筑于宫殿地面以下，属于地面之上看不见的地下通道，或称暗道。这些巷道穿行于宫殿地面以下，连接着建筑群中的有关部分。比如配殿南北两座庭院之间，由四号巷道连接；由配殿南部进入南殿北部庭院，可通过二号巷道；由正殿北部附属建筑群进入配殿庭院或北殿，均可通过一号巷道和二号巷道，再转入三号、四号巷道即可。反之，由配殿进入附属建筑亦然。巷道方便了宫殿建筑群内的来往交通，同时还不影响宫殿里的正常活动。在巷道中来往，还可能有保密的作用。这就是为什么在西汉后宫宫殿建筑群遗址的考古发现中，不止一处建筑遗址中清理出这类巷道建筑遗迹的原因。

椒房殿遗址，是中国古代皇后宫殿遗址中非常重要的一处。

帝王后妃之宫称后宫，先秦时代，后宫又称北宫。北宫是根据宫的相对方位命名的，对照物应为路寝，即帝王后妃之宫在帝王路寝之北，故名北宫。因为路寝和北宫所取方向均为坐北朝南，从方位而言南为前、北为后，故秦又称路寝为前殿，为相对后宫而命名。椒房殿遗址位于未央宫北

未央宫椒房殿巷道遗址

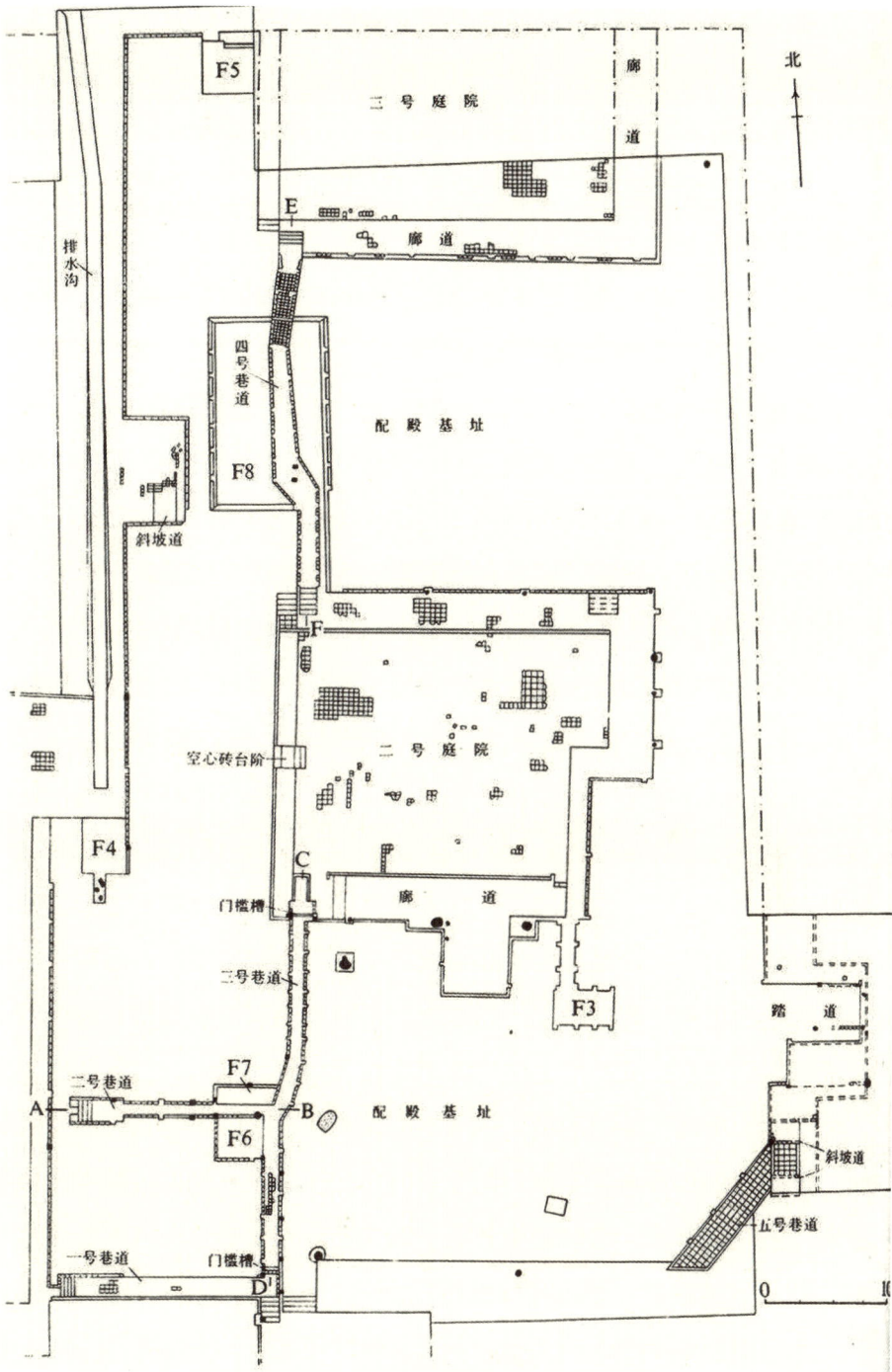

F5

三号庭院

廊
道

北

排
水
沟

E

廊　道

四
号
巷
道

配　殿　基　址

F8

斜坡道

F

空心砖台阶

二　号　庭　院

C

门槛槽

廊　　道

F4

三号巷道

F3

踏　　道

F7

二号巷道

A

B

配　殿　基　址

F6

斜坡道

一号巷道

门槛槽

D

五号巷道

0　　　　10

椒房殿巷道分布示意图

部，南邻前殿遗址，而前殿北部应为后妃宫殿建筑区。作为同属后妃之室的掖庭、椒房，均应在前殿之北。椒房殿是后宫的首殿，自然要比婕妤以下妃嫔宫室离前殿更近一些，规模也更大一些。椒房殿故址位置的基本确认，结合文献记载，使我们可以推断掖庭的大致方位。后宫在前殿基址北部，椒房殿应该在后宫的最南部，也就是说后宫中的掖庭，应该在椒房殿故址以北，主要应该分布在石渠阁遗址、承明庐遗址的东南部，天禄阁遗址以南，少府（或其所辖官署）遗址以东。

西汉皇帝后宫妃嫔、宫女数量多得惊人，皇帝把她们分成昭仪、婕妤、娙娥、傛华、美人、八子、充依、七子、良人、长使、少使、五官、顺常和无涓 14 个等级。汉武帝时，皇帝的后妃宫殿分为八区，有昭阳、飞翔、增成、合欢、兰林、披香、凤凰和鸳鸯殿，后来又增修了安处、常宁、茝若、椒风、发越和蕙草殿，共 14 座，因而后妃宫室建筑规模相当庞大。

汉成帝的爱妃赵飞燕，因其贵倾后宫，住在昭阳殿。昭阳殿也称昭阳舍，由建筑师丁缓和李菊负责建造，建筑十分考究，居后宫诸殿奢华之首。昭阳殿，也是以花椒粉和泥涂抹墙壁，大庭之上涂饰富贵的朱红色，整个宫殿涂上各色光亮照人的大漆。殿的椽梁上，雕刻着萦绕其间的蛇龙纹饰，龙鳞蛇甲，分外显明，栩栩如生，观者讶之。墙壁露出的横木之上，镶嵌着醒目的鎏金铜饰，铜饰之上镶嵌有蓝田美玉制作的玉璧、闪闪发光的明珠和墨绿色的翡翠。昭阳殿中，用绿色玻璃制作的窗扉和熠耀夺目的门帘相映成辉。门帘是以五光十色的珍珠串联而成。清风徐来，门帘摆动，宝珠轻碰，声如珩佩，如临仙境。门帘挑起，映入眼帘的是金黄色的硕大铜铺首，鎏金的铜门槛夹置于洁白的玉石门臼之间。进入殿内，殿上陈列着跃跃欲飞的九条金龙，龙口之中各衔一枚九子金铃，五色的流苏，绿色的绶带，使人目不暇接。雕画精细的屏风背后，陈设着清雅的玉几和玉床。玉床之上有白皙象牙制作的席子，其上又铺设着名贵的墨绿色熊毛织成的毛毯。晴天丽日，阳光射入殿内，各种颜色交织在一起，令人眼花缭乱，无怪乎时人称誉昭阳殿"巧为天下第一"殿。

婕妤以下的皇帝妃嫔，都住在掖庭。掖庭也是一组宫殿建筑，包括丹景台、云光殿、九华殿、鸣鸾殿、开襟阁、临池观等。虽然掖庭比椒房的主人地位低，但作为皇帝宠幸妃子们的居室，其建筑自然也是富丽堂皇的。

文化性建筑物

未央宫中的文化性建筑物，大多用于存放图书、历史档案和开展学术活动。主要的文化性建筑物，有石渠阁、天禄阁、麒麟阁、承明殿等。

石渠阁位于未央宫西北部，北距北宫墙 60 米，与天禄阁东西相距 500 米，遗址在今柯家寨村西北 250 米。此地曾出土过"石渠千秋"文字瓦当，应为石渠阁建筑使用的瓦当。石渠阁遗址地面现存夯土台基高 8.74 米，台基底部东西 77 米，南北 65 米。经勘探，石渠阁基址南北 100 米，东西 80 米。石渠阁因石渠而得名，所谓石渠，即以砻石为渠。秦朝末年，刘邦率军进占咸阳后，萧何收秦朝图书典籍和档案。据传，萧何主持修建了石渠

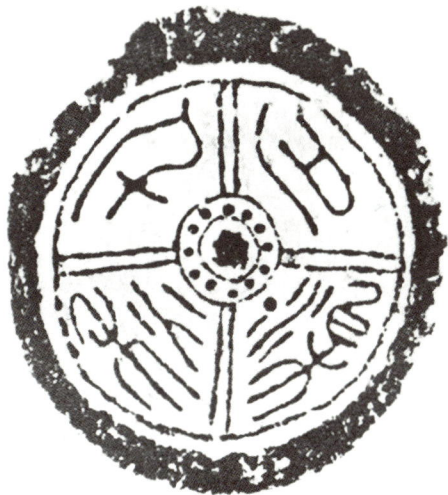

"石渠千秋"瓦当拓片

石渠阁遗址

阁，将上述档案资料藏于其中。石渠阁实际是西汉时代中央政府的图书馆和档案馆之一。由于石渠阁中有大量图书和档案材料，许多著名学者、文人都曾到那里查阅过资料。西汉中晚期，石渠阁又成了长安城中著名的经学研究中心，皇帝在石渠阁亲自召集、听取学者研讨五经，学者们在这里谈古论今、说天道地。大学者韦玄成被任命为淮扬中尉后，皇帝就曾诏命他与萧望之和五经诸儒在石渠阁召开学术讨论会。此外，当时的社会名流和文人施雠、梁丘临、欧阳地余、林尊、周堪、张山拊、张生、薛广德、戴德、戴圣和刘向等，都曾在石渠阁举行过各种集会和活动。

天禄阁位于未央宫北，遗址在今小刘寨村西北天禄阁小学旧址内。据传这里曾出土"天禄阁"文字瓦当和天鹿纹饰的瓦当。天鹿又称白鹿，是一种象征祥瑞的动物。汉代也把一种似狮如虎的动物，添加上双翼，称其为天禄，或名辟邪。它们多为石刻，也有玉雕者。当然，天禄作为吉语，也可释为天赐福禄。天禄阁遗址地面之上现有一夯土台基，高约10米，底部平面近方形，边长约20米。经勘探，天禄阁遗址的夯土基址，东西55米，南北45米。基址南边正中向南伸去的夯土范围为：南北15米，东西25米。现在夯土台上，还有后人修建的刘向祠，是人们为纪念西汉时代大学者刘向在天禄阁整理典籍、著书立说而修建的。

　　麒麟阁也称麒麟殿，据说是汉武帝时，人们掳获了一只麒麟，为了纪念这件事，武帝下令修筑了这座建筑，并将麒麟的图像绘于殿阁的墙壁之上，这就是麒麟阁名称的由来。麒麟阁的另一重要功能，是作为纪念堂使用。麒麟阁内的壁画十分著名，壁画内容是西汉功臣的图像，绘制逼真，呼之欲出。汉宣帝甘露三年（前51），匈奴首领单于来到长安，谒见汉朝天子，皇帝为了纪念这件事，就把许多功臣的画像作为壁画，绘于麒麟阁上，人像旁刻有各自官爵、姓名。在纪念性建筑物中绘制功臣像的做法，

天禄阁遗址

为后代所继承：东汉明帝思中兴功臣，乃图画太傅邓禹等二十八将于南宫云台，并诏议郎为其作颂文；唐太宗李世民在唐长安城太极宫凌烟阁内，图绘唐朝功臣勋将 24 位。其后，有唐一代的高宗、代宗、德宗、宣宗等，均曾在凌烟阁图画功臣画像。这些应该是受到汉武帝在麒麟阁图画功臣画像的影响。麒麟阁也是藏书之地，大文人扬雄就曾在此校阅图书。

承明殿，又称承明庐或承明庭。承明殿属于著作之庭、著述之所，又是西汉王朝皇室延招儒生、文人之处，文人学者们在这里饮酒作赋、著书立说。承明殿始建于西汉初期，新莽末年被战火所毁。关于承明殿的位置，可以从新莽末年反王莽军队进入未央宫之内的战斗路线窥知一些。新莽末年，更始兵攻入未央宫的进军路线，即从作室门进入，再火烧承明殿和掖庭，又追王莽至前殿。作室门在石渠阁西北 60 米，掖庭、椒房之后宫在前殿北部、石渠阁东南部，承明殿应该在掖庭与石渠阁之间。考古调查发现，石渠阁遗址以东 210 米、天禄阁遗址以西 160 米，即今柯家寨村北有一大型建筑基础，该遗址东西 150 米，南北 50 米，可能就是承明殿故址。

金马殿与承明殿往往并提，均被视作著作之庭，金马殿的庭院之门，可能就是金马门。

曲台殿和金华殿，是讲经授礼的地方，所谓"曲台说礼、金华说书"就是这个意思。曲台，也是学者们校阅经典、著作文章的地方。如汉成帝曾让后仓在曲台校书著文，后仓在曲台高谈阔论礼教之学达数万言，所以人们送了他个绰号——曲台说。曲台官员有署长，孟喜就曾出任过此职。郑宽中、张禹，也曾在金华殿给汉成帝讲解《尚书》《论语》等。

未央宫中还有朱鸟堂，也称寿成朱鸟堂，主要收藏地理方面的书籍。西汉末年，全国各地的地理学者都汇集于朱鸟堂，校阅地理书籍。

其他建筑设施

少府官署遗址，位于今西安市未央区未央宫街道柯家寨村西南，东南距未央宫前殿遗址 430 米，东距椒房殿遗址 350 米，遗址在未央宫西北部。

少府是汉代九卿之一，专门负责管理皇家财政和皇宫给养，收取全国的山海池泽之税。

少府是皇帝的总管，机构庞大，属官众多，在九卿之中位居第一。根据文献记载，少府及所辖的尚方、永巷、宦者、钩盾、内者、织室、太官、汤官等官署，均在未央宫中。

文献记载，未央宫中的少府诸官署，大多分布在未央宫西北部，为此在石渠阁西部的未央宫北宫墙上辟有作室门，为方便少府各作室、工徒出入之门。从作室门有南北路通入未央宫内，南与前殿北部横贯未央宫的汉代东西路交汇。在这条南北路附近，有少府管辖的各种作室。少府及其主要官署，应在前殿和天禄阁遗址南北线以西作室门内汉代南北路附近，前殿北邻东西路以北，石渠阁与天禄阁东西线以南，主要在今小刘寨以西和柯家寨一带。根据考古资料，少府（或其所辖官署）建筑遗址，就在这一范围之内，而且又是这一区域中距前殿和椒房殿遗址最近、规模最大、建

少府遗址出土"汤官饮监章"封泥

筑最为考究的一组宫殿建筑群遗址。该遗址内还出土了数量众多的少府属官"汤官饮监章"封泥。

少府（或其所辖官署）主体建筑，在少府建筑群东西居中位置，东西两侧为附属建筑，北面为庭院，东侧附属建筑东边有南北通道。

主体建筑为大型殿堂，由南北排列的两座宫殿组成。南部宫殿面阔 7 间，进深 2 间，东西 48.6 米，南北 17.5 米。宫殿坐北朝南，南边有东西排列的 6 根檐柱，殿内约于进深南北居中位置，有东西排列的 6 个大础石，础石间距各约 7 米。础石置于础墩之上，础墩夯筑，表面以石板包砌。础墩呈覆斗形，底边长者 5 米，短者 4 米，高约 1 米。宫殿地面铺设地板，地板之下构筑基槽，槽壁包砌石板。

北部宫殿，面阔 5 间，进深 2 间，东西 31 米，南北 12.9 米，宫殿坐南朝北，与南部宫殿建筑形制基本相似，仅规模较小、宫殿方向相反。宫殿北边有东西排列的 5 根檐柱，其间距均为 7 米。檐柱以南 8.5 米，有东西排列的 4 个大础石，其间距亦各为 7 米。北部宫殿地面，亦铺设地板。

庭院位于北部宫殿以北，平面长方形，东西 54.4 米，南北 14.7 米。庭院东南角和西南角，各有一间小房屋。庭院北部，为东西向廊道。

主体建筑——南部和北部宫殿东西两侧，各有一个大型房子。北部宫殿东西两侧的房子，大小、形制基本相同，保存亦较好。

北部宫殿东侧房子，东西 10.1 米，南北 10.2 米，房子平面为方形。屋内地面铺设地板，其下构筑基槽。基槽内设置南北 7 排、东西 5 行垫石，排距南北 1 米，行距东西 1.4 米。基槽内垫石，除个别仍保存之外，大多已不复存在。通气道辟于大型房子北边的东、西端，东、西壁砖砌，底部铺砖。通气道至庭院南边。

北部宫殿西侧大型房子（编号 F4），东西 11.35 米，南北 8.25 米。通气道辟于房子北墙东、西端。房内地面铺地板，地板以下构筑基槽，其中有垫石，南北、东西各 7 排，置于砖垛之上。砖垛以条砖叠置，上下 6 层。

砖垛面与基槽面，为同一平面。基槽地面均铺素面方砖。地板以下基槽与东西二通气道相连，形成空心对流。东通气道长 5 米，宽 0.8 米，高 0.6 米；西通气道长 5.3 米，宽 1.1 米，高 0.6 米。二通气道均为底部铺砖，东西壁均以条砖包砌。

　　上述两座房子规模较大，建筑考究，列置于主体殿堂两侧，很可能为此建筑主人的生活起居之处。

　　少府（或其所辖官署）建筑群的另一重要建筑，是主体建筑群东部附属建筑中的一座半地下仓储建筑（编号 F7）。现存遗址，上部东西 11.1 米，南北 8.6 米；底部东西 7.9 米，南北 5.7 米。四壁呈坡状，底部至原墙基面高 1.4 米。底部有南北 4 排、东西 5 行花岗岩础石，共计 20 个。门道辟于南壁，南北向，宽 1 米，长 8.6 米，由北向南逐渐升高。这是一座木构半地下多层仓储建筑物，在这座房屋的底部发现了 1892 枚货泉，出土时，穿钱的绳子还依稀可辨，货泉似未曾使用过。此外，这里还清理出

少府遗址 F4

少府遗址 F7

"汤官饮监章"封泥。

　　少府（或其所辖官署）建筑群东北部和东南部，分别有南北二通道。

　　南通道，较北通道规模大、结构复杂。南通道与北通道南北相对，通道西部有一小房屋，为传达室一类性质的建筑，坐北朝南，南墙西部辟门。房内墙壁夯土之外贴砌石板，石板表面抹麦糠泥，其上再刷白灰。屋内地面以方砖墁地。在这座房子里，清理出土了上百件封泥，其中重要的有"司马喜章""□史□之印""掌牧大夫章""掌厩大夫章"和"汤官饮监章"。据《史记·太史公自序》记载，司马迁之父为太史公司马谈，司马谈之父为五大夫司马喜，由此推测"司马喜章"封泥，或与司马迁祖父司马喜有关。经考证，"□史□之印"很可能是西汉中后期的"太史令之印"。"掌牧大夫章"和"掌厩大夫章"封泥，均应为主管皇室牧苑和诸厩之官吏遗物。出土封泥中最为重要的，是"汤官饮监章"封泥，出土数量多达 54 件，集中在传达室内发现，这进一步证实，此建筑与少府所辖之汤官饮监关系密切。传达室东侧为通道，通道分为南部平道和北部坡道，二者之间置门槛。南通道以东有水井一眼，井台长 4 米，宽 3.3 米。

北通道东邻水池，水池东西 15.5 米，南北 50 米，池壁贴砖，池内堆积中发现大量螺壳。

未央宫少府（或其所辖官署）建筑，毁于王莽末年长安城中的战火。在主体建筑东部附属建筑之一——半地下仓储建筑堆积中，发现数以千计的王莽货泉，仍然码放整齐，未经扰动，证实了该建筑使用时期的下限时间。

在中国古代宫殿遗址的考古发掘中，少府（或其所辖官署）建筑遗址保存之完好、布局之复杂、形制之特殊，都是很少见的。

少府（或其所辖官署）的建筑布局，是以大型殿堂为主体建筑。殿堂分成南、北二殿，二者一前一后，南殿面积 706 平方米，北殿面积 400 平

少府遗址出土的封泥

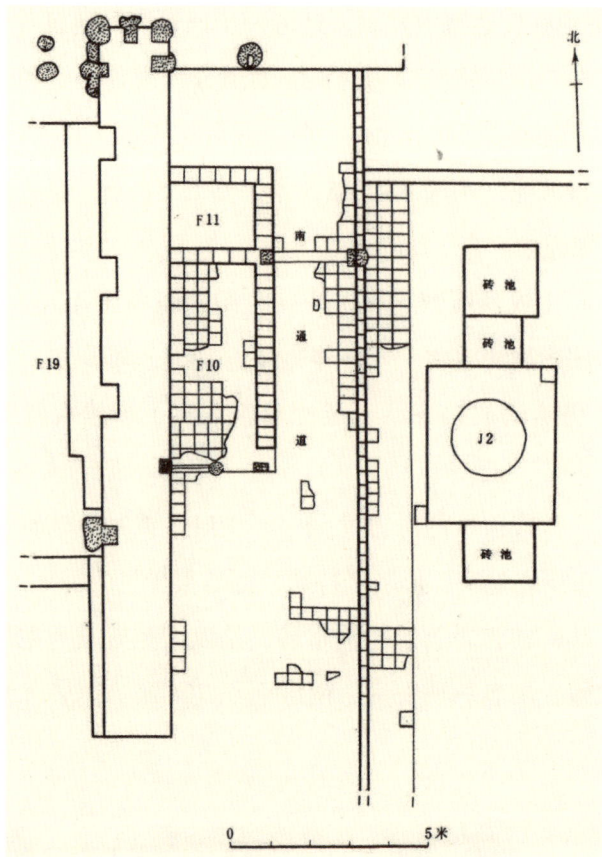

少府遗址南通道平面示意图

方米。根据调查勘探，南殿之前（南部）还有广场，北殿北部的庭院已发掘，面积约 800 平方米。主体建筑两边，布列若干附属性房屋建筑，南殿东、西两侧的建筑，应与公务活动有关；北殿东、西两侧的建筑，则似与生活起居相关。再向东、西两侧发展的建筑，则属于少府（或其所辖官署）公用性附属建筑，如通道、仓储设施、井池之类设施等。少府作为官署建筑，主次关系明显，主体建筑择中居前，与皇室建筑的主要布局原则是一致的。

少府（或其所辖官署）建筑的形制特点，主要反映在建筑物的地面结构处理方面。建筑群的主要殿堂和房屋建筑地面均铺设地板，这在以往的古代建筑遗址发掘中是少见的。过去虽曾有极个别房屋发现铺地板遗迹，但像少府（或其所辖官署）这样大规模建筑群中，主体建筑和大多数房屋地面均铺设地板，还是首次发现。设计、施工者们在支持地板的础墩表面和基槽四壁包砌了石板，房屋地板之下设置了双通风道。这样防止了基槽内潮湿，使地板下的空气与室外的空气对流。有的大型房屋和殿堂，虽未发现通风道设施，但其檐柱处亦进行了同样技术处理。

少府（或其所辖官署）建筑群东北的水池较大，面积为 775 平方米，池底清理出来的大量螺壳说明，这里可能用于水产养殖。当然，作为建筑群的一个组成部分，这一大面积的水池，又使其景观更为宜人。

未央宫中央官署东北部建筑遗址

中央官署遗址

未央宫西北部的中央官署遗址，位于西安市未央区未央宫街道原芦家口村东。中央官署遗址，东距前殿遗址 850 米，西距未央宫西宫墙 110 米，南至前殿北边横贯宫城的汉代东西路 35 米。

中央官署建筑，是一座封闭式的大型院落建筑。院落四周围筑夯土墙，院落东西居中位置有一南北向排水渠，将院落分成东、西两部分，简称东院与西院。

院落东西 133.8 米，南北 68.8 米。院落四面围墙的内外墙壁均有壁柱，在北墙、南墙和西墙之外，修建有廊道。

东院东西 57.2 米，南北 68.8 米。东院的东墙即大院落的东墙，东院的南墙和北墙，分别为大院落南、北墙的东部一段。东院西墙，在排水渠东边。

东院发现北门和西门各一座，北门位于东院东北角，辟于东院北墙东部，门道面阔 1.1 米，进深 1.6 米，可能是官署中的生活用门或后门。西门位于东院西南角，辟于东院西墙南端，门道面阔 1.2 米，进深 1.5 米，为大院落之内沟通东院和西院的唯一门道。

根据发掘的东院建筑遗址分析，东院东南角可能还有一门，辟于东院南墙东端或东墙南端。

东院之内有南、北两排房屋，二者间距 23.3 米。两排房屋的南面，各自均有天井与回廊。

东院南排房屋并列 3 座房子。东边房屋为长条形，南北 26.4 米，东西 5.1 米。中间和西边的房屋，均为坐北朝南的长方形房屋，前者东西（面阔）20.05 米，南北（进深）8.4 米，南墙辟门；后者东西（面阔）25.3 米，南北（进深）8.4 米，该房屋有南、北二门。此房北墙外侧有一楼梯基址，基址东部连一坡道，应是南排房屋登临其上层房屋楼梯的遗迹。南排房屋之南有天井，东西长 35 米，南北宽 10.6 米，天井东、西、北三面置廊。

北排房屋也是东西并列的 3 座房子，平面均为长方形，进深（南北）各 8.4 米，方向皆坐北朝南，南墙辟门。自东向西 3 座房屋，面阔（东西）依次为 19.8 米、13.2 米和 17 米。东边房屋中有一南北向木板隔墙，将该房分为东、西二室。东边房屋除南墙辟一门于西室外，北墙与东室相对处亦辟一门，形成北门，此门也是东院和大院落的北门。北门东北侧有一小房屋，功能似为东院和大院落东北部的传达室。传达室西边 2.2 米，有一眼官署工作人员生活用水之井。在东院中部南北排房屋之间，设置了天井。

西院东西 73.2 米，南北 68.6 米。西院西墙即大院落西墙，西院南、北墙，分别为大院落南、北墙的西段，西院东墙东邻排水渠。西院有东门和南门各一座，东门位于西院东南角，西院东墙南端辟门，与东院西门隔排水渠东、西相对。南门亦位于西院东南角，西院南墙东端辟门，既是西院的主要门道，又是中央官署建筑大院落的主要门道。

中央官署北部建筑遗址

西院之内也有南北两排房屋，二者间距 19.5 米，两排房屋之间是天井、回廊和亭子。南排房屋与院子南墙之间，为天井和回廊。

南排房屋东、西并列 3 座，均为坐北朝南，进深约 6.7 米，南墙辟门，门道进深 1.5 米，除西边房屋门道面阔 2.1 米外，其余两座房屋的南门，面阔均为 2.45 米。中间和西边的房屋，面阔都是 21.5 米，东边房屋面阔 17.3 米，东边和中间房屋之间，有一东西宽 4.4 米的通道。在东、西两边房屋的北墙边，各有一楼梯基座遗迹。

南排房屋之南为天井，天井东西 57 米，南北 6.1 米。

北排房屋，东、西并列 4 座，均为坐北朝南，南墙辟门，门道形制、大小相同，门道面阔 2.2 米，进深 1.5 米。4 座房屋平面均为长方形，进深皆为 8.4 米。

北排房屋之南和南排房屋之北，东、西并列二天井。

西院南排房屋东南角有一小房屋，东西 4.2 米，南北 2 米。小房屋坐北朝南，与西院南门南、北相对，其南邻西院东门、西邻南排房屋东边房子的南门，小房屋南墙西端辟门，应为西院和中央官署大院落的传达室。

中央官署建筑群规模庞大、浑然一体，建筑群内部的排水设施十分重

修复展示的中央官署建筑遗址（未央宫第三号建筑遗址）

要。从考古发掘了解的情况看，这座建筑群有着完整而系统的排水设施，包括排水渠、地漏和地下排水管道。

中央官署建筑的排水渠，位于东院和西院之间，南起院落南墙，向北通过北院墙地下排水道流出院外。排水渠为南北向，在大院落之内，排水渠为明渠，既可将排水渠东、西两边建筑物屋顶雨水直接收纳入渠，又可将东院和西院天井的积水通过地漏和地下排水管道导入渠内。

中央官署建筑群之内发现的地下排水管道，均通至天井的地漏处，管道为汉代流行的陶质五角形。地下排水管道顶部，一般在汉代地面以下 0.1 米。根据排水量大小，地下排水管道有单行的，也有双行的，后者显然是因排水量大而安装成并行双股的。院落内的排水设施，是在院落施工之前统一设计好的，而且是先进行地下排水设施的修建，然后再进行地面以上建筑的施工，这从建筑物夯土基址压在排水管道之上即可佐证。

中央官署建筑遗址出土遗物比较丰富，其中出土的 6 万多枚骨签，是汉代考古的重大发现。

从清理出来的中央官署建筑遗址布局、规模和遗物分析，这个遗址不是大型宫殿，也不是一般生活起居之处。此建筑群中共有单体房屋 15 座，其中有 2 座规模甚小，即东院东北角和西院东南角的传达室。其余房屋规模较大，最大的房屋面积 215.04 平方米，最小的房屋面积也有 109.2 平方米。房屋的形制基本相同。从遗址出土相关遗物来看，不仅院落周围有严密的警卫防守，而且院落之内各个房屋亦戒备森严。如东院南排房屋的西边房子，其北门外两侧发现的铁戟，应为当年守门卫士所执兵器。

中央官署建筑遗址，主要是作为官署的机要档案库，出土的主要遗物是骨签，计 6 万多枚，时代跨越上百年。骨签大多出土于房屋之内或附近，而且多集中分布在房屋的墙体旁边，推测原来骨签应放置在这些房屋之内靠墙而立的架子上。从骨签刻文知道，它们来自多处，但出土时发现刻文反映相同地区的骨签大多出于同一房屋附近。这又说明骨签的放置保存，也是按不同地区分别管理的。在东院和西院的南排房屋北部，发现楼梯基址遗迹，说明原来这些房屋建有二层楼，其上层亦应放置了为数可观的骨签。据上所述可以看出，这座官署的主要职能，是收藏作为国家或宫廷档案的骨签。

未央宫中央官署遗址出土的汉代骨签，是汉代考古的重大发现，主要是因为骨签出于汉代首都的皇宫之中，而骨签文字内容，又直接与皇室和中央政府有关，其意义自然非同一般。

中央官署遗址考古发掘出土的骨签 6 万多枚，其中刻字骨签约 57000枚，无字骨签近万枚。

骨签以动物骨骼（主要是牛骨）制作而成，形制、大小相近。骨签长 5.8 —7.2 厘米，宽 2.1 —3.2 厘米，厚 0.2 —0.4 厘米。上、下端呈圆弧形，一般下端较尖。骨签正面上部加工磨光成平面，文字刻于其上。中腰一侧有一半月形凹槽，因骨签文字内容种类不同，凹槽在骨签左右侧边位置各异。骨签绝大多数是两个一对，每对骨签由半月形凹槽位置相反的两个骨签组成。两个骨签背面相对捆系，捆签的绳子通过半月形凹槽，捆得牢，绳子不滑脱。每对骨签的大小、颜色、形制相同（但半月形凹槽位置相反）。骨签以白色或黄白色数量最多，此外还有一些为灰色、黑色和褐色。后三种骨签的颜色，是因不同理化因素形成的。

根据骨签文字的内容，可将其分为两种：第一种，多为物品代号、编号、数量、名称、规格等。这种骨签上的文字，一般竖行一行，字数少者 3 个字，多者 6 —7 个字。从文字内容来看，主要属于弓弩、箭镞等兵器和器物编号两大类。如骨签中有："甲二万一千七百"（3:03507）、"乙万四千四百卅六"（3:03777）、"丙万二千一百九十六"（3:03268）、"丁四万二千三百卅八"（3:07952）、"第三万二千三百六十四"（3:03228）、"服六石"（3:00041）、"力五石三钧廿三斤"（3:10371）、"大黄力卅石"（3:13547）、"乘舆力十二石"（3:0034）、"射三百八十步"（3:08647）等。

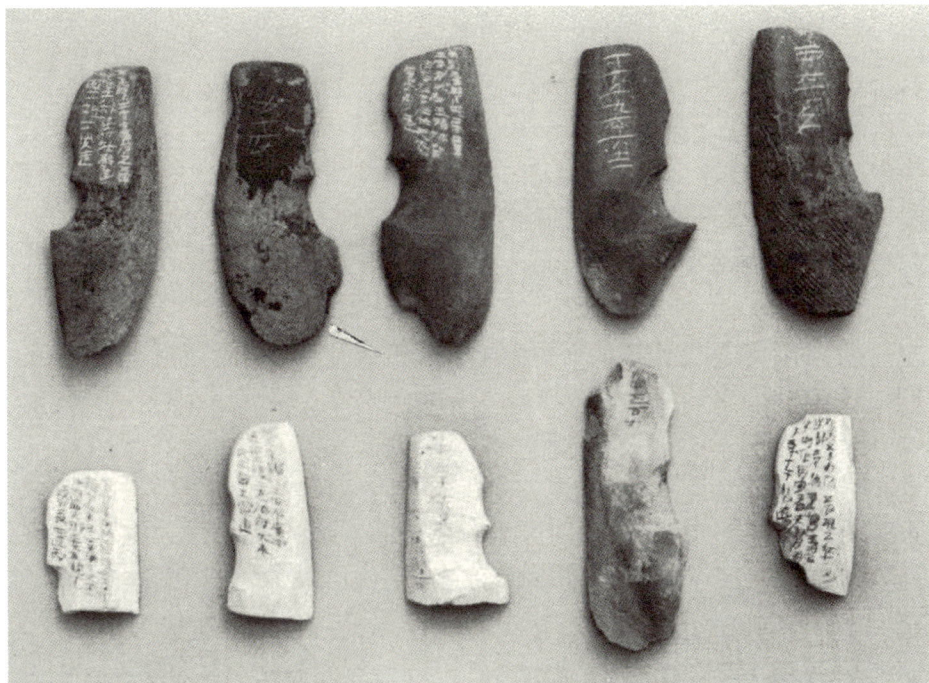

中央官署遗址出土的部分骨签刻文

第二种，为年代、工官或官署名称、各级官吏或工匠的名字。骨签上的文字一般竖行 2—4 行，字数少者 10 余字，多者 30—40 字不等。如骨签中有：

3:07194　　元年，河南工官令霸丞广成

作府胜工夫先造

3:08189　　始元年，南阳工官令捐守丞

纠作府啬夫仡尤工秋工

成当时造乙

3:04899　　元康三年，颍川护工卒史福工

官令湖游丞汤掾贤令

史奉冗工广工昌

造乙

3:00495　　永光四年，光禄弩官郎中

　　　　　　晏工辅缮力六石

3:00359　　神爵四年，卫尉旅贲令铠丞

　　　　　　万年啬夫临工易缮

　　　　　　六石

通过对骨签刻文内容的研究发现，其出现时间可能在西汉早期。中央官署建筑遗址出土的刻文，有"工官"文字的 2 万多件骨签中，只有河南工官、南阳工官和颍川工官，未见其他工官。以上三处工官的骨签，是各自向中央或皇室"供进之物"的档案记录，它们保存在中央官署之内。这里仅见河南工官、南阳工官和颍川工官不是偶然的，它应不同于河内、济南、泰山等工官。前者与"三服官""蜀广汉"工官、东西织室和天子六厩，均为直接服务于中央或皇室的部门。河南工官、南阳工官和颍川工官，应即贡禹所称的三工官。至于三工官的出现时间不尽相同，河南工官至迟不晚于汉景帝时期，南阳工官和颍川工官的设置，约在武帝初年或景帝末年。

骨签刻文，是研究汉代工官官制变化的重要资料。

汉代县令、长的属吏，依次为掾、史（令史）、佐等。骨签刻文证实，汉代工官"秩次如县、道"。汉代不同时期、不同工官的秩次并不完全相同，有些变化反映了不同时期工官地位的不同。如护工卒史，武帝时已出现，当时位居工官令、丞之后。昭帝之初，南阳工官、颍川工官秩次中，护工卒史位于工官令、丞之前。护工卒史在河南工官秩次中，直到宣帝初年，才位居工官令、丞之前。西汉初、中期，工官为大司农所辖；西汉中、晚期，工官地位下降，郡国对工官的管理越来越强，作为郡守派到工官中的卒史（护工卒史），在骨签刻文工官秩次中的变化，也可得到充分反映。

中央官署遗址出土骨签刻文反映的河南、南阳、颍川工官，在令、丞

之下一般置作府，这种情况在蜀、广汉郡工官中均未发现。作府应属于工官直接管辖的具体生产单位，每个工官所设作府不止一个。

从骨签刻文可以看出，河南工官、南阳工官和颍川工官，主要管理和生产的产品是兵器。不少骨签刻文涉及弩机，汉代弩机强度以石计量。骨签中大量的"服六石"，是"服力六石"的省文，这说明六石弩是汉代普遍使用的弩。除六石弩之外，还有"力一石""力二石""力四石""力五石""力七石""力八石""力九石""力十石""力十一石""力十二石""力十三石""力十四石""力十五石""力廿石""力卅石""力卌石"弩等。有的弩的强度分得更细，如骨签刻文有"力五石三钧廿九斤""力六石三钧廿二斤""力八石一钧三斤"等。骨签刻文中"廿石"及其以上的弩，又冠以"大黄"之称，如"大黄廿石""大黄卅石""大黄卌石"等。大黄卌石，是目前所知汉代力量最大的弩。骨签刻文中冠以乘舆的弩，应为皇室备用之物，如"乘舆廿石"等。汉弩的强度，也有以射程计量的。如骨签刻文中的弩，射程有三百步至四百卌步多种。这些汉弩射程，应属皇家使用的特大射程之弩了。

骨签主要是设在地方上的中央工官向皇室和中央上缴各种产品的记录。还有少量骨签刻文，反映其出自中央政府的光禄、卫尉、少府属官等。如：

3:01008　　永光三年，光禄弩官
　　　　　　郎中晏工定缮

3:00683　　永光三年，卫尉旅贲令
　　　　　　丞谊令史棱啬夫志
　　　　　　工万缮

3:12460　　五年，右工室工陋更主
　　　　　　丞乙伏谈工渭造
　　　　　　第九十三

3：24677　　二千七十□寺工第八十五

3：10693　　六年，内官

第册一

又有极个别出于列侯的骨签，如：

3：15079　　五凤二年，龙雒侯工□缮

中央官署建筑中收藏的骨签，从西汉初期到西汉晚期，不少骨签保存时间逾百年，可见是有意被中央官署收藏的。骨签并不是器物的标签或标牌，因为后者随着器物的不复存在，也就没有保存的必要了。骨签则不然，它与器物脱离，并置于专门地方精心保管。

西汉时代的主要文字记事材料，是竹、木，还有少量帛和极少的纸。当时不用上述书写材料，而选用坚硬的动物骨头，在其上刻文要远比在竹、木简或帛书上书写难度大得多。之所以这样，大概是因为骨头比竹、木、帛、纸保存时间久长。骨签个体小，其刻文近乎微雕，大概因为骨签数量大，为节省空间，存放更多的骨签，而采用了缩微技术处理。

存放骨签，一方面是为了皇室和中央政府主管部门掌握有关工官和中央某些属官向皇室或中央"供进之器"的情况，另一方面又可作为质量跟踪的凭证。骨签实际是中央政府保存备查的重要资料。

我们知道，档案的定义是：凡具有查考使用价值、经过立卷归档集中保管起来的各种文件材料。以此对照中央官署遗址出土的骨签，可以说这是真正意义上的档案。由于其出于皇宫之中，可称为中央或皇室档案。严格地讲，过去所出土的甲骨、盟书、墓葬中的简牍和帛书，以及铜器上的铭文、碑刻和边陲的竹、木简等，均非档案。这样，未央宫出土的骨签就成为目前我们所知中国古代最早的真正科学意义上的国家档案。

　　未央宫是一座完整的皇宫宫殿建筑群，除了上面所谈到的各种宫殿、官署建筑之外，还有不少其他建筑设施，如白虎殿、沧池、柏梁台、织室、凌室和弄田等。

　　白虎殿是西汉晚期皇帝活动的重要场所，皇帝的一些重要活动都安排在白虎殿。如《汉书·杜周传》记载：成帝建始四年（前29），"召直言之士诣白虎殿对策"。天子慰劳将帅等重大朝政事项，均在此殿进行。汉成帝经常活动于白虎殿之中，河平四年（前25），匈奴单于来长安，朝谒汉成帝于白虎殿。白虎殿还是皇帝召见直言之士为其出谋划策之地，汉成帝最后也是死于白虎殿之内。王莽当政后，曾在白虎殿大摆酒宴、慰劳将帅、封官拜爵。由此可见，白虎殿在西汉晚期是未央宫中一座相当重要的宫殿建筑。正因为这样，西汉晚期的皇亲国戚大治第宅，都仿照白虎殿的建筑。如成都侯王商，就在自己的家园中堆起土山渐台，营筑仿造白虎殿形制的宫室。由于这在古代社会被看作大逆不道、僭越等级，所以汉成帝知道后十分恼火，王商也几乎遭到杀身之祸。白虎殿遗址，位于前殿遗址以西160米，其北距前殿北边横贯宫城的东西干路120米，遗址范围东西45米，南北30米，西与未央宫前殿遗址东、西之间有廊道相连接。

　　柏梁台是汉武帝元鼎二年（前115）兴建的，位于未央宫北司马门内，南北大街的西边。柏梁台以清香的柏木为建筑物的梁架，所以取名柏梁台。这是座木构建筑，高数十丈。建筑物的顶部，装置了金光闪闪的高大铜凤凰。柏梁台建成后，汉武帝曾经在台上大摆酒宴，诏命文武大臣吟诗作赋，为其歌功颂德。可惜这座宏伟壮观的高大建筑物，仅存10余年，太初元年（前104）即毁于火灾。

　　织室是为皇室织作各种高级文绣织品的手工作坊，规模相当庞大，分为东织室和西织室。织室中的工徒很多，未央宫中因此为他们单开一座门——作室门。暴室是属于织作的染练之署。织室和暴室，均坐落在未央宫西北。

在古代，统治者冬以炭取暖，夏以冰降温。但是当时人们还不会做人造冰，夏天皇宫或王宫中降温都取自天然冰。天然冰只能隆冬采取，以备酷暑使用，这就要修筑藏冰之所——凌室，专设凌人掌管此事。西周时代已有凌人负责藏冰，汉代继承了这一传统，未央宫中就有凌室。由于未央宫中用冰量很大，凌室规模也是相当可观的。汉代凌室不只藏冰以备宫室盛夏降温，还用于冷藏食品，因此又是一座大型的食品冷藏库。

未央宫中的弄田，是为天子专辟的象征性耕地。始元元年（前86）春天，刚满9岁的刘弗陵当了皇帝——汉昭帝。为鼓励男耕女织，小皇帝在皇宫中选择了一块土地，进行象征性的耕种，以为天下百姓之表率。小皇帝在那里戏嬉、耍弄，于是这块地就被称为弄田。

在中国古代建筑中，从皇宫到达官显贵的宅第，既要有宽敞的居室和办公殿堂，又要营筑风景秀丽的假山和水池。未央宫也不例外，未央宫西南，就开凿了沧池。

考古勘探发现，沧池位于未央宫西南部，在今西安市未央区未央宫街道办事处马家寨村西南300米，范围约占宫城面积的1/4。沧池西、南两面，临近未央宫的西宫墙与南宫墙，北部在章城门通入未央宫的东西向道路之南，东至前殿西南部。沧池故址现为一片洼地，地势低于周围1—2.5米。勘探了解，池址平面近东西向长方形，东西近1000米，南北近500米，池深2.5—3米。沧池东北距前殿基址250米，沧池南岸和西岸分别在未央宫南宫墙以北约20米、西宫墙以东约35米。沧池东北角以西约170米，为明渠出水口。沧池又名仓池、苍池，因池水呈苍色而得名。

沧池既是未央宫又是汉长安城中的重要储水、给水设施，一方面，通过沧池的储水功能，满足、调节了都城不同时期宫殿用水的需求；另一方面，由于沧池位于汉长安城西南部，汉长安城地势是西南高、东北低，西南部是汉长安城地势最高的地方，明渠之水进入沧池，使其保持了高水位，这样可使明渠畅流于城内高亢之地，保障了汉长安城内主要宫观楼阁的

观渔图

用水。

　　文献记载，沧池中有渐台，高十丈。渐台就是在沧池中建造的假山。台上修建了楼阁亭榭，池光台影，风景宜人。皇室也在渐台之上举行酒宴。西汉末年，王莽被起义军士兵追赶，从前殿仓促逃至沧池渐台，妄想以渐台四周的池水挡住起义军的追杀，但由于众叛亲离，最后还是被商人杜吴杀死于渐台之上。

未央宫与中国古代宫城

古代都城，是国家的政治统治中心、文化礼仪活动中心、经济管理中心、军事指挥中心，因此也就是古代国家的历史缩影。古代都城中的宫城，更是国家的政治中枢。中国古代历史上多民族统一的中央集权帝国始于秦王朝，但秦王朝的首都——咸阳城及其宫城（咸阳宫），是在战国时代营建的，属于中国古代历史上的王国时代。秦始皇统一六国、建立了多民族统一的秦帝国，但其首都仍然是战国时代的秦国首都——咸阳城，尽管其间秦始皇对首都进行了一些新的建设工程，但大多在渭南地区，不在咸阳城内。在秦始皇晚年，即其去世前一年多，他曾设想迁都渭南，并启动了都城核心工程——宫城大朝正殿——前殿阿房宫的建设，但终因时间短、形势突变，使其成了半拉子工程。因此，在中国古代都城发展史上，第一个多民族统一的中央集权帝国的都城及宫城，历史地落到了西汉王朝都城——汉长安城及宫城——未央宫头上。

中国古代都城作为国家的政治平台，宫城是都城中最为重要的政治平台，是国家政治历史中"权重"最大的物化载体。

作为凝固历史的未央宫遗址，其宫城选址、规模、布局形制，在中国古代宫城发展史中具有重要意义。

未央宫的选址　在未央宫营建之前，统治者为了应对迁都关中的急需，对秦朝在渭南的离宫兴乐宫进行了必要改造，建成长乐宫作为临时的皇宫。正式皇宫——未央宫的兴建，是汉长安城第一批进行的国家级重大工程。汉长安城所处的地势，是西部高东部低、西南部高东北部低，整体以西南部地势最高，未央宫就建在西南部。在未央宫范围内，又以前殿所在地的地势最高。上述现象说明，西汉初年，汉高祖刘邦与萧何在长安城选址中，宫城未央宫是置于第一位考虑的，而宫城之中又是以前殿选址作为第一位考虑的。在确定了前殿的位置后，以前殿为基点或中心，向东、西、南、北四个方向，基本等距离划定宫城范围。因此我们认为，未央宫的选址，体现出以大朝正殿为基点，以宫城为核心，大朝正殿、宫城以居高为前提，大朝正殿在宫城中又以居高、居中为原则的宫城规划思想。

关于未央宫的规模　《尚书大传》记载："九里之城，三里之宫。"就目前已知考古资料，先秦时代按此比例关系营筑的宫城与郭城，大多与这一比例相差较大（除洹北商城之外），如：偃师商城的宫城周长 855 米，早期郭城周长约 3680 米，二者之比为 1:4.3；偃师商城晚期郭城南北长 1700 米，郭城北宽南窄，北、中、南部宽分别为 1215 米、1120 米、740 米，宫城与晚期郭城周长之比为 1:6。

洹北商城的郭城平面近方形，边长约 2200 米，周长约 8800 米；宫城位于郭城中部偏南，南北长 795 米，东西宽约 515 米，周长约 2620 米，宫城与郭城周长之比为 1:3.35。

山东曲阜鲁国故城，始建于西周时代，其中的宫城约建于春秋时代，宫城周长 2100 米，郭城周长 11500 米，二者之比为 1:5.5。

始建于东周初年的洛阳王城，东西 2890 米，南北 3700 米；宫城位于王城西南部，东西 344 米，南北 182 米，宫城与王城周长之比为 1:9.78。

魏安邑城的郭城与宫城，建于战国晚期，郭城平面略呈梯形，东、西、南、北城垣长分别为 4200 米、4980 米、3565 米、2100 米，周长 14845 米；宫城东西约 855—990 米，南北约 930 米，周长约 3570 米，宫城与郭城周长之比为 1:5.1。

战国时代的郑韩故城，包括西城和东城，宫城在西城中部，西城南北 4300 米，东西 2400 米，周长 13400 米；西城之中的宫城东西 500 米，南北 320 米，周长 1640 米，宫城与西城周长之比为 1:8.2。

汉长安城周长 25700 米，未央宫周长 8800 米，宫城与都城周长之比约 1:3，是目前所知时代最早按此比例关系建造的宫城与都城。

西汉以后，东汉洛阳城和北魏洛阳城，承袭了汉长安城与未央宫建制

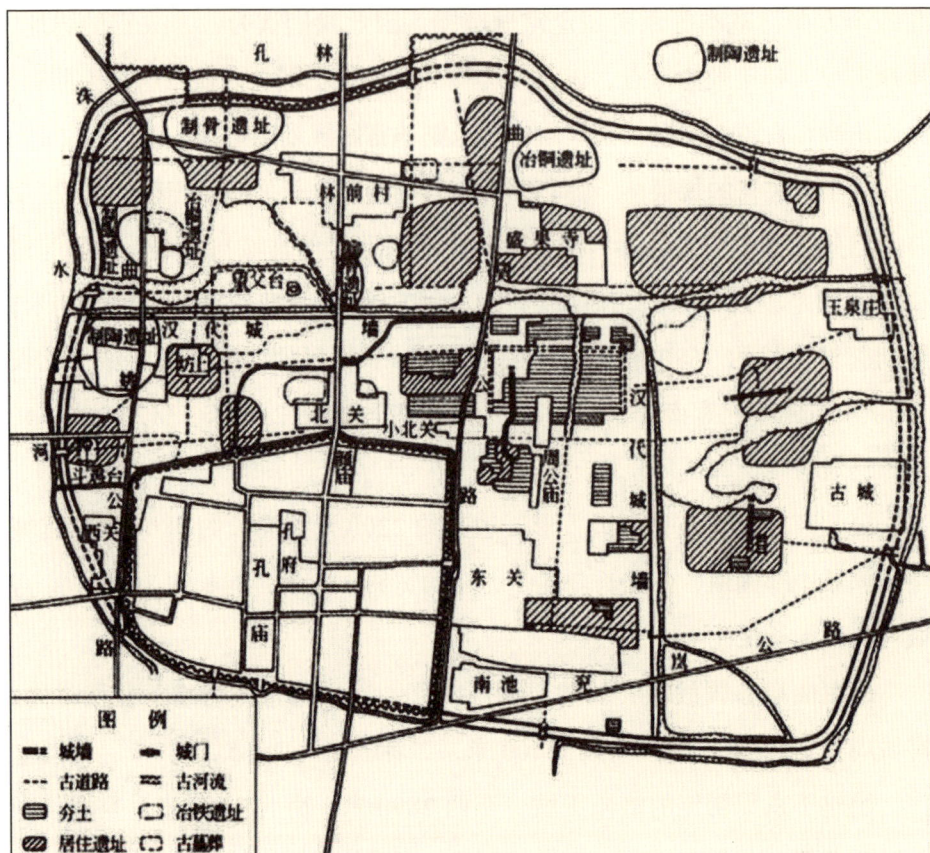

鲁国都城遗址分布示意图

规模的比例。如：

东汉洛阳城周长约 13000 米，东汉明帝永平三年（60）之前，南宫为都城中的宫城，周长约 4600 米，都城与南宫周长之比约 3∶1。

北魏洛阳城内城周长 14345 米，宫城周长 4116 米，都城与宫城周长之比亦约为 3∶1。

从中世纪开始，到古代社会终结，历代都城与宫城周长之比发生了明显的变化，即宫城变小，郭城变大。

如：唐长安城周长 36700 米，宫城周长 8600 米，二者周长之比约为 4.3∶1；隋唐东都洛阳城周长 27516 米，宫城周长 5645 米，二者周长之比约为

4.9:1；北宋东京城内城（又称阙城或旧城）周长 12500 米，宫城（又称皇城或大内）周长 2500 米，二者周长之比为 5:1；明、清北京城（内城）周长 20000 米，宫城周长 3440 米，二者周长之比约为 5.8:1。

上述情况说明，汉长安城与未央宫二者周长之比，依照的是 3:1 的标准。相对这一都城与宫城的比例关系而言，先秦时代的都城中，一般来说郭城大些，宫城小些，但那时还没有明显的规律可循。这一都城与宫城大小的比例，可能不是先秦时代确定下来的，更有可能是西汉时代提出并付诸实施的。以汉长安城与未央宫的规模比例为基点，从隋大兴城、唐长安城和隋唐洛阳城开始，都城中郭城与宫城的周长之比越来越大，大大超过 3:1 的规制，我们认为这主要是由于那时行政机关的扩大、工商业发展、服务于都城的市民人口增加导致的。

关于未央宫布局形制　未央宫平面近方形，这似乎有着历史渊源。目前已知的考古发掘资料中，时代最早的宫城为河南偃师二里头遗址的宫城遗址，东西约 300 米，南北约 360 — 370 米，平面近于方形或略呈纵长方形。考古发现时代最早的平面方形宫城，应该是河南偃师商城之宫城，边长约 200 米。春秋战国时代的曲阜鲁国都城和魏安邑之宫城、周王城之宫城（即小城）平面均为方形，但也有一些都城的宫城平面不甚规整，如山东临淄齐国故城。

未央宫平面呈方形，是其作为皇宫不同于汉长安城其他诸宫城的重要特点之一。如长乐宫的南宫墙和北宫墙均曲折不直，北宫和桂宫平面均为南北长、东西窄的纵长方形。

未央宫的方形平面形制，对西汉一代都城长安附近皇家园陵建筑平面形制产生了重要影响。而秦汉时代的"陵墓若都邑"传统恰好说明宫城与园陵的阴阳、二元关系。如西汉帝陵中高祖和吕后的长陵陵园边长 780 米，汉景帝阳陵和孝景王皇后陵陵园边长分别为 410 米与 320 米，汉武帝茂陵陵园边长 430 米，昭帝平陵与上官皇后陵陵园边长分别为 370 米和 400 米，宣帝杜陵与孝宣王皇后陵陵园边长分别为 430 米与 330 米，元帝渭陵与孝元王皇后陵陵园边长分别为 400—410 米与 300 米，成帝延陵陵园边长为 382—400 米，哀帝义陵与平帝康陵陵园边长均为 420 米。西汉帝陵与皇后陵的陵墓封土底部和顶部平面，一般也为方形。西汉时代帝陵封土称方上，墓室称方中，可见对"方"的推崇。

未央宫的方形平面形制，对西汉时代都城的皇室宗庙和明堂、辟雍等礼制建筑平面形制，也有着直接影响。汉长安城南郊礼制建筑遗址中的宗庙建筑群遗址由 12 座宗庙组成，每座宗庙主体建筑平面均为方形，每座宗庙建筑的庙院和 11 座宗庙的共同庙院之平面均为方形。明堂、辟雍院落平面也均为方形。

未央宫的布局，可以分为南、中、北三部分，分别由两条横贯宫城的东西向大街分隔开。南部西边为沧池，东边分布有一些建筑遗址，但每座单体建筑的规模并不太大。中部以居中的前殿为主体建筑，在其东西两侧，已勘探出不少规模较大的建筑遗址，未央宫中不少宫殿，大概就分布在这一区域。文献记载，未央宫前殿东部有曲台殿、鸳鸯殿、凤凰殿、宣明殿、广明殿等，西部有玉堂殿、昆德殿、白虎殿等。北部主要是皇宫中的后宫区，其中以椒房殿、掖庭为代表性建筑群。后宫位于大朝正殿以北，这是中国古代都城的一个重要特点，《周礼·天官·内宰》云："宪禁令于王之北宫。"郑玄注："北宫，后之六宫。"后宫区以北为文化设施区，如天禄阁、石渠阁、承明庐等。后宫西部，以未央宫第四号建筑为中心，属于总管皇室事务的少府及各种各样官署的所在地，还有一些皇宫作坊（作室），如织室等。北部东北侧，安排了一些礼制性建筑。这种宫城分为南北排列三区的形制，在唐长安城宫城——太极宫、大明宫，都有着明确反映。太极宫由南而北，由两道东西向横街将其划分为前、中、后三部分，即朝区、寝区和苑囿区。大明宫南宫墙至含元殿东西相连的墙体为第一区，含元殿以北至宣政殿连接的东西向墙体之间为第二区，宣政殿以北为第三区。

　　未央宫布局，反映出宫城内总体设计以宫殿建筑群为中心的格局。主体宫殿（正殿）位置居中、居前，主要宫殿位居主体宫殿之后，辅助宫殿建筑在主体和主要宫殿两侧。这一布局形制，为我国汉代以后历代都城之宫城的布局形制所沿用。

东宫——长乐宫

　　在长安城中，长乐宫是仅次于未央宫的一座重要宫城。长乐宫是在秦兴乐宫基础上改建而成的，故《长安志》记载："长乐宫，本秦之兴乐宫也。"兴乐宫在秦昭王时已存在，当时他为了便于咸阳宫和兴乐宫之间来

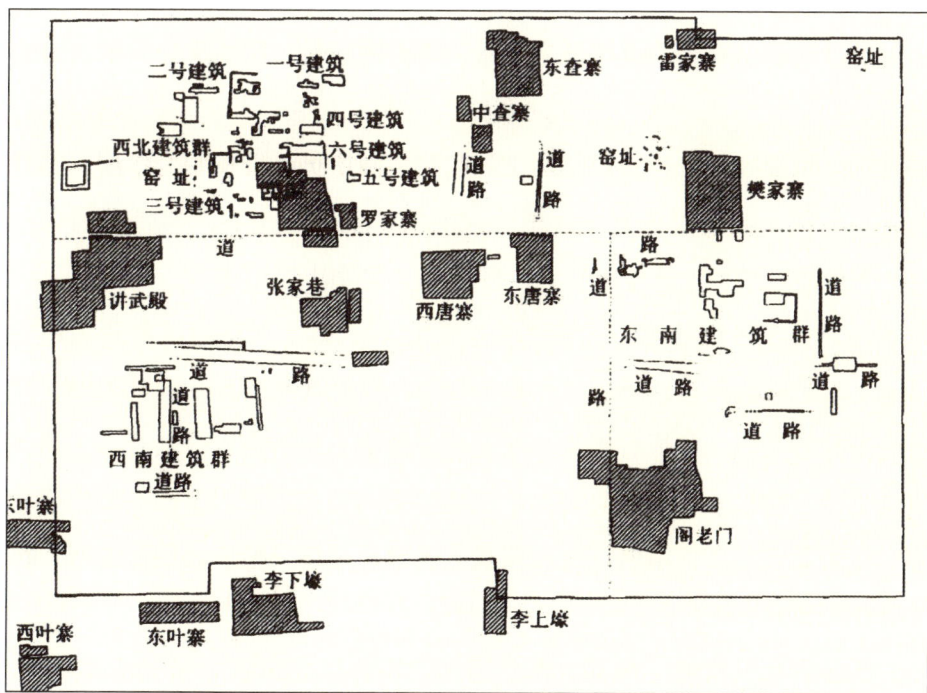

汉长乐宫遗址平面示意图

往，建造了著名的渭桥。文献记载，秦始皇在兴乐宫营建了不少建筑，如大夏殿及后来移置此殿之前著名的巨大铜人，还有鸿台、鱼池、酒池等。文献记载，酒池"有肉炙树"，与商纣王的以酒为池、积糟为山、脯肉为林何其相似！汉武帝步其后尘，泛舟于酒池之中，又在池北修筑了台榭，制作了巨大铁杯，酒放其中，招待外宾，取笑使者。天子赐酒给他们，由于铁杯大而重，拿不起来，只好低头引首于铁杯之中喝酒，颇似牛饮水，这就是"上观牛饮"的趣闻。当时围观者多达 3000 人，由此也可反映出酒池台榭的规模是相当大的。

西汉初年，高祖决定定都关中，公元前 202 年，刘邦以兴乐宫为基础改建长乐宫。仅一年多时间，长乐宫建成，命令"丞相已下徙治长安"，长乐宫成为高祖布政之宫。刘邦在长乐宫前殿按叔孙通制定的朝仪朝会群臣，第一次体会到了当皇帝的高贵和威严。

高祖晚年，作为正式建造的皇宫——未央宫，主体工程已完成。刘邦去世后，其子汉惠帝刘盈移居未央宫，终西汉一代，这里成为大朝之地的皇宫，长乐宫变成了太后居住的宫城，形成"人主居未央，长乐奉母后"的格局。尽管如此，长乐宫在西汉的政治生活中仍起着重要的作用，尤其当外戚专权之时，长乐宫往往成为左右时局的政治中心。惠帝虽居未央宫，但他要经常到长乐宫向吕后汇报工作。景帝时，七国之乱，政局危难，景帝频繁往来于长乐宫，大事都要太后定夺。雄才大略的汉武帝为田蚡（fén）囚禁灌夫之事，还要"东朝"廷辩。西汉晚期，政治动乱加剧，宫廷斗争异常激烈，象征着国家政权的国玺都藏于长乐宫太后之处。王莽自立为皇帝，在长乐宫胁迫其姑母孝元皇后把国玺交给他，孝元皇后拒不从命，最后无奈，义愤填膺，将国玺投之于地，摔坏一角。这些都说明，长乐宫在长安政治舞台上占有很重要的地位。

长乐宫在长安城东南部，东、南两边以长安城东城墙和南城墙为邻，西边和北边分别为安门大街和清明门大街。现存宫城遗址范围之内，有今西安市未央区未央宫街道和汉城街道的阁老门、唐寨、张家巷、罗家寨、讲武殿、查寨、樊家寨和雷寨等村庄。经考古勘探究明，长乐宫东墙长 2280 米，南墙长 3280 米，西墙长 2150 米，北墙长 3050 米，宫城周长10760 米，面积约 6 平方千米，占长安城总面积的 1/6。根据文献记载，长乐宫与未央宫一样，宫城四面应各设一座宫门，目前考古勘探仅发现了东、西、南三面的宫门，北宫门有待今后进一步开展考古工作去寻找。

长乐宫遗址，考古勘探、发掘的资料显示，宫殿区建筑群可以分为 3组，即东南组、西南组和西北组。西北组在长乐宫内东西向干路以北，路南有东南组与西南组。宫内的主要南北向道路，分布在宫城东西向道路之南。汉长安城的地势总体是南高北低，长乐宫的总体地势也如此。作为宫殿建筑选址的规律，一般宫殿区位居城内、宫内地势较高的地方，因此长乐宫的主要宫殿应该分布于长乐宫的南部。而在长乐宫南部的宫殿建筑中，因为早期汉长安城的朝东方位决定，宫城之内东部为前、西部为后，故长乐宫之内的宫殿建筑群中，南部较北部重要、东南部较西南部重要。

长乐宫遗址东南部勘探发现，在连接东、西宫门的东西大道以南，目前已勘探出东、西分布的 3 组大型宫殿建筑群，其中东边建筑群遗址规模最大。该遗址位于樊家寨村东南，夯土基址东西 116 米，南北 197 米，基址南边东西并列三阶，基址之上南北排列 3 组宫殿遗址。南殿址东西 100米，南北 56 米；中殿址东西 43 米，南北 35 米；北殿址东西 97 米，南北58 米。这组大型宫殿建筑群，西邻长乐宫南宫门至宫城东西干路的南北路东侧。《水经注·渭水》记载：明渠东径长乐宫北，"殿前列铜人，殿西有长信、长秋、永寿、永昌诸殿，殿之东北有池"。根据樊家寨村发现的长乐宫大型建筑群所处方位，恰在长乐宫东部偏南，明渠在其北。该建筑群西部，又发现多处汉代大型建筑群遗址，结合该建筑群的规模、形制推测，其可能为长乐宫前殿遗址。

历史文献记载，前殿四周有墙垣，南面辟有殿门，门内设庭院。庭院广阔，陈列车骑，张扬旗帜，戍卒卫官，周卫交戟，这里是举行朝仪的地方。庭的两边，有重约万石、声传百里的巨钟。庭中有南北道路，通至前殿之上。前殿是长乐宫的主体建筑，其正殿两边，对称分布着大小相同的东厢和西厢。东厢和西厢有着重要用途，其中尤以东厢更为突出。皇帝的朝觐虽在正殿，但许多军机政务都在东厢进行。文武大臣进入正殿之前，往往候于东厢。皇帝的亲信有不便在大庭广众之下向天子说的话，也在东厢汇报。皇帝在正殿的许多决策，都是在东厢之中商讨决定的。东厢很像便殿。由于东厢用途很多，因而其建筑规模未因其为"厢"而甚卑小，而是较大。相对东厢而言，西厢则是清静闲宴之地，因而又称西清。

20 世纪 70 年代末，在长乐宫西部今汉城街道罗寨村北，发掘出一座宫殿遗址（长乐宫一号宫殿建筑遗址），宫殿建筑围筑于院落之中，院落东西 420 米，南北 550 米，南墙东西居中处外凸，似为南门遗址。宫殿基址东西 76.2 米，南北 29.5 米，宫殿周施回廊，廊道方砖铺地，廊外置卵石散水。有的学者认为，这就是太后宫殿——长信宫。河北满城汉墓出土的长信宫灯，可能就是住在长信宫的孝文窦皇后（当时已为窦太后）作为礼物馈赠给其亲属中山王后窦绾的。近年来，又考古发掘了多座长乐宫宫殿建筑遗址，如二号、四号、五号、六号建筑遗址，均集中分布在长乐宫西北部。

长乐宫二号宫殿建筑遗址夯土台基，东西 45.3 米，南北 96 米，台基之上由 3 座建筑组成，其中 F1 规模最大，主室东西长 23.83 米，南北宽10 米。考古人员对三号宫殿建筑遗址进行了勘探与试掘，夯土台基，东西38—66 米，南北 54—88 米。四号宫殿建筑遗址夯土台基，东西长 79.4米，南北宽 27.4 米。其中台基中部的 F1，南北长 26.66 米，东西宽 24 米。

长乐宫五号建筑遗址，是一座凌室建筑遗址，位于今西安市未央区汉城街道罗家寨村东北，主体建筑平面为长方形，室内东西长 27 米，南北宽6.7 米。凌室是藏冰之所，藏冰需要防热，而房屋南墙受热最大，北墙受热

长乐宫二号宫殿建筑遗址

长乐宫四号建筑遗址

长乐宫凌室遗址

最小，夏季房屋西墙较东墙受热更严重一些，因此凌室四面墙体出现厚薄不一的现象，其中南墙最厚，西墙次之，北墙最薄。室内中央有一条东西向排水沟，东西长 25 米，南北宽 0.19 米，排水沟又与室外地下排水管道相连接。

凌室的功能，是供应饮食。周代管理凌阴（即凌室）的人，称凌人，主要负责凌室的藏冰、用冰工作。每年夏历十二月，就要到河池中采伐冰块，以宫廷用冰数量 3 倍的冰块，藏入凌室之中。当春暖花开之际，夏季到来之前，还要检查盛放冰块的容器（鉴）。平时要为王室或皇室的宴飨、祭祀等活动提供藏冰及放置冰块的容器，以防食物因天热而变质，从而保证食品的安全（不变质）。此外，凌室还要在帝王大丧中提供足够保存尸体的用冰；酷暑之际，为帝王准备赏赐官员的藏冰，以便其度夏。

长乐宫六号宫殿建筑遗址，被认为是长乐宫西北部古代建筑区中规模最大的核心建筑，主殿台基范围东西约 120 米，南北约 50 米。

前殿西侧，有长信宫、长秋殿、永寿殿、永昌殿。前殿北面，有大厦、临华、宣德、通光、高明、建始、广阳、神仙、椒房和长亭诸殿。此外，长乐宫中还有温室、钟室和月室等建筑。

长乐宫自惠帝居未央以后，已成太后之宫。长乐宫中的长信宫，是太后的主要宫殿，因而长信成了皇太后的代名词。汉成帝时，赵飞燕骄妒宫中，班婕妤为逃避她的迫害，只得请求去长信宫服侍皇太后，以求庇护，保全性命，因此她不无感慨地发出"奉共养于东宫兮，托长信之末流。共洒扫于帷幄兮，永终死以为期"的慨叹。

长秋殿、永寿殿和永昌殿，也属于太后的宫殿。椒房殿则为高祖以长乐宫为皇宫时的皇后宫殿。

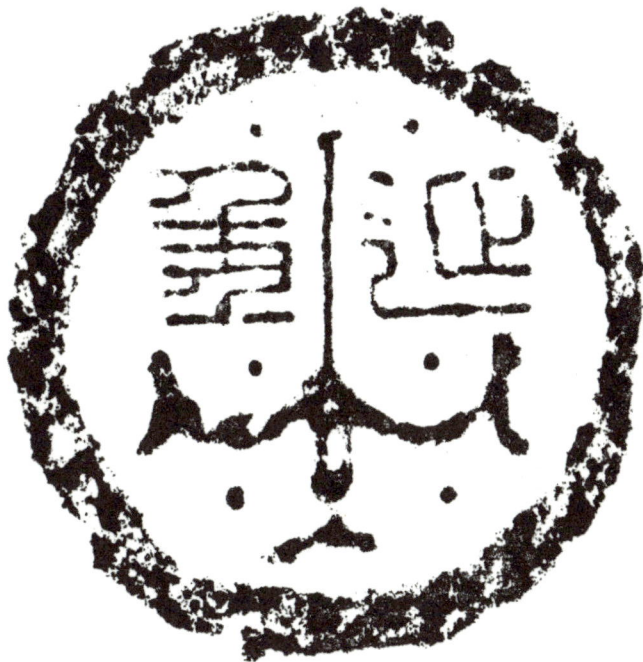

"飞鸿延年"瓦当拓片

117

大厦殿是长乐宫中的一所重要宫殿，可能是长乐宫中主要的政治活动场所之一。因而秦亡以后，汉初将秦的皇宫——咸阳宫前的 12 个铜人移至大厦殿前。

钟室是长乐宫悬钟之室。西汉的开国元勋、淮阴侯韩信，就被吕后诱杀在这里。

长乐宫不仅有众多宫室，还有风景秀丽的池苑、幽静的亭榭、壮观的台阁。

秦始皇二十七年（前 220），在兴乐宫中建造了高达 40 丈的鸿台，台上建起观宇，秦始皇经常登台射天空中翱翔的飞鸿，因此取名鸿台。西汉初，长乐宫在兴乐宫基础之上建成后，鸿台又巍然屹立于长乐宫中。汉惠帝四年（前 191），鸿台因火灾被毁。长安城内出土的"飞鸿延年"图像和文字结合的瓦当，应是鸿台的建筑遗物。

西汉晚期，战火曾给未央宫以严重破坏，但长乐宫幸免于难，保存完好。因而更始帝自洛阳到长安后，就以长乐宫为皇宫。后来赤眉军攻入长安城，更始帝逃至长安东北的高陵县（今高陵区）。刘盆子即帝位，仍以长乐宫为皇宫。东汉一代，长乐宫一直完好地保存着，其被破坏和废弃，是东汉以后的事。

后妃之宫——桂宫、北宫和明光宫

桂宫

桂宫是汉武帝为其后妃修筑的宫城，建于汉武帝太初四年（前 101）。《初学记》卷三引《关中记》记载："桂宫，一名甘泉。"此即秦甘泉宫，也

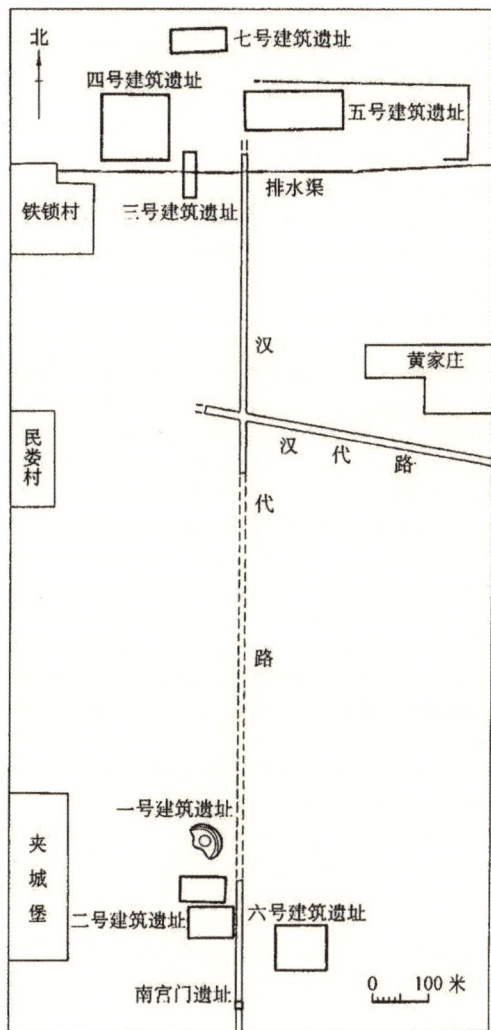

桂宫遗址平面示意图

就是历史文献中所说的南宫。近年，这一带出土了数千计的秦封泥，其中不少应属中央政府、王室（或皇室）之物，尤其是"南宫"封泥的出土，进一步说明该地原为秦南宫之地。

桂宫遗址，在今西安市未央区六村堡街道夹城堡、民娄村、黄家庄、铁锁村和六村堡一带。经勘探已究明，桂宫在直城门大街以北、雍门大街以南、横门大街以西、长安城西城墙以东。桂宫遗址，南为未央宫遗址，东为北阙甲第，再东为北宫遗址，北为西市。桂宫宫城平面为长方形，南北1800米，东西880米，周长5360米，面积约1.6平方千米，南、北、东三面城墙各发现一座宫门。南北二宫门之间，有纵贯宫城的南北路相连。从东宫门，有东西向道路通至宫城南北大路。南宫门，即文献所记载的龙楼门，因宫城城门楼之上装饰有铜龙而得名。龙楼门与未央宫石渠阁西北的作室门，隔直城门大街南北相对。有一天，汉元帝在未央宫有急事召见正在桂宫的太子刘骜（即后来的汉成帝），但他没有出桂宫龙楼门直接越过直城门大街的驰道，进未央宫作室门去应召，而是绕行西至直城门，出直城门再从直城门大街南部入城，行至未央宫作室门进入皇宫，因此时间久一些，当汉元帝知道了这一情况后，对太子的遵守礼仪很满意。

关于桂宫的宫殿，文献记载最多、最著名的是明光殿。明光殿是桂宫中的重要宫殿，各种鎏金金属构件闪闪发光，建筑物上镶嵌的各种各样的明珠五光十色，洁白的玉石台阶和柱石，映衬得整个建筑物处处生辉、明光四射。其实桂宫的正殿，并不是明光殿，而是鸿宁殿。文献记载，桂宫之内还有土山、走狗台等。桂宫的建筑十分豪华，其中放置有七宝床、杂宝案（即几案）、厕宝屏风、列宝帐等，故桂宫又有四宝宫的美名。

桂宫遗址勘探发现多座大型宫殿建筑基址（编号为桂宫二号遗址），大多分布在宫城的南部，北部仅发现少量大型建筑基址。近年来，考古工作者分别在桂宫中南部和西北部发掘了一些建筑遗址，取得了重要考古收获，使人们加深了对长安城中后妃宫城的认识。

已发掘的桂宫中南部建筑遗址，位于夹城堡村东，遗址南对未央宫石渠阁西北部的作室门遗址，其东邻桂宫之中的南北向大路。这是一组完整的大型宫殿建筑群遗址，可能是桂宫正殿——鸿宁殿遗址。遗址北部地面之上，仍保留着该组建筑的大型夯土台基，高11.5米，底部平面近方形，边长约50米。这组建筑群遗址从南向北由三部分组成，即南院、北院和高台建筑。整个建筑群的范围，南北长200米，东西宽110米。

南院遗址（编号为A区）发掘范围，东西84米，南北56米，面积4704平方米。现存南院遗址主体建筑基本完整，院子的东墙和北墙均保存较好，主体建筑——宫殿基址保存完整。南院的布局是主体建筑——宫殿殿堂居中，东西两侧为附属建筑，南为广庭，北为院落。

南院与北院南北相连，共用同一院墙。南院西北部（即北院西南部）辟有一宽大门道，沟通二院。门道面阔（东西）4.8米，进深（南北）1.05米。

北院遗址发掘范围，东西84米，南北46米，面积3864平方米。北院中部也为一殿堂基址，南部有东西并列的3个院子，北部有东西并列的2个院子。

夹城堡桂宫宫殿建筑遗址，位于桂宫南部偏西，南至桂宫南宫墙间，再无重要宫室建筑。该建筑由南院、北院和高台组成，南院以宫殿为主体建筑。夹城堡宫殿建筑的北院部分，殿堂南北均有庭院。在殿堂西南角，还有用于储藏食品的窖穴。殿堂东西居中位置南北贯通殿堂的地下通道，与未央宫椒房殿配殿中的巷道功能相同。这些遗迹反映出，北院殿堂主要用于生活起居，与朝政的正殿有所不同。

夹城堡宫殿建筑群中的南院和北院，反映了当时前朝后寝或前堂后室的布局。南院的殿堂居中，庭院位后，前置双阶。北院的宫室处于南北布列的庭院之间，地下通道纵穿宫室中央。这种松散、自由的布局，显然是与建筑物作为寝居有关。这说明前朝后寝或前堂后室，不只限于帝居，包括后妃居室在内的重要宫室建筑，亦遵此制。这一制度甚或影响民间。

中国古代宫室建筑的最大特色，是人与自然的和谐。夹城堡宫殿建筑群北面的夯土高台，应是作为山被安排下来的。这座夯土高台，很可能就是《三辅黄图》引《关辅记》所记载的桂宫之中的土山。这样的建筑风格，对后代影响深远，如明代北京城皇宫北面景山的设置。

在桂宫遗址北部，西宫墙以东182米、北宫墙以南215米，今西安市未央区六村堡街道六村堡村，发现一处汉代建筑基址，范围东西124米，南北120米，面积约1.48万平方米。建筑基址分为东、西两部分，其间为南北方向通道，长95米，宽9米。西部建筑基址，东西40米，南北95米；东部建筑基址，东西58米，南北103米。建筑基址之上，分布有殿堂、地下建筑和其他附属性建筑。从其建筑布局看，这是一组后宫辅助活动区的建筑群。这里考古发现的王莽为封禅泰山而备用的玉牒，是目前唯一一件考古出土的标本。玉牒青石质，黑色，通体磨光，残长 13.8 厘米、宽 9.4 厘米、厚 2.7 厘米，上有涂朱阴文，竖向篆刻，5 行 30 字。文为：

万岁壹纪……
作民父母，清深……
退佞人奸轨，诛……
延寿长壮不老，累……
封亶泰山，新室昌……

牒文"封亶（禅）泰山"，证明此遗物为王莽封禅泰山的仪具。关于王莽封禅泰山的活动，见《汉书·王莽传》多处记载。《续汉书·祭祀志

桂宫遗址出土的"封禅泰山"玉牒

上》记载：光武帝封禅泰山的玉牒为"青石，无必五色。时以印工不能刻玉牒，欲用丹漆书之；会求得能刻玉者，遂书"。桂宫遗址出土的玉牒为黑色青石，刻文涂朱，与上引文献记载相同。牒文"新室"，《汉书·王莽传中》记载："新室既定，神祇欢喜。"说明桂宫遗址出土的玉牒为王莽新朝遗物。

桂宫宫城平面布局，不同于皇宫未央宫，也不同于由秦离宫——兴乐宫改建的长乐宫，前者平面为方形，后者平面为横长方形。桂宫与北宫形制相近，北宫创建于西汉初年，形制是汉武帝扩建北宫时形成还是原已有之，还需要今后进一步考古研究去究明。桂宫与同时修建的建章宫比较，二者之不同一目了然，可能是因为建章宫是当作皇宫营筑的，而桂宫则是专为后妃使用的。桂宫宫城平面布局的特点是：宫城平面为南北向的长方形，主要宫殿建筑安排在宫城南部；多组宫殿东西排列；宫城中的主体宫殿建筑从中部移至南部，对后代宫城布局变化有着深远影响；而宫城中的若干宫殿东西排列，在先秦时代宫城中相当普遍，秦及汉初亦多有存在，如秦咸阳宫、汉长乐宫就是这样，汉代以后，这种情况已不多见。

北宫和明光宫

北宫因位于未央宫和长乐宫之北而得名，西汉初年高祖刘邦创建，汉武帝时进行了增修。北宫遗址，在今西安市未央区六村堡街道和未央宫街道的曹家堡、周家堡、施家寨、讲武殿村一带，平面为规整的长方形，南北长 1710 米，东西宽 620 米。城址已发现南、北门，二门南北相对，门址面阔 7 米，进深 12 米。由南门址向南，有道路通至直城门大街。北宫与未央宫之间，有紫房复道相通。傅太后住在北宫时，经常从复道去未央宫，请求皇帝赐予她尊号。北宫之中，有前殿、寿宫、神仙宫、太子宫、甲观和画堂等宫室建筑。

寿宫和神仙宫，是供奉神仙的场所，各种祭祀神仙的礼仪活动也在这里举行，是人迹罕至的神秘地方。正因为如此，皇帝为了逃避朝野的舆论，在北宫之中为自己蓄积了大量私奴和车马。

北宫作为后妃之宫的特点是：宫中的后妃多为不得志者，她们或被废贬，或被迫退处此宫。这也许与北宫中的寿宫供奉神君有关，这样可以让那些被废贬的后妃在此宫"修行积德"。西汉初年，吕太后崩，诸吕势力被翦，孝惠张皇后被废处北宫；哀帝崩，皇太后赵氏（赵飞燕）被贬，退居北宫。因此也有人认为，北宫或为被废黜的后妃之宫。

北宫之中有太子宫，太子宫自然是与太子有关的建筑。太子宫内有甲观，甲观之内有画堂，画堂是有壁画的殿堂。传说北宫中的画堂，有九子母壁画。从某种宗教或迷信观念出发，那里也许有专门为后妃所设的产房。

明光宫修建于汉武帝太初四年（前101），根据《三辅黄图》记载：明光宫"在长乐宫后，南与长乐宫相联属"。也就是说，长乐宫与明光宫南北相连。宫室建成后，从燕、赵等地（今河北一带）征召了美女2000人充实宫中。这些宫女的年龄一般在15岁至20岁之间，年龄满30岁的人，就要出宫外嫁，然后另择美女补足其数额。在明光宫与长乐宫之间，有飞阁复道相连接。王莽时，改明光宫为定安馆。

"度比未央"的建章宫

西汉中期是汉代鼎盛时期，当时长安城中已布满了大型宫殿建筑，没有了发展的余地。太初元年（前104），未央宫北阙附近的柏梁台因发生火灾而被焚毁。一个名叫勇的广东巫徒向汉武帝提出：根据广东那里的风俗，发生火灾，烧毁建筑物，就要建造一个比原来更高大的建筑物，用来压住火魔。汉武帝信以为真，就在长安城外修筑了规模宏大的建章宫。

建章宫的形制布局参照未央宫。汉武帝把建章宫看作他的新皇宫，修建于太初元年二月，大概正式使用于太始四年五月。其后到汉昭帝元凤二年（前 79 年），一直作为皇宫使用。汉武帝营筑的建章宫，其形制不只是仿造未央宫，在不少方面还有了新的发展。至于其宫内布局对后代皇宫建筑的影响，甚至超过未央宫。

建章宫遗址，在汉长安城西邻，范围约包括今西安市未央区三桥街道高堡子、低堡子、双凤村、太液池苗圃、柏梁村和孟家村。

考古勘探，建章宫遗址宫城平面呈东西宽、南北窄的长方形，东西约

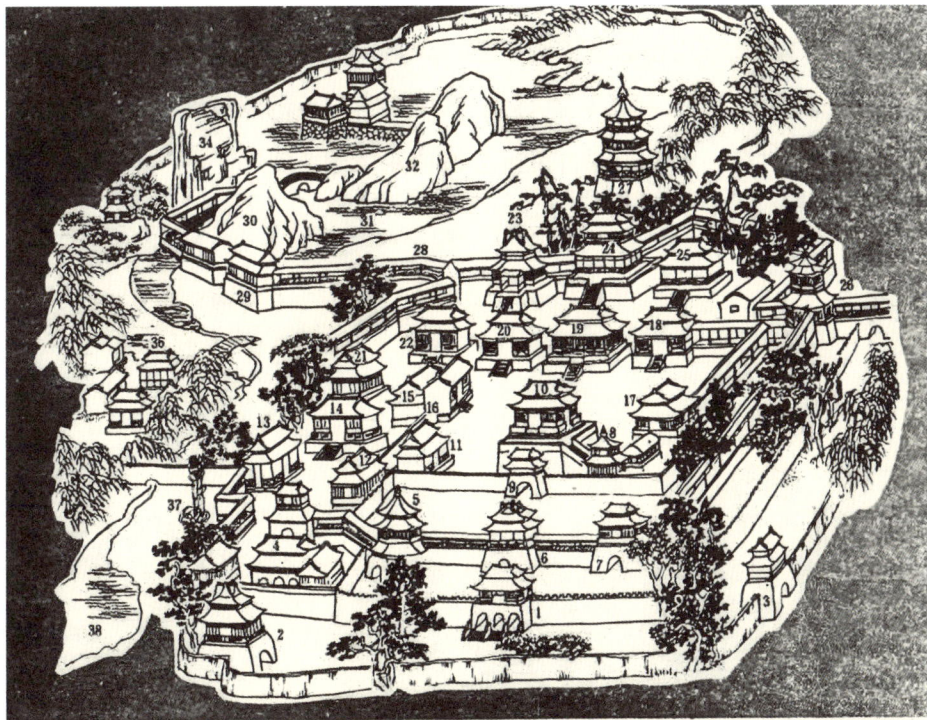

建章宫图（原载《关中胜迹图志》）

1 璧门　2 神明台　3 凤阙　4 九室　5 井榦楼　6 圆阙　7 别凤阙　8 鼓簧宫　9 鳷鹊阙　10 玉堂　11 奇宝宫　12 铜柱殿　13 玻圆阁　14 神明堂　15 鸣銮殿　16 承华殿　17 承光宫　18 楠梠宫　19 建章前殿　20 奇华殿　21 涵德殿　22 承华殿　23 破娑宫　24 天梁宫　25 骀荡宫　26 飞阁相属　27 凉风台　28 复道　29 鼓簧宫　30 蓬莱山　31 太液池　32 瀛洲山　33 渐台　34 方壶山　35 曝衣阁　36 唐中庭　37 承露盘　38 唐中池

建章宫宫殿分布示意图

2130 米，南北约 1240 米。

建章宫四面各有一座宫门，南宫门为宫城之正门，称阊阖门。阊阖门又称天门，即天上紫微宫宫门。由于阊阖门"橼首薄以玉璧"，因此又称璧门。此门属于殿门性质，根据历史文献记载，该建筑有 3 层，高 30 余丈，面阔12 间，门前阶陛以汉白玉制作，顶部有铜凤凰。宫门附近有别风阙和井干楼，别风阙又称折风阙，传世的"折风阙当"文字瓦当，应属此阙遗物。别风阙因用于辨别风向而得名，别风阙之上有辨别风向之物，高达 50 丈。井干楼与别风阙同高，二者之间有天桥相连接，阁道上雕画有色彩缤纷的云气和珍禽异兽图案。井干楼的建造方法十分特殊，它"积木而高为楼"，好像井上的木栏，形式有四角形或八角形。井干楼，也叫凉风台。

东宫门和北宫门外，各有一对高 25 丈的阙楼，其上装饰有鎏金铜凤鸟，高一丈余，因此又称其为凤阙。其中东宫门外的双凤阙最有名，基址位于今双凤村东，村名当源自凤阙。所谓双凤阙，实际上是一对东西并立

建章宫双凤阙遗址

的阙台基址，古代民歌中的"长安城西有双阙，上有双铜雀"中的"双阙"即此双凤阙。双凤阙二者东西间距 53 米，西阙基址保存较好，现存高 11米，底径 17 米；东阙基址保存较差，现存高 6 米，底径 5 米。双凤阙位于建章宫前殿以东 700 米，双凤阙之间有南北大道，大道由二阙向南折西通向建章宫前殿。按照常规，阙内为门，也就是说东西并列的建章宫双凤阙以南应有门，此门应为坐南朝北。因为双凤阙在建章宫以东，所以它应该是建章宫的东宫门，不过东门却是坐南朝北，这是以往非常罕见的。

建章宫北宫门的阙楼叫圆阙，建筑形式和规模与东宫门双凤阙相同。西汉末年，赤眉军攻占长安时，圆阙毁于战火。

建章宫主体建筑是前殿，位于建章宫中部偏西的今高堡子、低堡子二村。前殿基址南北 320 米，东西 200 米。基址地形目前仍是南低北高，北部高出今地面 10 余米。建章宫前殿，也叫玉堂。历史文献记载，前殿为

建章宫前殿遗址

三层台，高 30 丈，殿内有 12 座门。屋顶之上装饰有高大的鎏金铜凤，下有转动的枢纽。金色的铜凤，随风转动，犹如翱翔于天空。前殿西边的广中殿，是个万人大殿堂。萧何营建未央宫时，不顾当时国困民穷的形势，修建了高大宏伟的未央宫前殿，并且自以为后世不会有比它更高大宏伟的建筑。但曾几何时，汉武帝建造的建章宫前殿已经"度比未央"，使萧何"亡令后世有以加"的想法化为泡影。

建章宫中宫殿很多，号称千门万户。它们各具特色，如馺娑宫，规模宏大；枍诣宫中，树木郁郁葱葱；天梁宫的建筑，犹如耸入云天的梁木；奇华宫中收集了四海之内的珍宝、异兽、特产，如火浣布、切玉刀、巨象、鸵鸟、雄狮、西域骏马，等等。

建章宫中最为壮观的建筑物，要算神明台了。神明台高达 50 丈，台上有个铜铸的仙人，仙人的手掌就有七围之大，至于仙人之巨大那就可想而知了。仙人手托一个直径 27 丈的大铜盘，盘内有一巨型玉杯。因为这个大铜盘中的玉杯，是用来承接空中露水的，所以取名为承露盘。汉武帝以为，喝了这盘中玉杯内的露水，就可以成仙，所以不惜耗资亿万，营建神明台。神明台上，除了承露盘之外，还设有九室，象征九天。其中有巫士百余人，他们说，在高入九天的神明台上，能够和神仙通话。其实他们不仅以此欺骗世人，也欺骗自己，更欺骗想当神仙的人间皇帝——汉武帝。

神明台保存了比较长的时间，魏文帝时，承露盘还在神明台上，文帝要把它搬走，但因铜盘过大而折断，其时声传数十里。建章宫遗址西北部今孟家村村北，有一大夯土台基，高约 10 米，东西 52 米，南北 50 米。它与双凤阙分布于建章宫前殿东西两边，正与文献记载的"左凤阙，右神明"位置一致。孟家村的夯台，很可能为神明台遗址。

太液池在建章宫前殿西北 450 米，面积 15.16 万平方米。汉武帝为了求神祈仙，在太液池中建造了渐台，基址现存东西 60 米，南北 40 米，残高 8 米；又筑起了 3 座假山，象征着东海中的瀛洲、蓬莱、方丈三座神山。

建章宫太液池渐台遗址

建章宫神明台遗址

建章宫太液池遗址出土的石鲸

"太液者，言其津润所及广也"。宫城之内开池，始于西汉，池的名称也为后代沿用。太液池象征着大海，考古工作者在太液池东边，曾发现一座西汉时期的巨大石雕——石鱼，长 4.9 米，最大宽度为 1 米，大概即文献记载的太液池岸边的长 3 丈、高 5 尺的石鲸。至于文献记载的太液池岸边其余 3 个 6 尺长的石鳖和各种石雕的珍禽、异兽等，目前还没发现。

太液池是建章宫中风景宜人的地方，水中有游弋的紫龟绿鱼，水上有飞掠而过的凫雏雁子，天空中翱翔着成群的鹈鹕（tíhú）、鹔鸹、鸃鹳（jiāojīng）和鸿鷠（jùn），池中有鸣鹤舟、容与舟、越女舟等五花八门的游船。汉成帝经常在秋高气爽的季节和他的后妃赵飞燕，泛舟嬉戏于太液池上。他们乘坐着沙棠木制作的舟船，用云母片装饰鹢（yì）首，然后以大桐木刻成栩栩如生的虬龙，二龙夹舟行驶于池光山影之中。

如同未央宫沧池一样，太液池不只是点缀建章宫风景的水池，还为千门万户的建章宫提供了大量蓄水。更为重要的是，太液池作为大海的象征，皇帝把其安排在皇宫之中，显示出宫城作为国家的缩影，其宫城东、西、南、北四面辟门，象征天下国土四方尽在宫中，又把海洋河川以太液池为象征，统统纳入宫城。

上林苑——皇室公园

秦迁都咸阳后，在渭河南岸修筑了皇室国家公园——上林苑，西汉时代继续沿用。由于秦上林苑占地规模很大，因此西汉初年中央政府曾下令，让农民到上林苑内开垦耕种。上林苑大规模扩建，始于汉武帝建元三年（前 138）。扩建后的上林苑，东南至今蓝田的焦岱，南至终南山北麓，西南至周至县终南镇附近，向北跨过渭河，包括了今兴平、咸阳一带的秦汉离宫别馆，号称周围 400 里，其范围之大，可容千乘万骑。为了便于管理，周围筑以墙垣，开辟了 12 座城门。这时的上林苑，宫观、官署、池苑并存，其中有各种宫观建筑 70 余座、苑囿 36 处。在上林苑遗址曾经发现

"上林"文字瓦当

长杨宫遗址出土"禁圃"文字瓦当拓片

不少"上林"文字瓦当。见于历史文献记载的宫，有长杨宫、五柞宫、黄山宫、鼎湖宫、葡萄宫、昭台宫、宣曲宫、犬台宫等，这些宫室在西汉时代影响很大，有的是皇帝狩猎时休息的地方，有的是专门为重要国宾建筑的宫殿，有的是安置后宫妃嫔的宫室等。考古人员对其中一些宫观进行了考古勘探与发掘，初步了解了其分布地区与文化内涵。

如位于今陕西周至县终南镇竹园头村西 50 米处的长杨宫遗址，中心建筑群分布面积约 20 万平方米。遗址中出土龙纹空心砖、变形葵纹瓦当、不同类型的云纹瓦当等，其中有些与秦咸阳城遗址出土的秦空心砖、秦瓦当基本相同。遗址中出土的大量砖瓦建筑材料，以西汉时代的数量最多，且具有一定特色。如发现了属于"四神纹"瓦当的朱雀纹、玄武纹、白虎纹瓦当，还发现了与上述四神纹瓦当性质相近的青龙纹、白虎纹的四神纹空心砖。考古发现的西汉时代四神纹瓦当及空心砖，多出土于宗庙、陵庙等建筑遗址。长杨宫遗址出土的四神纹瓦当及空心砖，有可能是宗庙之类的建筑遗物。遗址中出土的"禁圃""汉并天下"文字瓦当等亦较为重要。其中"禁圃"文字瓦当，在今鄠邑区甘河街道坳子村东北 150 米处发现的一处秦汉遗址中也曾发现。禁圃为上林苑的属官之一，其职能是为皇室提供蔬菜瓜果、花卉草木等。出土"禁圃"文字瓦当的周至长杨宫遗址与鄠邑区坳子村，应为禁圃的两尉官署所在地。

再如在今兴平市（原兴平县）东南约 10 千米处的阜寨镇侯村西北部考古调查、勘探发现的黄山宫遗址，南临渭河，遗址范围东西长 1000 米，南北长 500 米，面积约 50 万平方米。遗址中出土的西汉铜灯灯柄之上，有"横山宫"铭刻，"横"与"黄"通假，横山即黄山；还发现了"黄山"文字瓦当。西汉横山宫铜灯、"黄山"文字瓦当的出土，说明上述遗物出土地应为黄山宫遗址，这也纠正了长期以来认为黄山宫位于兴平市西 30 里处的说法。黄山宫遗址考古，发现了夔凤纹遮朽 2 件、云雷纹遮朽 8 件。其中夔凤纹遮朽，直径 76.5 厘米、高 57 厘米；云雷纹遮朽，直径 51.2 厘米、

"汉并天下"文字瓦当

黄山宫遗址出土"黄山"文字瓦当拓片

黄山宫遗址出土的大半圆夔纹瓦当拓片

鼎湖宫遗址出土的"鼎胡延寿宫"文字瓦当拓片

高38厘米。类似上述规格的遮朽，以往大多出土于大型皇室建筑之中。

又如考古工作者在今陕西蓝田县焦岱镇焦岱村南100米处，发现一处大型汉代建筑遗址，面积约3万平方米。考古发掘揭露宫殿建筑遗址7座，发现了宫墙遗迹，出土了大量西汉时代的建筑遗物，其中以"鼎胡延寿宫""鼎胡延寿保"文字瓦当较为重要。《史记·封禅书》载："文成死明年，天子（汉武帝）病鼎湖甚，巫医无所不至，不愈。"

上林苑中的楼台亭榭，以昆明池周围最为集中。如司马迁所记述的那样，昆明池"列观环之"。其中著名的宫观建筑豫章观，也叫昆明观，位于今长安区斗门街道万村西北约 1000 米。白杨观在昆明池东岸，今孟家寨附近。细柳观在昆明池南岸，今长安区斗门街道石匣口村西。此外，在长安城西南今鄠邑区城西，有属玉观；长安城覆盎门南 5 里有博望观，是汉武帝时戾太子博望苑中的楼观。上林苑中的宫殿、楼观数量很多，建筑形式各异，使用功能各不相同，彼此由甬道、复道连成一个统一的整体。

如果说上林苑中的各种宫观建筑如夜空中的闪闪繁星，那么昆明池则颇似一轮皓月。昆明池遗址范围，东西约 4250 米，南北约 5690 米，周长约 17600 米，面积约 16.6 平方千米。故址为一片洼地，低于附近地面 2—4 米。其四至范围为：东自孟家寨、万村之西，西至张村和马营寨之东，南由细柳原北，北到北常家庄以南。昆明池水引自发源于终南山的交河。昆明池中停泊有训练水兵的战船，还有各种供帝王游乐的船只。作为上林苑重要组成部分的昆明池，既是皇家禁苑的重要内容，又为都城长安提供水源，还是京师与关东漕运的必要条件。西汉中期，随着汉武帝在都城长安大兴土木，扩建北宫、上林苑，新建桂宫、明光宫和建章宫，都城长安的用水量骤增，充足的水源是保持都城繁荣的必要条件。都城的扩大、人口的增加，不但要增加水源，粮食的供应也被提到日程上来。把关东的粮食运到关中，这样大量的运输任务，水运是最便捷的，因此漕运成了都城长安保证粮食正常供应的主要运输方式。漕运要有水，昆明池的修建解决了漕渠的补水问题。

牛郎织女的传说，就来自古代人们对昆明池丰富美好的想象。昆明池被比作天上的银河，牛郎在其左，织女在其右。昆明池旁修建的石婆庙和石爷庙及牛郎织女石像，佐证了关于这个故事的久远历史。今长安区斗门街道的常家庄村北和斗门棉绒加工厂附近，仍有石婆庙和石爷庙，二者东西相距约 3000 米。两座庙应该是后代所建，但庙内供奉的牛郎与织女石像，却是西汉时代的珍贵遗物。有趣的是石婆庙和石爷庙供奉的主人恰好相反，石婆庙里的石像是牛郎，石爷庙里的石像是织女。

牛郎和织女石像，均是由火成岩雕成的大型圆雕石刻，为汉武帝元狩二年（前121）修昆明池时建立的。因而，它的年代比霍去病墓的石刻还要早4年，是迄今所知我国古代最早的大型石雕作品之一。

上林苑中，除了昆明池之外，还有许多水池。如初池、麋池、牛首池、蒯池、积草池、东陂池、西陂池、当路池、太一池、郎池、百子池等，分布于上林苑内，杂处于宫观之间，把上林苑点缀得更加秀丽。这些水池各具特色，像积草池中，有南越王赵佗给汉朝皇帝贡献的珊瑚树，高1.2丈，

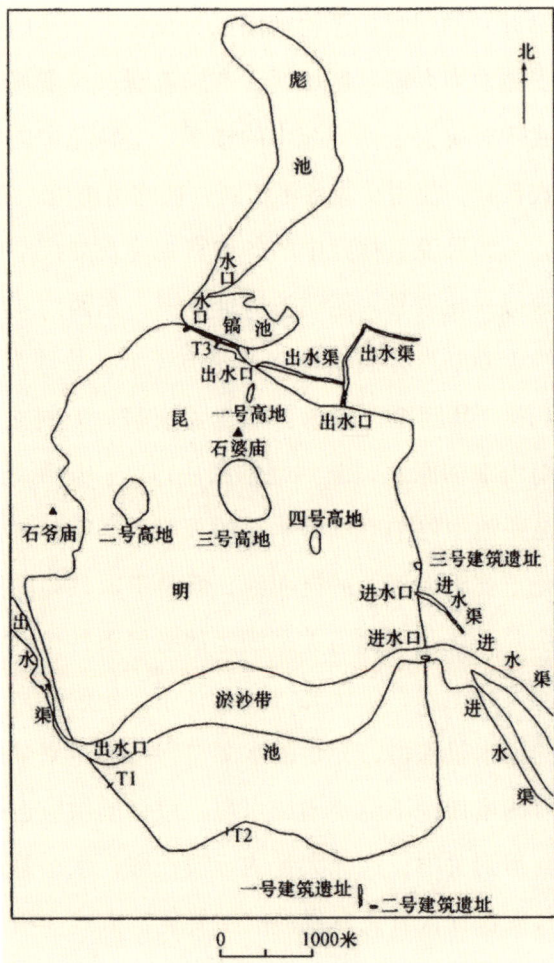

汉昆明池遗址平面示意图

昆明池遗址附近的汉代牛郎石像

昆明池遗址附近的汉代织女石像

一共 3 根枝条，上面有 462 根小枝条，甚为壮观，尤其当夜幕降临后，珊瑚树上发出时隐时现的荧光，被人们誉为烽火树。百子池在每年七月初七牛郎织女相会的日子，都要举办大型音乐会，人们用五颜六色的丝缕相系，唱歌跳舞，尽情欢乐，寄托美好愿望。

上林苑作为皇家公园，还饲养着许多珍禽异兽，或供天子和达官显贵们观赏，或供其猎获。上林苑的 36 所苑囿，大多分布于上林苑的西部和北部。负责诸苑事务的官员和苑监，以郎官充任。诸苑规模甚大，据记载，其中有官宦奴婢 3 万人，养马 30 万匹，还有鹿、虎、熊、犀、熊猫等动物。这些动物分别在不同苑中饲养管理，专门有令和尉等官员进行登记造册。不同的动物，由不同身份或名分的人驯养、管理。如养鹿的人，多是官奴婢和家庭财产不满 5000 钱的贫民。

上林苑中不少建筑物的名称与苑中所养的动物有关，如白鹿观、众鹿观、鹿观等，不管是一观多名，还是诸观各异，都应与白鹿和鹿有关。又如走马观、虎圈观、射熊观、鱼鸟观、犬台、狮子圈和彘圈等，似与相对应的动物有关。上林苑中的珍禽异兽，有中国本土的动物，也有狮子、鸵鸟和犀牛等异国的贡物。

古罗马有闻名世界的斗兽场，汉上林苑中皇室修建的斗兽场却鲜为人知。当时皇帝任命了专门官吏，负责斗兽场的工作。

斗兽场并非始建于汉代，秦已有之。秦昭王就曾把魏公子无忌派来的特使朱亥，放到秦上林苑的斗兽场——虎圈之中，与猛虎决一胜负。汉代斗兽已不限于猛虎，还有与恶熊、野猪相搏者。有专业的斗兽武士，也有皇帝的爱妃。为了便于观看斗兽活动，修建了高大、宏伟的斗兽场——兽圈。兽圈是斗兽场，也是各种动物的养殖场。其中主要禽兽的种类、数量，都要造册登记，备有禽兽簿。上林苑中的禽兽，除供观赏和斗兽之外，还有三种用途：

第一，皇帝每年到秋冬之季，都要在上林苑中狩猎，届时上林尉把兽圈中饲养的禽兽放入猎场，供皇帝猎获。

第二，西汉时代，厚葬之风甚盛，皇帝更是视死如生。为了把生前的东西全部带到死后的另一个世界，作为供其享受的珍禽异兽，自然就成了他们死后的随葬品。如《汉书·贡禹传》记载，茂陵之中就随葬有大量鸟兽、鱼鳖、牛马、虎豹等生禽。又如考古工作者在薄太后南陵的陪葬坑中，曾发掘出土了随葬的熊猫和犀牛的骨架。还有汉昭帝平陵陵园陪葬的骆驼等。这些珍禽异兽，有可能取自上林苑兽圈之中。

第三，上林苑中精心饲养着一些来自异域的狮子、鸵鸟和犀牛等，它们作为西汉王朝与邻近地区和国家友好往来的见证，宣扬了汉朝天子的怀远之德。

上林苑中不仅有各种各样的珍禽异兽，还汇集了各地千姿百态的植物。汉武帝扩建上林苑时，各地献来的名贵果木和奇花异卉有3000多种。如呼伦湖和贝尔湖一带的瀚海梨、昆仑山附近的王母枣、西域的胡桃和羌李、南方的蛮李等，都种植在上林苑中。植物是大地的衣服，各种各样的植物汇集于上林苑，将其装扮得分外美丽。高低错落的树木、万紫千红的花卉、青翠欲滴的绿茵，加之蜿蜒起伏的阁道、亭亭玉立的楼观、金碧辉煌的宫殿，使人间的上林苑犹如天上的仙境一般。有的建筑物还以上林苑中的植物命名，如蒲陶宫（即葡萄宫）、扶荔宫等。

上林苑是皇家公园，又是皇家庄园。汉代皇室所有土地称公田，公田大多分布在京畿地区。上林苑中除供皇室使用的宫观、池沼、苑囿、猎场之外，还有大量沃野良田，这些都属于皇室公田，或为耕地，或为牧场。皇后每年还要于上林苑"春幸茧馆"，皇帝在都城籍田，表示国家重视农桑。

上林苑内还有重要的铸币官署和工场，上林三官是其代表。汉武帝元鼎四年（前113），改革铸币制度，不允许地方铸币，铸币权统一由中央政府掌握。上林苑遗址内，曾发现多处铸币遗址。如今西安市长安区窝头寨、未央

上林苑钟官遗址出土的
陶范母范头"钟官"铭文

区三桥街道好汉庙、鄠邑区大王街道兆伦村等地，均发现了汉代铸币遗址，其中鄠邑区大王街道兆伦村钟官遗址尤为重要。

上林苑之于汉长安城的作用有三点：

首先，上林苑加强了都城长安及其皇宫的安全。长安城的宫殿主要在南部和西部，城外的南部和西部，均划入上林苑范围之内，成为皇宫——未央宫的后花园，使一般人很难接近未央宫西、南两面，加强了其西部与南部的安全。未央宫北面又有桂宫、北阙甲第和北宫为屏，东面有长乐宫为障，使皇宫固若金汤。

其次，上林苑的扩建，缓解了都城长安宫室建筑的紧张。随着汉王朝皇室与官僚机构的庞大，长安城中的建筑已满足不了统治者的需要，上林苑成了都城的补充。皇室和中央政府的不少重要活动都安排在上林苑，一些官署也设在了上林苑。如汉宣帝在平乐观接待匈奴使者及其他外国君长，举行大型文艺活动。接待匈奴单于来朝下榻的葡萄宫，以及长杨宫、五柞宫、鼎湖延寿宫、宜春宫等，都是皇帝经常光临的宫室。

最后，汉长安城上林苑对后代的影响是深远的。东汉洛阳城、隋洛阳城，主要苑囿仍名为上林苑，与都城所处相对方位，也与汉长安城和上林苑的相对位置相近。邺北城和邺南城城外苑囿、唐长安城禁苑，都承袭了汉长安城上林苑既为游乐场所，又起到都城和宫城安全屏障作用的传统。就是降及中国古代历史最后时期营建的皇家园林颐和园的昆明湖，其名称也是直接源于上林苑的昆明池。

中国历史上最早的"夏宫"——甘泉宫

甘泉宫位于今陕西淳化县铁王镇梁武帝村、城前头村和董家村一带。

封五昌的《汉武帝与凉武帝村》认为："梁武帝村"应为"凉武帝村"之讹。凉武帝村之名，因汉武帝每年盛夏来此纳凉避暑而得名。类似典故的村名，在甘泉宫故址附近还有很多。如传说营坊坡村原为驻兵之处；亮马台村为习武赛马之地；古之御花园、养鱼池，即今之善花村、小池村；传令接旨在今后旨头村；接待皇帝的地方，即今铁王镇，"铁王镇"实乃"接王镇"之讹。淳化县铁王镇一带，是传说黄帝以来古人祭祀天神的地方。到了战国时代，匈奴人占领了这里，继续在此祭祀天神。秦夺下这里后，将云阳县的休屠、金人、径路神祠迁徙于甘泉山下，并以此地为起点，修筑了著名的直道，通至今内蒙古包头市。秦二世时，在此修建了林光宫，汉代林光宫改名为甘泉宫，甘泉宫即取名于其所在地甘泉山。

甘泉宫原来规模较小，周长只有 10 余里。汉武帝时进行了大规模的扩建，扩建后的甘泉宫，宫城周长 19 里，其中有宫殿 12 座，楼台一座，宫城四面各有一座宫门，或称司马门。

甘泉宫遗址

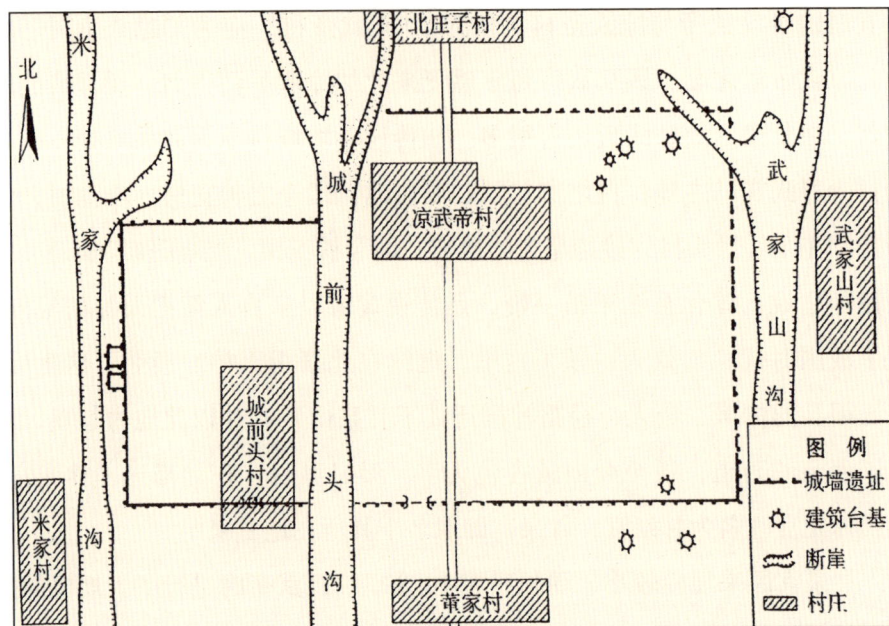

甘泉宫遗址平面示意图

    甘泉宫中最高的建筑物，是元封二年（前109）建筑的通天台。顾名思义，通天台就是台可通天，由此可见其台之高了。文献记载，通天台高30丈，站在台顶，天上的朵朵白云都在脚下飘过，极目远眺，可见300里以南的京师长安。筑造通天台的目的，是祭天。这就要求通天台宫室内的被服杂物，要与天上神人使用的一样，否则天神就不会降临。皇帝让工匠们把车辆绘画上虚无缥缈的流云纹，选择吉日佳期驱车前行。在通天台的室内，绘画了天地、泰一诸神的壁画，然后在室内放置好祭祀的用品，以为这样天神会降临。通天台和建章宫的神明台，都有承露盘，仙人拿着玉杯，承接着白云间的甘露，放入盘内，这被视为世上的圣水。皇帝在这里日复一日、年复一年地等候着神灵，盼望着仙人，因而通天台又称候神台或望仙台。

    甘泉宫的主体建筑是前殿，也称甘泉殿，或称紫殿。前殿位于甘泉宫中心，建筑非常讲究，雕梁画栋，玉石镶嵌。汉成帝时，又在前殿设置了

甘泉宫通天台遗址

云帐、云幄和云幕，所以又称此殿为三云殿。前殿旁边营建了芝房。据记载，甘泉宫中生长有灵芝，而这种植物"九茎连叶，芝金色，绿叶朱实，夜有光"，芝房就是专门为神奇的灵芝而修建的房屋。当时人们还以此为题写成《芝房之歌》，谱上乐曲，作为朝拜神灵的歌曲。

　　甘泉宫中，除前殿之外，还有竹宫、长定宫、通灵台、高光宫、七里宫和增成宫等宫室建筑。

　　竹宫是皇帝的寝宫。皇帝到甘泉宫来，一是拜天神，二是避酷暑。通天台与竹宫相连，皇帝住在竹宫，在这里进行长时间、烦琐的拜天仪式最方便不过了。汉武帝每次在甘泉宫导演祭祀天神仪式，都要选出 70 名童男童女，放声高歌，通宵达旦，彻夜不停。夜里，偶尔看到夜空中有流星闪过，皇帝以为天赐神光，于是在竹宫向通天台附近逝而不见的流星朝拜。或者皇帝亲登通天台，选 300 名 8 岁的女童，摆好祭祀用具，招引仙人。祭祀完毕，就等候天上神仙的降临。顾名思义，竹宫还是个清凉的宫室，所以盛夏季节，皇帝来甘泉宫避暑，就下榻在竹宫。

长定宫是皇后在甘泉宫中的寝宫。孝成许皇后被废后，先住在长安城南的昭台宫，一年以后，就迁到长定宫。

通灵台是汉武帝为纪念其钩弋夫人而修建的一座建筑物。

甘泉宫附近设有苑囿，称为甘泉苑，或称甘泉上林苑、甘泉上林宫。甘泉苑在今淳化县北车盘岭，规模很大。苑中营建的宫殿台阁有百余所，其中大多为游玩享乐的宫观建筑，如仙人观、石阙观、封峦观、鳷（zhī）鹊观等。

西汉皇帝，尤其是汉武帝，每年五月都要由长安北上到甘泉宫避暑，往往一直要到盛暑过后的八月，才前呼后拥地回到都城长安。西域的使者与汉朝外交往来，大都是春暖花开以后，由本地动身前往长安。他们骑着骆驼，在驼铃声的陪伴下，穿过浩瀚的沙漠，又跨上骏马，穿越沃野千里

甘泉宫遗址出土的"甘林"文字瓦当拓片

的草原，进入关中京畿之地，最后还要换乘华丽的车舆奔赴长安。在当时的交通工具条件下，漫长的旅程需要相当长的时间。虽然他们初春启程，却往往盛夏才能到达长安。春去夏来，汉朝天子已到甘泉宫避暑，因此使者们就要到那里去朝谒汉朝的皇帝。汉武帝在甘泉宫接见过许多地区、国家的酋长、首领和外交使者。西汉时代，未央宫、长乐宫、建章宫和甘泉宫，被列为京都长安的四大宫，由此可见甘泉宫的地位绝非一般离宫别馆所能相比。

为了寻找逝去的甘泉宫，考古工作者通过调查，在今陕西淳化县武家山沟和米家沟东西之间，已勘察发现了甘泉宫遗址。宫城遗址平面近长方形，周长5668米，面积约148.6万平方米。宫城遗址现在仍保存有多处汉代高台建筑的台基，其中可能就有历史文献记载的通天台台基。甘泉宫遗址内，还出土有"甘林"文字瓦当和戳印有"甘""甘居""居甘"陶文的砖、瓦等遗物，佐证了这一遗址的性质。

五

礼制建筑

古代统治阶级，为维持自己的统治，在都城附近修筑了大量礼制性建筑。由于它直接服务于巩固统治者政权，所以历代统治阶级对此十分重视。关于古代礼制建筑的文献记载很多，但经过考古发现科学确认的古代都城礼制建筑，则以汉长安城的种类与数量最多、时代最早。这些建筑，对此后近两千年的中国古代都城礼制建筑影响最大、最深。

礼制建筑是西汉都城长安的重要组成部分，除西汉初期少量礼制建筑修建于长安城中之外，主要分布在城外，其中以南郊最为集中。20 世纪 50

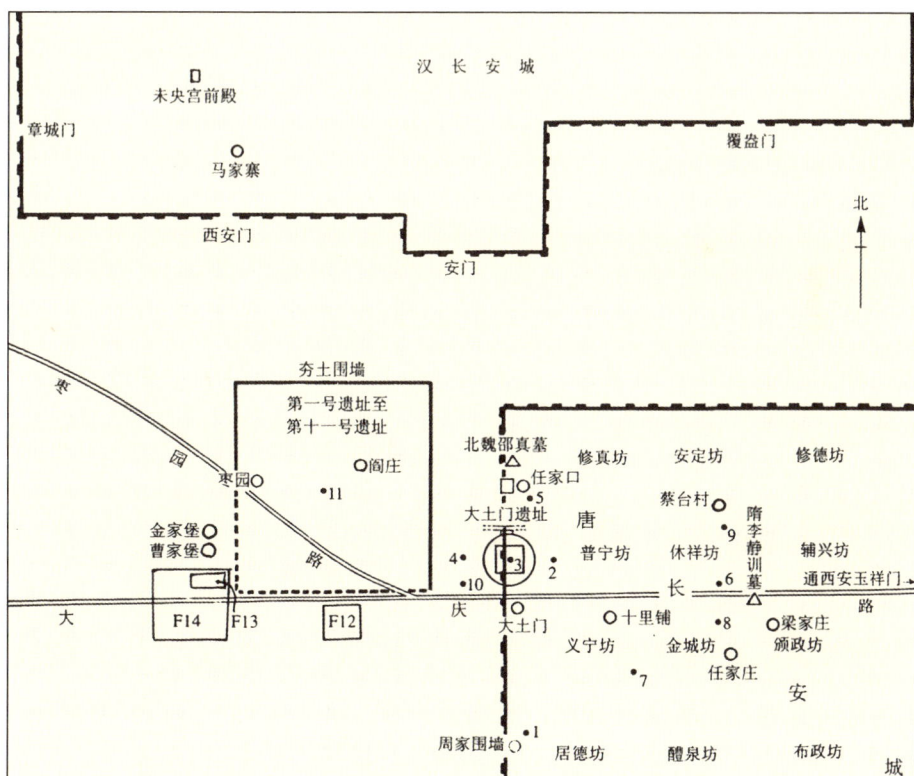

南郊礼制建筑平面分布示意图

149

年代中后期以来，考古工作者对汉长安城礼制建筑遗址进行了大规模的勘察和重点发掘，取得了丰硕的学术成果。在中国古代都城考古学中，西汉都城礼制建筑遗址的考古工作，是开展得最早、最多、成果最为丰硕的。根据历史文献记载，汉长安城南郊礼制建筑，主要包括宗庙、社稷、明堂（辟雍）、灵台、圜丘等。已经考古发掘的西汉末年的汉长安城礼制建筑遗址，是中国古代都城考古中发掘规模最大、内容最丰富、遗址性质最明确、时代最清晰的礼制建筑遗址，包括宗庙、社稷和明堂遗址。汉长安城南郊礼制建筑中，还有圜丘、灵台、太学等，但这些建筑遗址的具体方位尚未究明。此外，在汉长安城北部的远郊，有些学者还考古调查了一些被认为是重要礼制建筑性质的遗址，不过这些遗址还有待进一步开展田野考古工作予以究明。

明堂（辟雍）

明堂在历史上出现很早，其功能随着时代的变化也有所不同。先秦时代，明堂可能是作为国王办公的大殿，也就是文献上说的"布政之宫"，在此制礼作乐，颁布法律，以及进行一些重要的国务活动等。通过在明堂进行的活动，天子可以"明诸侯之尊卑"，维持其统治的等级秩序。到了汉代，皇帝的宫室进一步完善，明堂已由过去的"布政之宫"，变为"顺四时，行月令，祀先王，祭五帝"的礼制建筑。

明堂的形制一般是屋顶为圆形，房子为方形，所谓上圆下方，"上圆象天，下方法地"。明堂有五室，象征金、木、水、火、土五行。明堂又称九室，因古代中国有九州之说，九室象征九州。四座门象征着东、西、南、北四方和春、夏、秋、冬四时。这些多出自汉代儒家学者们的解释。据

《汉书·郊祀志》记载：汉武帝欲封泰山，要修建一座明堂，但不知其形制，山东济南有一位老先生叫公玉带，给汉武帝送上了一份据说是黄帝时期的明堂图纸。图上的明堂有 4 个殿，四面都没有墙壁，上面以茅草为屋顶，明堂周围有水沟环绕。

辟雍也叫璧雍，因为其形状"如璧之圆，雍之以水"。西周时代，辟雍是教育场所，后代则为祭祀之处。西汉时代长安城礼制建筑中的明堂，可能与辟雍合二而一。仿效汉长安城的北魏平城的明堂，就是与辟雍合二而一的。

1956 年 7 月至 1957 年 10 月，在西安市西郊大土门社区附近的建设施工中，发现了西汉长安城明堂遗址。明堂为汉平帝时期王莽修建，位于汉长安城之南，安门与覆盎门（即文献中所说的杜门）之西。明堂遗址由主体建筑（即发掘者所说的中心建筑）、围墙院落与圜水沟三部分组成。主体建筑位于中心部位，四周围筑方形院落，边长 235 米。院落四面中央各辟一门，院落中的四角，各有一曲尺形平面建筑。院落之外，有一平面圆形的圜水沟将其包围，其范围，东西 368 米，南北 349 米，沟深 1.8 米，宽 1.8 — 2 米。砖砌沟壁。主体建筑建于平面方形的土台上，台东西 206 米，南北 205 米，高 1.6 米。土台之上有一直径 62 米的圆形夯土基址，主体建筑置于圆形夯土基址之上，平面似"亚"字形，方向正南北，边长 42 米。"亚"字形建筑中央，是一平面方形夯土台，南北 16.8 米，东西 17.4 米，此即文献中所说的太室或通天屋。

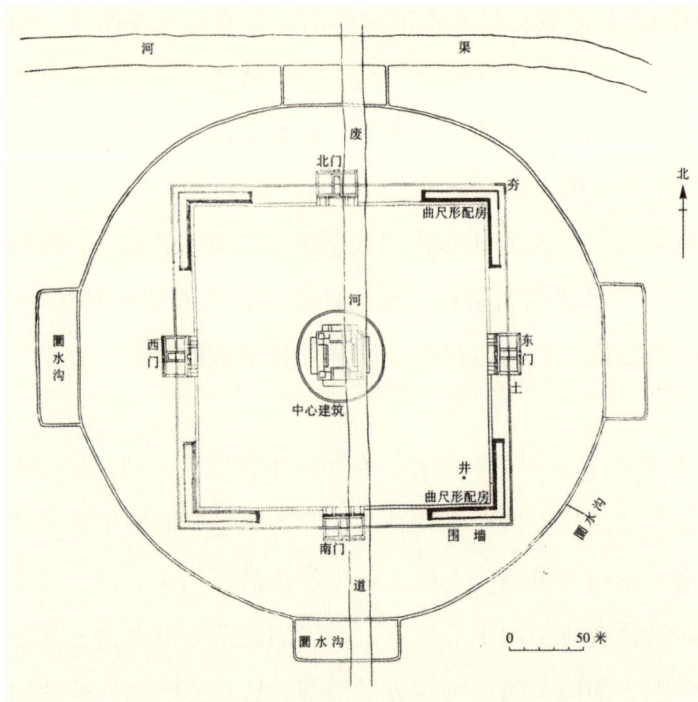

明堂（辟雍）建筑遗址平面示意图

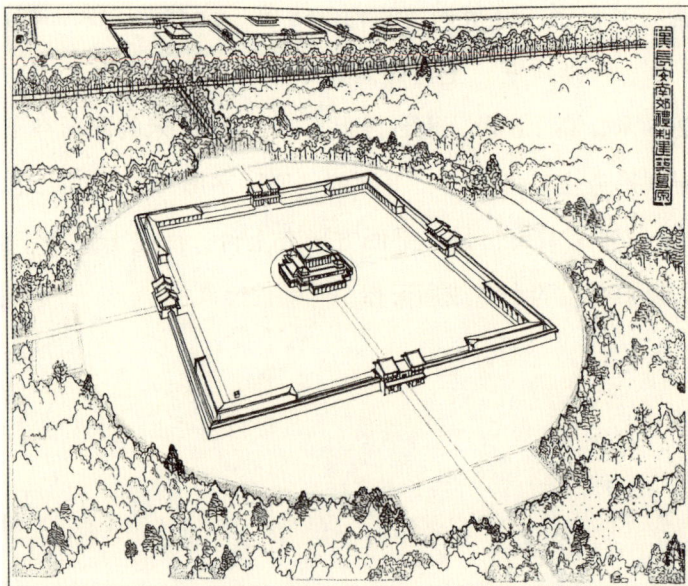

明堂（辟雍）建筑遗址复原示意图

灵台

灵台是天子用于"观祲（jìn）象、察之妖祥"的地方。古代东方，观察天文、制定历法，对于统治阶级来说，无论是在政治上还是在经济生产上，都是至关重要的。

汉代灵台，又称清灵台或清台。据记载，汉灵台位于长安城覆盎门以南，即今西安市西郊雅逸新城东北，西安火车西站以西，小白杨社区以南。西汉灵台原来高达 15 仞，上面放置有浑天仪、相风铜乌、铜表等天文仪表器械。

西汉灵台的建筑形制还不清楚，洛阳的东汉灵台已经考古发掘，东汉制度多沿袭西汉，西汉和东汉的灵台形制应该大致相近。东汉灵台在东汉洛阳城南郊，占地 4000 平方米，为一方形高台建筑，台基夯筑，平面为方形，边长 50 米。台基的四周有上下两层平台，台东、西、南、北四面的墙

洛阳东汉灵台遗址复原透视示意图

壁，分别粉刷成青、白、朱、黑颜色。这样处理，是因为汉代统治者认为四方由四神分管，并有相应的四种颜色与其一致。灵台顶部是观测天象的场所，灵台四周的建筑，是主持天文工作的衙署。

宗庙

汉长安城的宗庙，主要有汉太上皇庙、汉高祖的高庙、汉惠帝庙、汉文帝庙与都城附近的西汉帝陵陵庙，以及西汉末年的王莽九庙。上述宗庙遗址进行了考古发掘的，有王莽九庙遗址和汉景帝阳陵陵庙——德阳庙遗址，此外汉宣帝杜陵陵庙和高庙遗址，也进行了考古调查。

西汉初年，在长安城中修建了太上皇庙、高庙和惠帝庙，后来又在长

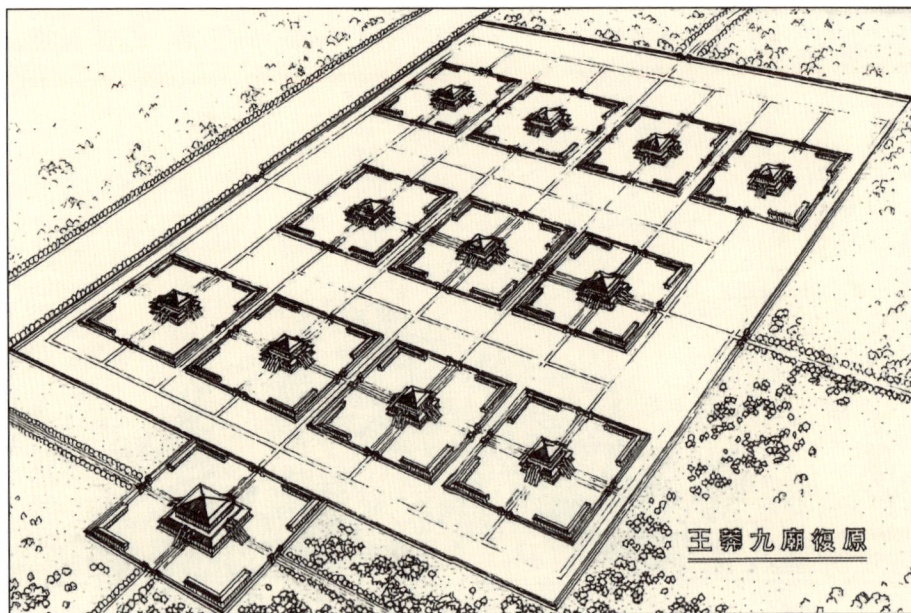

汉长安城宗庙平面分布示意图（引自杨鸿勋《宫殿考古通论》第285页）

安城外东南部，营建了汉文帝的顾成庙。西汉初年的宗庙，修在长安城内。历史文献记载，刘邦父亲的太上皇庙位于长乐宫北、香室街以南；高庙位于安门大街以东、长乐宫西南，约在今西安市未央区未央宫街道东叶村一带；惠帝庙在未央宫以东、安门大街以西、武库以南、高庙西侧，因此惠帝庙又称西庙；文帝庙称顾成庙，在唐长安城休祥坊，即今西安市西郊玉祥门以西、大庆路以北一带。顾成庙与高庙、惠帝庙不同者有二：一是顾成庙为文帝在世时的自为庙；二是高庙、惠帝庙均在长安城内，顾成庙在长安城外。

汉长安城遗址考古发现规模最大的宗庙建筑遗址，应属王莽九庙。

历史文献记载，地皇元年（20），王莽在长安城南占用100顷土地，以历代宗庙建筑图纸为参考，征调全国各地的工匠、百姓和徒隶，向达官显贵、豪商富贾摊派大量钱粮，拆毁建章宫及上林苑的包阳宫、犬台宫、

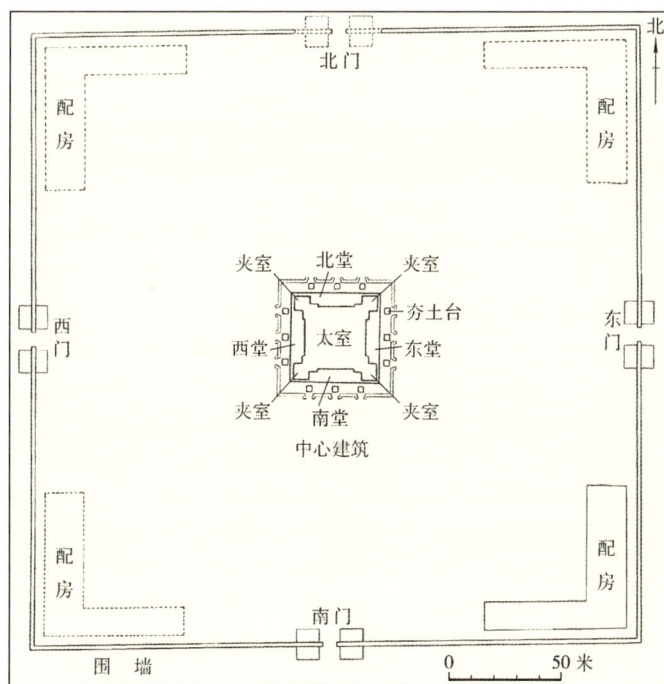

第三号宗庙建筑遗址平面示意图

储元宫、平乐观、当路观和阳禄观等大型宫观建筑 10 余所,取其木材、砖瓦等建筑材料,修筑九庙。这一工程耗资"数百巨万",工程中"卒徒死者万数",用了整整 3 年时间方才建成。九庙的建筑规模相当庞大,其中最大的一座庙叫太初祖庙。庙的平面为方形,边长 40 丈,高 17 丈。其余诸庙的规模,仅及太初祖庙的一半。

汉长安城宗庙建筑遗址群,位于汉长安城南城墙以南约 1000 米,处于汉长安城西安门与安门南出平行线之间,主要分布在今西安市西郊杨家围墙社区、枣园村、阎庄等地。宗庙建筑群由 12 座建筑组成,一座在最南边,外面有单独的围墙形成院落,院落平面为方形,边长 280 米。另外 11 座,则共有一大围墙形成的院落,院落平面为方形,边长 1400 米。南部小院落与大院落,南北相距 10 米,前者在后者东西居中位置。每组建筑由中心建筑、围墙、四门和围墙四隅的曲尺形配房等组成。院落四角,各有角楼之类建筑。大院南、北各 4 座门,东、西各 3 座门,共计 14 座门。大院之内的 11 座宗庙建筑遗址分为南、北 3 排,南、北排各东西并列分布 4 座单体宗庙建筑遗址,方位南北相对。中排东西并列分布 3 座单体宗庙遗址,交错排列于南排和北排各自 4 座建筑遗址之间。大院之中的 11 座单体宗庙建筑遗址,形制、规模基本相同。每座宗庙建筑遗址,各筑围墙形成院落,围墙宽约 3.8 — 5 米。院落平面近方形,边长 270 — 280 米。围墙四面中央各辟一门,四座门的规模、形制相同,门址包括门道、左右塾。院落中央为宗庙中心建筑,平面为方形,边长 55 米,四面对称。中心建筑中央为"亚"字形平面的高大台基。宗庙遗址出土的图像瓦当十分引人注意。所谓图像瓦当,就是人们通常所说的青龙、白虎、朱雀、玄武图像的四神瓦当,分别出土于宗庙遗址的东门、西门、南门和北门,恰与东、西、南、北四方一致,也就是说四神分管四方。另一种图像瓦当是月牙形瓦当,是目前极为少见的瓦当类型,其特殊寓意还有待人们深入研究。

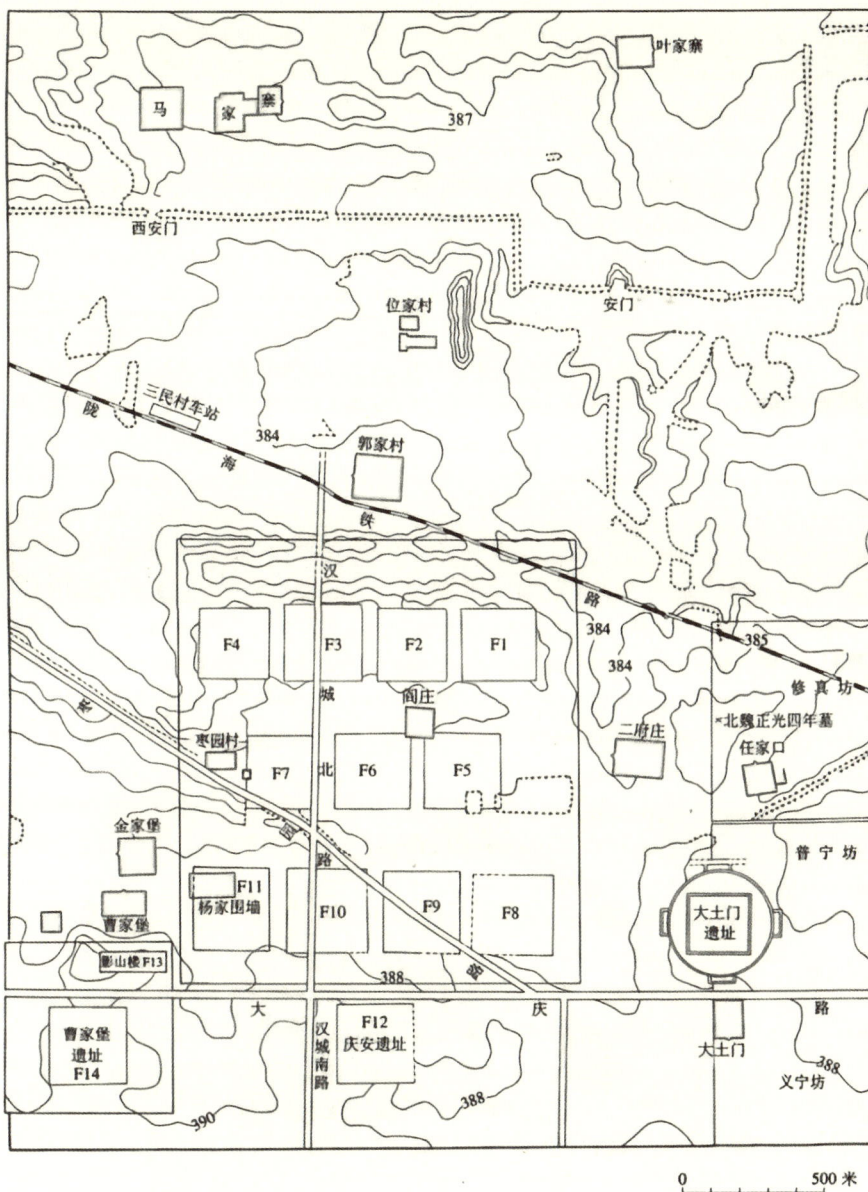

南郊礼制建筑宗庙建筑群遗址平面分布示意图

宗庙建筑遗址出土的四神瓦当

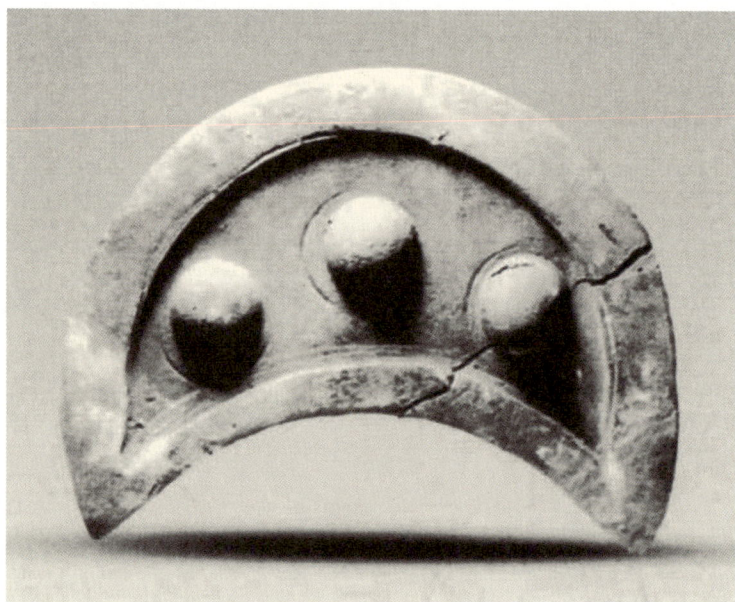

宗庙建筑遗址出土的月牙形瓦当

　　庙作为祭祀活动的主要场所，内置大钟。汉高祖庙中有大钟 10 口，每口重 12 万斤，钟内能容 10 石，撞钟之声传百里。汉代长安宗庙之中有编钟、编磬，这是宗庙中必备的礼乐之器。关于汉代宗庙中的编钟情况，文献多有记载。如《三辅黄图》引《关辅记》曰："秦庙中钟四枚，皆在汉高祖庙中。"《汉旧仪》云："高祖庙钟十枚，各受十石，撞之声闻百里。"《三辅旧事》记载："高庙钟重十二万斤。"可喜的是山东长清仙人台遗址出土了西汉晚期的 14 件编磬。从编磬刻铭可知，属于西汉晚期皇室宗庙之物。编磬为石磬，是实用打击乐器。磬体刻铭内容，为宗庙名、乐舞名、律名、阶名、干支、左右或高下数字等，字体为小篆。这批编磬均为石灰岩磨制而成，质地均匀，制作工艺精细。磬体鼓部稍窄长，股部较宽短，基本符合《周礼·考工记·磬氏》记载的"股为二，鼓为三"比例，造型为句背弧底。这些可能属于西汉都城长安宗庙出土的编磬。

　　庙里的各种器物都是相当讲究的，有玉环、玉鼎、黄金炉等。宗庙四时要以太牢进行祭祀。皇帝宗庙的祭祀活动，列侯都要以酎金助祭。汉代制度规定，如果诸侯贡献祭祀的黄金数量不够或质量不好，还要给以严厉的削县、免国处罚。可见统治者不仅把宗庙作为维护自己统治的政治手段，还把它用作对各诸侯王进行经济勒索的手段之一。当然，宗庙最为重要的任务，还是作为血缘政治性的物化载体而存在。

　　从中国古代都城发展史上宗庙位置的变化，我们可以清楚地看到，古代都城的宗庙，由夏、商、西周和战国早期以前位于宫城或宫殿（含宗庙）建筑区之中，变为战国中晚期和秦代宗庙位于宫城和都城之外。西汉初年，宗庙位于宫城之外、郭城之内。汉惠帝、汉文帝恢复秦代将宗庙置于郭城之外的做法。魏晋时代，都城宗庙又调整为西汉初期的置于宫城之外、郭城之内的布局。自北魏洛阳城出现宫城、内城和郭城三重城，宗庙大多置于宫城之外、内城或皇城之中。一般而言，这种宫庙布局，一直与中国古代社会相始终。宗庙在都城中分布位置的变化，反映了宗庙建筑在都城之中的地位。

宗庙是血缘政治物化载体的象征。在人类古代文明形成之前的史前时期，血缘是维系社会生存与发展的纽带。人类进入国家社会、文明时代，是对史前时代的发展，是地缘政治对血缘政治的挑战，是地缘政治的历史性胜利。但人类古代历史的发展，是渐进的、连续的、过渡的，人类历史从史前时期的血缘政治时代，进入文明时代、早期国家社会（夏商周时代）的血缘政治与地缘政治相结合时代，尔后进入多民族统一中央集权帝国的以地缘政治为主、血缘政治为辅的时代。中国古代都城宗庙位置的变化，充分体现了皇权一步一步加强的过程。

南北郊

古人对天地的祭祀十分重视，祭祀活动由来已久。

汉代匡衡、张谭说："帝王之事，莫大乎承天之序；承天之序，莫重于郊祀。"据《史记·封禅书》记载：秦始皇时，祭天已成定制，当时祭天地点就在云阳甘泉山。西汉初年，沿袭秦制。汉文帝时，在长安城东北的渭河与灞水汇流处，修筑了渭阳五庙，祭祀天神。汉武帝时，又在云阳甘泉山祭天。建始元年（前32），汉成帝在长安营筑南郊，也称天郊，把祭祀活动迁到都城附近进行。古人认为天是圆的，因而祭天之处往往选择或有意营筑成圆形土丘，时称圜丘，以此作为天的象征进行祭祀。文献记载，西汉南郊的圜丘，高2丈，周围120步，在长安城南，位于今西安西郊周家围墙附近。

地郊是祭祀地的。元鼎四年（前113），汉武帝立后土于汾阴（今山西省万荣县西南）。建始元年，汉成帝根据匡衡建议，把祭天活动从云阳甘泉山迁到长安城南郊的同时，也把在东方汾阴祭地的后土，迁到长安城以北的高祖长陵附近，所以地郊也称北郊。北郊和南郊，在同一条南北中轴线上。

古人祭祀天地的活动安排在京城的郊外，所以这种活动称为郊祀。祭天则称天郊，祭地则称地郊。祭祀天地之所以分别安排在长安城南、北郊，是因为"祭天于南就阳位，祠地于北就阴位"。天郊和地郊主体建筑形制不同，前者为圆丘形，后者为方坛形。后代京城附近的天坛、地坛，就是从汉代的南郊、北郊发展而来的。

社稷

长期以来，人们往往把社与稷合称社稷，实际上在西汉时代，社与稷是不同的。《说文解字》云："社，地主也，从示、土。"由此可见，社与土地密切相关。也有人认为在史前时期，社是祭祀土地的，为远古时期人们对地母崇拜的平台，这种习俗一直延续到后代。从现代植物学的认识看，稷应该是黍属，也可以说是粟。稷是中国古代北方（主要是黄河流域及华北地区与东北地区南部）文明起源与形成时期最主要的粮食作物。用多学科结合的方法，对这一时期黄河流域青海、甘肃、陕西、河南、山东及内蒙古东南部和辽西地区西辽河流域考古发现所获取的大量古代植物遗存，特别是农作物遗存进行研究，结果表明，古代中国北方旱作农业以种植粟和黍为主，稷是远古时代中国人粮食的代表。对古人而言，"民以食为天"是天经地义的。由于社与稷的祭祀对象不同，因此上古时代社与稷的祭祀是分行的。西汉时代的官社与官稷，属于两个不同的建筑个体，不是同一建筑的两个名称。社作为土地之神、稷作为百谷之神，二者的祭祀对象是不同的，但它们之间又存在有机的联系。稷作为百谷的农作物代表，土地是百谷之母，没有土地也就没有百谷。社作为土地之神，是人类的衣食父母，是人类生存的唯一平台。古代中国是农业国家，古人认为农业与土地息息相关，农业仰仗于土地，社就是古人对土地的崇拜。社是中国古代自上而下普遍存在的一种主要信仰，因而古代又用"社稷"一词代表国家。

西汉中央政府在京师长安设立的社叫官社，可能与历史文献记载的东汉洛阳社稷形制相近。其中有一方坛，坛上无屋，方坛四周有围墙，墙上开门。西汉的官社之中，可能以树为社神，社神也叫田主、田祖或田神，实际就是土地神。官社祭祀活动，一般在二八月，即春种秋收之季。

考古工作者于20世纪50年代末，在汉长安城南郊礼制建筑遗址群考古发掘出了官社遗址。遗址分为早、晚两期，晚期遗址平面呈"回"字形，为内外相套的大小双重院落。大院落东西600米，南北570米，院落四面

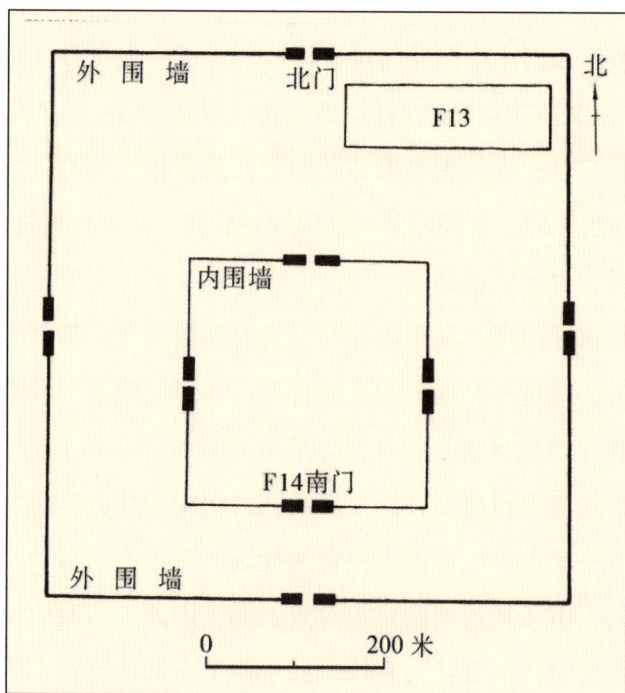

官社建筑遗址平面示意图

围墙中央各辟一门。小院落在大院落中央稍偏南，平面为方形，边长273米，四面围墙中央各辟一门。早期建筑遗址在大院落围墙内东北部，是一长方形的夯土台，东西残长240米，南北宽约60—70米。发掘者认为，早期建筑遗址，是西汉初年在秦官社旧址基础之上修建的；晚期建筑遗址，是王莽修建的官社遗址。

长安的官社遗址，在王莽九庙的西面，与东汉洛阳社稷与宗庙的方位是一致的。汉长安城南郊礼制建筑中的宗庙与官社的平面布局，应该是目前考古发现最早的左祖右社。关于左祖右社，长期以来人们认为先秦时代已经存在，但考古发现不支持这样的论断。当然作为一种重要的都城礼制，其形成有个过程，这个过程有时可能相当漫长。汉长安城南郊礼制建筑中的左祖右社，其实可以追溯到秦汉之际。考古发现的官社遗址，早期可能至秦汉之际。在官社遗址以东的未央宫与长乐宫之间，秦昭王的庙等秦诸庙就在那一带。西汉初年的汉太上皇庙、汉高祖庙、汉惠帝庙，均在未央宫以东。上述情况说明，宗庙与官社的左祖右社，应该是在秦汉之际就已经出现了。

六

西汉诸陵和诸陵邑

古代王朝建立之后的国家大事有二：一是营建都城，二是营建帝陵。都城与帝陵，构成各个王朝最高统治者阳间与阴间的二元世界。帝陵可以说是帝王的阴间都城，因此古人早在两千多年前，就提出了"陵墓若都邑"的说法。中国古代历史上的视死如生，成为当时世人的不变理念。我们把帝陵作为都城的有机组成部分，也就是源于中国古代历史的这一文化传统理念。

历史上，古代帝王陵墓一般在其都邑附近。殷墟侯家庄西北冈发现的商王陵区，就与宫殿区相距很近。在西周都城丰、镐二京附近，虽然至今还未找到王陵区，但根据考古调查，结合文献记载，王陵区分布在丰、镐附近是毫无疑问的。春秋时代的王公陵墓，也都在其都邑附近。如在今陕西凤翔区的春秋时代秦国故都雍城遗址附近，就已经发现了秦公陵园。战国时代的秦、楚、齐、燕、韩、赵、魏七国的王陵区，也都分别在其各自的都城附近。西汉王朝定都长安，西汉一代的帝陵，也营建于汉长安城附近。

西汉诸陵及陵园

古人非常重视陵墓位置和墓地的布局。选定陵墓位置时，根据所谓风水，选择吉祥之地，在汉代十分流行。《水经注·渭水》载："汉成帝建始二年，造延陵为初陵。以为非吉，于霸曲亭南更营之。"汉成帝营建昌陵的借口之一，就是认为延陵的风水不吉利。又如东汉的袁氏，"累世隆盛"，据说袁安的父亲死后，袁安在一位神秘书生的指引下，选择了一块坟地，因此袁氏家族得以"世为上公"。

关于墓地的安排，《周礼》记载："辨其兆域而为之图。"当时不但王室墓地有规划安排，一般百姓的墓地，也有规划图纸，因此早在先秦时代，人们生前已经"先画其地之形势，豫图出其丘垄之处"。这种做法为后代所继承。考古工作者在河北平山县战国时代的中山国王陵中，就发现了预先设计的陵区平面图——兆域图，其中详细绘制了国王、王后及后妃的陵墓及其墓上享堂一类的祭祀建筑。在西汉帝陵中，我们至今还未发现这类兆域图，但这并不意味着当时没有。我们现在开展的西汉帝陵考古调查、勘探与发掘，就是通过对相关遗址、遗迹进行的考古工作，按图索骥，恢复历史记忆，从而进一步探讨西汉帝陵的布局形制及其历史内涵。

西汉王朝，自高祖刘邦至平帝刘衍共 11 位皇帝，他们的陵墓分别位于长安城北的咸阳原和长安城东南的白鹿原与杜东原。这两大陵区的所在地，地高土厚，堪称风水宝地，都是适宜修筑帝王陵墓的地方。

渭河北岸的咸阳原，是西汉的主要皇陵区，自西向东依次分布着武帝茂陵、昭帝平陵、成帝延陵、平帝康陵、元帝渭陵、哀帝义陵、惠帝安陵、高祖长陵和景帝阳陵。长安城东南的白鹿原和杜东原，是另一处西汉皇陵区，有文帝霸陵和宣帝杜陵。此外，西汉一代子为皇帝，父母并非皇帝与皇后，但以皇帝、皇后及后妃礼仪安葬在都城附近的陵墓还有：汉太上皇陵、薄太后南陵、钩弋赵婕好云陵和史皇孙的奉明园。在这些陵墓中，薄太后南陵属于西汉帝陵的东南陵区，史皇孙的奉明园在长安城东南，似亦可划入东南陵区。但太上皇陵和云陵，却不在西汉帝陵陵区范围之内。

分布在渭河北岸咸阳原的 9 座西汉帝陵，西自今兴平市南位镇，东至高陵区泾渭街道，东西一线排开，绵延百里。这 9 座汉陵中，长陵、安陵、阳陵、茂陵和平陵 5 座帝陵附近，均设置了陵邑，所以咸阳原又称五陵原。西汉时代，五陵原人文荟萃，堪称全国最繁华的地方。西汉 11 座帝陵，除文帝霸陵依山为陵外，其余10座帝陵都是平地起冢，冢高如山。古人称死者的埋葬地为墓。陵的原意为高阜之地，把一些坟称作陵，首先是因其高大。古代社会，能够营筑高大坟墓者，都是统治阶级及达官显贵。而且一般说来，地位越高，坟墓规模越大，自然国君坟墓最大。战国秦汉以来，由于国君的坟墓越修越大，外观犹如高山，因而其坟墓又称山或山陵。《水经注·渭水》载："秦名天子冢曰山，汉曰陵，故通曰山陵矣。"山陵泛指国君陵墓，因此山陵又成了国君的代名词。《战国策·秦策五》载："王之春秋高，一日山陵崩，太子用事，君危于累卵，而不寿于朝生。"秦代帝陵称山，如秦始皇陵又称骊山。西汉初期继承了这种称谓，如汉高祖陵墓长陵又名长山。后来，帝陵则称陵，很少再有称山者，但山陵连称却使用了很长时间。汉代以前，帝王陵墓一般没有专名，往往以帝王名称或陵墓所在地的山名为陵名。如秦始皇葬于骊山，所以其陵又称骊山或丽山。还有的国君陵墓，因生前预建，又称寿陵，赵肃侯和秦孝文王的陵墓名称即属这种情况。但战国晚期，已有少数国君的陵墓有了专名，如秦惠文王陵墓称公陵、秦悼武王陵墓称永陵。

从汉代开始，直到古代社会结束，皇帝陵墓都有专名。如高祖、惠帝和文帝的陵墓，分别为长陵、安陵和霸陵等，都是以地名为陵名。有的从预建陵时就已经有陵名了，如阳陵、茂陵等；有的则始称初陵，后来才有了正式陵名，如渭陵、延陵等。

西汉以后，帝陵陵名则大多取用吉祥词语，以地名为陵名者越来越少，这样便造成了历代帝王陵名雷同者甚多。需要指出的是，那些以吉祥词语命名的陵名，不少是沿用了西汉帝陵的名称，原意源于地名，但后世统治者则引申出其吉祥意义而用之。西汉的高祖长陵、惠帝安陵、武帝茂陵、成帝昌陵等，就多被后代皇帝作为帝陵名称袭用。如北魏孝文帝长陵和明成祖长陵，陵名显然袭用汉高祖长陵，但其含义并不一样，孝文帝和明成祖陵墓名称，可能寓长久之意，但二者在各自陵区中所处的地位，颇似汉高祖长陵在咸阳原上西汉帝陵陵区中的地位。又如北宋太祖的永昌陵（实则昌陵）和清代嘉庆的昌陵，均与汉成帝的废陵——昌陵的名称相同，取意却显然不同。至于后世帝陵常用的定陵、泰陵等陵名，其寓意更是一目了然。

汉陵的高大土冢，外表上看去很像一反扣在地上的斗，因此人们形象地比喻它为覆斗形。西汉帝陵封土，与古埃及金字塔的外形相似，不过前者是黄土夯筑，后者是岩石砌置。秦汉时代帝王陵墓高大坟冢的兴起，是战国以来高台宫殿建筑流行的结果。帝陵坟丘，是他们生前居住的高台宫殿建筑的象征。西汉帝陵坟丘，一般高约 30 米，底部方形，边长 150—170 米。汉陵中规模最大的茂陵，坟丘高达 48 米，底边长 230 米，土方超过 80 万立方米。由此可见，汉陵坟丘工程是相当庞大的。因此，修筑昭帝平陵时，仅从平陵附近的渭河河滩拉运沙子一项工作，就使用了牛车 3 万辆。修陵使用的劳力，主要是刑徒和兵卒。考古工作者在景帝阳陵西北，

汉武帝茂陵

曾发现面积达 8 万平方米的筑陵刑徒墓地。从发掘出土的刑徒墓看，死者颈有铁钳，脚戴铁钛（dì）；还有的身首异处，或被腰斩；也有的一墓中叠压几具尸体。由此可以想见，当时这些修陵人的悲惨境遇。

汉代帝陵的墓室称方中，这是与方上相对而言的。方中也就是地宫。帝陵的方中，犹如倒置的方上，墓室上部比封土底部面积略小。从地面算起，墓室深度与封土高度基本相同。《皇览》记载："汉家之葬，方中百步，已穿筑为方城。其中开四门，四通。"帝陵方中四面居中位置，各有一条墓道，称之羡道，羡道与方中相通处有羡门，门的前后有联箭伏弩，又设伏火，作为保卫地宫中死者安全的设施。一般说来，四条羡道大小略异，形制基本相同。西汉初期，太上皇陵的方中，虽然也有四条羡道，但有明显的主次之分，南、北、西三条羡道大小相同，东羡道的规模大于上述三条羡道，应为主羡道。

陵墓在陵园中央，四条羡道与陵园司马门相对，出陵园司马门与神道相连。神道宽达百米。汉陵中的四条神道，可能以东神道为主要道路。神道不容许任何人侵占。史载，李蔡贵为丞相，侵占变卖了汉景帝的神道壖地，事情败露后，被迫自杀。主管部门的太常，也获罪"为隶臣"。

汉陵设置四条羡道，也是承袭了前代制度。目前已知，殷墟中的商王陵墓室四面，各有一条墓道。墓道及多少的设置，在古代有严格的规定，不是任何人的坟墓都可以随便设置墓道数量的。先秦时代，坟墓开墓道应该至少是贵族墓葬，一般情况下墓葬设置墓道越多，墓主人地位越高。从目前考古发现情况看，在挟天子以令诸侯的战国时代，常常出现僭礼的行为，但作为涉及重大礼仪制度的陵墓墓道数量问题，还是非常敏感的，除了战国晚期的秦国国王陵墓四向开辟墓道之外，其他国君还不敢冒天下之大不韪。

据文献记载，汉陵方中用地一顷，或曰"方中百步"。方中的营筑方法，是从平地向下挖好墓穴，然后在墓穴中构筑成殿堂形状的墓室——明

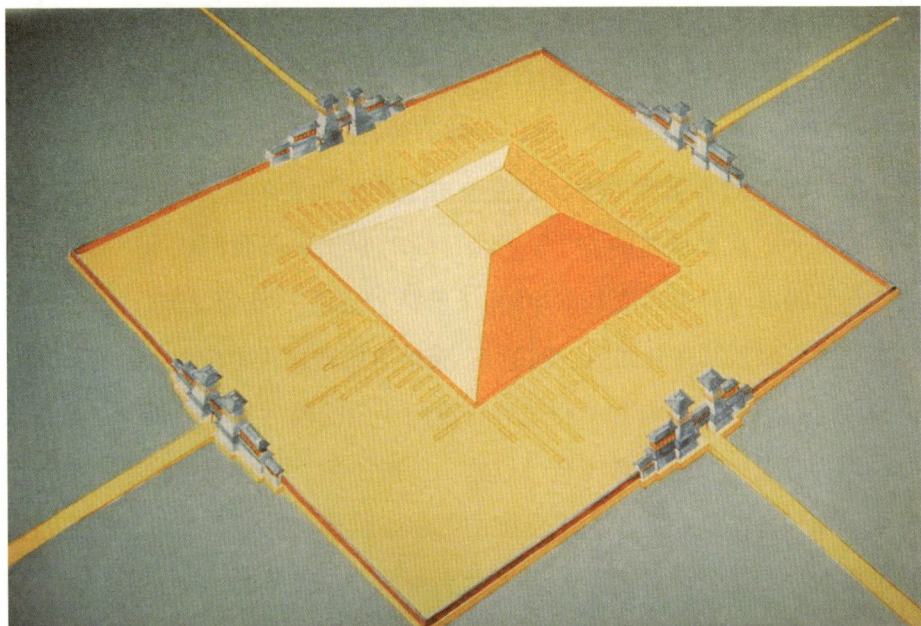

西汉帝陵及陵园复原示意图

中，也称玄宫。《汉旧仪》记载，明中高一丈七尺，周二丈，距地表深十三丈。明中放置皇帝的葬具等，其上再置炭石，堆沙，复土。木炭防潮，沙石防盗。有的地宫之上，盖以膏泥防水。

汉陵明中的葬具，主要有梓宫、便房和黄肠题凑。

天子的棺称梓宫。《太平御览》卷五百五十引《风俗通》："梓宫者，礼，天子敛以梓器。宫者，存时所居，缘生事亡，因以为名。"梓宫系梓木制作的棺。汉代达官显贵，也有人以梓木为棺，但一般只能称作梓棺，不能叫梓宫，除非皇帝所赐。梓木产于江南，生长于深山之中，采伐和运输比较困难。一件梓木制作的棺具重达万斤，其劳民伤财的程度可想而知。皇帝的梓宫长一丈三尺（约今 3 米），宽和高各四尺（约今 0.92 米）。梓宫有四重，内涂朱红色，外表则施以黑色，上面有日、月、鸟、兽等彩绘图案。考古工作者在今北京大葆台汉墓发掘出土的梓棺有五层棺木，由梓属的楸木、檫木和楠木制成。梓棺放在墓室后半部椁室正中的棺床上。梓棺内棺的内外均髹（xiū）黑漆，二、三、四、五层外棺，则内髹红漆，外髹黑漆。棺外有二层椁，这与文献记载的皇帝"棺椁七重"相符合。里层椁南北 5.5 米，东西 5.75 米，高 3 米；外层椁南北 7.2 米，东西 9 米，高 3.3 米。两层椁之间，有宽约 1.6 米的回廊，内置漆器等随葬品。椁的木质系油松。这与文献记载一样。

便房仿照皇帝生前的居住和飨宴之所，位于梓宫前面。北京大葆台汉墓的便房，东西长 9 米，南北宽 7 米，高 4 米。便房南面辟有一门，门高 3 米，宽 3.6 米。此门与通道相通。便房内放置"黄熊桅神"题字和夔龙边大漆床两个，以及象牙雕刻的青龙、白虎六博棋、陶壶、魁钫等器物，天鹅、鸿雁、牛、羊、猫、鱼等动物（仅存遗骨）。

有人认为，梓宫安置在便房之内，便房应为墓葬地下建筑的中心，是墓主人在阴间的主要活动区域，因此又可把便房视为正藏。这个说法有一定道理。

黄肠题凑，战国时代已经使用。秦昭王和吕不韦均因其尊贵无比，而"冢皆以黄肠题凑"。北京大葆台汉墓的黄肠题凑为长方形，南北 14.2 —16 米，东西 9 —10.8 米，高 3 米。南面辟有一门，门高 3 米，宽 3.6 米，与便房门大小相同。黄肠题凑由 15880 根黄肠木堆叠而成，四壁 30 层。北壁每层纵铺 108 根，东、西两壁每层横铺 160 根，南壁每层纵铺 34 根。因四壁全见木头，所以称题凑。黄肠木绝大多数制作平整，表面打磨光滑，呈棕褐色，木质甚好，均系柏木，一般长 0.9 米，高与宽各 0.1 米。

可以看出，天子梓宫之外的黄肠题凑，其实是皇帝特有的一种椁。汉代皇帝有时也把这些葬具赐给极少数"鼎柱之臣"。如汉宣帝赐给霍光"梓宫、便房、黄肠题凑各一具"。又如汉哀帝下诏："令将作为贤（董贤）起冢茔义陵旁，内为便房，刚柏题凑。"考古工作者发掘的安徽汉六安王墓、江苏盱眙江都王墓和扬州广陵王墓、广州南越王墓、山东定陶王墓等，均使用了黄肠题凑。山东定陶考古发现的西汉时代定陶王王后陵墓的黄肠

北京大葆台汉墓的黄肠题凑

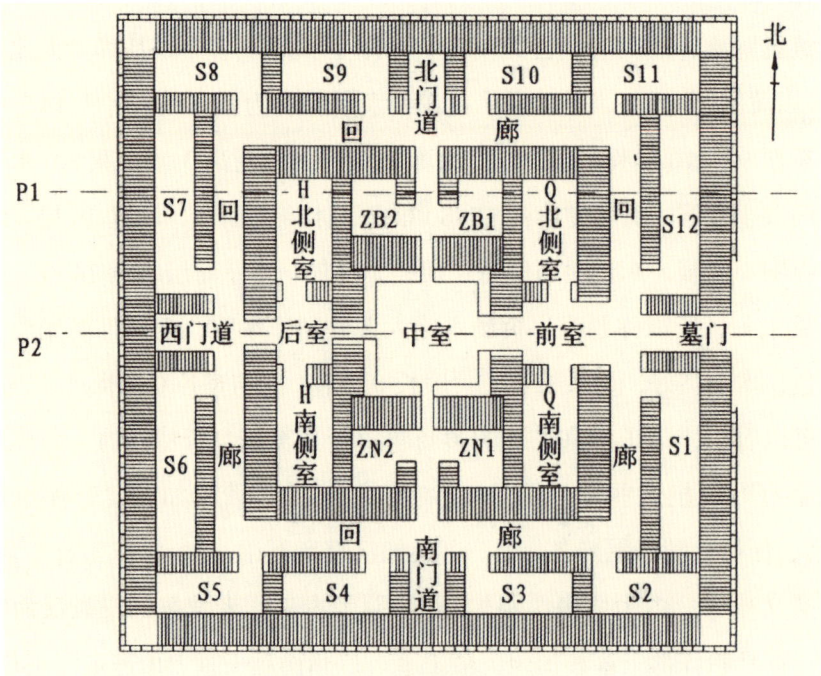

定陶王墓黄肠题凑平面示意图

题凑，是目前保存最完整、级别最高的皇帝级葬具。陵墓为甲字形，坐西朝东。墓圹近方形，边长约 28 米。墓圹之内为椁室，平面近方形，边长约长 22 米。椁室为一座大型黄肠题凑木构建筑，由前、中、后三墓室和侧室、门道、回廊、外藏室、题凑墙组成，各侧室均南北、东西对称分布，皆有敞开的木质墓门。中室为主室，平面方形，边长 3.73 米，主室内置梓木漆棺一具，木棺外表有漆画和彩绘，内髹红漆。最外围的题凑墙厚 1.15 米，一周总长 88 米。题凑墙黄肠木有 20994 根，回廊内侧、中室四周共有2412 根，回廊外各室和间隔壁垒砌的枋木共有 12006 根。黄肠题凑所用木材总量约 2200 余立方，经鉴定黄肠木为柏木，椁顶五层枋木为楠木和硬松木，棺为梓木。

如果说黄肠题凑之内为正藏的话，那么黄肠题凑之外则为外藏，即外藏椁。北京大葆台汉墓的这种外藏椁有两层，周长 77.2 米，各宽 1.6 米，高 3 米，呈"回"字形平面，南部与甬道相通，其中发现有马匹、金钱豹、陶俑、漆偶车和鎏金铜车马饰等。当然，外藏椁不只限于墓室内，也可置于墓道乃至墓外。

西汉帝陵中的随葬品五花八门，数量众多。根据历史文献记载与已经考古发掘的"同制京师"的西汉诸侯王墓出土陪葬品推测，帝陵之中的陪葬品主要有以下几类：

第一，葬玉。又名保存玉，包括玉衣、玉塞、玉含和玉握。玉衣是用玉片做的衣服。有的玉衣是用金丝缀连了几千个玉片而成的，所以又叫金缕玉衣。这种衣服颇像匣子，所以又称玉柙或玉匣。《西京杂记》记载："汉帝送死，皆珠襦玉匣。"但西汉时并未严格执行这个规定。河北汉中山靖王刘胜夫妇墓墓主，就身穿金缕玉衣。但到了东汉，金缕玉衣就只能由皇帝穿用，诸侯王、贵人、公主只能穿用银缕玉衣；大贵人、长公主等只能用铜缕玉衣。

据文献记载，西汉末年，赤眉军掘开吕后陵，发现吕后以玉柙入殓。

如果这个记载可靠的话，西汉初年，皇帝与皇后死后，就已开始使用玉衣了。当然，早期的玉衣可能比较简单。如西汉早期的临沂刘疵墓中出土的玉衣，只有头罩、手套和鞋子，没有上衣和裤子。这或许是早期的玉衣形式，当然也可能由于其规格不够，只能穿用这种比较简朴的玉衣。

1968 年发掘的河北满城中山靖王刘胜夫妇二墓，死者均着金缕玉衣。这时的玉衣，由头部、上衣、裤筒、手套和鞋五部分组成。头部由脸盖和头罩组成，脸盖上刻制出眼、鼻、嘴的部位。上衣由前片、后片和左右袖筒组成。裤筒、手套和鞋都有左右。玉衣各部分，是用细金丝编缀了许多四角有孔的玉片而成。刘胜玉衣全长 1.88 米，由 2498 片玉片组成，所用金丝重 1100 克。其妻窦绾的玉衣全长 1.72 米，由 2160 片玉片组成，所用金丝重 700 克。这是皇帝赐给刘胜夫妇的。皇帝和皇后玉衣的大体形制，与刘胜夫妇墓中的玉衣可能相近，但前者做工肯定更细致、玉料更讲究、形式更繁复。《西京杂记》记载：汉武帝的玉衣上"皆镂为蛟龙鸾凤龟麟之象，世谓之蛟龙玉匣"。在河北邢台南郊和江苏扬州甘泉山汉墓中出土的玉衣玉片上，均有雕刻纹饰，有柿蒂纹、云纹或蟠虺纹，纹饰内镶嵌金丝、金箔等。可见，汉武帝的蛟龙玉匣不为妄谈。

古人为了防止死者精气由体内逸出，便用形状不同的玉石填塞或遮盖

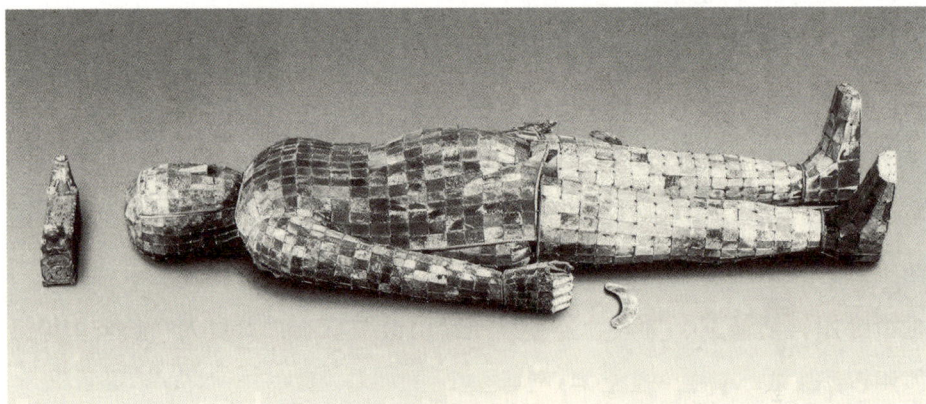

中山靖王刘胜玉衣

其耳、鼻、口、肛门、眼和生殖器等九窍，这些玉石称为玉塞。

因为当时人们认为"口含玉石，欲化不得"，所以人死后口里含的玉，称玉含。皇帝死后的玉含是珠玉。汉代以玉蝉为玉含，玉含取形于蝉，可能是因为蝉这种昆虫由卵变虫的特点，将玉蝉放在逝者口中，期盼死而

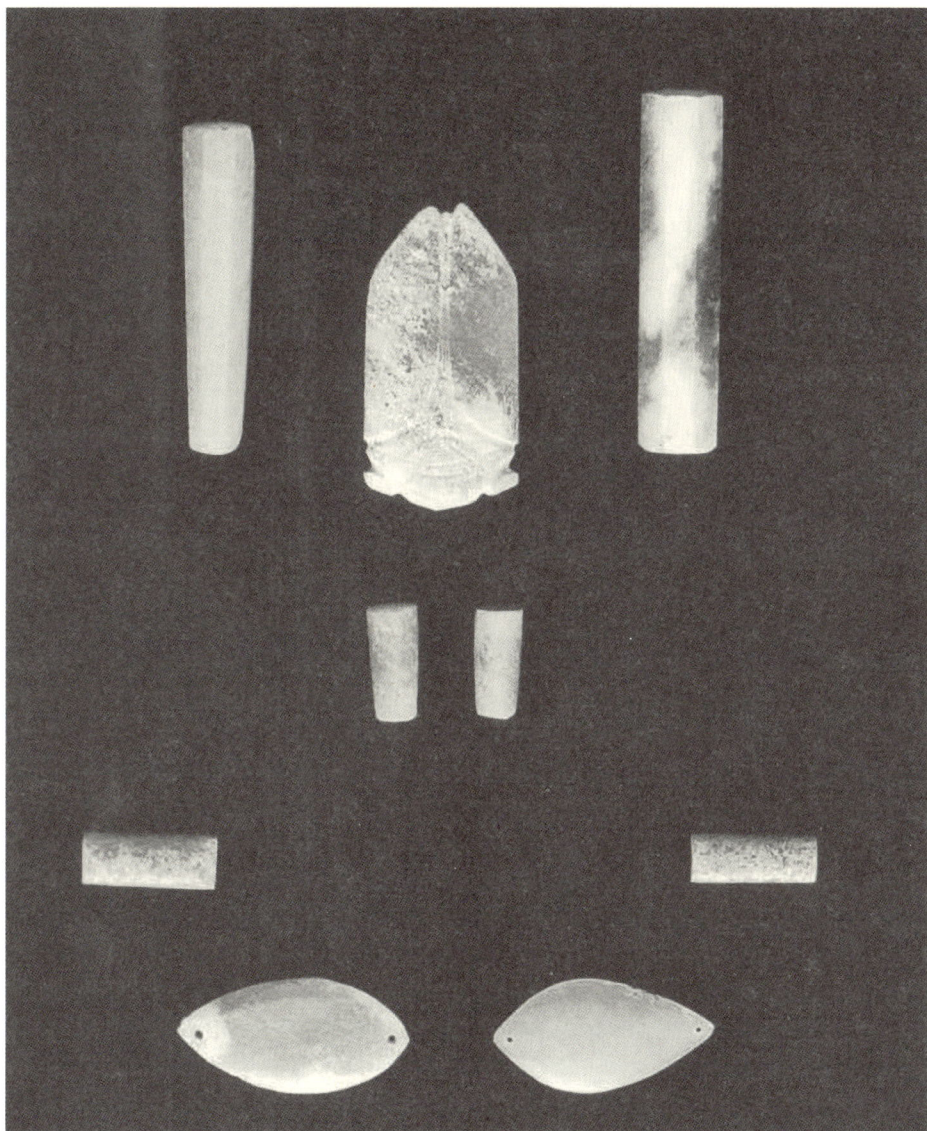

汉代的玉塞

汉代的玉握

复生。

　　玉握，是死者手中握的璜形无孔玉器。

　　皇帝和皇后使用葬玉，是想让自己的尸体长久不腐。但考古发掘证明，死者尸体保存是否完好，并不在于有无玉衣、玉塞和玉含等葬玉。长沙马王堆汉墓和江陵汉墓的两具西汉尸体，并未穿玉衣，但历经两千多年，尸体仍保存得相当完好。相反，河北满城汉墓中刘胜、窦绾夫妇的玉衣、玉含等葬玉俱全，但尸体腐朽，骨骸都所存无几。

　　第二，印玺。印玺是古代社会权力、地位和身份的象征，人生前须臾不离，死后葬于身旁。达官显贵如此，皇帝、皇后亦然。曾经以皇后身份安葬的孝元傅昭仪，陵墓中就有帝太后、皇太后的玺绶。1968 年，在高祖长陵附近的咸阳市秦都区窑店街道狼家沟附近，发现了一件西汉时代"皇后之玺"玉印，系白玉琢成，方形，螭虎钮，印面阴刻篆文"皇后之玺"四字。根据其出土位置推测，这枚玉印可能是吕后陵墓中的印玺。

吕后陵附近出土的"皇后之玺"

汉代诸侯王"同制京师"，诸侯王陵制度亦当如此。因此，从西汉诸侯王葬仪，可以了解西汉帝陵的某些制度。近年发掘的广州西汉南越王墓，出土了19枚印章，有金印、包金铜印、玉印和玛瑙印等多种。其中在墓主身上就发现了8枚印章，最大的一枚是龙钮金印。由此可以联想西汉帝陵中随葬印玺的情况。

第三，珠玉珍宝、金钱财物。从文献记载来看，西汉帝陵中随葬的珠玉珍宝、金钱财物相当丰富。皇帝的梓宫之内，放置"珪璋诸物"。以玉器为随葬品，是帝王葬仪的传统。在殷墟的一座王妃墓——妇好墓中，竟出土了755件精美玉器。汉武帝茂陵在西汉末年被赤眉军掘开，取走了大量珍贵随葬品，过了近三百年，到了晋代，那里的珠玉还未被拿完，帝陵珠玉随葬之多，可见一斑。除了大量珠玉，帝陵中还随葬许多贵重物品和金钱。文献记载，尹桓、解武等盗掘文帝霸陵和宣帝杜陵时，"多获珍宝"。随葬的金钱财物，更是多得惊人。南北朝时期，地方割据政权财政困难，便设置了搜金都尉、摸金中郎等官职，专门发掘帝王陵墓。发掘一座西汉帝陵，所得金钱财物可以维持宫廷多半年的财政开支。

第四，礼器。礼器在随葬品中占很大比重，种类和数量，与死者身份、地位密切相关。

汉代礼器有铜器和漆器。铜器大多饰有错金银花纹。漆器价值比铜器

西汉南越王墓出土的"文帝行玺"

高几倍。礼器包括容器和乐器。容器有鼎、敦（盒）、钫、壶、瓿、盘、匜等，乐器有钟、镈、磬、埙、箫、笙、祝、敔、瑟、琴、竽、筑和坎侯等。在湖北随州发掘的一座战国时代王墓中，仅乐器中的铜编钟一项就出土了 65 件，重达 3500 公斤。

第五，车马。汉代车马使用制度，有着严格的等级界限。《后汉书·礼仪志下》记载：大丧需用"挽车九乘，刍灵三十六匹"。估计陵墓中随葬的车马，远远超过这个数字。汉代陵墓中的车马多为明器，但其造价可能高于真车马。车马器多置于帝陵的羡道中。

第六，其他。皇帝和皇后陵墓中的随葬品，几乎包括了衣食住行各个方面，如陶俑、食物、器皿、动物、竹简等等。大量陶俑，象征皇帝、皇后生前的卫士、仆从、宫女、奴婢和仪仗队。甲胄、刀剑、干戈、箭镞等兵器，则守卫着皇帝、皇后的安全。

封建帝王为了"多藏食物，以歆精魂"，于是随葬了数量众多、品种齐全的食物。王莽毁坏孝元傅昭仪陵时，由于陵中"多藏食物，腐朽猥发"，以至"臭憧于天，洛阳丞临棺，闻臭而死"，可见随葬食物之多。随葬食物，包括粮食、酒、糖等。粮食有黍、稷、麦、粱、稻、麻、菽和小豆，酒和糖有醴、醇酒和饴糖，此外还有醯（醋酸）、醢（肉酱）等。

食物放在瓮、甒（wǔ）里，置于陵墓中。

陵墓中还放置了各种生活用具，如卮（酒杯）、牟、豆、笾、酒壶、盘、匜、灶、甑、鼎、勺、案、杯、酒樽、镫和杖等。此外，供皇帝游乐的随葬物，是随葬品中的大宗，有鸟兽、鱼鳖、牛马、虎豹、生禽等。

汉代皇帝还常常把喜爱的书籍（竹简）作为随葬品。茂陵中就有武帝生前喜爱的图书 40 余卷。这一习俗为后代皇帝所袭用，唐太宗的昭陵、唐高宗和武则天的乾陵，均葬有大量书籍。如《新五代史·温韬传》记载：温韬盗掘唐代诸帝陵时，发现昭陵地宫"中为正寝，东西厢列石床，床上石函中为铁匣，悉藏前世图书，钟、王笔迹，纸墨如新，韬悉取之，遂传人间"。

西汉帝陵随葬品之多，在武帝、昭帝和宣帝三代几乎达到高峰。如《汉书·王贡两龚鲍传》记载：武帝"弃天下，昭帝幼弱，霍光专事，不知礼正，妄多臧金钱财物，鸟兽、鱼鳖、牛马、虎豹、生禽，凡百九十物，尽瘗臧之……昭帝宴驾，光复行之。至孝宣皇帝时，陛下恶有所言，群臣亦随故事"。可是，到了汉元帝去世时，汉成帝安葬其父，以随葬"乘舆车、牛马、禽兽皆非礼，不宜以葬"，改变了西汉帝陵随葬的传统。

汉陵随葬品如此之多，必须搜刮大量的民脂民膏。《旧唐书·虞世南传》记载："汉氏之法，人君在位，三分天下贡赋，以一分入山陵。"可见帝王陵墓的财政开支，在国家财政计划中所占比重很大。

古代十分注意对死者尸体进行防腐处理，这方面的文献记述颇多。《西京杂记》记载：广川王掘开的古墓中不乏其例，如在幽王冢内，发现"百余尸，纵横相枕藉，皆不朽。唯一男子，余皆女子，或坐或卧，亦犹有立者，衣服形色不异生人"。又如在魏王子且渠墓内的石床上，发现两具尸体，"一男一女，皆年二十许，俱东首，裸卧无衣衾，肌肤颜色如生人，鬓发齿爪亦如生人"。见此情景，竟"惧之不敢侵近"，最后还是"拥闭如旧"。西汉时，尸体防腐备受重视，西汉帝王陵墓中的尸体保存效果往往尚好。文献记载，西汉王朝灭亡后，赤眉军攻克长安，发掘渭河北岸咸阳原上的西汉诸陵，发现皇帝、皇后的尸体裹着金缕玉衣，"率皆如生"。晋愍帝建兴三年（315），西汉薄太后南陵被盗发，梓宫打开后，已经入葬470年的皇太后，仍"面如生"，陵墓中的大量彩帛仍能继续使用。考古发掘证实，关于汉代陵墓的尸体防腐，主要是因棺内放置了具有杀菌作用的香料，加之数重棺椁，其外又放置了大量木炭、沙石和白膏泥。帝陵中木炭的用量相当大，修筑昭帝平陵时，仅没收商人的木炭就价值数千万，统统放入平陵。木炭可以防潮，木炭之外敷以密度极大的白膏泥，使墓室与外界隔绝，造成密闭的环境，加之杀菌药物——香料的作用，细菌很难生存，故能使尸体长期不腐。至于有些文献中记载的死者"怀抱玉石冬瓜，耳、鼻孔窍填塞黄金"等做法，绝不是尸体不朽的原因。

汉代皇帝和皇后陵墓同茔不同穴，从地面上看，往往是两冢并立，而且坟冢形制相近，只是皇后陵规模小于皇帝陵，而且越到西汉晚期，这种现象越显著。

西汉皇帝和皇后陵墓，四周围以夯土墙垣，形成陵园。陵园基本上是仿造都城汉长安城及其皇宫修筑的。由于汉长安城及其皇宫的修筑和使用有个历史变化过程，因而西汉一代诸陵陵园的形制也有相应的变化。

西汉初年，高帝以长乐宫为皇宫，未央宫正在修筑。惠帝即位，移居未央宫，吕后仍居长乐宫，长乐宫并未失掉它的重要性。长乐宫在东，称东宫；未央宫在西，称西宫。宫城的这种布局和称谓，对皇帝和皇后陵园的相对位置也有直接影响。长陵和安陵的陵园，是皇帝和皇后两座陵墓安排在同一陵园之内，这反映出宫城的布局和称谓对帝陵陵园形制的影响。

从霸陵开始，终西汉一代，皇帝和皇后的陵墓就各自设置一座陵园，两座陵园相邻，间距在450—700米之间。帝陵陵园一般边长410—430米，墙基宽8—10米；皇后陵园一般边长330米，个别较大者边长400米，墙基宽3—5米。皇后陵园一般在皇帝陵园之东，因而称为东园。在

同茔不同穴的汉高祖长陵与吕后陵

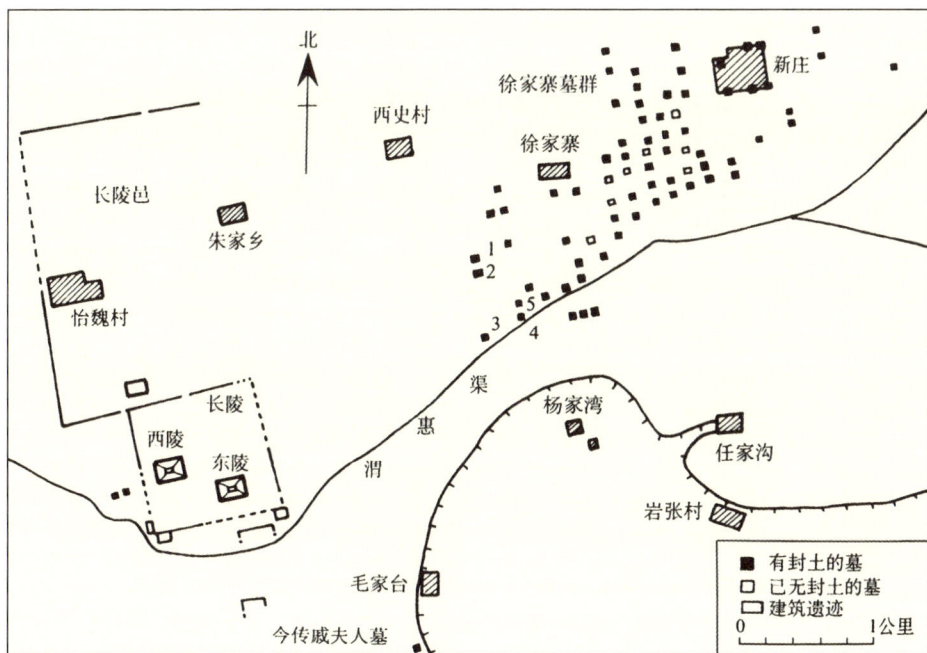

汉高祖长陵平面示意图

皇帝陵园与皇后陵园之外，又有一个大陵园，将帝陵陵园与皇后陵园包括其中。有的帝陵大陵园之内，还埋藏有其他妃嫔的墓葬。

如果说皇帝和皇后陵园在布局上受到未央宫和长乐宫的影响，那么陵园本身的形制受皇宫的影响就更为明显了。未央宫和长乐宫的主体建筑是前殿，以保存较好的未央宫为例，前殿是个巨大的台基，位于宫城中央。未央宫平面近方形，宫的四面对着前殿各辟一宫门，即司马门。而西汉帝陵和皇后陵一般居于陵园正中，陵园平面为方形，陵园每面墙中央各辟一门。人们可以由此清楚地看出，帝陵陵区、陵园是仿造都城及其皇宫修建的。

西汉帝陵陵园附近，有寝园和庙园。

西汉帝陵设置寝园，寝园之名始于西汉。寝园是以寝殿为中心，包括便殿的一组建筑群，周围筑墙。西汉帝陵和皇后陵各自修建寝园，甚至皇帝的父母、祖父母或兄弟的墓葬附近也修建了寝园。

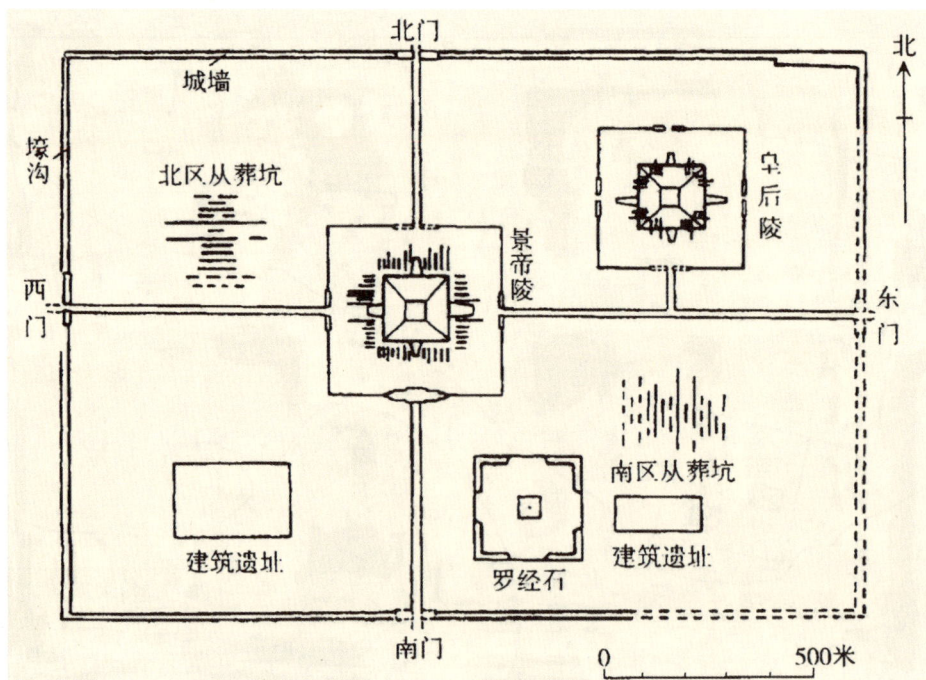

汉景帝阳陵陵园平面示意图

　　西汉初期，帝陵的寝殿位于帝陵陵园之内。大约从汉文帝霸陵开始，寝殿从陵园中移出，并建成寝园，一般位于帝陵陵园东南部。

　　寝殿是寝园中的主体建筑，也是皇帝或皇后陵墓的正殿，建筑平面布局结构，仿照皇宫中的大朝正殿。皇后陵与帝陵寝殿形制相似，只是规模小一些，建筑材料也比较简单。寝殿的主要功能是举行重要祭祀活动。

　　以宣帝杜陵寝园为例，其范围，东西 178 米，南北 125 米，四周建有围墙。寝园之内，西边为寝殿，东边为便殿。寝殿为一大型宫殿建筑，寝殿中部有夯土台基。台基四周有 2 米宽的回廊，廊道地面铺设素面方砖。回廊外，有一周卵石铺设的散水。寝殿南北各有 3 座门，东西各有 1 座门。便殿是寝殿旁边休息闲宴的场所，主要功能是存放皇帝、皇后生前用过的衣物，以及为皇帝和皇后举行葬仪时所用的器物，于进行一般祭祀活动、举行重大祭祀活动前后，供参与者休息闲宴。便殿是寝园中主要官员办公的地方，建筑有殿堂、办公用房、一组组小房屋组成的居室和若干独立的庭院。殿堂是用于祭祀的，成套小房屋的布局不尽相同，可以反映出它们在使用功能上是有差异的。有的房屋中还有窖穴，其中出土的遗物有可供

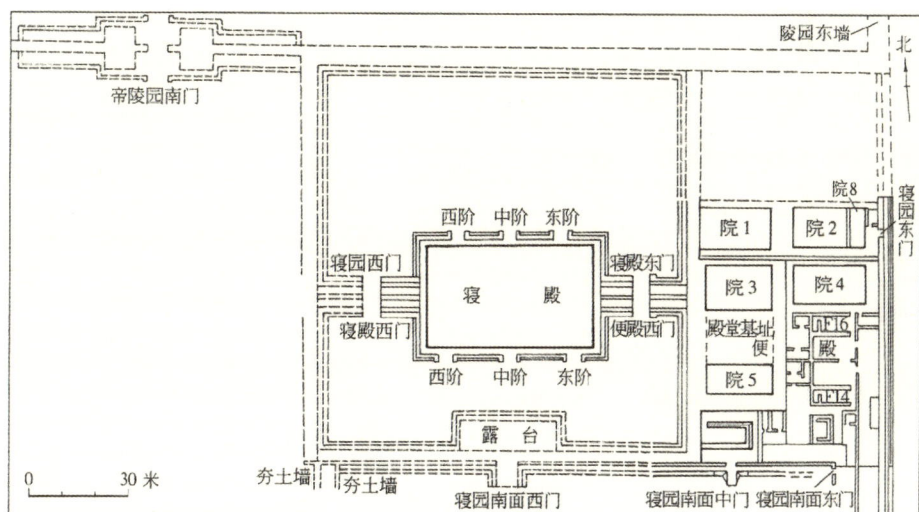

杜陵寝园平面图

肉食的动物骨头、粮食以及货币和其他贵重漆器上的鎏金铜饰件等。不难看出，这些东西是用于陵事祭祀活动的。至于成套的中、小房屋，以及小院落和廊道环绕的大院落，可能为人们的休息闲宴之处。

西汉帝陵，一般在陵园附近设有庙，专门为陵事活动修建，所以又称陵庙。如高祖长陵的原庙、景帝阳陵的德阳庙、武帝茂陵的龙渊庙、昭帝平陵的徘徊庙、宣帝杜陵的乐游庙、元帝渭陵的长寿庙、成帝延陵的阳池庙等，此外还有汉惠帝、太上皇、卫思后、史皇孙等陵墓附近的陵庙。西汉时代实行预作寿陵制度，作为陵墓组成部分的陵庙，也应该于皇帝生前修建。不过因为是皇帝生前所建，所以讳言庙而称之为宫。如景帝庙号德阳宫、武帝庙号龙渊宫等。皇后的陵墓也有陵庙，如孝元王皇后的陵庙称长寿宫。陵庙四周有围墙，墙垣之内就是庙园。大多数汉陵的庙园，在帝陵东部。庙园中的陵庙，一般为一方形夯土台基的大型建筑物。陵庙每月举行一次重大祭祀活动，文武大臣遇有重大事情，也要参谒陵庙。如公元前81年苏武从匈奴回到长安，皇帝就让他拜谒武帝陵庙。考古发现的汉景帝阳陵的德阳庙遗址，在景帝阳陵东南约300米处，德阳庙遗址平面为方形，边长约260米，外围壕沟，四面中部各置一门道。围沟之内四角，各有一曲尺形廊房建筑。遗址中部为主体建筑，系一平面方形夯土台，边长53.7米，每面各置3座门，四面共有12座门。门道踏步，置四神纹空心砖，属于建筑的铺地砖、墙壁等，按照东、西、南、北方位，分别涂有青、白、红、黑四种颜色。该遗址出土有成组的玉圭、玉璧等遗物。

西汉诸陵陪葬墓

西汉皇帝不仅要把生前的物质享受带到陵墓中去，还要把天下唯我独尊的地位带到茔域中去。汉陵陪葬墓就说明了这点。

西汉诸陵的现存陪葬墓中，以长陵和杜陵的陪葬墓最多，各有六七十座。此外，安陵、阳陵、茂陵、渭陵、延陵和义陵附近，也有很多陪葬墓。大多数陪葬墓位于帝陵之东，似乎仿效长安城未央宫东阙外权贵们朝谒时的礼仪。也有一些陪葬墓在帝陵之北。如前所述，未央宫北门是皇宫的重要通道，"上书奏事谒见之徒"都要由此出入。

不难看出，帝陵陵园东门或北门外的陪葬墓，正是那些死者生前活动的写照。活着的时候，他们是皇帝的臣仆，经常被传到未央宫东宫门与北宫门，听候皇帝传唤与指示；死后进入另一个世界，又把这种主仆关系带到阴间。从另一角度来说，能够葬于帝陵陵区，又是他们生前的夙愿，也是死者家属借以炫耀其家世的资本。从这个意义上讲，陪葬墓的这种安排，又是皇帝在政治上笼络人心的一种手段。像长陵陪葬墓中有萧何、曹参、王陵、周勃等人的墓葬，茂陵陪葬墓中有卫青、霍去病、霍光、金日䃅等人的墓葬，这些墓主生前的政治地位、与皇室的关系，也说明了陪葬墓在

茂陵陪葬墓：卫青墓（左）、霍去病墓（右）

帝陵陵区的地位。

西汉大多数帝陵都有陪葬墓，但墓主生前身份，在西汉一代不同历史时期，有着不同的变化。西汉初年，陪葬长陵者大多是开国元勋、文武重臣；陪葬安陵者大多具有皇亲国戚和达官显贵双重身份，如鲁元公主和张敖等；到了西汉晚期，帝陵的陪葬者则以皇亲国戚和宦者为主了。

帝陵和陪葬墓，二者自然有着明显的不同，众多陪葬墓之间，也有严格的等级界限。如墓冢高低，根据死者政治身份，有严格的等级规定：列侯的坟高3丈，关内侯以下至庶人各有差别。就风吹雨打两千余年的现存汉陵陪葬墓坟冢来看，仍可看出它们大小并不一样。

汉陵陪葬墓坟冢形状也不尽相同，有圆锥形、覆斗形和山形等。其中以圆锥形最多，覆斗形次之，山形最少。山形坟冢比较特殊，仅见于长陵陪葬墓中的三联冢、茂陵陪葬墓中的卫青墓和霍去病墓。

山形冢一般是为纪念死者战功而修筑的，如卫青和霍去病的坟冢，就分别象征着他们征战沙场、立下丰功伟绩之地的两座山。这个做法被后代沿袭，如唐太宗昭陵陪葬墓中的上三冢——李靖墓和下三冢——李勣墓就是山形冢。大型陪葬墓周围，往往还分布着许多建筑。如平原君、敬夫人、许广汉、张禹和霍光墓等，附近都有园邑或祠室等建筑，有的建筑规模还相当可观。

西汉帝陵陪葬墓经过考古发掘的，有今咸阳市郊杨家湾汉墓，属于长陵陪葬墓，墓主可能是周勃或周亚夫。此墓附近，曾发掘了10个兵马俑随葬坑，出土兵马俑约3000件，号称三千人马，可谓浩浩荡荡。墓的平面呈曲尺形，长约百米，墓室深达24米。整个墓室和墓道，形似一座地下楼阁建筑，规模之大，在已发掘的西汉墓葬中是少见的。可以想见，大多汉陵陪葬墓的规模，也是相当大的。

我们发现，仅从现存西汉帝陵陪葬墓坟冢看，其分布是有一定规律的，有的南北为列，有的东西成行，有的聚集而葬，有的结对成双。西汉

汉高祖长陵陪葬墓——杨家湾汉墓出土的步兵俑

杨家湾汉墓出土的骑兵俑

时，有族葬和附葬的风俗，夫妻要合葬（同茔不同穴），上述现象正说明了这点。

如周勃、周亚夫父子二墓，相邻很近；又如茂陵陪葬墓中的上官桀、上官安和敬夫人墓，渭陵陪葬墓中的王凤、王莽妻等王氏家族墓，大多分布比较集中。

西汉诸陵邑

帝王陵墓附近设置陵邑的做法始于秦始皇陵，秦始皇设置陵邑，主要为方便修陵工程。西汉皇帝在帝陵附近设置陵邑，一是为了供奉陵园，二是迁徙关东大族、诸功臣家、高赀富人、豪杰兼并之家，强干弱枝，拉拢势力，巩固统治，繁荣京畿地区的经济和文化。

陵邑大多分布在帝陵北部、东北部、东部或东南部。长陵邑、安陵邑、平陵邑、杜陵邑均在帝陵以北，霸陵邑可能在帝陵东北，阳陵邑在帝陵东部，茂陵邑在帝陵东北部。帝陵陵邑的分布位置，受都城长安布局的影响。汉长安城内，宫殿占去了全城三分之二的面积，主要分布在城南部和中部。城内居民主要住在城北部和东北部，达官显贵以住在北第和东第为荣。北第在未央宫北阙附近，霍光、董贤等都在此建过宅第，这就是班固所说的北阙甲第。汉代长安城东边有东第，也属于甲第。《史记·司马相如列传》记载："位为通侯，居列东第。"帝陵的陵邑，犹如都城的甲第，陵邑位于帝陵之北或东部，酷似甲第建于皇宫之北或京城之东。

由于统治阶级中大批有钱有势者迁到陵邑，就改变了京畿地区与都城人口的政治、经济和文化素质。西汉时，诸陵邑中有以车千秋、韦贤、平当、魏相、王嘉、黄霸、王商和张汤、杜周、萧望之、冯奉世、史丹等为代表的政治家，号称"七相五公"；有"与上同卧"、权倾朝野的佞幸宠臣，如籍孺和闳孺等。文人学者也云集于陵邑，如史学家司马迁、哲学家董仲舒、文学家司马相如等都居于茂陵邑。驰名全国的富商大贾，不少也出自陵邑，如长陵邑和阳陵邑的诸田（田氏）、安陵邑的杜氏，均家资巨万；又如西汉晚期杜陵邑的樊嘉、茂陵邑的挚网、平陵邑的如氏和苴氏等，均为"天下高赀"，其中樊嘉的资财竟多达 5000 万；此外，还有不少天下巨豪徙居陵邑，如长陵邑的高公子，霸陵邑的杜君敖，茂陵邑的原涉、郭解，杜陵邑的陈遵等。

西汉陵邑徙民政策的变化，也反映了不同历史时期陵邑的作用不尽相同。如西汉初期的长陵邑和安陵邑的居民，以迁徙的关东大族为主，这是由于当时朝廷要加强对发达的关东地区的政治控制。西汉中期诸陵邑的居民，则以迁徙高赀富人、豪杰兼并之家为主，这是朝廷为了保证在经济上控制全国，分化、瓦解高赀富人和豪杰兼并势力采取的一个措施。随着社会政治矛盾的加剧，这种迁徙政策的范围越来越大。如武帝时"赀三百万以上"之家才能徙居茂陵邑，而昭帝和宣帝时则规定"赀百万"或"赀百万以下"就可徙居平陵邑和杜陵邑。虽然这种做法可以暂时缓和社会矛盾，但不能从根本上解决问题，所以汉元帝以后就不再执行这个政策了。

帝陵陵邑的另一个作用，是突出执政皇帝的权威。西汉皇帝一般预建寿陵，同时营建陵邑。我们发现，执政皇帝的陵邑中，当时朝廷的达官显贵和社会名流云集。随着皇帝的更替，权贵和名流又迁居于新皇帝的陵邑，这无疑有助于强化皇帝本人至高无上的权威。

西汉诸陵邑的人口，除了长陵邑和茂陵邑在《汉书·地理志》有明确记载以外，《汉旧仪》粗略地记载了其他陵邑的人口数字。《文献通考》一百二十四引《汉旧仪》记载："惠帝安陵、文帝霸陵、景帝阳陵邑各万户，徙民与长陵等。"如果安陵、霸陵和阳陵的徙民数量确实与长陵相同，而《汉书·地理志》记载长陵有 5 万多户人（其中绝大部分应为徙民），那么这 3 座陵邑的人口绝对不止万户，应为四五万户。关于茂陵、平陵和杜陵邑的人口，不同文献引用《汉旧仪》略有出入，大约为 3—5 万户。显然，这里关于茂陵邑人口的统计偏少，应以《汉书·地理志》的记载为准。至于平陵邑人口约 5 万户的记载，似乎可信。但杜陵邑的人口可能不止 5 万户，它是西汉最后设置的陵邑，由于宣帝以后的皇帝再未置陵邑（成帝昌陵邑半途而废），徙居杜陵邑的达官显贵，也就在此定居下来；加之杜陵邑修建后，杜县合并于此，因此杜陵邑的人口一定相当可观，不会少于茂陵邑。

茂陵邑的户数虽少于都城（其为 76256 户），但实际人口可能要多一些。因为诸陵邑中，居民多为当时统治阶级的成员，每户实际人口远远多于一般人家。《汉书·哀帝纪》记载：当时"诸侯王、列侯、公主、吏二千石及豪富民多畜奴婢"，为此国家规定了官宦和豪富占有奴婢的限额："诸侯王奴婢二百人，列侯、公主百人，关内侯、吏民三十人。"这些奴婢不在当时人口统计之列。可见，诸陵邑的每户实际人口，远远超过其他地方。可以说，西汉诸陵邑，是当时人口最稠密的地区。

西汉诸陵邑，不但人口多，而且人口构成也比较复杂，因此社会生活就显得别具特色。如安陵邑，堪称京畿的艺术城，为了繁荣这里的文化艺术生活，朝廷从关东各地迁来梨园世家 5000 户，因此安陵邑又称女啁陵；平陵邑是都城附近的学术中心，汉代许多著名学者、文人徙居于此；杜陵邑则是都城上层官僚的聚居地。西汉中晚期，从全国看，政治中心在三辅；从三辅来看，中心在诸陵邑；从诸陵邑来看，中心在杜陵。汉宣帝曾把"丞相、将军、列侯、吏二千石"者，迁到杜陵邑，后来他们再也未"随帝徙陵"。因此与其他地方相比（包括都城长安），丞相和位列上卿的三公将军，出自杜陵邑的最多。

陵邑中住着皇亲国戚，有的皇帝也去陵邑，如汉武帝就曾到长陵邑看望住在那里的姐姐。朝廷的达官显贵，家大多也在陵邑，如萧望之在朝为官，家仍在杜陵邑。朝廷中一些很有名望的大臣，年事已高，辞官归家后，朝廷遇到大事也要派特使到陵邑向他们征询意见。可见陵邑的政治生活，与京城长安密切相关。

由于陵邑是全国官宦豪富的聚居地，所以风俗是"五方杂厝"，生活是奢侈无度，治安是混乱"难理"。

为了维护统治阶级的长远利益，中央政府对陵邑采取了严格的管理措施。陵邑周围筑起高大的城垣，居民分别住在陵邑之中的"里"内，官宦也不能例外。如司马迁、马援的祖先和石奋，就分别住在茂陵显武、成懽和陵里。里设里门，里门门禁制度严格，进出里门都得下车接受检查，官吏也不例外。如内史石庆因酒醉进里门未下车，其父石奋怕传出去有碍名声，故绝食表示对儿子的抗议。里中的居民，以家为单位，住在各自的宅中。

陵邑内辟有市场，由于陵邑人口多，市场往往不止一处。当时，在闾里密集的地方，可能还设有小市。如孝景王皇后前夫的女儿，就住在长陵小市附近。

陵邑内还设有监狱，《后汉书·窦融列传》记载：窦穆因为"坐赂遗小吏，郡捕系与子宣俱死平陵狱"。

西汉诸陵邑属于县级单位，但又不同于一般的县。西汉初期和中期，诸陵邑直属朝廷的太常管辖。汉元帝永光元年（前43），诸陵邑开始隶属于三辅。

秦汉时代，县的行政长官是令或长，万户或超过万户的县称县令，不足万户的县则称县长。如前所述，西汉诸陵邑的人口都在万户以上，所以其行政长官称令而不称长。据文献记载，西汉诸陵邑的行政长官有：长陵令义纵、何并，霸陵令董贤，阳陵令段颖，茂陵令萧育，平陵令严延年、朱博，杜陵令朱云等。

根据汉代制度，"诸官初加皆试守一岁，迁为真，食全奉"。初补陵邑县令称守令，如尹公和魏相都曾为茂陵守令。

西汉诸陵邑的县令，社会名望、政治地位高于一般县令。如《汉书·百官公卿表上》记载，一般县令"秩千石至六百石"，而长陵令秩二千石，悬殊之大由此可见。汉元帝开始将诸陵邑下放三辅管辖，陵邑的县令应是太守下面的属官。但实际上，那些陵邑的县令，根本不把三辅的地方行政长官放在眼里。如萧育为茂陵令，因替漆县县令郭舜求情，不怕得罪右扶风，后来执刀拒绝其上级右扶风的传讯，并以辞官相威胁，皇帝最后只得升擢其为司隶校尉，才解决了这个矛盾。

县令或县长之下的属官有丞和尉，陵邑的县令之下亦然。如汉代封泥中有"长陵丞印""安陵丞印""霸陵丞印""阳陵丞印""茂陵丞印""杜丞"和"南陵丞印"等。县丞和县尉的级别基本一样，秩均为二百石至四百石。丞和尉是县的长吏，主理县内的具体事务性工作。但他们的职能各有侧重，县丞侧重于文，县尉侧重于武。这如文献所记载的那样："丞署文书""尉主盗贼"。陵邑中设县丞一人、县尉二人。

汉代在咸阳原上的长陵、安陵、阳陵、茂陵、平陵均设置了陵邑，所以历史上又称咸阳原为五陵原。此外，文帝和宣帝，还在长安城东南的霸陵和杜陵，分别设置了陵邑。

帝陵陵邑一般坐落于帝陵东部、东北部或北部。这种安排也是仿照长安城的布局设计的。西汉一代，都城长安集中了中央政府的主要机关，皇室本身及所属服务设施，占了长安城内的大部分地方。城内进一步大发展的可能性很小了，都城近郊西汉帝陵的7座陵邑，如同都城长安的7座卫星城，解决了这一问题。由于陵邑本身的特殊政治地位，加之中央政府对迁徙诸陵者的赐田赠钱经济政策，各地官吏豪富们为了靠近帝都，攀附皇室，争名于朝，争利于市，飞黄腾达，都争相要求徙居陵邑。

七

汉代长安的治安管理

长安是西汉时代全国的政治中心，为了确保这架政治机器的正常运转，统治者采取了一系列治安管理措施。这些措施对以后我国历代王朝的都城建设，都有深刻的影响。

军事设施和卫戍部队

武库

武库是长安城中的皇家兵器库，建于高祖七年（前200），是刘邦定都长安后的第一批国家级重点建设项目，由丞相萧何亲自主持。

武库遗址在今西安市未央区未央宫街道大刘寨村东北，位于汉长安城内的中南部，南距南城墙1810米，北距直城门大街225米，东距安门大街82米，西距未央宫东宫墙75米。

经勘探究明，武库遗址四周筑围墙，形成平面长方形的院落，东西长710米，南北宽322米，周长2064米。约于院落东西居中位置，有一南北向隔墙，将武库院落分为东院和西院。东院东西380米，南北322米；西院东西330米，南北322米；东院东墙和南墙各辟一门。武库中有7座库址，其中东院4座、西院3座。东院4座库址的分布是，北边和西边各1座，南边东西并列两座。西院3座库址的分布是，东、西、南三面各1座。7座库址平面均呈长条形，各个库址有朝向院子中央的设计安排。武库中建筑物，包括兵器库和士兵兵营两种，兵器库较兵营的建筑规模大。由于

武库遗址（航拍）

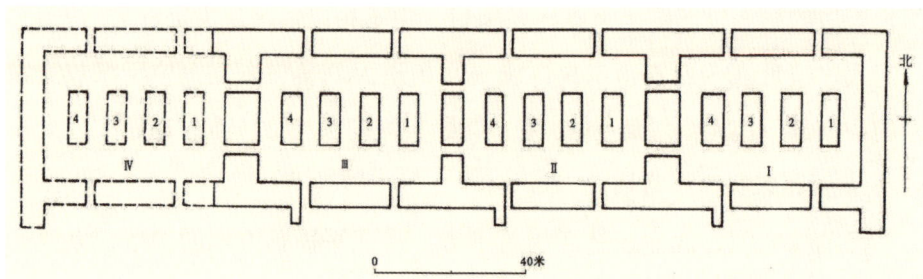

武库 7 号遗址平面示意图

建筑物用途不同，所以形制也不一样。就是同为储藏兵器的库房，由于存放兵器的种类不同，结构也各有特色。

从已发掘的两座库房遗址出土兵器遗物看，东院北部库房以铁铠甲数量最多，西院南部库房以铁镞数量最多，这或许说明了当时各个库房存放的兵器种类不尽相同、各有侧重。其中的 7 号建筑，是武库中规模最大的建筑物，位于西院南部。这座兵器库建筑平面，东西 235 米，南北 45.7 米，建筑物内有 3 条南北向隔墙，将其均分为 4 个大房间。每条隔墙南北各一门道，将相邻房间连接起来。隔墙两旁屋顶之上有天窗设备。每个房间南北对称各开两个门道，门旁有门卫用房，房内有南北向夯土墙垛 4 条。

汉长安城武库遗址出土的兵器种类很多，剑、刀、戟、矛、斧和镞等，已不限于所谓的五兵。兵器大多为铁质，反映了西汉中期以后铁器的普及。武库中的兵器，既有中央政府少府属官考工室生产的，也有中央政府在各地工官生产的。武库所藏兵器，是当时最精良的，直接服务于保卫京城和皇宫，因而武库的长官十分重要，皇帝往往任命丞相之子充任武库令丞。武库中的兵器直接由皇帝掌管，任何人不得擅自动用，即使太子动用武库兵器，也要打着皇帝的名义才行。

汉代武库始属中尉，后隶执金吾。中尉、执金吾都是负责京城安全保卫工作的，因此武库均在都城之中，往往安排在宫城附近，以便控制。西汉长安的武库如此，东汉洛阳的武库也在北宫东北部，毗邻宫城，二者距

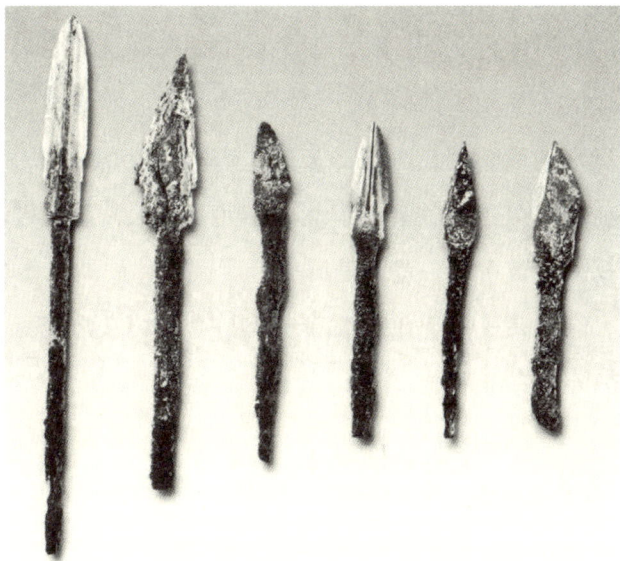

武库遗址出土的各种镞

离很近。晋以后至唐、宋，武库为卫尉所辖，卫尉负责宫城保卫，武库也就多建于宫城之中。如唐长安城的武库，就在宫城东部武德东门附近。降至明清时代，武库隶属兵部，仍然是重要的中央官署。

京师的卫戍部队——南军与北军

西汉都城长安的卫戍部队，由南军和北军充任。南军是守卫皇宫——未央宫的屯兵，因为未央宫在京师长安城的南部，所以称南军。南军部队规模多者达两万余人，少者也有数千人。南军由卫尉统领，卫尉由著名的将军担任。南军的士兵是由全国各地轮流调充，一年更换一次。除了负责保卫未央宫外，长乐宫、建章宫和甘泉宫的卫戍任务，也由南军负责。南军的重要任务之一是守卫宫门，具体由公车司马令负责，全国各地诸侯王、地方官吏和边远地区、外国酋长晋谒皇帝、贡献礼品等活动，都要由他们安排。南军官兵夜里还要在宫中值班巡逻，确保皇宫的绝对安全。

北军是相对南军而言的。北军是汉代守卫京师的屯卫兵，因为兵士屯守在长安城北部，所以称北军。汉武帝时设中垒校尉统领北军。北军的士兵，都是京畿地区（三辅）的骑士，一年更换一次。北军负责都城长安的安全，和保卫皇宫的南军相互协助，又彼此牵制。就军事实力看，南军不如北军。西汉前期，由于周勃掌握了北军，使吕产之辈政变破产，束手就戮，吕氏的篡权阴谋被粉碎，这就是历史上所说的"周勃以北军安刘氏"。西汉中期，戾太子也是由于得不到北军的支持，最终兵败于丞相。由此可见北军在京师中的重要作用。

西汉中期，京师的卫戍部队从组织上作了进一步的调整和充实。汉武帝在长安城中增置了屯骑、射声和虎贲校尉，在上林苑设置了步兵校尉。在长安城的长水和宣曲，设置了长水校尉和越骑校尉。在长安城北的池阳（今陕西泾阳和三原），设置了胡骑校尉和越骑校尉。连同北军的八垒校尉，构成了长安八屯。他们作为皇帝的特种部队，平时保卫京师，战时随军出征。武帝以北军为基础所建立的八校尉，成了后来长安城附近的八营屯军。每营屯军的兵数，少者 700 人，多者 1200 人。

汉武帝在扩充北军、改置八营的同时，又建立了羽林军。羽林军的兵士，选自陇西（治所在今甘肃临洮南）、天水（治所在今甘肃通渭西北）、安定（治所在今宁夏固原）、北地（今陕西省铜川市耀州区、富平）、上郡（今无定河流域及内蒙古自治区鄂尔多斯市鄂托克旗地区）和西河（治所在今内蒙古自治区鄂尔多斯市东胜区境内）等六郡。建章宫就由羽林军宿卫，因而这支部队又称建章营骑，后来取其"为国羽翼，如林之盛"，更名为羽林骑，羽林就成了以后历代皇帝禁卫军的名称。

为了进一步加强京城的防卫工作，武帝又设置了执金吾。金吾是一种两端鎏金的铜棒，这种官手执金吾以示权威。也有人认为，"吾"当为"御"字，即防御的意思，也就是说执金（即武器）以防御意外。执金吾的职责是督巡三辅治安，其权限要超过原来的中尉。

为了相互牵制，武帝还设置了司隶校尉，其职责是纠察京师百官及所辖附近各郡。这样不仅使民有官管理，而且官也有人监督了。司隶校尉所率兵士，是一支由 1200 人组成的特别行动部队。

京师的社会治安与管理

为了维持长安城的治安，西汉政府制定过许多严格的规定。这些规定不只是针对百姓，还有不少是专门就国家政治生活所颁布的，以期限制那些达官显贵和豪富之家的政治活动。例如各地的郡国诸侯王不能擅自来都城长安，来长安必须按照皇帝规定的日期。到了长安以后，由大鸿胪的属官郡邸长丞负责把他们安排在特定的各自郡国之邸中，等待皇帝的接见。接到了天子接见的通知后，诸侯王要候于未央宫的东阙之下。

长安城的城门管理，由城门校尉和城门候负责。城门校尉执掌城门屯兵，城门候负责按时启闭城门。城门校尉是个重要官职，多由皇室亲信或皇亲国戚充任。

宫门有门卫看守，任何人不得擅自入内。进宫的人必须说明自己的姓名、官职，门卫要详细盘查，然后通报，允许后方可入内。否则擅自闯入宫门或门卫失职而令人闯入者，都要处以重罚，甚至会招来杀身之祸。

城有城门，宫有宫门，皇帝的大殿——未央宫前殿设有殿门，殿门之前有全副武装的卫士，列于殿门前面左右两侧，每侧各 10 人，昼夜警戒。进入大殿，要由谒者至殿门领进，引导而上。

维持长安社会治安的另一项措施，是长安城中广设监狱。当时长安城内设置了 36 所监狱，其中大多数监狱是关押反抗专制统治的老百姓的。这些人入狱后，大多又被输送去筑城墙、修陵墓，或输入官府手工作坊从事繁重劳动。投入监狱的人，一般有去无回，生走死还。尹赏修治的长安狱，其中有的牢房称为虎穴，实际是深达数丈的大坑，周围用砖砌好，坑口以巨石覆盖。投入这种牢狱里的人，无异于活埋。为了维护皇帝的专制统治，也有一部分监狱是针对统治阶级内部的。如因禁犯罪官吏的居室（武帝时更名保宫）、关押犯上妃嫔、宫女的暴室（或称宫人狱）等。

此外，为了用高压手段维持长安城的治安，西汉政府任用了不少酷吏治理长安。在城内交通要道，设置检举箱，鼓励、接受对犯罪者的检举和告密。

京师长安还有严格的户口管理制度。当地居民要有户口；由外地迁徙到长安的人，要注销原居住地的户籍，并携带有关手续，在长安重新登记注册户籍。户籍工作由地方政府办理。对于一般百姓是这样，达官显贵、豪杰名家也不能例外。这种户口管理制度，既是维护京师治安的需要，又是加强对人们经济剥削的一种重要手段。

长安地方政府，又通过基层行政组织，加强对居民的管理。长安城有160个里，居民都要住在里中。里实行封闭式管理，里有围墙，辟有里门，由监门负责看守。除里门之外，里中一般家庭不能当街破墙辟门。里的规模大小不一，一般每个里多者不过百户，少者三四十户，一般50户左右。里中有巷，一里之中一般有5巷，多者10巷。每巷之中有8座院落。里正负责里的行政管理，大多由能言善辩的人充任。里中还要推选德高望重的老人充任"父老"。里正和父老经常坐在里门的塾内，监督人们的出入和行动。政府通过里的社会基层组织形式，把百姓束缚于其中；又由里正和父老严格管理着居民的各种活动。当时不仅一般居民要编制于里中，官宦豪富之家也不例外。

汉长安城居民成分复杂，上自皇室显贵、达官豪富、商贾士人，下至百姓贫民，几乎包括了社会各个层面。由于城市居民政治、经济地位的不同，所以其住地形成了分区，如官邸、甲第和一般闾里等。

长安城中的官邸，一般为诸侯王国、汉王朝邻近地区或国家派驻京师的办事处或外交机构。官邸既是官府的办公处所，又是官员的住地。汉长安城的官邸，分为国邸与蛮夷邸。

西汉时代，"诸侯各起邸第于京师"，这些邸第是诸侯国首脑的"朝宿之舍"。邸第之前一般冠有诸侯国之名，如代邸、鲁邸、齐邸、昌邑邸、定陶国邸等。由于这种邸第为诸侯王国之邸，所以又称国邸。

西汉中央政府还为其邻近地区或国家在长安城修建了邸第，由于这些地区或国家被皇帝视为蛮夷之邦，所以其邸第也称蛮夷邸。

国邸原属少府管辖，中属中尉，后属大鸿胪。蛮夷由大鸿胪掌管，蛮夷邸自然也在大鸿胪管理之列。关于国邸，地望还不清楚，考虑到其邸第主人的政治地位，国邸当在未央宫附近。蛮夷邸在藁街，此街在未央宫北，大概即横门大街。

长安城的官僚贵族住宅一般称第或舍，第又分成大第和小第。汉高祖十年（前197）下诏："为列侯食邑者，皆佩之印，赐大第室。吏二千石，徙之长安，受小第室。"长安城中的大第规模宏大，竞相仿照皇家修建。大第一般称甲第或甲舍，即第一等的第、舍。京师甲第、大第，非一般官吏所能居住，只有像萧何、霍光、董贤这样的朝廷重臣，才能享此殊荣。

长安城的大第、甲第，大多分布在未央宫附近，皇帝认为这是为了"近我，以尊异之"。其中大第、甲第分布，以未央宫北部为主，东部数量较少。以未央宫为基点，前者称北第，后者称东第。北第在未央宫北阙附近，故张衡的《西京赋》云："北阙甲第，当道直启。"北第分布范围，约在桂宫以东，厨城门大街以西，直城门大街以北，雍门大街以南，即今西安市未央区六村堡街道北徐寨、南徐寨、何家寨等地。东第分布范围，约在未央宫以东，安门大街以西，武库以南，即今西安市未央区未央宫街道东张村、西叶寨和大刘寨一带。

大第和甲第的行政单位也是里，像居住皇亲国戚的戚里、达官显贵生活的尚冠里等，都应分布在大第或甲第之中。汉代一般人不能修建宅第，有的虽然位至列侯，但因食邑不满万户，也不能建第。能够建造宅第的，都是大贵族、大官宦，自然他们不会受制于里的束缚。达官显贵们的宅第是相当豪华的。如平阿侯王谭、成都侯王商、红阳侯王立、曲阳侯王根、高平侯王逢时，兄弟五人大建宅第，筑土山，挖水池，起渐台，修苑囿，有高大的门阙、绵延的长廊、凌空的阁道、辉煌的殿堂。这些宅第是长安的世外桃源、独立王国，不要说里正管不了，就是长安的地方行政长官也无可奈何，只能哀叹长安"难理"。长安城的一般居民住在里内，里的密度很大，但布局还是比较整齐的，因此文献记载长安城是"室居栉比，门巷修直"。

汉长安城的南部和中部，是都城的国家行政功能区。南部自西向东，是皇宫——未央宫和长乐宫，二宫之间有武库、达官显贵的东第、高庙等建筑。中部自西向东，是桂宫、北阙甲第、北宫和明光宫。北部（即雍门大街、宣平门大街以北）自西向东，是西市、东市和市民里居。

汉长安城的大第、甲第之间里，位于汉长安城之内未央宫旁，其他大多数间里，也在长安城中。在西汉中期汉武帝修建桂宫、明光宫之前，大多数间里应该在厨城门大街以东、清明门大街以北，还有直城门大街以北、横门大街以西。西汉中期，汉长安城中修建了桂宫和明光宫，一般间里应该集中分布于都城之内的东北部。汉长安城之内，与城门连通的大街将整座城分隔成 11 个区域。城内 11 个区中，未央宫、武库和东第为一区，长乐宫、桂宫、北宫、北阙甲第、西市、东市、明光宫各为一区，其余城内3 区应为一般间里所在。

八

汉代长安与周边地区及域外的文化交流

西汉时代是中国古代社会前期的鼎盛时期，当时西汉帝国开创的以长安为起点的丝绸之路，使中国走向世界，与此同时也使世界走进中国。由于西汉王朝所处的重要国际地位，西汉都城长安成了驰名世界的国际都会。建元二年（前139），汉武帝作出了一个历史性的决策，派大探险家、外交家张骞，从长安城出发，出使西域。张骞在完成这个具有世界意义的历史使命中，历尽艰险，几次死里逃生，跋山涉水，行程万里，为时长达近20年，开辟了世界东西方文化交流的大通道，这就是闻名于世的丝绸之路。丝绸之路使当时世界上两个最大的都会——东方长安与西方罗马的文明在中亚上空交相辉映，使世界历史翻开了新的篇章。长安，这座世界历史名城、丝绸之路的起点，造就出一代又一代英豪。当我们今天漫步在汉

敦煌壁画中的张骞出使西域汉武帝送行图

长安城故址去寻觅、凭吊那些历史遗迹时，不能不对两千多年前丝绸之路上披荆斩棘的开拓者们更加崇敬。汉代丝绸之路从汉长安城出发，经渭桥至咸阳，分为两条路：一路向西北经今宁夏、甘肃至河西走廊；另一路西行经今宝鸡，进入甘肃，至河西走廊。二路汇合西进新疆，由新疆又分为北、中、南三路西进，分别进入中亚帕米尔高原，然后到达大月氏、安息、康居、奄蔡等地。

通过丝绸之路，汉王朝与周围邻近地区及域外进行了密切的文化、经济交往与联系。首都长安的大鸿胪寺，是中央政府专司其事的政府机构。长安城未央宫附近藁街上的蛮夷邸鳞次栉比，域外风情随处可见。

汉代长安中各国各地区驻长安办事处的外交人员甚多，他们中不少人是职业外交家，有的甚至终身于此任，客死长安。汉上林苑中，就曾发现西汉时代匈奴使者的墓葬。

对于一些友好邻邦的国王、酋长等国宾，汉朝中央政府在长安城西南郊的上林苑中，专门为其修筑宫观予以接待，葡萄宫、平乐观就是这样的国宾馆。

长安的和平外交氛围，是与西汉统治者对周边地区的友好态度分不开的。如甘露三年（前51），匈奴呼韩邪单于来长安谒见汉宣帝，皇帝亲自出长安城，过渭河，至咸阳原迎接贵宾。当匈奴呼韩邪单于和汉宣帝回到长安城的渭桥之上时，群臣百官夹道欢迎。

不仅匈奴酋长能够受到这样的礼遇，对于西域等地的酋邦首领、质子和使者的接待，汉朝皇帝也十分重视。如鄯善酋长尉屠耆从长安返回鄯善时，汉朝皇帝不仅从皇宫中为其挑选了年轻貌美的宫女作为夫人，还为他准备了车骑辎重，命丞相、将军率领朝廷文武百官在长安城外的渭河之滨，举行了隆重的欢送仪式。又如乌孙使者来长安迎接其质子回去当国君，汉宣帝亲自到上林苑平乐观会见，并且安排了具有西域风情的角抵和音乐等文艺节目盛情招待。汉代，不少国家和地区的首领，为了表示与汉朝政府的友好和学习汉朝先进文化，往往把自己的儿子作为质子送到长安。汉朝政府对这些质子及其随从使节的礼遇，一般都十分优厚。这些质子大多是当地国王或酋长的接班人，他们回去当政后，为促进与汉王朝的友好做了大量工作，作出了历史贡献。

汉朝政府为巩固、发展与邻近国家和地区的友好关系，往往采取和亲政策。所谓和亲，就是汉朝皇帝把宗室的女儿或皇宫的宫女嫁给那些地区的酋长与首领。这些从长安宫室中选拔的女子，作为和亲的使者，为巩固和发展所在地区与汉王朝的友好关系、增进民族融合与发展作出了杰出贡献，其中不少人成了名垂青史的政治活动家。如江都王刘建的女儿细君，汉武帝于元封六年（前105）把她作为公主嫁给了乌孙国王昆莫，并且陪送了大量珍贵的嫁妆，选派了数百名干练的官宦作为随从。当时匈奴单于听到这个消息，为了拉拢、控制乌孙国王，也把他的女儿嫁给昆莫。昆莫以细君为右夫人、匈奴女为左夫人。细君到达乌孙后，意识到自己肩负的重大政治使命，积极开展外交活动，经常宴请乌孙贵族，还把从长安带去的华丽丝绸等贵重物品，赠送给乌孙的达官显贵们。通过大量工作，细君取得了乌孙统治者们的信任和欢心，从而也加强了乌孙与汉朝的友好关系。后来昆莫年老，要把细君嫁给她的孙子岑陬，细君又能顾全大局，从其国俗。岑陬为国王后，乌孙与汉朝的友好关系更加巩固。

西汉一代和亲政策影响最大的历史事件，莫过于昭君出塞，曾使中国北部的和平安定持续了半个多世纪。昭君名王嫱，南郡秭归（今湖北兴山县）人，出身于平民之家，约生于汉宣帝甘露元年（前53）。王昭君在十六七岁的时候，被朝廷选为宫女，从景色秀丽的南国山水之乡来到首都长安。她入宫四五年，既未见到汉元帝，也没得到妃嫔的称号，只是以待诏掖庭的名义等待皇帝的召见。她虽然身居皇宫的深宅大院之中，但仍然关心着国家、民族的大事。当时正值匈奴与汉朝修好，呼韩邪单于提出和亲要求。朝廷最终选中王昭君，她顾全大局，义无反顾同意出塞与匈奴单于成婚。在为她与呼韩邪举行的盛大饯行宴会上，汉元帝才第一次见到王昭君倾国倾城的倩影，尽管天子对她流露出相见恨晚的心情，但王昭君并未因此而动摇，毅然告别了京华长安，伴随着她的丈夫为和平而奔向广袤的草原、浩瀚的沙漠。汉元帝为了纪念这一重大历史事件，改元"竟宁"，其含义就是双方的边境（即竟）得以安宁。匈奴单于为此也尊称王昭君为"宁胡阏氏"。阏氏为单于妻子的称呼，宁胡的含义则是单于得到王昭君为妻，匈奴也就获得了安宁、和平。

王昭君嫁与呼韩邪单于两年后，丈夫就死了。尔后，她又与呼韩邪的匈奴夫人（左夫人）之子复株累若鞮单于结婚。再婚后11年，复株累若鞮

西安昆明池广场的王昭君雕塑

内蒙古呼和浩特的王昭君墓

又病故，她从此寡居。但是，王昭君仍教育她的子孙和亲属，致力于匈奴与汉王朝的友好事业。王昭君的女儿、女婿、外孙，曾多次充任匈奴的重要使节至长安。王昭君的侄儿王歙、王飒，也曾两度奉命出使匈奴。

西汉政府开明的政策，使当时西域等地的一些有识之士纷纷来到长安，其中有的人还成了西汉王朝的重要官员。如匈奴休屠王的太子金日䃅，其父因不愿降汉而被昆邪王所杀。金日䃅和他的母亲、弟弟都被押送到长安，安排在未央宫中养马。因为他忠于职守，马养得膘肥体壮，所以很受汉武帝的赏识，被封为马监。后来，他越来越被汉武帝重用，虽然不少皇亲国戚对此不满，但天子并未动摇对金日䃅的信任、器重和提拔。后来，金日䃅生擒莽何罗，粉碎了暗杀汉武帝的阴谋，他又被封为秺（dù）侯。他死后被皇帝赐葬于茂陵，并为其举行了盛大的葬礼，送葬的队伍从长安一直排到茂陵茔地，东西长达 70 余里。金日䃅的母亲被认为教子有方，也受到皇帝的嘉奖。她死后，天子让画家在甘泉宫的宫殿内为她画像，以示对她的纪念和表彰。金氏之后的金安上，宣帝时出任建章卫尉要职，颇为天子宠信，死后被赐茔杜陵。自金日磾初仕，至西汉王朝灭亡，金氏凡七世，内侍朝廷，显赫长安。

汉朝政府不只对金日磾那样的胡人贵族是友好的，对于生活在长安的一般胡人也是信任的，使得他们得以发挥自己的专长。如有的胡人擅长狩猎，他们就陪伴汉成帝校猎于上林苑长杨宫中。有的胡人擅长骑射，他们就参加了守卫长安的中央警卫部队——长水胡骑和宣曲胡骑（二者分别驻守在长安东南郊的蓝田西北和长安西南郊的上林苑昆明池西部）。

汉朝政府的上述做法，不仅充分发挥了长安胡人的作用，同时也团结了西域地区的广大部众。如西域人甘父，在张骞为开通丝绸之路于西域被匈奴绑架、身陷绝境时，佐助张骞，克服千难万险，历经千辛万苦，逃出匈奴虎口，完成了出使西域、开通丝绸之路的历史任务。历史学家认为，东方的张骞出使西域，与西方的哥伦布发现新大陆，在世界史上几乎有着相近的重要意义。当人们为张骞高唱历史赞歌的时候，不应忽略他的胡人兄弟——甘父的丰功伟绩。不可想象，没有甘父，张骞如何能够完成世界历史上的辉煌伟业——丝绸之路的开通。正是从这个角度上说，长安的文明传入西域、丝绸之路的出现与发展，是中华民族各民族共同努力的结果。

西汉王朝与西域地区友好关系的发展，有像刘彻那样雄才大略的皇帝，有像霍去病、卫青那样的大军事家的支持，有像细君、王昭君那样的巾帼英雄的支持，也有像张骞那样的大外交家的支持，更有像甘父那样众多西域各族人民的支持，西汉王朝从而完成了人类历史上的伟业——丝绸之路的开通。长安作为丝绸之路的起点，中国人从这里走向世界，世界各地的人们从四面八方走进中国，来到长安，长安因此也就成了一座国际性大都会。数以万计的胡商，住在长安东市南边的藁街两旁。长安市场上，西域商品数量众多，一家出售西域裘皮的商店，其中名贵的狐貂裘皮就有千余张；胡商的资本十分雄厚，一家经营西域毛织品的商店，其富竟可比千乘王侯之家。长安市场上从事与西域等地胡商贸易的汉朝商人为数也是相当可观的，动辄数以几百计。当时不论是从长安出发远贾于西域的汉朝商人，还是从西域奔向长安的胡商，不少人都是以各自政府使者的名义进行活动，因此这些商队规模庞大，少者百余人，多者数百人；他们携带的商品，往往价值亿万。这样的商队，在丝绸之路上相望于道、络绎不绝。汉代中外关系和中外贸易的活跃开展，极大地促进了长安与西域、中亚、西亚等地的物质与文化交流。

汉代长安聚集了各种各样的域外珍品，如《汉书·西域传》所记载的那样："明珠、文甲、通犀、翠羽之珍盈于后宫，蒲梢、龙文、鱼目、汗血之马充于黄门，巨象、师子、猛犬、大雀之群食于外囿。殊方异物，四面而至。"众多域外贡物和商品，颇受统治者的欣赏。如长安市场上的西域毛织品，武帝时期成为皇宫之内的重要装饰物，甚至皇宫里的狗、马都披上了那些质地柔软、色彩斑斓的毛织品。皇帝对域外物品的兴趣和欣赏，使之在京师广为流行。如西汉中期，身毒国（即古印度）将用白玉、玛瑙和琉璃制作的鞍、勒等马具献给汉武帝，于是长安城中的达官显贵、豪杰巨富，争相购置这种充满异国情调的盛饰马具。

班固《西都赋》记载的"九真之麟、大宛之马、黄支之犀、条支之鸟"，这些来自万里之外的殊方异类，无疑大大开阔了长安人们的眼界。这些动物，成了中外友好关系的历史见证。麒麟、天马、犀牛、骆驼等动物，也成为时人心目中吉祥的象征。如未央宫中有以麒麟命名的宫室——麒麟阁，有仿照天马用西域羊脂玉制作的供奉于汉元帝渭陵寝园的玉马。汉文帝则以犀牛为其母薄太后陪葬。汉昭帝则把骆驼作为祥兽陪葬于平陵。西安地区的汉墓之中，也出土了骆驼俑，由此可见在当时都城以骆驼作陪葬已经在社会上流行。

域外输入长安的各种动物，就数量而言莫过于西域的天马。天马在长安的大量落户，使作为其饲料的西域苜蓿在京畿广为种植。伴随数以万计

汉元帝渭陵寝园遗址出土的玉马

长安汉墓出土的陶骆驼俑

的西域人来到长安，作为他们生活必需品的葡萄酒的原料——葡萄，在长安地区开始普遍种植。当时长安郊外的离宫别馆之旁，极目四望，苜蓿遍野，葡萄满园。产于西域等地的胡桃（核桃）、胡麻（芝麻）、胡豆（包括蚕豆、豌豆和绿豆）、胡瓜（黄瓜）、胡荽（香菜）、胡萝卜、花椒、葱、蒜和石榴等植物，也都在汉代传入长安，极大地丰富了人们的物质生活。

汉代长安的中外关系，在文化方面表现得尤为突出。中国古代统治阶级对于礼乐十分重视，就是这些被最高统治者视为十分神圣的领域，当时所受外来文化的影响，也是分外显明的。如西汉及后代流行的箜篌、觱篥

（bìlì）、琵琶、胡箛、胡笛、胡角等乐器，都是由西域传入长安的。其中的箜篌等，还成了长安皇家郊庙中的重要乐器。

西域传入的诸多乐器，也使胡乐在长安流行起来。张骞出使西域回到长安，带来了胡乐的演奏方法，抄录了《摩诃兜勒》等胡乐曲谱。后来，音乐家李延年又根据胡乐曲谱旋律，谱写出了《黄鹄》《陇头》《出关》《入关》《出塞》《入塞》《折杨柳》《黄覃子》《赤之扬》和《望行人》等28支曲子。汉乐府中，那些旋律雄壮的鼓吹曲、铙歌等，也都是从西域传入的。

舞蹈和音乐，是形影相随的一对艺术姊妹。随着西域音乐大量传入长安，伴之而来的是西域舞蹈在长安的流行。

我国古代舞蹈的特色之一，是与杂技相糅合。杂技是长安文化中的一

汉乐舞杂技画像砖

朵奇葩，西域杂技在长安享有极高的声誉。西域杂技艺术家在长安的演出影响颇大，有时皇帝都要亲临观看。这些杂技艺术家，有的来自遥远的西方。大量使者、商人来往于长安和西域等地之间，他们把"殊方异物"带到长安的同时，又把长安的文明传播到各地。如从长安出使西域的汉朝使者、卒徒，将铸铁冶铜、农耕、水利灌溉、蚕桑养殖、锦帛织造、漆器制作等技术传播到那里。长安的桃、杏等果树，通过中亚传入波斯、印度。汉朝的礼仪制度、文化生活，备受胡人推崇。如乌孙公主曾派艺术家来长安学习鼓琴之乐；长安的不少西域质子回国后，推行长安的衣服制度、宫室建筑、钟鼓礼仪，极大地影响了当地的文化。

九

汉代长安的经济状况

发达的农业

京畿地区的农田水利事业

水利对于农业是很重要的，我们祖先早在汉代以前已经认识到了这一点，那时他们已经修筑了一些重要的农田水利工程。西汉时代，农田水利事业又有了进一步发展，尤其是都城长安附近地区更为突出，修建了许多农田水利工程。如郑国渠的维修和继续使用，在此基础之上又开凿了六辅渠、白公渠、漕渠和龙首渠等。

秦亡以后，西汉王朝建都长安，仍在秦都咸阳附近。尤其西汉前期，郑国渠为京畿地区农业发展作出过重要贡献，使百姓家中大小粮仓装得满满的，国家粮库中的粮食放不下，堆积的粮食到处都是。

为了进一步挖掘京畿地区的农业生产潜力，左内史兒宽在郑国渠旁得不到渠水灌溉的"高卬之田"，开凿了六辅渠。六辅渠就是在郑国渠上游南岸，开凿引出的6条水渠，使郑国渠灌溉不到的农田得以受惠，从而使郑国渠的灌溉功能得到更为充分的发挥，使郑国渠流经地区的农业生产得到进一步发展。

继左内史兒宽在郑国渠上游南岸开六辅渠之后，赵中大夫白公又于太始二年（前95）修建了白公渠。白公渠位于郑国渠南，渠首在西汉谷口县（即今陕西礼泉县东北角），西引泾河水，向东流经今泾阳、三原、高陵区和临潼区，又东经秦汉栎阳故城北部，横绝石川河，再向东经渭南市下邽镇，然后入渭河，其间东西 200 里，灌溉土地 4500 余顷。

以郑国渠和白公渠为代表的京畿农田水利工程设施，使京畿地区的农业生产得到迅速发展，极大地促进了京师长安附近的经济繁荣。因此，当时长安地区流行着这样一首民歌："田于何所？池阳谷口。郑国在前，白渠起后。举臿为云，决渠为雨。泾水一石，其泥数斗。且溉且粪，长我禾黍。衣食京师，亿万之口。"

元光年间（前 134 —前 129），中央政府主管农业的官吏郑当时，根据从关东向长安运输粮食交通不方便的情况，建议引渭穿渠，开凿漕渠。渠西起长安，与南山并行向东，至黄河，其间东西 300 余里。郑当时认为，这条水上通路的开辟，一方面方便长安与关东的交通运输；另一方面也使漕渠流经地区的万余顷农田得到灌溉。他的意见被汉武帝采纳了。这项工程由山东的水利工程专家徐伯负责实施，当时征发了数万人，干了 3 年，才告竣工。漕渠渠首在长安城西南的昆明池东岸，渠水向东北流，经长安城南，折长安城东，又东北流，收纳灞、浐等河水，东经今临潼、渭南、华州区、华阴和潼关，一直达黄河。

汉武帝元朔到元狩年间（前 128 —前 117），庄熊罴向皇帝建议开凿龙首渠。他说临晋（今陕西大荔）百姓想开凿一条引洛河水灌溉重泉（今陕西省蒲城县东南）以东万顷盐碱地的水渠，如果这个水利工程完成了，可以使那里的土地亩产达到 10 石。汉武帝同意了他的设想，于是征调了 1 万多名民工，投入这项工程。龙首渠是从澄城引洛水至商颜山（今称铁镰山）下。由于这段工程地质环境较差，傍山的渠岸经常崩坍，人们为了解决这个问题，采用了地下渠道的办法。根据水渠流经的路线，在地下开掘渠道，为了地下作业便于出土和通风，因而隔一段距离就挖一井。因地势不同，井的深度也不一样，深者多达 40 余丈。这种地下渠道又叫井渠。因为在商颜山的施工中挖掘出大量古生物化石——龙骨，所以这条渠也叫龙首渠。商颜山那段地下渠道的工程，是龙首渠中最重要、最艰巨的一段，其长有 10 余里。由于工程艰难复杂，所以龙首渠耗时 10 多年方才建成。

龙首渠的使用，不仅改变了京畿东北部地区的农业生产面貌，而且这种先进的水利工程技术，还从长安传到了西域。现在我国新疆地区长期以来沿用的坎儿井，就是古代西域人民吸收西汉长安附近的井渠技术，结合当地特点创造出来的。

除了上述几项水利工程之外，在长安西部和西北部，还修建了灵轵渠和成国渠。灵轵渠在今周至县附近，渠引杜水，因南起灵轵原而得名。渠水东北流灌今周至、鄠邑区和咸阳的几千顷土地，最后注入渭水，并提供了上林苑西部的用水。成国渠渠首在今眉县，引渭河水，由西向东流，注入蒙笼渠，流灌今眉县、扶风、武功、兴平和咸阳一带的农田。

铁农具的使用与普及

西汉中央政府设大司农，主持全国的农业生产。大司农在长安城郊组织铁农具的生产。1975 年，今西安市雁塔区鱼化寨出土了 10 批汉代窖藏铁农具，数量多达 85 件，主要有铁铧和铁辟土。此外，在长安附近的京畿地区，如咸阳、礼泉、扶风、长武、永寿和淳化等地，近年来也发现了许多汉代铁农具。不仅数量多，种类也比较齐全，如铧、锄、镰、铲、锸等。从不同地点出土的同类铁器，形制、大小几乎相同，说明铁农具生产中出现了标准化的趋势，也反映出铁农具在京畿地区的生产和使用已相当普及。

农作物产量和品种

长安所在的关中地区，古代号称陆海。当时全国土地分为九等，这里被列为"九州膏腴"的第一等土地，地价高昂，一亩值一金。关中是农神后稷的故乡，农业自古素享盛名。西汉时代，京畿地区铁农具得到普及。

汉武帝时，搜粟都尉赵过首先在关中传播牛耕技术，推广耧播方法。汉代农民已经十分注意土地的施肥，国家重视农田水利设施的兴修，这些都使农作物产量有了大幅度提高。如长安北部的郑国渠、白公渠流经的渭北地区，亩产可达160千克。武帝时兴建的龙首渠流灌地区，亩产可高达255千克，超过当时普通农田作物产量10倍以上。

西汉时代，京畿地区的主要农作物是粟、黍和大豆，其次是麦、麻、薏米、高粱等。粟、黍、麦是当时的主粮，因此，古代史官对于其他粮食作物收成的好坏可以不必记载，而粟、黍与麦的收成则必须记录下来。除了粮食之外，专业种植瓜果、蔬菜的果农和菜农已经出现，他们种植各种蔬果和瓜果，供给长安的居民。

西汉中期开始，西域的不少农作物传入关中，葡萄和苜蓿是比较有代表性的两种。葡萄可酿美酒，苜蓿是马的优良饲料，又可肥田。司马迁《史记》中记载，在长安的"离宫别观旁尽种蒲萄（即葡萄）、苜蓿极望"。上林苑中，还有以葡萄命名的宫室。

长安人口集中，粮食消耗量相当惊人，储粮问题是个必须解决的大问题。粮食要

汉代手持铁铲的农夫陶俑

储备，就要修筑粮仓。西汉统治者对粮仓建设十分重视，西汉初年，他们就把太仓、武库和未央宫前殿同时列为中央政府的第一批国家级重点建设项目。京畿的粮仓，主要有太仓、籍田仓、常满仓、细柳仓和华仓等。

太仓（国家粮仓），是萧何于高祖七年（前200）主持修建的，位于长安城东南。从目前已经考古发现的其他时代国家仓储遗址和历史文献记载来看，历代都城之太仓应在城内，甚至在宫城或皇城之内，而不应在城外。我们注意到《史记·高祖本纪》记载："萧丞相营作未央宫，立东阙、北阙、前殿、武库、太仓。"从司马迁这里所说的几项工程来看，太仓应该就在未央宫附近，很可能在其东南部。太仓是中央政府的粮仓，主要供应皇宫和长安的政府机关用粮。粮仓规模很大，有120间仓房。《史记》记载汉初文景之治，农业连年丰收，以至太仓储粮用不完，存粮过多，年久不吃，发霉变质。

籍田仓，位于长安城清明门附近，因此清明门又称籍田门。籍田仓因籍田而得名，籍田是天子亲耕之田。每年春耕大忙之时，皇帝到籍田进行象征性的农事活动，表示朝廷对农业的重视。籍田仓置于籍田附近，设置

西安碑林博物馆中的牛耕图

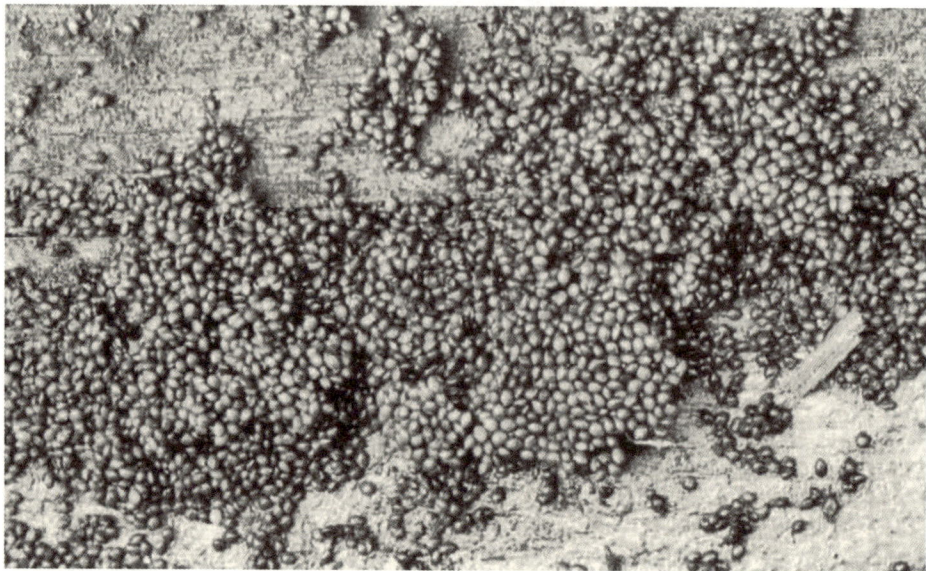

六安王刘庆墓出土的黍

官吏，专门管理粮仓。籍田的收获物，就近储藏在籍田仓中。此仓之粮因属天子亲耕，所以专门用于祭祀天地、宗庙和群神。可见籍田仓应是服务于朝廷的各种重大礼仪祭祀活动。

常满仓，《汉书·王莽传上》载：元始四年（4），王莽"奏起明堂、辟雍、灵台，为学者筑舍万区，作市、常满仓，制度甚盛"。常满仓位于汉长安城南部的太学附近，是否作为太学的专用粮仓还不清楚。

细柳仓，是西汉初年文帝因在细柳设置的细柳军及细柳营，为保障军需供应，在细柳设置的粮仓，同时还建立了柳市（亦称细柳市）。细柳名闻天下，因为这里流传着一个家喻户晓的历史故事：汉文帝到细柳营劳军，由于"军中闻将军令，不闻天子之诏"，军营卫兵就把皇帝拒之门外了。文帝不但没生气，反而大加赞赏。近年来，考古工作者在龚家湾以西的两寺渡以南至吕村沿渭河一带文物普查中，发现了汉细柳仓遗址，遗址面积约8平方千米，出土有汉代"百万石仓"文字瓦当等，这应该是细柳仓建筑的遗物。

西汉初年，经过休养生息，经济得到迅速恢复和发展。到了西汉中期，长安的人口骤增，粮食需求量大大增加，仅靠关中地区生产的粮食已满足不了需要。汉武帝元光年间，中央政府开凿了由长安至黄河的漕渠，从而使关东漕运粮食供给京师更为方便。当时一年漕运到关中的粮食多达600万石。

有了这么多粮食，就有了储藏问题。那时长安城附近的几个粮仓，根本容纳不下这么多粮食，于是西汉中央政府就在华山之下、漕渠入黄河口附近的华阴修筑了华仓，关东向京师漕运的粮食大都储藏于此。华阴先后为内史地与京兆尹，一直是汉长安城的京畿之地。

京师仓所在地，扼守水陆交通要道，一面依山，三面临崖，地势险要，易守难攻。京师仓遗址于1980—1983年进行了考古发掘，发现了仓城及仓房遗址。仓城遗址平面为长方形，东西长1120米，南北宽700米，周长3330米，面积784000平方米。仓城遗址之内的北部偏西地区，考古发掘了6座粮仓遗址。一号仓建筑位于仓城西北部，平面为长方形，坐西朝东，东西长62.5米，南北宽26.6米，面积约1662平方米。仓设三门，仓内有两道东西向隔墙，将其分为南室、北室、中室三部分。建筑物由东西7行、南北14行柱子，形成排列整齐的柱网。三室东边正中各开一门。整个建筑，面阔10间，进深4间。这座粮仓地基处理很深，如前、后檐墙墙基部分，宽达3.3米，深至3.4米，是一座高大的木构建筑物。室外东西有披檐，屋顶覆以板瓦和筒瓦，屋檐有瓦当。室内地面夯筑，地面之上还有架空地板，这样既能防潮，又利于通风。地基采用条形基础处理办法，类似现在建筑施工开挖基槽的施工方法。柱子则是独立基础，采用一柱一础，柱下除有柱础外，还有直径2.5米、深3.83米的夯筑基础。华仓建筑物的木构架结构，已具有建筑中框架结构的相同原理。二号、三号和四号仓房属于半地下建筑，平面为长方形，南北向，每个仓房由两个仓室组成，每个仓室长约10米，宽约4.6米。一号仓建筑比较复杂，是一座大型木结构

"百万石仓"文字瓦当拓片

建筑。二号、三号、四号仓是半地下筑成的土木混合结构，适宜存放散装粮食或不同种类的粮食。五号、六号仓是地面以上多层建筑，室内地面夯筑，并用火烘烤，非常坚硬，墙体厚重。京师仓仓房建筑，体现出防火、防盗、防潮、通风、牢固等特点，有利于粮食等物资的储备。

京师仓遗址，是中国考古学史上考古发现的规模最大、功能最齐全、设施最完备的西汉时代国家级粮仓遗址。京师仓遗址考古发现了多种与京师仓有关的文字瓦当，如"京师仓当""京师庾当""华仓""与华无极""与华相宜"等文字瓦当，它们是京师仓的佐证。

先进的手工业

长安的手工业，分为官办和民营两种。官办手工业由少府主管，其产品基本供皇室和官府专用，一般不作为商品进入市场。民营手工业则多为

京师仓一号仓遗址

京师仓一号仓复原示意图

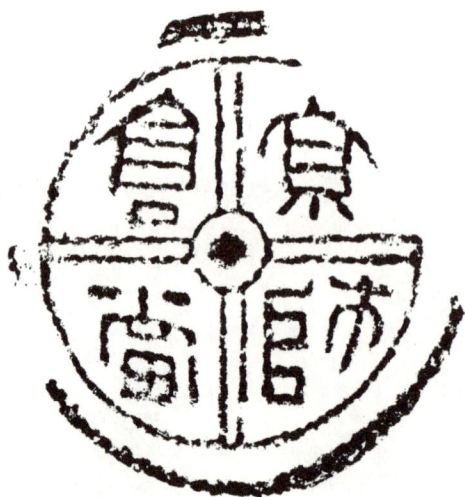

"京师仓当"文字瓦当拓片

商品生产性质。

长安的手工业生产规模相当可观，主要的种类有纺织业、制陶业和铸币业。

纺织业

长安的纺织业以丝织业为主，有官办和民营两种。

官办丝织业，由少府属官织室令、丞主管，长安城内曾出土织室令铜印。织室在未央宫中，分为东、西织室，是长安两个最大的丝织工场。东、西织室主要生产缯帛，专门供皇宫使用，像郊庙所用的文绣之服就一律出于那里。当时的丝织上品，都集中于皇室。文献记载，孝成赵皇后赵飞燕的妹妹给她送生日礼物，其中丝织品有：金华紫纶帽、金华紫罗面衣、织成上襦、织成下裳、五色文绶、鸳鸯襦、金错绣裆、七宝綦（qí）履等。这些名贵丝织品，大概都出于少府辖属的手工作坊。

丝织业离不开蚕桑业，西汉统治者对此十分重视，当时设置了蚕官令、

汉纺织画像石（拓片，1956 年江苏铜山洪楼村出土）

丞专门负责此事。长安附近曾出土"崇蛹嵯峨"文字瓦当，应为养蚕的宫观或管理蚕事的官署所用。

京畿地区的民间纺织业，也是相当可观的。张安世身居朝廷要职，但他也经营纺织业。他通过自己的妻子，雇用了 700 名工人，从事纺织生产，由此而获得巨额利润，以至于其财富胜过了霍光。在一些民间作坊中，也有身怀绝技的纺织手工业者，汉宣帝时，河北巨鹿民间纺织专家陈宝光的妻子，以发明了"一百二十综、一百二十镊"提花机而名闻当世，其提花纺织品成为名贵商品，因此被霍光家召到长安，为他们织作。她 60 天织成一匹丝织品，价值万钱。霍光夫人送给皇后乳医淳于衍的 24 匹蒲桃锦和 25 匹散花绫，就是由陈宝光妻子织造出来的。

京畿地区的丝织品以"白素"最著名，其价值比当时驰名的亢父缣还要昂贵。白素不仅用于穿戴，还用于书写。汉代简、帛，就是以竹和白素为书写材料的。

制陶业

制陶手工业是人类最古老的手工业种类之一，几乎与农业同时伴随着人类从旧石器时代进入新石器时代，又从新石器时代进入文明时代。这一古老的传统手工业，在汉代以砖瓦建筑材料和陶明器的生产而闻名于世。汉长安城制陶手工业的考古发现，向人们展示了汉代制陶手工业的辉煌成就。

秦汉砖瓦称誉于世，砖瓦是汉代的基本建筑材料。汉高祖刘邦定都长安，在原秦咸阳城渭河南岸离宫区内营建都城，大兴土木，促进了砖瓦建材业的发展。

为了节约运输劳动力，古代宫室建筑所用砖瓦大多就地烧造，汉长安城也不例外。我们在汉长安城西北部和中部，分别发现了一些汉代烧造砖瓦的窑址。

长安城西北部清理的砖瓦窑，位于今西安市未央区六村堡街道相家巷村西南。窑址规模不大，由前室、火门、火膛、窑室和烟道几部分组成。窑室平面近长方形，长 2.86 米，宽 2.34 — 2.44 米。窑顶原为馒头状，所以此类窑又称馒头窑。这些窑址比较分散，不是统一管理的。从窑址出土遗物来看，产品也是多样化、专业化程度不高，因此我们推测，这些陶窑可能是民营的私窑，产品供长安城中一般居民使用。

长安城中部清理的砖瓦窑，位于今西安市未央区未央宫街道讲武殿村，即汉长安城北宫以南、直城门大街以北。共发掘了 11 座砖瓦窑，分为 3 组，东西两组各有 4 座窑址，中间一组有 3 座窑址。3 组窑间距各为 15 — 18 米，每组窑内各窑东西排列，窑间距 0.8 — 1.5 米。这群砖瓦窑，窑室平面一般为椭圆形，除 1 座陶窑之外，其余均为单烟道。这些都是西汉前期陶窑的特点，与西汉中期及以后陶窑窑室平面和烟道结构有明显不同，后者窑室平面为长方形，陶窑有 3 个烟道。这群窑址内出土的遗物主要是砖瓦，有的砖瓦之上还发现了"大匠"陶文戳印。

从考古发掘资料来看，11 座砖瓦窑址时代相同，结构基本一样，规模相近，布局规整，排列有序。砖瓦窑址出土的有"大匠"陶文戳印的砖瓦，说明这些窑址与大匠有关。大匠应为"将作大匠"的省称，其职责是"掌治宫室"，属于主管皇室基建的官署。已发掘的 11 座砖瓦窑，应为将作大匠管辖的官窑，其生产的砖瓦等建筑材料，可能供未央宫、武库、长乐宫和北宫等处使用。大约北宫建成后，这批官窑也就完成了其历史任务，窑址废弃，原地经整理成为北宫南边的广场。

汉代长安的制陶业，主要以官营的砖瓦生产工场为主，此外还有瓦当、水管道、井圈等。砖有方砖、条砖、子母砖、券砖、空心砖等。方砖主要用于铺置地面。根据砖面纹饰，又可分为素面、方格纹、几何纹、菱形纹与涡纹等。方砖边长 30—36 厘米，厚 4.2—5 厘米。还有一种方砖，砖面纹饰为博局纹。这种砖铺设在地面上，还可作为棋盘使用。博局纹砖长 38.8 厘米，宽 34.8 厘米，厚 3.3 厘米。西汉官府制陶业，主要由政府中的都司空令和左右司空令主管。长安城中出土的西汉瓦片或瓦当上有"元延元年都司空瓦""天凤四年保城都司空造官瓦"和"右空"等文字，恰好说明了这点。官府掌管的制陶作坊生产的砖瓦，基本上承担了长安皇室建筑所需的大量砖、瓦等建筑材料。

西汉中晚期，长安的官营砖瓦生产工场，大多集中分布在杜陵以南和

北宫遗址南部的砖瓦窑遗址

终南山北麓之间。《三国志》记载：汉武帝时期，这一地带仅瓦窑就有数千处。在长安城附近，也有许多西汉陶业作坊。如长安城西南今西安西郊三桥街道南的制瓦窑址等。

西汉时代的砖瓦质地细密，硕大沉重，一向为人们所称道。砖有方形、长方形的铺地砖，也有纹饰秀丽的空心砖。空心砖用作重要建筑物的台阶，后来汉墓中大量使用空心砖筑造。空心砖上的图案，有规整的几何纹，也有线条流畅的云纹，还有栩栩如生的龙、凤、虎、玄武等动物纹。汉代瓦当既是建筑材料，又是宝贵的艺术品，可以用于保护房屋建筑的椽头，美化建筑物。汉代瓦当一般为圆形，瓦当面上绘有图案，其中以云纹图案最多。

西汉中期开始，在长安附近的各种大型建筑物上，又多流行文字瓦当。文字内容有官署、陵墓或建筑物名称等，如甘林、上林、兰池宫当、石渠千秋、都司空瓦、右空和长陵东当等。更多文字瓦当的文字内容为吉祥语，如长乐未央、长生无极、千秋万岁、延年等。

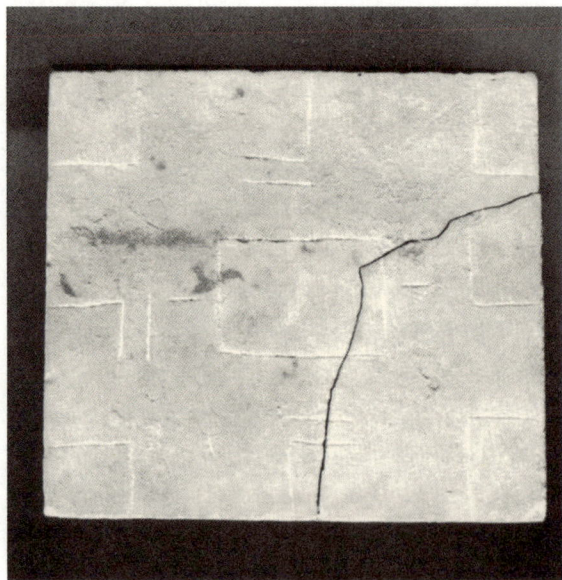

北宫遗址南部砖瓦窑遗址出土的博局纹砖

官营制陶业，除生产建筑材料外，还生产一些其他陶制品，如陶俑就是当时的一项重要生产内容。汉代统治阶级视死如生，厚葬成风，在长安附近的西汉帝陵陪葬坑与一些比较大的西汉墓葬中，往往随葬许多陶俑。如汉宣帝杜陵、汉景帝阳陵、汉武帝茂陵和汉高祖长陵、汉惠帝安陵陪葬墓等都出土了大量陪葬陶俑。这些陶俑有人俑、马俑、牛俑和羊俑等，产地就在长安城附近。

考古工作者在长安城西市遗址的东北部，即今西安市未央区六村堡街道相家巷村南，发掘了21座陶俑窑址，分为3组，其平面分布呈三角形，东北部7座窑址，西南部8座窑址，东南部6座窑址。21座陶俑窑形制、大小相近，窑址均为半地穴式，挖于生土中，一般由前室、火门、火膛、窑室和排烟设施（进烟口、烟道、排烟口）五部分组成。从出土遗物看，21座窑均为烧制裸体陶俑的陶窑。关于秦汉时代的陶俑（立俑）烧造方法考古学者一直不清楚，长安城陶俑窑窑室保存的陶俑，为我们揭开了这个谜。窑室放置陶俑坯之前，先在窑床上撒一层细沙，其上铺一层软泥，最上面再撒一层细沙，三层共厚约5厘米。陶俑坯垂直放置，头朝下，脚朝上，面向火膛，纵成排，横成行。各窑装陶俑坯的多少，与窑室面积成正比，一般小者每窑装俑坯350个以上，大者每窑装俑坯450个左右。

陶俑坯的制作程序是，首先选用当地黏土作为坯土，经晒干、碾轧和陶洗等工序，去掉杂质，以使俑坯表面平滑细腻。俑为青灰色，密度高，硬度高，烧结情况良好。根据出土的制俑模具和残损陶俑情况观察，陶俑的制作为先分别合模制出俑的头颈、胸腹及腰以下部分，然后再将两部分进行对接。为使上下两部分黏结牢固，将接触面做成凹凸不平状。采用合模法制成俑坯后，还要进行局部堆贴、钻凿、刮削和刻划等工序。陶俑的白衣红彩，是陶俑烧成出窑后施绘的。

陶俑窑出土陶俑均为裸体、直立式，高55.5—60.5厘米。陶俑体形细长，无臂。在双肩与双臂相接处，有规整的圆形平面，直径约4厘米，其

汉长安城西市陶俑窑遗址

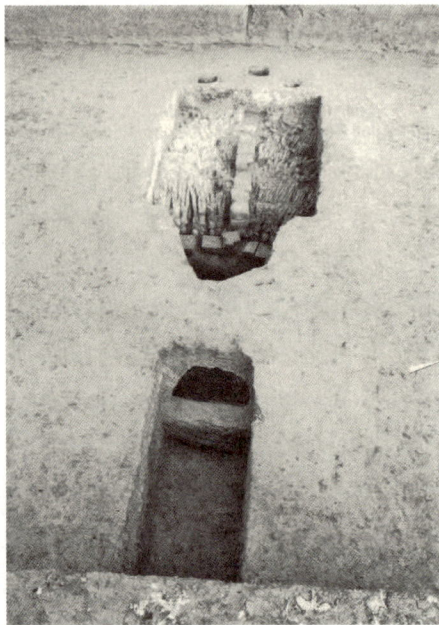

陶俑窑与陶俑坯

中央有直径 0.8 厘米的圆孔横贯双肩。

裸体陶俑作为随葬品使用时是着衣著臂的，这已为多处考古发现所证实。如汉宣帝杜陵第一号陪葬坑出土的裸体陶俑，均于其腹部发现铜带钩，这应是陶俑原来身着帛衣使用的带钩。无臂和裸体陶俑的出现，应受到楚文化中木俑制造工艺的影响。南方楚文化系统中的木俑，分着衣和彩绘木俑两类，前者在未着衣前，实际上是无臂裸体木俑。桓宽《盐铁论·散不足》所记载的"桐人衣纨绨"，就是着帛衣的木俑。裸体陶俑的出现，与当时为提高生产效益而追求产品的标准化有一定关系。

帝陵陪葬坑或汉墓中出土的裸体陶俑，一般应系由少府主管的东园匠制造，因此可以说长安城西市内的 21 座陶俑窑，应属少府东园管辖的官窑，它们为同一窑群，生产统一管理。

关于汉长安城西市遗址陶俑窑群的官窑生产规模，我们根据装满裸体陶俑坯的两座窑推算，窑室每平方米装俑坯 102 个，21 座陶俑窑的窑室面

陶俑范与陶俑坯

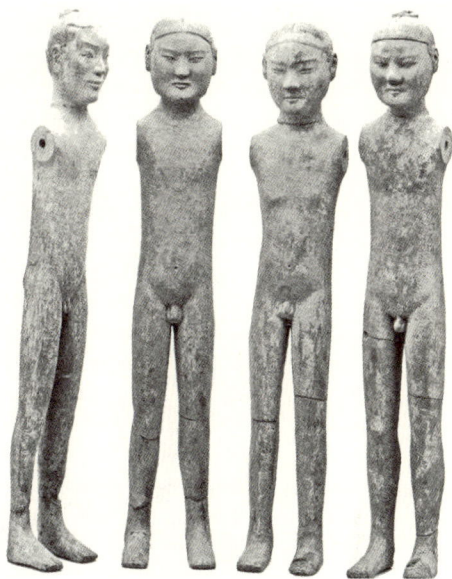

裸体无臂陶俑

积总计 84.2 平方米，一次可装俑坯 8638 个，若烧成率按 80% 计算，21 座陶俑窑每次可烧陶俑约 6900 个，而每窑烧制时间只需数天，产品数量是相当可观的。如果这一推断无大出入的话，那么西汉时代京畿地区的帝陵和大型汉墓随葬的裸体陶俑，这里的官窑生产可以满足供应。

冶铸遗址

长安城西市遗址中南部，曾发现汉代冶铸遗址，已清理的 4 座烘范窑址和冶铸遗址与废料堆积坑，出土了大量叠铸范及铁块、铁渣等遗物。

烘范窑的大小、形制与陶俑窑基本相同，只是排烟设施变化较大。烘范窑的排烟设施，是在窑室后部用土坯砌一堵墙，隔成烟室，烟室平面呈长条形。在烟室与窑室相连处的墙体底部左右和中间，各开一进烟口，烟室外接烟道排烟。

在遗址废料堆积坑和烘范窑址清理中，发现了不少叠铸范。范为陶质，

西市冶铸遗址出土的叠铸范

皆为泥质夹细砂，烘烤后呈浅红色或橘黄色，可辨认的器形有圆形轴套范、六角承范、带扣范、圆形环范、齿轮范、权范、器托范、镇器范、马衔范等。根据遗址中同出的铁渣判断，这些金属制成品，多数可能用生铁浇注。

长安城西市范围内的冶铸遗址发现的大量叠铸范和 4 座烘范窑址，时代均为西汉中晚期，而叠铸范所涉及的物品种类和烘范窑址数量很多，加之在都城长安西市之内发现，就更具特殊意义。

西汉王朝自汉武帝开始实行盐铁官营，终西汉一代未变。这种官营活动，包括了开矿冶炼、生产铸造和产品销售诸方面。西市冶铸遗址的时代，恰属汉代实施盐铁官营后的西汉中晚期，因此我们认为，该冶铸遗址应属官营性质，与西市之内手工业以官营为主也是一致的。西市生产、东市销售，这样的分工又和西市与东市工、商分工是一致的。叠铸范中的权范和车马器等，表现出国家对度量衡的精心管理以及官方对使用车马器件标准化生产的重视。

铸币业

铸币手工业是汉代三大手工业之一，汉武帝时期铸币由中央政府统一管理，具体负责此项工作的中央官署是上林三官。有的学者认为，上林三官为钟官、技巧和六厩，而这三官均在都城长安的上林苑中，故名上林三官。考古工作者在汉长安城遗址附近共发现 4 处大型铸币遗址：陕西省鄠邑区兆伦村、长安窝头寨、西安市未央区三桥街道高低堡与好汉庙、西安市未央区六村堡街道相家巷。兆伦村的汉代铸币遗址为钟官遗址；窝头寨和高低堡、好汉庙村汉代铸币遗址，可能为技巧遗址，这里出土的钱范上有巧一、巧二等记铭；相家巷村汉代铸币遗址为六厩遗址，汉长安城遗址

西市铸币遗址出土的钱范

曾出土六厩钱丞、六厩火丞等封泥。

在汉长安城西市遗址东北部，即今西安市未央区六村堡街道相家巷村东北和村东，发现不少西汉时代铸钱遗址，其中出土了不少五铢钱砖雕范母，也发现了个别石雕范母。这些五铢钱范母形制相近，周有边缘，内作钱范。范首窄细装柄，中通总流，左右排各 1 — 3 行，阳文正书。间有题记，皆在总流左右，阳文反书。题记内容有纪年、编号、匠名等，纪年大多为元凤、本始、甘露等年号。这些带有纪年题记内容的五铢钱范母的出土，为五铢钱年代断定提供了一批科学、宝贵的资料。

汉长安城铸币遗址，与鄠邑区兆伦村汉代钟官遗址有所不同，这里没发现坩埚残块，也未见铜渣。我们认为长安城西市之内的铸币部门，只负责范母的刻范、制范，可能不进行铸币活动。五铢钱砖雕范母的大批制造，更体现了中央政府在都城之内对铸币业的严格管理，对铸币业关键环节的直接控制。

繁荣的商业

商业市场

西汉王朝建立伊始，就采取了严厉的抑商政策。但汉初的黄老之治实际上并未执行，对商业的发展采取了听之任之的做法。西汉时代农业和手工业的大发展，又促进了商业的繁荣。西汉统治者不得不承认这个现实：社会需要商业，商业也使统治阶级获取了巨大的经济利益。长安东通中原，西连甘青，南邻巴蜀，北接戎狄，居天下之要冲。其地理位置和作为西汉王朝首都的政治地位，使之成了当时全国商业流通的枢纽、最大的商品集散地、全国的商业中心，拥有全国规模最大的市场——东市与西市。

刘邦注意到长安特殊的商业地位，于高祖六年（前201）在长安建立了大市。惠帝六年（前189），刘盈又在长安建立了西市。西市是相对东市而言的，也就是说先于西市而建的大市，可能就是后来的东市。西汉时代各地的城市一般都设置有市场，全国规模大的市场分布在长安、洛阳、邯郸、临淄、宛（河南南阳）和成都等6个城市，而在上述6个城市中，级别最高、最大的市应该是都城长安的东市和西市，因为这两座市设置的均是市令，而其余五座城市，市的行政官员均为市长。

在历史文献记载中，关于汉代长安的市数量很多，有大市、西市、东市、长安市、四市、柳市、军市、直市、交门市、孝里市、交道亭市、槐市、酒市、九市等。其中四市、九市之"四"与"九"可能是泛指市的数量，其余诸市的市名可能以其规模（大市）、方位（东市、西市）、地名（柳市、交门市、孝里市、交道亭市）、市场经营货物内容（酒市）、市场环境（槐市）、市场顾客对象（军市）等而形成。

20世纪80年代后半叶，在汉长安城遗址的西北部，今西安市未央区六村堡街道的相家巷村附近，考古勘探发现了汉代市场遗址两座，东西并列于横门大街两侧，应为历史记载的东市与西市。东市遗址东西780米，南北650—700米，面积约52.65万平方米。西市遗址东西550米，南北420—480米，面积约24.75万平方米。两座市场遗址周围各自筑有围墙，形成市墙，墙体基部宽5—6米。上述两座市场遗址内，各有两条平行、贯通全市的东西向和南北向道路，分别在二市之中形成"井"字形道路网。由于其纵横贯通全市，所以使二市的四面各辟二门，形成一市八门。

在东市与西市之间，考古勘探还发现了一大型汉代建筑群遗址，其范围长、宽各约300米。主体建筑位于建筑群中央，东西147米，南北56米。据推测，这可能是文献记载的长安市的当市观或称当市楼、市楼。

东市作为长安的大市，以商业活动为主，商品种类五花八门，因此东

汉画像砖中的东市图

市造就出不少京师有名的大商人。市场是众人聚集之地，古代"刑人于市"，目的是斩首示众，"与众弃之"。西汉一代弃市、磔尸者未见记载于西市进行的，而在东市行刑者大有人在，如晁错、吴章、刘屈氂和成方遂等均被斩杀于东市。与东市情况所不同的，是西汉时代驰名京师的大商人未见出于西市者，这可能与西市商业活动不甚发达有关。正因为如此，长安城的弃市活动，未见有在西市进行的记载。

西市虽然商业活动不如东市发达，但其手工业都是东市所不及的。考古勘探发现，西市之内有大面积的手工业作坊遗址，其中西市东北部，即今相家巷村东和东北部以铸币作坊遗址为主；西市中部和西部，即今相家巷村南和六村堡一带，有不少制作陶俑和砖瓦等陶制品的作坊遗址；西市南部，即今相家巷村东南一带，有冶铸作坊遗址。西市中的一些手工业生产，是直属中央管辖的，如铸币业、陶俑制造业等。西市偏居于长安城西北隅，环境封闭，便于中央对重要官府手工业进行控制。东市东靠宣平门内长安城中主要居民区，南近达官显贵的北阙甲第，西邻西市的手工业作

汉画像砖的市井图

坊区，这些都方便了东市的商业活动。

　　长安城的东市和西市，一个以商业为中心，一个以手工业为中心，二市组成以长安市为代表的商业与手工业相结合的市场，这可能就是中国古代社会初期城市市场的特点。到了中古时代的唐长安城中，市场虽然仍称东市、西市，但二市均以商业活动为主，与汉长安城的二市工、商分工的性质已不同。唐长安城中的东市和西市，只是作为大都会之中不同区域的商业中心而设置的。这也是汉长安城东市和西市相邻的原因。

　　当然，长安附近不只有东市和西市，还有渭桥以北的交门市、便桥东端的交道亭市、雍门附近的孝里市、细柳军营附近的细柳市、长安太学附近的槐市等。长安还有商品专业性很强的市，如酒市，因为酒的销量大、利润高，所以专门辟市经营，便于管理。少数贵族、豪富，也有私自立市的，甚至不只立一市，如《汉书》记载王根就"立两市"。

长安的各市，一般由政府派市令或市丞管辖。司马迁的祖上无择，就当过长安的市长。长安市之下的具体各市场，设有长、丞分管，市场中的一般工商行政管理人员称市吏。长安的东市和西市规模大，设有市令，其他市或设市长。三辅都尉兼管长安市。长安市令之下，又设有市啬夫，市门有监门市卒。

市的四周筑起围墙，称阛。墙上辟门，称市门，即阓。市门是市的进出通道。一市市门多少不一，少者1门，多者8门。市内中心地区建有市政官署，称市亭或市楼。因为市亭之上有旗帜作为标志，所以又称市亭为旗亭。为了便于监督市场，市楼或市亭往往建得很高，所谓"市楼皆重屋""旗亭五重"等记载，就是对市楼建筑的生动描述。以市楼为中心，市内形成"十"字或"井"字形街道，古人称此为隧。隧的两边商肆林立。

汉画像砖中的酒肆图

酿酒图和制轮图

市中所卖的各种货物，要分门别类出售，每一类商品各自成肆。同行业商店聚集在一起，因而一个市有若干肆。肆置肆门，设肆长。肆长守于肆门，管理肆内的商业活动。

有的市管理很松散，如槐市。它在长安城南，太学旁边，是太学生们的市场。槐市每逢朔、望之日开市，市没有围墙，也没有固定的店铺门面，更没有市楼建筑，市场中有数百行槐树，人们在槐树下开展买卖活动，这也就是槐市名称的由来。槐市中的商品，大多为经传书籍、各种乐器、文化用品及其他东西。买卖双方"雍容揖让"，市风迥异。因为这些商品数量不大，营利不多，大多属于互通有无的"相与买卖"，所以官方也不介入。

长安市场中货物种类很多，最普通、量最大的是谷物及蔬菜、水果、水产和畜产等，麻、毛、丝织品是大宗商品，也有盐、铁、酒等专卖品，还有玉器、铜器、漆器等贵重商品。此外，木材、矿产品、皮革和车辆等一般商品可以随处买到，市场上穿着讲究的奴隶被买卖的生意活动也不鲜见。当时获利最大的商品，要数盐、铁、酒、粮食、家畜、纺织品、皮革、木材和生漆等。陈崇说，像王莽那样的皇亲国戚、达官显贵，在长安衣食住行方面所用的一切东西，都从市场上购买，这也可以反映出长安市场上货物之齐全。

关于长安市场的情况，班固的《西都赋》有较为详细的记述：市场开始营业的时候，各种各样的货物在各种商店中分门别类出售。市场里顾客熙熙攘攘、摩肩接踵，以至于行走的车辆都不能转弯。京师市场之繁荣由此可见。

京畿商人

西汉初年，商人无论在政治方面，还是在经济方面，都受到排斥和压制。汉高祖刘邦统一天下、定都长安后，曾颁布命令：商人不能穿丝绸衣服，不能乘坐车辆，本人及其子孙后代都不能做官。商人必须到市政部门进行商业登记，获得市籍，市吏据此向他们征税。国家对市场商业税管理十分严格，不只一般市场这样，军营附近的军市也不例外。尽管统治者制定了种种打击商人的政策，但并未阻止商人势力的发展。因为社会生产力的发展，必然促进商品经济的活跃。商人作为社会的成员出现，他们的发展是不以人的意志为转移的。西汉时代的富商巨贾能在中央政府抑制商业的政策下得到大发展，还因为他们多与官宦权势之家相互勾结，互为利用。如长安大商人田甲、鱼翁叔、田信等，就与张汤有私交。一些达官显贵或其家属，也私自经商。如霍光之子霍禹经营屠酤业，再如监军御史私设军市等。

长安的商人大致可分为两种：一种是囤积居奇的批发商，大多是富商巨贾；另一种是摆摊设点或肩挑叫卖的零售商，大多是本小利微的小商人。前面谈到，汉初尽管制定过严厉的抑商政策，但对于大商人来说，那些不过是一纸空文。当时的大商人，男不耕耘，女不蚕桑，但他们吃的是美味佳肴，穿的是绫罗绸缎。他们去各地游玩，坐着高贵华丽的车辆，驾着健美肥壮的马匹，前呼后拥，很有气派。各地的诸侯王、地方官，都依靠他们供给，对他们低首。西汉初年吴楚七国之乱时，长安城的列侯封君奉皇帝诏令要出征，他们需要大量军费，中央政府解决不了，而许多高利贷者认为列侯的封国都在关东，关东军事成败的大局不定，他们都不肯出借。这时长安的大高利贷者无盐氏放出巨额贷款，利息10倍。后来吴楚七国之乱被平息，一年之中，无盐氏获得了高出巨额贷款10倍的收入，因此而富埒（liè）京师。

在长安的经商者有本地人，也有外地人。西汉晚期，家有万贯资财的成都巨商罗褒，在长安经商，往来于关中与巴蜀之间，获利上千万。罗褒为了在京师站稳脚跟，勾结官宦势力，把自己在长安获取的巨额商业利润的一半，送给曲阳侯和定陵侯，然后又依靠他们的政治势力，在长安向各地大放高利贷，牟取暴利。长安的巨商中，有的本人就是朝廷重臣，张安世就是这样一个典型。他虽为公侯，食邑万户，但他家兼营工商，致其财

汉豪富庄园画像砖

富胜过大将军霍光。

京畿地区的富商大贾,西汉前期有田墙、田兰、安陵杜氏等,西汉后期有茂陵挚网,平陵如氏、苴氏,杜陵樊嘉,长安丹王君房、致樊少翁和王孙大卿等,他们被称为"天下高赀",一般资财都在数万以上,樊嘉的资产更高达 5000 万。

十

汉代长安的文化面貌

全国的学术中心

西汉时代，首都长安集中了全国著名的文人、学者，其中有的人还在朝廷身居高位，如晁错、陆贾、辕固、公孙弘、郑弘、丙吉、蔡义、董仲舒、韦贤、韦玄成、匡衡、张禹、翟方进、平当、马宫、薛广德和杨王孙等人，就是其中的代表人物。这些人的研究范围，上自天文、地理、气象，下至哲学、历史、典籍等。皇帝为了充分发挥这些文人、学者的作用，使他们用自己的知识更好地效忠于朝廷，为他们提供了良好的学术活动场所。

甘露元年（前53），皇帝指示经学博士，对《公羊》《穀梁》的学术同异问题，展开了争论。汉宣帝安排他们在未央宫石渠阁开会，并且自己亲临会场，由太子太傅萧望之主持会议，由此可见皇帝对学术活动的重视。又如西汉晚期，汉平帝将全国各地上千名经学、天文、历算、钟律、古文字、方术、医药等方面的学者召集到长安，研讨各个学科的学术问题。正是由于西汉中央政府对学术活动的重视和支持，长安成了西汉时代全国学术活动的中心。当时全国主要学术流派和各流派的主要学术思想，基本就是在长安形成的。

最高学府——太学

太学是我国古代的最高学府，汉武帝时创建太学于长安。开始，太学

汉画像砖中的讲经图

的规模很小，只有几个五经博士和 50 个博士弟子。昭帝时，增加到上百人。宣帝时，增加到 200 人。元帝和成帝时，太学得到大规模发展，最后扩充到 3000 人，并且形成许多学派，有的一师为一派，一派学生千余人。

太学有独立的校园。西汉晚期，太学迅速发展，为适应这一形势，汉成帝与王莽相继在长安城南大兴土木，建筑太学校舍多达万区，由此可以想见当时太学规模之大了。王莽时，太学聘请的教师数以千计，学生数量更是多得惊人。校园附近，有专为太学服务的市场——槐市和粮仓——常满仓。

太学是为统治阶级培养接班人的学校，开设的主要课程有《乐》《礼》《书》《毛诗》《周官》《尔雅》《史籀篇》，以及天文、图谶、钟律、《月令》

和兵法等。

太学中的教师称博士，他们除了学校的教学工作之外，同时参与中央政府的重大政治活动。当时的博士，大多是社会名流，采取荐举或征辟方法，当然也有个别博士是"选试"的。博士的俸禄，原来为400石，宣帝时改为600石。

太学中的学生叫博士弟子或弟子。学生中有中央政府直接选送的正式生，也有地方选送的特别生，还有考试录取的学生。除少数正式生的学习和生活费用由国家负责外，其余学生的费用一律自给。太学中也有一般平民子弟入学，他们大都是自费，家中经济上供养不了，自己就一面工作一面读书，这可能是最早的半工半读。学生们也参与社会政治活动，如汉哀帝时，为给谏大夫鲍宣申冤，太学里的学生们走出校园，集会示威，以至造成交通阻塞，丞相孔光上朝的车辆都难以通过。学生们在宫门外上书皇帝，最后皇帝只好让步，从轻处理了鲍宣。

太学两年考试一次，叫作岁试。考试方法有两种：一种叫射策，类似抽签考试；另一种叫对策，是皇帝亲临考场主持的面试。太学生通过考试，个别成绩优异者可以飞黄腾达，成为朝廷的鼎柱之臣；成绩不佳者，甚或只能充任吏卒；还有人不入仕宦之途，成了教师。

长安是当时全国的教育中心，各地大量青年人到长安求学。不少文化落后地区的学生，学成回去后，极大地促进了当地文化教育事业的发展。如蜀郡太守文翁，选送了10余名学生到长安学习，他们毕业后回到蜀郡，文翁委以重要官职，从而使蜀地"大化"。

皇家图书馆

　　西汉初年的较长一段时间，统治者并不重视文化的保存和发展。西汉中期，汉王朝的统治达到了鼎盛时期。统治者需要文化为其统治服务，汉武帝广开献书之路，百年之间，长安城中图书堆积如山。为了很好地保存和利用这些图书，皇帝在未央宫中开辟了天禄阁、延阁、广内和秘室等收藏这些图书，设置了组织抄写简牍的官吏和管理图书的太常、太史、博士等官员，整理这些浩如烟海的书籍。汉成帝时，又派陈农到全国各地征集图书，从而使皇家图书馆的藏书量更加丰富。到了西汉末年，长安皇家图书馆中的藏书，仅天禄阁一处就有 3 万卷以上。

　　为了充分利用京师长安图书馆的藏书，汉成帝时就提出要对那些大量

汉天禄阁遗址及刘向祠

杂乱无章的图书进行分门别类的整理编目。当时任命大学者、光禄大夫刘向为总负责人，他聘请了军事、历史、天文、医学等方面的权威人士、著名学者，如步兵校尉任宏、太史令尹咸、侍臣李柱国等人，分校经传、诸子、诗赋、兵书、术数和方技等书。由于任务浩繁，刘向没有完成这项工作就去世了。他的儿子、大学者刘歆继承父志，最后完成了其父未竟的事业——我国第一部目录学著作《七略》的编纂，从而使西汉皇家图书馆的图书有了类别分明的图书目录。为了纪念刘向的开拓性历史功绩，后人在他工作过的地方——天禄阁修建了刘向祠，寄托对他的怀念。

西汉中期以后，尽管国家实行了"罢黜百家，独尊儒术"的文化政策，但在图书搜集上却打破了这个框框。仅从天禄阁中的 33090 卷图书看，其中就有六艺、诸子、诗赋、兵书、术数、方技等类图书。如农学方面的书，根据《汉书·艺文志》记载，当时有 114 篇。对这些书，西汉统治者一改秦代的"焚书"为"秘书"，把全国各地的主要图书集中收藏于皇家图书馆，而皇家图书馆又筑于长安城未央宫之中，层层封锁，使书籍成为少数统治者享用的私利品，不要说一般平民没有享受这些文化财富的权利，就是达官显贵们也不能随便进出皇家图书馆，不能随便翻阅里面的书籍。对于违者，要严加追究、惩罚。

如元凤四年（前77），太常苏昌因为把皇家图书馆的图书借给了霍光之子霍山，因而获罪免官。霍山本人，虽为名门，也因此而畏罪自杀。又如汉成帝叔父东平思王刘宇，由封地来长安，请求借阅皇家图书馆中的诸子书及《太史公书》，皇帝征询大将军王凤意见，王凤认为《太史公书》记载了历史上争权夺利的政治斗争、谋臣智士们的各种策略，还有全国各地与军事密切相关的气候、地形方面的资料等，不能让诸侯王知道，皇帝以此为理由，拒绝了刘宇的请求。

由于封建统治者对图书收藏的重视，作为国家图书馆，经过多年积累，就图书数量和种类而言，都是相当可观的。这些图书在历史上曾发挥过巨大作用，如著名历史学家司马迁，就是利用皇家图书馆的藏书，在长安写出了不朽历史名著——《史记》。长安的皇家图书馆，为保留我国古代文化典籍作出了重要贡献。

西汉中期，中央政府以辞赋取士，文学成了士大夫进身的工具。当时，全国各地追求仕宦的文人学士们云集长安，他们为了迎合统治者的心意，极尽歌功颂德之能事，其中一些人还得到了皇帝的赏识，并得以登上当时的政治舞台。与此同时，他们也给后人留下了杰出的时代文学——汉赋。西汉的文学以辞赋为主，辞赋就是长篇韵文，西汉的著名文学家均擅长辞赋。他们的辞赋多以西汉帝国的缩影——都城长安为背景，以靡丽的辞藻、庄严的形式、壮丽的篇章，赞颂西汉帝国的辽阔、强盛、壮丽。如司马相如的《上林赋》、扬雄的《甘泉赋》《长杨赋》和《羽猎赋》等，就是这方面的代表作。这些巨制鸿篇、富丽堂皇的文学作品，使人们领略了汉代长安光彩寰宇、伟哉冠世的景象。

音乐与舞蹈

汉武帝时，长安出现了我国历史上第一所音乐学院——乐府。乐府的负责人，是著名作曲家李延年。他曾经创作了 28 支名曲，但保存下来的只有《黄鹄》《陇头》《出关》《入关》《出塞》《入塞》《折杨柳》《黄覃子》《赤之扬》和《望行人》10 支名曲。当时参与乐府音乐活动的，还有著名文学家司马相如等数十人。他们为皇家乐队的演奏创作出许多歌曲。

当时使用的乐器，有传统的打击乐器钟、鼓、磬、钲，管弦乐器笙、簧、琴、瑟，还有西域传来的箜篌、觱篥、羯鼓、羌笛等。

长安的歌舞，张衡在《西京赋》里曾做过绘声绘色的描述。当时，在

汉代说唱俑

汉代乐舞俑

汉代乐舞百戏俑

长安城的广场之中，经常演出的有代表性保留节目百戏，也称角抵、大角抵或角抵奇戏。长安城广场中演出的百戏，是包括杂技、武术、幻术、滑稽表演、歌唱、舞蹈等多种艺术形式的综合艺术。西汉时代，百戏在长安颇为流行，既为广大百姓所欢迎，又是国宴上招待外宾的主要艺术形式。据记载，元封三年（前108），长安举行角抵戏演出，附近300里之内的人纷纷到都城观看。至于用百戏招待外宾，更是经常的事了。如汉武帝曾在长乐宫酒池招待外国宾客，让艺人们表演了角抵戏和巴渝舞。又如汉宣帝时，乌孙使者来长安迎立其少主，宣帝亲临上林苑平乐观会见外国君长和使者，并以大角抵戏招待客人。

长安的宫廷舞蹈巴渝舞，原是四川一带賨（cóng）人的民族歌舞，汉高祖刘邦很喜爱这种舞蹈，后来传到长安，逐渐变成了宫廷舞蹈。

汉代长安的乐舞丰富多彩，出土的大量汉代画像石、画像砖和陶俑等文物中，有些就反映了不少这方面的内容，栩栩如生地再现了汉代乐舞的艺术形象。流传到现在的一些民间舞蹈，如鲤鱼灯舞、龙舞，云南傣族的孔雀舞和红绸舞等，不少就源于汉代舞蹈。

由于京师长安歌舞艺术十分发达，所以这里也集中了全国著名的歌舞

汉代彩绘乐舞俑

表演家，有些皇帝身边的嫔妃就能歌善舞。如擅长楚舞的汉高祖刘邦的爱妃戚夫人、妙丽善舞的武帝宠妃李夫人、歌舞科班出身的宣帝之母王翁须、体轻腰细能掌上起舞的成帝后妃赵飞燕等。

美术

长安的宫室壁画，在秦代基础上有了进一步发展。关于秦代宫室壁画，我们从秦咸阳宫遗址出土的壁画可以看出，其内容有车马出行、仪仗队列、宫室建筑、山河草木等。壁画的色彩较单纯，绘画上保留着商周青铜器花纹挺劲严谨、细致秀丽、匀称繁复的特点。汉代长安的宫室壁画，偶有考古发现，但大多保存不佳。

　　根据历史文献记载与汉代壁画、墓壁画推测，长安的宫室壁画内容丰富多彩、题材广泛，画法圆润流畅、自由豪放。人物画主要是明君圣贤、忠臣、义士、烈女等，这是要人们以此为楷模，效忠于皇帝；也有神仙鬼怪，这是为了警告百姓要服服帖帖地接受皇帝的统治，否则就要受到神鬼的惩罚；达官显贵密室的壁画上，还有裸体男女交媾的画面。大量的壁画，还是统治阶级的正面说教。如未央宫承明殿中有幅壁画，画面上有屈轶草、进善旌、诽谤木、敢谏鼓和獬豸（xièzhì）等。又如麒麟阁中绘制了大幅当代功臣图像壁画，人物形态逼真，酷肖其人。汉代这种利用壁画，图绘当代功臣像的做法，为后代统治者所承袭。

内蒙古和林格尔东汉墓壁画（描绘了护乌桓校尉在幕府里居正堂接见客人时预备酒宴的情景）

不仅皇室宫殿的墙壁绘有壁画，殿中的屏风上也绘制有精美的图画。如汉成帝的屏风上，就有"纣醉踞妲己，作长夜之乐"的故事画面。

不光京师的皇室建筑之内有壁画，京畿的离宫别馆之中也有。如甘泉宫内，画有天、地、泰一、鬼神诸图像。就连贵族、达官和豪富的府舍、邸第中，也有壁画。

关于汉代壁画的制作，根据汉代壁画墓考古发掘材料看，首先在墙壁上打上统一的底色，然后素描、打稿，最后上色。色彩为矿物质颜料。

由于长安城内皇宫、贵族、官吏、豪富的建筑物竞相奢华，宫室之中大面积图绘壁画，长安就有了一批数量颇多的画工，其中不乏当时著名的画家。而那些画家各专一项，有的擅长人物画，如杜陵毛延寿，画人像"必得其真"；有的擅长画飞禽走兽，如安陵陈敞、新丰刘白和龚宽；有的擅长上色，如阳望和樊育。他们和那许许多多的无名画工所绘制的各种题

霍去病墓前马踏匈奴石雕

材的壁画，使高大雄伟的宫殿、秀美绮丽的宅第锦上添花。

雕刻和绘画可以说是美术上的一对孪生姐妹。汉代雕刻，历来以其古朴、苍劲、现实主义与浪漫主义密切结合的特点而闻名后世。西汉雕刻，在长安附近遗留下来的珍贵作品，至今为人们赞叹不已。其中最有代表性的作品，有霍去病墓前的石刻群、建章宫太液池遗址附近出土的巨型石鱼、上林苑昆明池遗址附近保存至今的牛郎、织女石像，这些都是西汉的杰出石雕作品。至于长安附近西汉墓葬中出土的各式各样、惟妙惟肖的陶人、陶马、陶牛和各种玉石雕刻作品，从更加广泛的领域反映出了汉代美术的辉煌成就。

十一

魏晋南北朝时期的长安城

西汉末年，统治阶级内部各个阶层之间争权夺利，斗争越演越烈，整个社会像一座即将爆发的火山，作为全国政治中心的都城长安，犹如这座火山上的喷火口。

王莽篡权当了皇帝以后，社会危机四伏的局面并没有丝毫改变，反而由于王莽采取了一系列错误政策，使社会各种矛盾日益加剧，终于爆发了王匡、王凤领导的绿林起义和樊崇领导的赤眉起义。起义军所向披靡。

23年，申屠建率领绿林军从宣平门而入，攻陷了"金城汤池"的长安城。在城中，双方展开了激烈的巷战，长安市民群起响应起义军的行动，朱弟、张鱼火烧了未央宫西北的作室门，攻入未央宫，焚毁了后宫掖庭、椒房殿和承明殿，直捣王莽巢穴——未央宫前殿。王莽被逼无奈，率随从千余人，从前殿西逃至未央宫西南沧池的渐台之上，欲以池水为天堑，负隅顽抗。但起义军把渐台围了个水泄不通，双方张弓对射，箭镞如雨，围兵涉水登台，短兵相接，王莽被商人杜吴所杀，众军士将王莽碎尸万段，持脔请功。

24年，更始帝进长安，以长乐宫为皇宫。当时只有未央宫在战火中被焚，巷战后尸横遍野、狼藉不堪，而城内其他地方基本完好。数千宫女备列后庭。庞大的钟鼓、悬挂的帷帐、华丽的车舆、成套的器服，依然如故地置于长乐宫中。城中高大的官府、威严的武库、喧闹的市里，不改于旧。但第二年，张印率兵对长安的东市和西市进行了大肆掠夺。接踵而来的是赤眉军攻入长安，更始帝刘玄逃往高陵，赤眉军拥立刘盆子为皇帝。

26年，赤眉军焚烧了长安城的壮丽宫室和繁华市里，长安城一片火海，死者数十万人，以至于几十万人的大城市，顷刻之间人迹罕见。渭河北岸的西汉诸帝陵被发掘，寝园、庙园被破坏。

　　刘秀建立东汉王朝后，定都洛阳。但长安在东汉一代仍然维持京兆府的名义，称为西京。东汉政权对故都进行了及时的维修，皇帝也经常巡视长安，祭祀西汉帝陵。东汉时代，长安虽已失去国都地位，但仍不失为一座大城市。长安城遭到毁灭性破坏，是在东汉末年。

　　初平元年（190），董卓胁迫汉献帝刘协迁都长安。为了应付当时的经济困难，董卓将长安城长乐宫中的铜人、未央宫中的铜马和钟镰（jù）熔铸成钱币。初平三年（192），王允和吕布诛杀了董卓。接着，董卓的部将李傕、郭汜等攻陷了长安，在长安烧杀抢掠。兴平二年（195），李傕与郭

北朝时期长安宫门北侧墩台西边缘遗址

汜之间发生火并，又纵兵火焚宫室，长安遭到空前的浩劫。富人四处逃散，穷人则饥无粮、寒无衣，人相啖食，惨绝人寰，几十万人的长安城，经短短的 40 余日竟然空无一人；号称天府、陆海的关中地区，两三年间，以至无复人迹，满目废墟，白骨蔽野。

魏晋之际，长安频战，当大诗人潘岳出任长安令时，所见到的长安，昔日修直的里居、高大的第宅，大多已荡然无存，空有其名；雄伟的宫室仅剩残垣断壁，幽美的池苑变得荆棘丛生，繁华的市场到处萧条冷落；偌大的长安城，剩下不足百户人家，全城的车子只有屈指可数的 4 辆。

进入十六国和南北朝时期，长安曾先后作为前赵、前秦、后秦、西魏和北周的国都。出于维护自己统治的需要，统治者也对长安城进行过不同程度的维修。其中比较重要的一次是 345 年后赵石苞镇守长安时，征发雍、洛、秦、并 4 州 16 万人维修长安未央宫。这次维修，对长安城和未央宫的保存起了十分重要的作用。

连年灾荒、割据战火，使长安人口锐减。为了繁荣长安的经济和文化，当地统治者多次从外地徙民于长安。如太和五年（370），苻坚把慕容㬂及燕后妃、王公、百官并鲜卑人 4 万户迁到长安；太元十九年（394），姚兴在泾阳打败苻登后，将阴密 3 万户迁徙到长安；西魏文帝大统十二年（546），文帝还曾徙民 6 千户于长安。

十六国至北朝时期的前赵和前秦及后秦、西魏与北周王朝等建都长安的统治者，在汉长安城东北部修建了新的宫城。宫城在洛城门大街以东，东至汉长安城故城东城墙，南到汉宣平门大街，北界为汉长安城故城北城墙。宫城由东西并列的二城组成，可谓东城与西城。东城东西 944 —988 米，南北 998 米。西城东西 1214 —1236 米，南北 972 —974 米。根据历史文献记载，东城应为太子宫，西城为皇宫。约于西城南墙东西居中处，今名楼阁台的地方，有一大型建筑群遗址。该遗址由南向北依次分布有东西对称分布的二阙址，二者东西间距 74 米。二阙址北 36 米，为东西对称

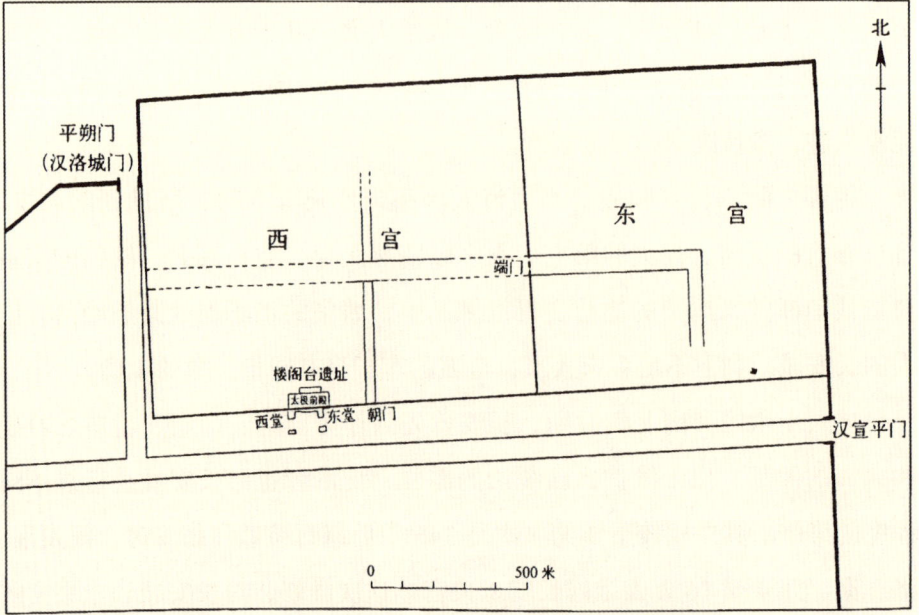

十六国时期长安城宫城遗址平面示意图

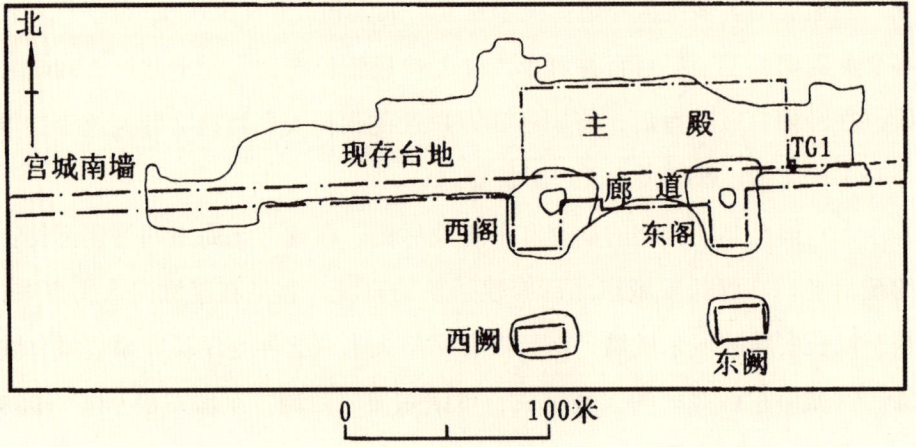

楼阁台遗址钻探平面示意图

分布的二阁址，二阁址东西之间以廊相连，其北为建筑群的主体建筑遗址，东西 128 米，南北 41 米，可能就是文献记载的路寝遗址。汉长安城覆盎门与今楼阁台遗址基本南北相对，有可能是十六国、北朝时期作为都城长安城的外城或大城的正门——端门。

隋朝始都于汉长安故城，文帝开皇三年（583），徙都于新建的大兴城，即以后著名的唐代都城长安。隋唐时期，汉长安故城成了新都的禁苑。唐朝初年，皇帝时而发怀古之幽情，还到未央宫去凭吊古迹、开怀畅饮。未央宫的最后一次修筑，是在唐武宗会昌元年（841）。此后，随着唐王朝的衰弱，京都东移，汉长安城变成了沉睡的历史古迹。

十二

唐长安城的形制与布局

隋文帝徙都及大兴城的营建

　　杨坚灭亡北周，建立隋王朝。隋朝刚建立时，仍然以汉长安故城为首都。但当时朝廷之中，已经酝酿着迁建新都的意见。有人认为，作为大一统的帝国，不应沿袭使用前代王朝的都城作为新王朝的首都；也有人认为，汉长安城自西汉王朝灭亡后，屡遭破坏，不宜再作为都城。隋文帝杨坚登基后，也深感汉长安故城"凋残日久"，振兴无望。加之汉代以后，魏晋南北朝以来，都城的布局与结构发生了巨大变化。如宫城的位置，由都城的南部演变到北部；市里由都城北部移到南部；中央官署的分布趋于集中；城市人口大量增加，居民住地在都城中所占面积逐渐扩大；民居的区划和排列由不甚规整发展到整齐划一。可以看出，要适应魏晋南北朝以来社会发展造成的都城形制的这种巨大变化，想通过对汉长安故城的改造来实现，是很困难的。因此，隋朝统治者决定舍弃汉长安故城，另辟新址，建立都城。

　　隋文帝徙建新都的地点毗邻汉长安故城，在今西安市区。把都城选在此，主要有三个原因：

　　第一，新城址位于龙首原以南，地势北高南低，地形开阔伸展。这样的地理环境，适于营造像魏晋南北朝以来的那种布局的都城，可以使位于都城北部的宫城高居于全城之冠，又能把面积广大的市里，整齐地安排在都城南部。

　　第二，龙首原以南，横贯城中的六坡（六条天然的东西向岗阜）增加了城内地形的层次和立体感。六坡之上金碧辉煌的宫殿、雄伟壮观的官署、

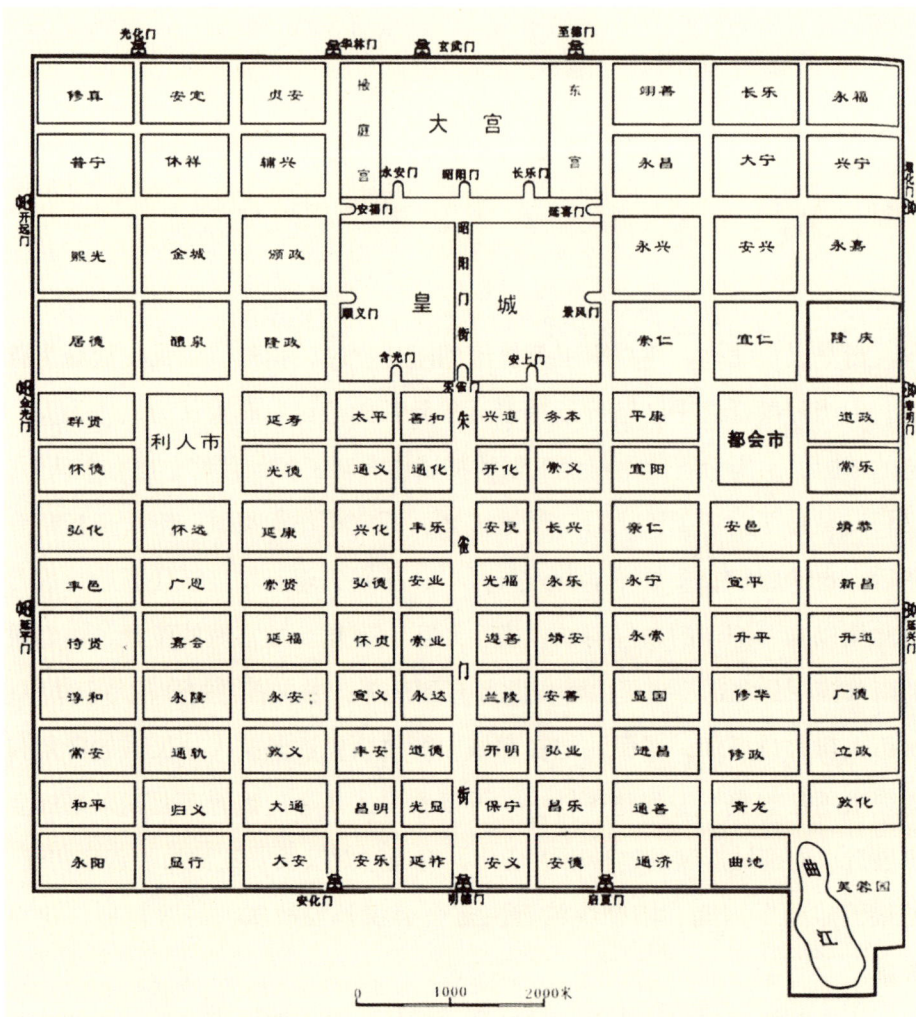

隋大兴城平面示意图（引自肖爱玲《古都西安：隋唐长安城》第40页）

庄严肃穆的寺观、奢侈豪华的贵族宅第，满足了统治阶级不同阶层、不同系统的需要。从政治上讲，突出了统治阶级所追求的等级差异；从安全上看，统治阶级的各种建筑，占据了城内制高点。

第三，新的城址，背依龙首原，面临终南山，灞河、浐水从其东部向北流过，沣水、渭河流经其西部和北部。这样的地理环境，使隋大兴城获得了比汉长安城更加充足的水源，保证了都城的生活、生产用水。同时，新都城又克服了汉长安城距离渭河太近，既没有发展余地，又有水患威胁的不利因素。从军事上看，新都城像汉长安城一样，四周山水环拱，占据了攻守兼备的地形，保证了都城的地利优势。

新都城始建于隋文帝开皇二年（582）。因为隋文帝杨坚在北周曾被封为大兴郡公，所以取名新都城为大兴城。

大兴城的修建，由左仆射高颎（jiǒng）为大监总领其事，太子左庶子宇文恺为都城建设副监，将作大匠刘龙、工部尚书贺娄子干、太府少卿尚龙义和高龙叉等也参与了这一工作。这些人不只负责都城总体规划设计和大规模施工的组织工作，甚至许多具体建筑项目的图纸，都由他们亲自设计。大兴城的规划、设计者们，在大兴城的建设中，主要吸取了北魏洛阳城和东魏、北齐邺城的都城布局特点，并且在不少方面有了新的发展。

大兴城由宫城、皇城和郭城组成，修建顺序是先建宫城，再筑皇城，后造郭城。

宫城在都城北部中央，称大兴宫城，其中大朝正殿是大兴殿。皇城北临宫城，隋朝统治者在都城中修筑皇城，将中央官署统一建筑在皇城之内，进一步保证了政府机关的安全，提高了办事效率，便于宫城中皇帝对中央官署的控制和指挥。宫城与居民里坊之间设置的皇城，对确保宫城的安全，也有着十分重大的意义。

宫城和皇城始建于开皇二年（582），第二年完工。大业九年（613），营筑郭城。郭城之内由多条东西与南北方向的街道分成若干长方块，称作坊或里。在皇城东南和西南各占两坊之地，分别设立一个市场，前者称都会市，后者谓利人市。以皇城和郭城正南门朱雀门与明德门之间的南北大街为界，街东为大兴县管辖，街西隶属于长安县。

皇室苑囿有大兴城北的大兴苑和城东南曲江一带的芙蓉园，此外在都城西北部的远郊麟游县，建造了离宫——仁寿宫。

唐长安城的建设与布局

唐王朝建立后，仍以隋大兴城为首都，改大兴城名为长安城，宫城大兴宫更名太极宫，大朝正殿大兴殿更名太极殿。

唐代初年，曾经对这座大城市进行了大规模的修建。唐太宗贞观八年（634）十月，"营大明宫，以为上皇清暑之所"。高宗永徽五年（654），唐朝政府征召了4万多名民工，委派工部尚书阎立德负责，在春、秋两季，先后修建了唐长安城城墙和东、西、南三面的9座城门及门楼。

唐高宗时，皇宫从太极宫移至都城东北的大明宫，玄宗时修建兴庆宫，又一度从大明宫移仗兴庆宫。隋大兴城以宫城和皇城为中心，郭城在其南。全城以穿过宫城、皇城和郭城正门（承天门、朱雀门和明德门）的南北大街为中轴线，左右对称，十分规整。但在唐长安城中，作为皇宫的大明宫、兴庆宫在全城中轴线以东，这样就造成了都城政治中心的东移，使唐长安城中出现了贵族宅第、著名寺观东部多于西部的现象。皇室贵族、王公大臣的庄园别墅，多建在城东郊。文人学士的别墅，多在都城东南郊，都城西北的远郊离宫九成宫，也为长安城东郊的华清宫所取代。

沿用隋大兴城的唐长安城，规模宏大，布局严整。全城占地面积84平方千米，约相当于今西安城面积的7倍多。唐长安城由外郭城、皇城和宫城、大明宫、兴庆宫组成。城的北部和东南部，分别为北苑和南苑。郭城之中，以朱雀大街为主街，街东为万年县，街西为长安县。两县之中各有一市，即东市和西市。

唐长安城的外郭城

唐长安城外郭城，东西 9721 米，南北 8651 米。

高大的城墙

唐长安城外郭城，修筑了高大的城墙，现在地面之上虽已看不到，但城墙的墙基大多保存下来。东城墙南起今新开门村，北至胡家庙西；西城

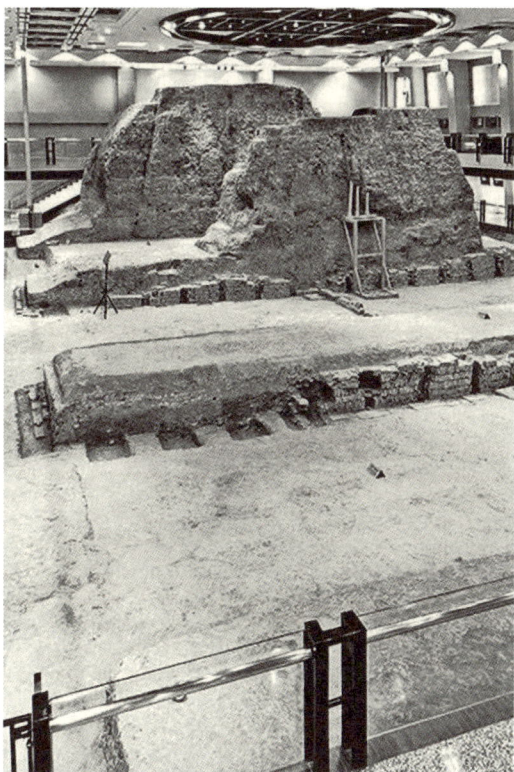

唐长安城皇城金光门遗址

墙北起任家口村[1]以北，南至木塔寨村以西；南城墙西起木塔寨村以西，东至新开门村；北城墙东起胡家庙以东，西至任家口村以北。东、西、南、北城墙长分别为 7970 米、8470 米、9550 米、9570 米，城墙周长 36.03 千米。史载，城墙高约 5.2 米，实际高度可能是它的两倍以上。城墙为版筑的夯土墙，墙基宽 9 米至 12 米，城门附近的墙基宽达 20 米。在城门两侧城墙外面包砌砖壁，城墙以外有与城墙平行的城壕。

玄宗为了方便兴庆宫与大明宫、芙蓉园之间的往来，开元十四年（726），在其间修筑了夹城。夹城位于郭城的东城墙以西 23 米，与东城墙平行，南北长 7970 米。夹城的宽度和高度，与东城墙一样。夹城经过郭城东城的通化门、春明门和延兴门时，在上述城门两侧修筑了磴道，夹城中的行人，可以由城门楼上越过。夹城作为一条御道，天子往来其间，外面的人不知其行踪，确保了皇帝的安全。诗人杜牧的诗句"六飞南幸芙蓉苑，十里飘香入夹城"，记述的就是当年唐玄宗往来于夹城之中的情况。

唐长安城东、西、南三面各有 3 座城门：东城由北向南是通化门、春明门、延兴门；西城由北向南是开远门、金光门、延平门；南城由东向西是启夏门、明德门、安化门。文献记载北城设置 6 座城门，由西向东是光化门、景耀门、芳林门、玄武门、玄德门和兴安门，实际隋唐长安城北城墙的城门应该是 3 座，自西向东依次为芳林门（隋华林门）、玄武门和兴安门，分别与南城墙的安化门、明德门、启夏门南北相对。此外，北城墙芳林门之西，还有景耀门、光华门，玄武门之东，有玄福门（东宫北门）。

明德门是郭城正门，城门面阔 55.5 米，进深 18.5 米，有 5 个门道，每个门道宽 5 米，进深 18.5 米，门道之间隔墙厚 2.9 米。门道两侧各有一排排叉柱，每排排叉柱由 15 个木柱组成。在 5 个门道遗址中，东西两端两个门道有车辙痕迹，其他门道未见，说明车辆是由这两个门道通行的。从门

---

1 任家口村已整村拆迁，该地名已不复存在。后文不再标注。

道地面保存的车辙痕迹看，每个门道可以两辆车并行。中间门道两侧的两个门道，可能是步行行人的通道。中间门道是专供皇帝通行使用的。5 个门道中部均置门槛石，但只有中间门道的门槛石表面有线刻的流畅卷草花纹和鸳鸯纹饰，门槛石上面有浮雕的卧狮，其他 4 个门道的门槛石上没有这些雕饰。明德门通高 20.6 米。登城的上马道在城门的里侧，城门两边门墩之外。明德门内侧（北边），门道间每堵隔墙下各放两个水缸，共计 8 个，成东西一排。这些缸用来盛水，供洒扫城门或兼用于防火。城门外东西对称布置有廊房建筑，是当时门仆值班的门房。廊房之外正对明德门，有深 1.8 米的壕沟，与城门两旁的城壕相连接。

启夏门在明德门以东 1550 米，门址东西面阔 35 米，南北进深 15 米。启夏门外 2 里，有著名的唐代礼制建筑圜丘、太一、灵星，其中后二者早在宋代已毁，唯圜丘遗址保存尚好。1999 年，中国社会科学院考古研究所对其进行了考古发掘。圜丘始建于隋开皇十年（590），唐代沿用。圜丘遗址位于今西安南郊陕西师范大学校院之内，西距明德门遗址 950 米。圜丘

明德门复原示意图（引自傅熹年主编《中国古代建筑史》第二卷第 320 页）

唐长安城延平门遗址

是素土夯筑而成的高台，通高 8.12 米，底径约 53 米。圜丘遗址系 4 层圆坛，由下向上各层圆坛直径分别为 54 米、40 米、29 米、20 米（顶层）。各层圆坛高 1.5 — 2.3 米不等，每层圆坛周围均置十二陛（即 12 条蹬台的阶道），圜丘各层阶道一般宽 2 — 2.4 米，唯有圜丘正南的阶道宽 3.1 — 3.45 米，因为此阶道为皇帝祭天时使用的阶道。圜丘台壁表面和台面抹白灰，故外观通体呈白色。圜丘遗址周围勘探发现内壝（wěi，墙体）遗迹，平面为圆形，直径 73 — 80 米。

根据唐代制度，每年的冬至，都要"祀昊天上帝于圜丘"，有唐一代 17 位皇帝在长安城圜丘进行过祭天活动。虽然祭天的历史十分久远，文献记载各个时期的祭天建筑又不尽相同，但是经过系统、全面考古发掘的古代祭天建筑遗址，唐长安城圜丘遗址是时代最早、保存最完整的。现在作为北京旅游标志性建筑的天坛，就是从唐长安城的圜丘发展而来的。

安化门在明德门以西 1360 米，在今西安市北山门口村东。

西城的 3 座城门中，以开远门较为重要，是唐长安城作为丝绸之路起点的西出都城第一门。开远门遗址，在今西安市西郊大土门社区。

西城门之金光门，在今西安市李家庄西北，遗址南北面阔 37.5 米，东西进深 11 米。延平门遗址，在金光门以南 2320 米，门址南北面阔 39.2 米，东西进深 15 米。

东城门之延兴门遗址，位于今西安市铁炉庙村以南，南距南城墙 2260 米。考古勘探发现有 3 个门道，南北面阔 42 米，东西进深 21 米。

春明门遗址，在纬十街偏北，南距延兴门 2340 米，是东出唐长安城的主要通道。

北城门的情况现在还不清楚，有待今后考古工作的进一步开展。

按照已有的考古发现，启夏门、安化门、延兴门、金光门、延平门遗址均为一门三道，据此推测，与城内东西和南北大街（即文献所说的六街）相对的其他城门（除明德门之外），可能均为一门三道。

宽阔的街道

唐长安城内的道路，排列整齐，方向端正，宽敞笔直。城内有南北向大街 11 条，东西向大街 14 条。其中贯穿于南面 3 座城门与东、西两面 6 座城门的 6 条大街，是城内的主干大街，号称六街。六街之中，除南部的延平门与延兴门之间的东西大街宽 55 米之外，其余 5 条大街均宽百米以上，特别是由皇城朱雀门至郭城明德门之间的朱雀大街，宽达 155 米。朱雀大街，因朱雀门而得名。朱雀门北对宫城正门承天门，所以朱雀大街实际北起承天门，因此人们称朱雀门与承天门之间的大街为天街。天街和朱雀大街，是贯通京城南北的中轴主干大街。唐代人又把朱雀大街东西两边称为左街和右街，或谓两街。由于朱雀大街的重要性，唐朝政府专门为此设立了左右街使官。

除六街之外，不通城门的大街道路较窄，但一般街宽也达 39 米至 68 米。城内围绕城墙的顺城街，宽约 20 米至 25 米。

城内靠近皇城和宫城的街道，因为王公大臣经常来往，街道路面之上铺垫了河沙，这样晴天可以防止尘土飞扬，雨天能够减少道路泥泞。这样的道路称沙堤。

城内主要大街的两侧，开挖有排水沟。以朱雀大街的排水沟为例，水沟上口宽 3.3 米，底宽 2.34 米，沟深约 2 米。城中各坊市与大街相通处和交叉街道地方的水沟之上，修筑了桥梁。桥梁既有石砌，也有木构。开元十九年（731），唐玄宗曾下令修筑京师长安和东都洛阳的城内诸桥。

长安城内大街两旁，一般由政府统一规划植树。树木主要是槐树，因而诗人白居易把长安城内的街道称为青槐街。街道两旁树木的管理养护很认真，如发现树木缺少后，必须及时补种，补种的树木还必须是槐树，种植其他树木是不允许的。

城内大街两边还种植了花卉。"京师贵牡丹"，每逢阳春三月，牡丹花盛开之时，长安市民倾城而出，争看牡丹。朱雀大街上赏花的市民熙熙攘攘，六街观花的行人摩肩接踵。

虽然城内大街宽敞，两边空地不少，但为了保持都城的整齐面貌，禁止在城内街旁空闲土地挖坑取土，烧造砖瓦更不允许。开荒种地、侵街打墙，均属违章之列。临街坊墙有破损者，要及时修筑，不得影响街容。居民不得在沿街坊墙开门。这些规定，使唐长安城内的街道显得更加整齐，诗人杜牧以"雨晴九陌铺江练"的美好诗句，赞誉长安的街道。整齐宽敞的大街，高耸笔直的坊墙，就是当时长安城的景观。

整齐的坊市

唐长安城中 25 条纵横交错的大街，很像围棋盘上的方格网，每个坊、市各占一格，全城划分为 109 个坊和两个市，正如白居易所描述的那样："百千家似围棋局，十二街如种菜畦。"位于全城中心的朱雀大街，将全城划分为东西两部分。东部有 54 坊和东市，隶属于万年县；西部有 55 坊和西市，由长安县管辖。每个坊、市，都有各自的名称，面积、大小不尽相同。

从长安城诸坊情况看，皇城和宫城东西两侧的诸坊面积较大，皇城以南诸坊面积较小。但是有唐一代，皇宫几易其地，所以不同时期，上述诸坊的繁华状况也不一样。唐代初期，高祖、太宗以太极宫为皇宫，因而这时宫城和皇城东西两侧各坊比较繁华。高宗至睿宗时期，及安史之乱以后，大明宫是首都的政治中枢所在，大明宫以南各坊比较繁荣。玄宗执政时期，移仗兴庆宫，当时此宫附近诸坊繁华无比。就长安城中诸坊看，比较繁华的坊是永兴、崇仁、永昌、翊善、胜业、辅兴、颁政、金城等坊。唐代中期，宦官得势，大营宅第，他们多住在永兴、永昌、来庭、大宁和修德等坊。长安城中的外国人很多，他们大多住在京城西部长安县所属的诸坊之中。

长安城南部南北 4 排、东西 10 列的 40 个坊，属于围外之地，或称围外坊。由于它们处于远离城市闹区的偏远之地，因而居民甚少，其中一些坊内还有大面积的农田或果园，不少达官贵族的家庙或别墅也建在这里。

长安城内诸坊大小虽有不同，但其结构基本一样。坊的四周有夯筑的坊墙，墙基宽 2.5 米至 3 米。皇城正南，朱雀门东西两侧 4 排坊，每坊东、西各开一门，坊内由一条东西街横贯其中。城内其余诸坊的四面坊墙中央各辟一门，坊内为十字街，街宽 15 米。每坊由十字街分成 4 部分，每部分之中又有小十字路，再将其分成 4 小部分，这样每坊之内，实际分为 16 区。

坊中由巷、曲组成，类似现代城市中的里弄或胡同。这些巷、曲多有专名，名称来历颇多。坊内主要是宅第建筑，也有不少寺观及少数官衙。

关于各坊之中的建筑物规格，政府根据居住者的身份等级差别，都有明确的规定，超逾规定制度者，要受到处罚，主人要被杖责，建筑物要拆除甚或被国家没收。但是，皇亲国戚、显宦达官们无视政府的规定，仍然竞相大造宅第，盛唐及以后尤为突出。当时诸坊之中的王宅、官衙、寺观等建筑，奢侈华丽者有如宫禁。如魏王李泰占有延康坊一坊之地，其中的宅第"亭阁华诡埒西京"。长宁公主在坊内修筑起三层高楼，构筑了假山，开凿了水池，还营建了球场。御史大夫王镇在太平坊的宅第之内，修建了自雨亭，每当盛夏酷暑，人在亭中，耳闻亭顶泉水淙淙流动，目睹亭檐清水飞下，身觉亭周凉风习习。玄宗赐予安禄山在亲仁坊的宅第，修建穷极壮丽，不惜财力。郭子仪住在亲仁坊，家人有3000，经常出入这里，由于宅第规模大、房舍多，家人竟不知郭子仪的具体住处。

给水与排水设施

唐长安城的给水问题，主要是通过龙首渠、永安渠、清明渠及漕渠、黄渠等引水工程解决的。

龙首渠是隋文帝修建大兴城时，由城东南的浐河之上筑堰引水入渠，流入城内，因此又名浐水渠。龙首渠主要是供唐长安城中的皇室用水，由南向北流，在通化门东北向西分出一支入城，水渠在穿越城墙时，用砖、石砌成涵洞两个，涵洞高0.75米，宽1米。渠水进城后，折向南流，经永嘉坊分为两支：一支向西流去，经安兴、胜业和崇仁坊，流入皇城；另一支流入兴庆坊的龙池之中，然后又从龙池西南开渠引水注入东市东北的放生池。龙首渠从通化门再向北，由小儿坊东南向西折入坊中，渠水分为两支：一支沿着东北流入大明宫的龙首池；另一支进入大明宫南部向西流去。流入大明宫内的龙首渠，有的属于暗渠，渠宽1.1米，深1.4米，渠底铺石板，渠壁砌石条，上面盖石板。

永安渠开凿于隋文帝开皇三年（583），自今香积寺附近引交水，向北流至都城西南，通过景耀门南北大街的南端，沿街流入城内，经西市东边，北穿景耀门，入禁苑。永安渠分为两支：一支北流入渭河；一支东流注入大明宫太液池内。永安渠开凿之初，主要是为流经诸坊和利人市（西市）提供用水。入唐以后，永安渠则成了大明宫内用水的重要水源。

清明渠开凿于隋文帝开皇初年（581）。渠引潏水，由都城南边的安化门西边北流入城，穿过安乐、昌明、丰安等坊，由太平坊向北进入皇城西南，再北流经大社、尚食局和将作监，北入宫城。清明渠提供了宫城和皇城的用水。

漕渠是唐玄宗天宝元年（742）为解决西市的木材运输问题，由京兆尹韩朝宗开凿的一条水渠。漕渠引潏水，从城西金光门北边入城，沿群贤坊和西市北部流至西市东边。永泰二年（766），由于宫中需用大量薪炭，黎干为了把终南山的大量薪炭运入宫苑之内，又将城内漕渠由西市向东北开凿、延长，向东流经光德、通义、殖业、开化和务本等坊，沿皇城东边再向北流入西内苑。这既方便了薪炭的运输，又为城内和宫苑之中增加了新的水源。

流入长安城中的龙首渠、永安渠、清明渠和漕渠，当时统称御沟。御沟两岸种植槐树或柳树，因此唐代有"风舞槐花落御沟"的诗句与贾棱《御沟新柳》的诗作。宫城中的御沟附近，不但绿树成荫，而且花红两岸。御沟中的渠水清冷甘甜、洁白如练。渠岸以石砌筑，李贺的诗句"绕堤龙骨冷"，描写的就是宫人面对冰冷石砌渠岸的心情。

曲江池的扩大和黄渠的开凿，也是解决长安供水的一个办法。曲江池既是长安城东南的著名风景区，又为都城东南提供了充足的水源。开元年间（713—741），唐朝政府扩大了曲江池面积，修凿黄渠，把浐水引入曲江池中，增加了水量。曲江池水向西北流入青龙、修政和晋昌诸坊内，使这一带的用水有了保障。

长安城内诸坊用水，主要是凿井取水。至于市场、作坊、宫苑用水，则靠导入城内的渠水。

唐长安城遗址考古发现的主要用于饮水的水井有多处，如大明宫麟德殿、兴庆宫、西内苑、醴泉坊、宣平坊等地。

城内的污水排泄由全城统一的排水系统解决。其中宫禁之中的排水设施最为讲究，如位于唐西内苑故址的今西安北郊新华窑厂工地，发掘出土了一段唐代排水渠，属于地下暗渠，渠底和渠口铺置砖或石，渠壁砌砖。为了防止渠道淤塞，每隔一段安装一组闸门，闸门起着过滤作用。第一道闸门由铁条构成直棂窗形，把较大的污物阻住。第二道闸门以布满菱形镂孔的铁板，滤出较小的污物。排水渠道不畅通时，只要打开闸门附近渠道口部的覆盖物，即可进行清理。这些排水渠道内的污水，流入街道两旁的水沟之中，然后排出宫禁之外。

坊市之内，一般在曲、巷之中的小路之下，有砖砌的地下排水道，污水由此流入坊市街道两边的水沟之中，而坊市内街道两边水沟中的污水，又流入城内大街两旁的水沟内，最后排向城外。有的坊与寺院内，还修筑了渗井。如西明寺遗址考古发现的渗井，与其附近的砖砌排水管道相连接，砖砌排水管道又与地下陶管道相通。在唐长安城遗址的宫殿区和里坊区，考古发现饮水的水井与排水的渗井常常同时出现，这种都城给排水的做法，实际上在汉长安城也很常见。

尽管长安城内已具备了上述排水设施，但对于夏季雨水的排泄问题，还是没能很好地解决。每当雨季，终南山山洪暴发，发源于此的诸河流便水量骤增。长安城中诸渠均引自这些河流，因而形成诸渠导洪入城，加之城中排泄不出去的雨水，致使地面水深数尺乃至丈余，发生严重水灾。天宝十三载（754）夏，关中久雨成灾，长安尤为严重，致使城墙崩毁殆尽，居民房屋几乎全部倒塌。

十三

唐长安城的皇城、皇宫与池苑

长安城的子城——皇城

皇城的形制与布局

皇城在今西安城中，平面为长方形，东西 2820.3 米，南北 1843.6 米，周长约 9200 米，面积约 5.2 平方千米。皇城东、西、南三面有城墙，北面与宫城由横街相隔。

皇城南面有 3 座城门，东、西两面各有两座城门。城内有东西向街道

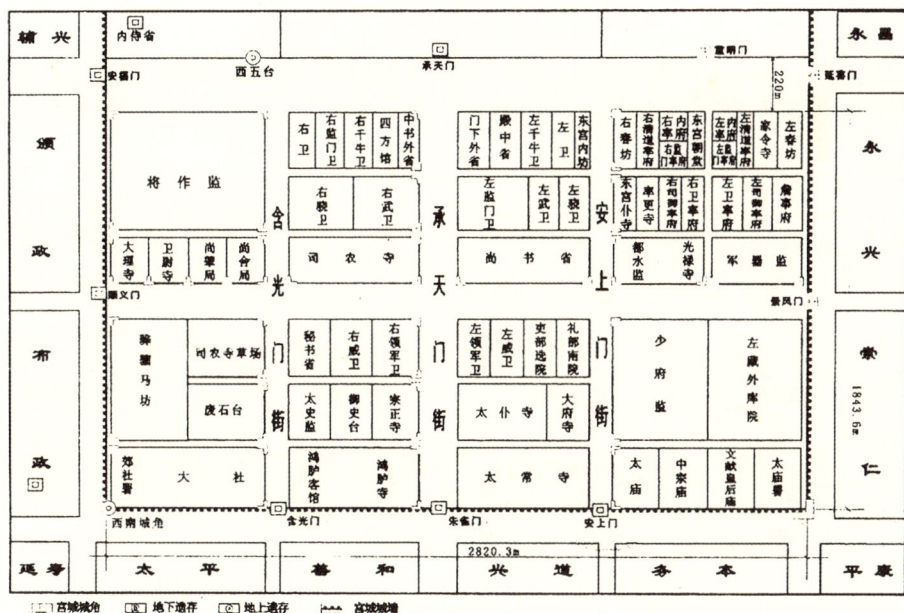

唐长安城皇城平面示意图（引自肖爱玲《古都西安：隋唐长安城》第 86 页）

5条、南北向街道7条，将皇城之内分隔成若干区，各区之内分别修建了不同的官署或其他建筑。穿过皇城的天街，是皇城的中轴线。穿过皇城南门中的东西两座城门的两条南北街，将皇城分为东、中、西3大区。皇城的中区是中央官署，东区是东宫（太子宫）的官署及部分皇室机构，西区是皇室机构。在东区和西区的南部，分别有皇室的礼制建筑太庙和大社。

皇城城门

皇城共有7座城门，东西各两座，分别是延喜门、景风门和安福门、顺义门；南门3座，由东向西依次为安上门、朱雀门和含光门。

朱雀门也称端门，是皇城正门，门道宽阔，城门构筑讲究。其南北分别与明德门和承天门相对，朱雀门与承天门之间的道路称为承天门大街

含光门遗址

（或称天街），朱雀门与明德门之间的道路称为朱雀门大街。承天门大街与朱雀门大街，构成唐长安城的中轴线。

朱雀门西面的含光门遗址，已经进行了考古发掘，遗址东西长 37 米，南北宽 19 米。东西并列 3 个门道，中门道宽 5.72 米，东西两侧门道各宽 5.35 米，门道进深 19 米多。门道里残存的柱础石，整齐地排列在门道两侧，青石门槛置于门道中央，门道里和门槛上至今仍然可以看出车辙的痕迹。像明德门一样，含光门也是土木结构。每个门道两侧为排叉柱。门道上面搭盖横木，筑夯土成为平顶，然后再在其上修建城门楼。城门的 3 个门道中，中间门道供皇帝出入，平时关闭；两边两个门道供官员们出入。

延喜门和安福门，是皇城北部横街东西两端的城门，其中安福门比较重要。每年上元节（正月十五日的灯节），是长安城中最热闹的节日，安福门外是灯节活动的中心场地，唐睿宗就曾登临安福门城楼观灯。平时安福门外广场上的文艺演出和体育比赛活动也很精彩。永徽三年（652），高宗登上安福门城楼，观赏下面的百戏和击球。唐代晚期，统治者的迎佛骨活动，一般都在安福门举行。唐懿宗曾经亲自在安福门城楼上等候，佛骨在高僧们的护送下到了安福门前，天子下楼出门，将佛骨迎入宫中。

中央官署

皇城中区，为中央官署所在地，东西 1400 米，南北 1843 米，由北向南分为五部分。天街也是中区的中轴线，官署分布在其左右。中区的官署一般分布在北边，接近宫城者较重要。中区的中央官署有五省——门下外省、中书外省、殿中省、尚书省和秘书省，是中央政府的主要行政职能机构。中央政府九寺中的司农寺、太仆寺、宗正寺、大府寺、太常寺和鸿胪寺，以及司法机关御史台、皇室治安保卫机构十四卫等，也都设在中区。

此外，还有少量中央官署分布在东、西二区之内，大多是直接服务于皇室的。如东区的光禄寺、军器监和少府监，西区的将作监、尚书局、尚辇局、卫尉寺等。东宫官署分布在皇城东区北部，北与东宫南北相对，其间有宫门相通。

东宫官署，主要包括皇太子的行政办事机构——左、右春坊及其治安保卫系统。

宫城

宫城的布局与宫门

宫城位于皇城北部，东、西宫墙实际是皇城东、西城墙向北的延长。北宫墙与郭城北城墙重合，南宫墙在横街北边。宫城平面为长方形，东西2820.3 米，南北 1492.1 米，周长约 8600 米，面积约 4.2 平方千米。

宫城包括太极宫、东宫和掖庭宫。

太极宫位于宫城中央，是宫城中的主要宫殿建筑群。东宫和掖庭宫，对称分布于太极宫东西两侧。

宫城北面设 3 座门，由西向东是玄武门、安礼门和至德门（也称玄德门）。玄武门和安礼门是太极宫的北门，至德门为东宫北门。

玄武门是个非常重要的地方，皇帝的禁卫军驻守在那里。有唐一代，玄武门与许多宫廷重大政治事件相关，如唐高祖武德九年（626），李世民策划的诛杀太子李建成的玄武门之变，李隆基粉碎韦后的宫廷政变等。这里是唐长安城皇室的禁军重地。

宫城南面有 6 座门，由西向东是永安门、承天门、长乐门、广运门、重明门和永春门。

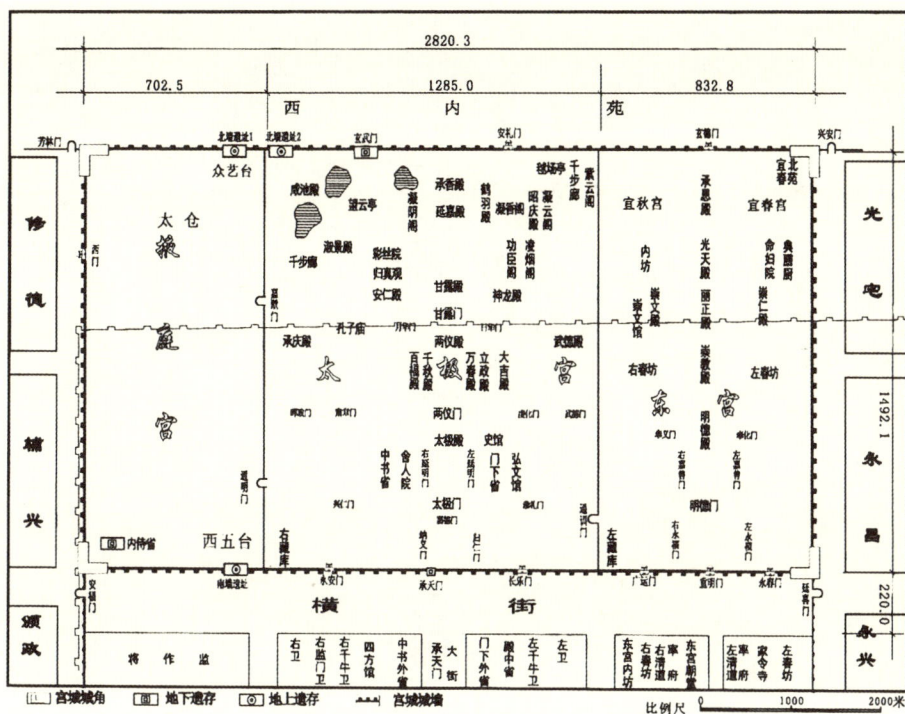

唐长安城宫城平面示意图（引自肖爱玲《古都西安：隋唐长安城》第60页）

承天门是宫城的正门，北对太极殿，南对皇城正门朱雀门，向南又对郭城正门明德门。国家的重大庆典，往往在此举行，届时皇帝亲临，登上承天门的城门楼，这就是文献记载中的外朝。在外朝大多举行礼仪性活动，如皇帝即位、改元、太子册封、国家大赦、检阅军队、元旦和冬至等重大节日庆祝、接受朝贡、接见外国使臣、皇家大型宴会等。承天门南边的横街，就是举行上述活动的广场。承天门遗址，在今西安市莲湖公园南部，现存门址东西41米，已发现3个门道（原来有几个门道还需要进一步通过考古工作究明，根据近年大明宫丹凤门遗址考古发现有5个门道，加之外郭城正门明德门遗址考古发现也是5个门道推测，承天门有5个门道的可能性很大），进深19米，中门道宽8.5米，两侧门道各宽6.4米。承天门外，东西分列朝堂及肺石与登闻鼓。

敦煌晚唐第 138 窟五门道宫城正面形象

西内——太极宫

太极宫，即隋之大兴宫，始名大内，建于开皇三年（583），是宫城中的主体建筑。唐中宗神龙元年（705），更名太极宫。有唐一代，共有 3 座皇宫：太极宫、大明宫和兴庆宫，总称三大内。太极宫位于大明宫和兴庆宫的西部，所以又称西内。

太极宫东西 1287.8 米，南北 1492.1 米，位于宫城中部，南墙东西并列 3 个城门，依次为永安门、承天门、长乐门。北门以玄武门最重要。

承天门是太极宫正门，其北为嘉德门，再北为太极门，太极门内为太极殿。

太极宫玄武门与承天门南北相对。太极宫是初唐时期的政治中心，唐高祖李渊和唐太宗李世民都曾在这里执政。从高宗开始，皇帝虽然移仗于大明宫、兴庆宫，但每逢朝廷举行一些重大礼仪活动，如天子即位等，仍要在太极宫中进行。像高宗和玄宗，甚至每五天就要到太极宫一次。由此可见，唐代太极宫一直保持着十分重要的政治地位。太极宫位于宫城中部，东、西修筑了墙垣，与东宫和掖庭宫分隔开。太极宫因宫中主体建筑太极殿而得名，太极殿作为皇宫正殿，皇帝于每月朔、望在这里举行朝仪，听政视朝。这里还是举行皇帝登基与葬仪、皇后及太子册封之地。在太极殿东西两廊之外，分别设有门下省、舍人院、弘文馆、史馆和中书省等机构，以备皇帝顾问，撰写诏令、文书，协助皇帝处理政务。

太极殿北为两仪门，门内是两仪殿，是皇帝处理日常政务的地方，国家大事往往在此决定，称内朝。两仪殿东西两侧的立政殿、百福殿、承庆殿（即承乾殿）和两仪殿之后的甘露殿、神龙殿等，为皇宫中的寝殿。这些宫殿的规模，也是相当大的。比如百福殿中的亲亲楼，大中元年（847）一次就修造屋宇廊舍700间。

作为皇宫，太极宫中除了富丽堂皇的宫殿之外，还有许多供天子游乐、观赏的台、阁、亭、池。太极宫中有景福台、紫云阁、望云亭、四海池等，大多分布在太极宫北部。

在太极宫北部园林风景区中，以凌烟阁最著名。贞观十七年（643），唐太宗命阎立本在凌烟阁内图绘了唐朝初年的功臣勋将的画像，作为对他们在建立唐王朝过程中立下丰功伟绩的纪念。这个做法，仿效西汉宣帝刘询和东汉光武帝刘秀分别在麒麟阁和云台阁图绘功臣画像。唐代第一批被图绘于凌烟阁的功臣，有长孙无忌、杜如晦、魏徵、房玄龄、尉迟敬德、李靖、程知节、虞世南、李孝恭、秦叔宝等24人。自唐太宗以后，唐代不少皇帝继承了这一做法。唐代宗曾为中兴功臣画像于凌烟阁；唐德宗于贞元四年（788）在凌烟阁为褚遂良、苏定方、郝处俊等27位功臣绘像。凌烟阁建筑宏伟高大，阁内壁画上的功臣像都是面向北。据说这是因为凌烟阁在三清殿侧，为了表示恭敬而这样设计的。画像中的功臣，根据他们各自的功绩大小、官级高低，分别位于凌烟阁内的功臣画壁的内、中、外层，三层之间彼此分隔着。内、中、外三层画壁上的画像，分别是"功高宰辅""功高侯王"和"次第功臣"。

东宫——太子之宫

东宫是太子之宫，因其位于太极宫之东而得名，隋唐时期的太子杨勇、杨广、李建成、李世民、李治等，均以太子身份居于此宫。东宫东西 830 米，南北 1492.1 米。宫内东西分为 3 路，以中路建筑为中轴，东路和西路对称分布左右。

东宫中路，在东宫正门——重明门之北。正殿明德殿又名嘉德殿或显德殿，李世民就是在这座宫殿即位当皇帝的。中路由南向北，依次为明德殿、崇教殿、丽正殿、光天殿和承恩殿。东宫东路包括左春坊、命妇院、典膳府、崇仁殿、宜春宫、鹰鹞院等，西路包括右春坊、宜秋宫、光大殿、崇文殿、八风殿、西池、佛堂等。

东宫北门为至德门，是通向西内苑的门户。东宫西墙南端的通训门，又名凤凰门，是通向太极宫的门户。东宫遗址东西 832 米，南北 1492 米。

掖庭宫位于宫城西部，其范围东西 702.5 米，南北 1492.1 米，大小与东宫相近。

掖庭宫是皇室宫女住地，其南有内侍省，北有太仓。掖庭宫虽然面积不小，但其中生活着数量最多的宫人。她们是被皇帝派出的花鸟使从全国各地的千家万户之中抢夺来的年轻女子，充入掖庭宫中，供皇帝役使和玩弄。其中大多数人被终生幽闭深宫，如同皇帝的生殉奴隶。有的年老去世时，甚至连其姓名都不为人所知。

内侍省是管理宫廷内务的机构，下设五局：掖庭局，掌管宫人的簿籍；

宫闱局，掌管宫内门禁；奚官局，掌管宫人疾病死伤；内仆局，掌管宫中舆辇导从；内府局，掌管宫中供帐灯烛。内侍省的机关工作性质，决定了它要置于宫城之中掖庭宫之旁。由于内侍省中专用宦官，而宦官在朝廷之中被视为低人一等，所以内侍省偏居宫城西南隅。

唐代内侍省供职者和负责人均以宦官充任，因此内侍省又是个宦官机构。武则天当政后，宦官逐渐得势，人数骤增。到中宗神龙年间（705—707），皇宫之内的宦官多达 3000 人，其中超授七品以上员外官者竟有千余人，由此也可想见宦官大本营——内侍省之繁盛。

唐代晚期，宦官势力进一步发展，他们左右朝政，甚至主宰皇帝的废立。如自穆宗至昭宗唐代晚期 7 个皇帝的废立，就酝酿于内侍省。因此，宦官机构内侍省，也就成了当时国家政权决策的实际重要机关。

内侍省的宦官们为欺世盗名，仿照唐朝皇帝在太极宫凌烟阁中图绘功臣勋将画像的做法，在内侍省中修建了功臣两堂建筑，把那些作恶多端的大宦官们的容貌画在殿堂墙壁之上。

吕大防《长安城图》记载，掖庭宫的北部为太仓。《金石续编》记载有西安城西北隅出土的贞观十四年（640）、贞观二十二年（648）的和籴粟窖砖。据吕大防《长安城图》可知，太仓与掖庭宫东西宽度一样，均为705 米，太仓南北长度至少可能超过 600 米。盛唐时代，太仓贮粮多时可达四五百万石，数量相当可观，主要供皇室消费和中央政府的百官俸禄、庞大军需等。因此，唐代统治者十分重视太仓的管理，将太仓的管理机构置于宫城之内。虽然太仓储存粮食的粮仓，可能不在宫城的掖庭宫中，但由于粮仓是国家的重要设施，因此也不会安排在距皇宫太远的地方。《长安志》卷六记载：唐长安城"禁苑西即太仓，北距中渭桥，与长安故城相接，东西十二里，南北十三里"。近年在汉长安城东南部、唐长安城禁苑西南部，考古发现了唐代的大型粮仓遗址，有可能属于唐代太仓粮仓遗址。

东内——大明宫

大明宫的营建

贞观八年（634），唐太宗请他父亲——太上皇李渊去九成宫避暑，但李渊因为隋文帝最后死在了那里，心里很厌恶九成宫，故坚持不去。为此，李世民就在长安城东北修建了永安宫，作为太上皇避暑的夏宫之地。贞观九年（635），永安宫改名为大明宫。高宗李治因患风痹之病，深觉太极宫

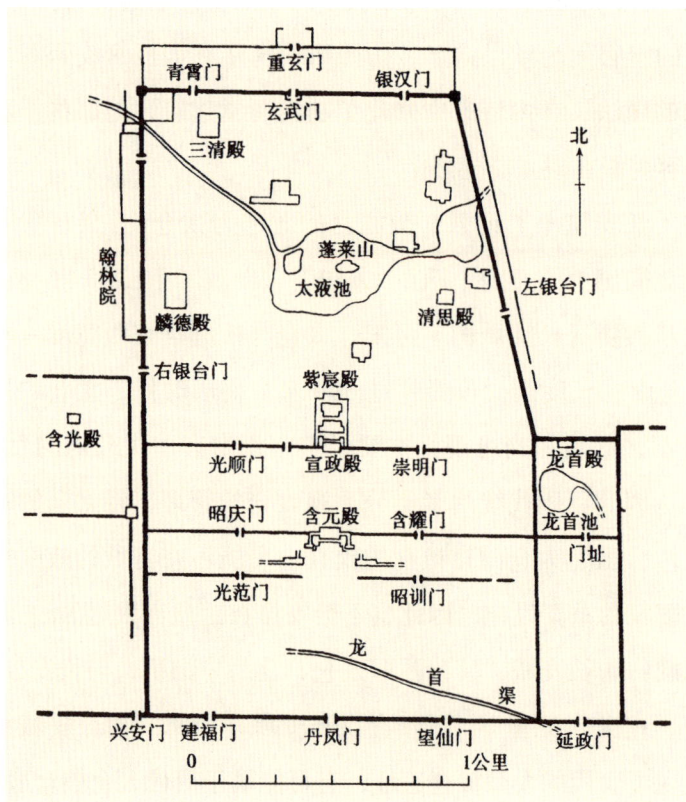

大明宫遗址平面示意图

内地势湫湿，认为太宗为其祖父所修筑的"清暑之所"——大明宫，"北据高岗，南望爽垲"，地形胜于太极宫，所以决定将皇宫迁到大明宫中。

唐高宗龙朔二年（662），乃修大明宫，更大明宫名为蓬莱宫。长安元年（701），又恢复了大明宫的名称，终唐一代未变。蓬莱宫和大明宫名称，可能源于"如山之寿，则曰蓬莱；如日之升，则曰大明"。

大明宫作为皇宫，始于唐高宗。为把大明宫改建成皇宫，高宗在那里大兴土木，基建工程由司稼少卿梁孝仁具体负责。由于这项建设规模宏大、

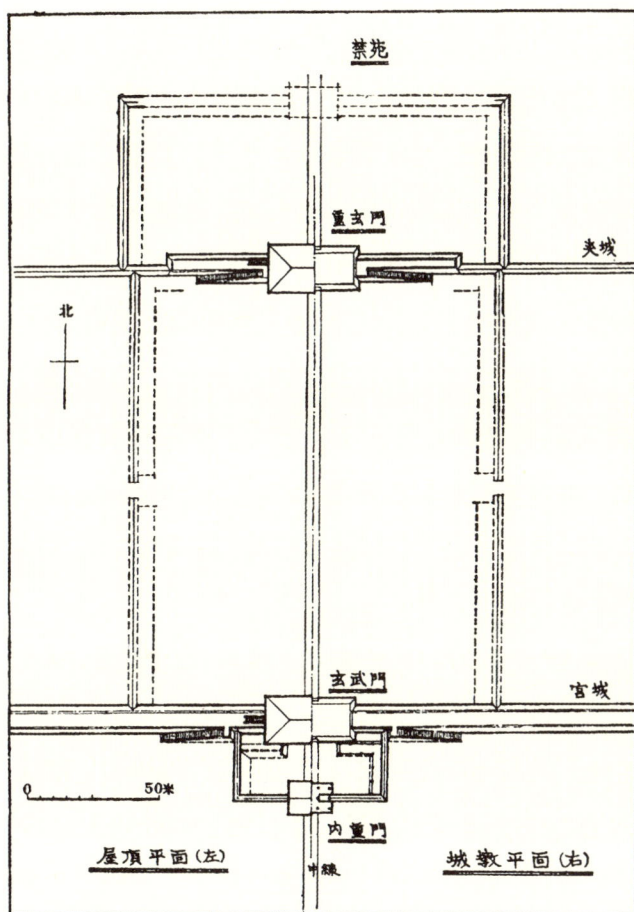

大明宫玄武门、重玄门平面复原示意图
（引自傅熹年主编《中国古代建筑史》第二卷第 318 页）

耗资惊人，中央政府为筹集资金，除了征收关中、陇东、晋南等地15州百姓的钱物，扣发数以几千计京城官吏的薪俸之外，又让朝廷"公卿百僚，争以私财助役"。

龙朔三年（663），大明宫扩建工程竣工。同年，高宗把皇宫从太极宫迁至大明宫，由此，大明宫成了终唐一代的皇宫。大明宫因位于大内——太极宫之东北部，所以又称东内或北内。

大明宫遗址，是中国古代都城之中开展考古工作最多的宫城之一。半个多世纪以来的田野考古工作已经究明，大明宫周长7628米，面积约3.2平方千米，南、北、西宫墙分别长1674米、1171米、2308米。东宫墙因其中部向东折又南折，其长2164米。除南宫墙利用了郭城北墙之外，其余三面宫墙均为新修筑的。北宫墙墙基宽9米，其他三面宫墙墙基宽13.5米，可见宫城宫墙一般比郭城城墙墙基要宽，也就是说宫城的防卫功能要求比郭城更为严格。宫门附近和宫城拐角处的宫墙，内外表面砌砖。宫城拐角处，一般建筑有角楼，其中已经考古发掘的大明宫东北角角楼基址，南北长23米，东西宽22米，现存高5米。角楼基址西南侧，紧贴北宫墙南缘筑有马道，长40.7米，宽3米。马道西端进口处置门。大明宫北部的东、西、北三面宫墙之外，均修筑了与之平行的夹城。其中北夹城南北宽160米。夹城的营建，进一步加强了宫城的防御能力。夹城墙基宽4米，拐角处的墙表面也包砌了青砖。

大明宫共有11座城门，其中南门5座、北门3座、东门1座、西门2座。

南宫门5座，由东向西是延政门、望仙门、丹凤门、建福门和兴安门。丹凤门东西两边为望仙门和建福门，是百官公卿进出大明宫的主要通道，黄昏闭门，五更开门。这两个宫门的规模也很大，建福门外的百官待漏院，是文武官员上朝等候之处。《长安志》记载，望仙门的城门楼房屋有10间之多。

北宫门自东向西依次为银汉门、玄武门和青霄门。银汉门、青霄门分别位于玄武门东西 385 米与 195 米，二门形制、规模基本相同。北宫门以玄武门最为重要，是大明宫北宫门中的正门。玄武门遗址已经考古发掘，为一个门道，宽 5 米。其南 20 米为内重门，门址东西宽 15.6 米，南北进深 11.5 米，门址中间为门道，宽 5 米。玄武门与内重门之间形成一个封闭空间，南北 27 米，东西 57.5 米。玄武门北对夹城之重玄门，此门也是一个门道，宽 5.2 米。玄武门与重玄门南北 156 米、东西 135 米之间，形成一封闭空间。重玄门以北有一封闭空间，南北 60 米，东西 140 米，再向北进入禁苑。在此空间两侧夹城内，建有一排厢房，门外有饲养禁马的飞龙厩和骥德殿。重玄门、玄武门一带，应是宿卫禁军北衙所在地，唐代宫廷内变多发生在这里。如玄宗平韦后、代宗除张后等。唐代中晚期宦官得势，他们控制着北衙，因而玄武门禁军在国家政治生活中起着十分重要的作用。玄武门因其重要的军事功能，曾改名为神武门，楼改名为制胜楼。

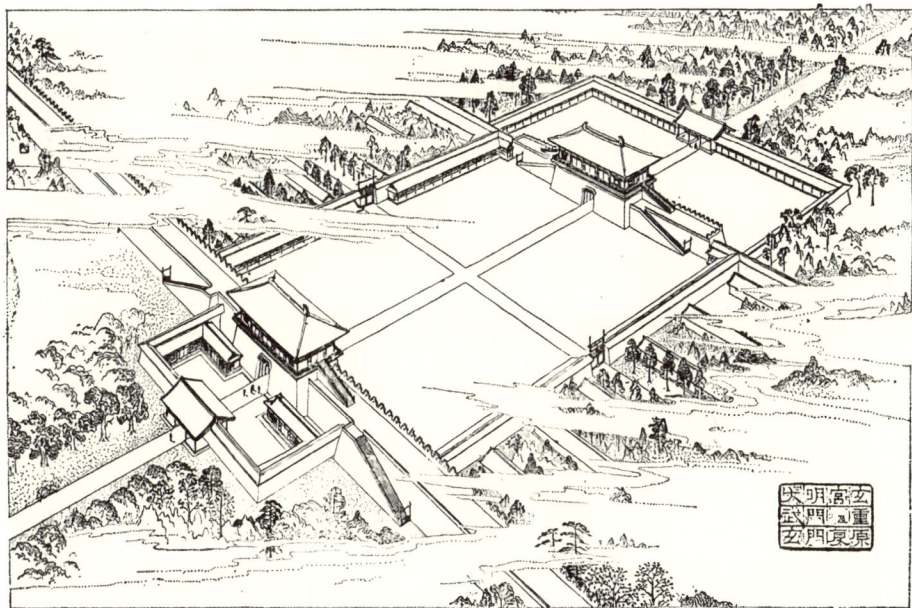

大明宫玄武门、重玄门复原鸟瞰示意图（引自《唐大明宫遗址考古发现与研究》第 386 页）

　　大明宫西宫墙南北，分列右银台门与九仙门。右银台门一个门道，宽5米。门内南部有内侍省、含象殿、思政殿，北部有学士院、翰林院、少阳院、麟德殿，门外有含光殿等。九仙门内南部有拾翠殿，北部有大福殿；门外是西夹城，夹城之外为禁苑中的右羽林军、右龙武军和右神策军的军营重地。

　　大明宫东宫墙的左银台门，基本与西宫墙之上的右银台门东西对称分布在大明宫东西两侧。左银台门内有太和殿、清思殿等，门外南部有左羽林军、左龙武军和左神策军的军营重地。其中左银台门内西北280米的清思殿遗址已经考古发掘，这里是宫中皇帝的起居便殿，当年建筑十分奢华。殿址平面近方形，东西33米，南北28.8米，面阔7间，进深5间。

　　丹凤门是大明宫中规模最大的一座宫门。丹凤门遗址，位于今西安市新城区二马路革新街之南，已经考古发掘，门址由墩台、门道、隔墙、马道组成。门道5个，各门道形制、规模基本相同，门道面阔8.5米，进深33米。门道隔墙宽3米。门道两侧墙下，发现南北向排列的长方形排叉柱坑，以及排叉柱坑中的柱础石，据此可以推定，丹凤门应为过梁式城门洞。丹凤门东西的墩台与城墙连接，城墙宽9米，城墙内侧排叉柱坑为南北宽3.2米、东西长54米的马道。丹凤门马道，应该是皇室在丹凤门举行盛大活动时皇帝使用的御道。丹凤门的功能与太极宫承天门相同，中唐及其以后皇帝登基、改元、国家大赦、国宾宴请等重大国事活动均在此举行。宫城正门设置5个门道，这在中国古代都城考古发现史上，是目前所知道的唯一一座。

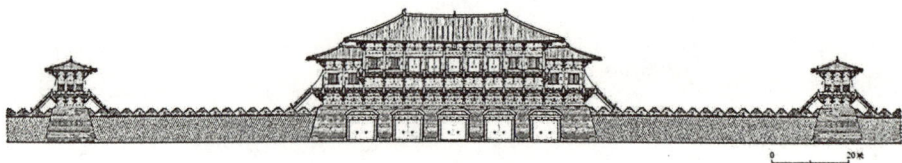

丹凤门复原南立面示意图

丹凤门遗址

大明宫的形制与布局

　　大明宫的平面布局，以丹凤门、含元殿、宣政殿、紫宸殿、太液池和玄武门南北建筑群为中轴线，其他建筑分布于其东西两侧。根据建筑物的性质，大明宫可以分为南、北两大区，南区为朝政区，北区为池苑园林区。南、北二区基本以太液池为分界。

　　朝政区南北筑起两道东西向墙垣，将其分为前、中、后三部分。前部为大朝之地，丹凤门与含元殿之间为广场，含元殿遗址一层大台以南 130 米与广场北部之间有东西向水渠，渠道口宽 3.65 — 4 米，深约 1.6 米，渠道两壁较陡直，局部有砖砌护岸。水渠之上，有东西并列的 3 座桥，中部桥址北对含元殿遗址中央，桥东西长 17 米，南北宽 4.3 米。西侧桥址正对西朝堂，其间有南北向步行砖道。西侧桥址东距中央桥梁 128 米，此桥址东西长 6.85 米，南北宽 4.65 米。东侧桥址北面正对东朝堂，西距中央桥梁

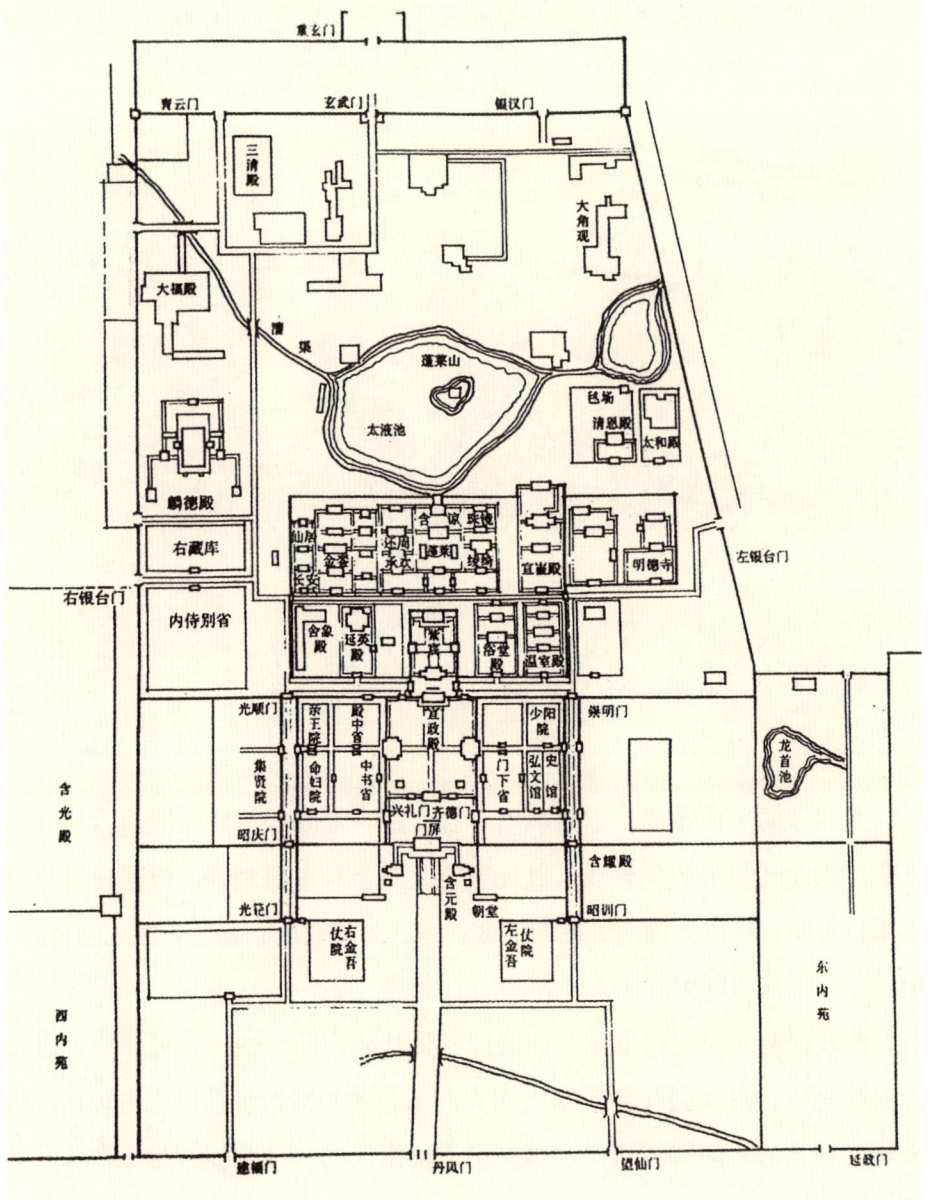

大明宫平面复原示意图（引自傅熹年主编《中国古代建筑史》第二卷第 379 页）

129 米。根据历史文献记载，上述东西两侧桥址，应为文武百官上朝时的下马桥，而中间的桥址，应为皇帝专用的御桥。

朝政区中部即中朝之地，位于大朝以北，以宣政殿为主体建筑；后部是内朝之地，位于朝政区北部，以紫宸殿为主体建筑，是大明宫中朝政活动较多的场所。

池苑园林、宫殿区，位于大明宫北部，以太液池为中心。太液池南部有蓬莱殿、含凉殿等，北有含冰殿、跑马楼、斗鸡台、承香殿、玄武殿、三清殿、护国天王寺，西有麟德殿、少阳院等，东有清思殿、太和殿等。皇帝和皇后，也多在这里游戏。景龙三年（709），中宗和皇后曾在玄武门附近观看宫女进行拔河比赛，还"为宫市以嬉"。大明宫内院也在这里。宣宗执政时，夔王以下五王及郑太后，曾经住在大明宫内院。

朝政区建筑

含元殿是大明宫的大朝正殿，又名大明殿。

含元殿遗址，位于今西安市新城区含元殿村南约 300 米的龙首原南沿，殿址位于龙首原最高处，高出周围地面 10 余米，因此《西京记》称其"北据高岗，南望爽垲，视终南如指掌，坊市俯而可窥"。含元殿主体建筑，有台基、殿堂、东西二阁和龙尾道、殿前广场等。含元殿台基依龙首原修筑，台基有下、中、上三层，下层和中层均利用了龙首原的生土台，上层台基即殿堂基址，系夯筑而成。由下向上三层台基逐层变小，上层台基现存东西长 74.8 米，南北宽 41.3 米。三层殿基均周施栏杆，其外置砖铺散水。殿堂基址平面为长方形，东西长 55 米，南北宽 20 米，东西面阔 11 间，南北进深 4 间，每间广 5 米。大殿墙壁涂成白色，底部绘有朱红色边线。从含元殿遗址出土的瓦片可以看出，大殿是黑瓦顶、绿琉璃脊和檐口的剪边做法。台基周围有石栏，其上雕刻着螭首等装饰。殿堂东、西、北

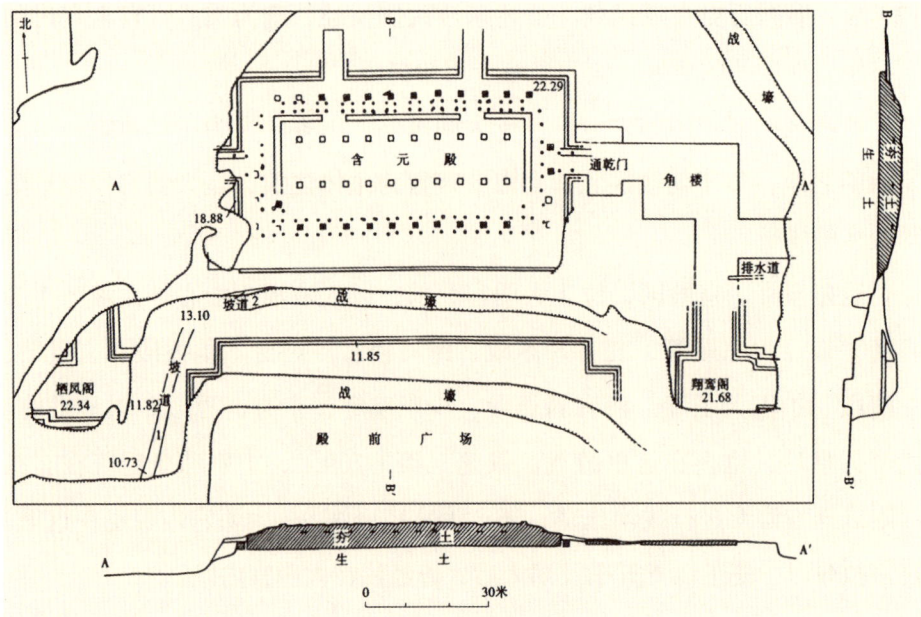

含元殿遗址平面示意图

三面置踏道。殿堂东南部与西南部，对称分布有翔鸾阁、栖凤阁，二阁北距含元殿 30 余米，二阁形制、大小基本相同，应为含元殿之前的左右阙。翔鸾阁、栖凤阁，与含元殿之间有飞廊相连接。

含元殿的上殿之路，多年来一直不清楚，说法不一，近年的考古发掘解决了这个问题。发掘遗迹表明，含元殿的龙尾道，不在正对殿堂的南面，而是起自殿前广场的平地，沿东西两阁内侧的坡道，经下、中、上层台面，通至殿堂之上。含元殿两侧的龙尾道，实际上是两条南北向东西平行分布的阶道，每条阶道各长 70 多米，形如长龙，故有龙尾道之称，为文武百官上朝的阶道。由龙尾道登含元殿还有三层台，下台和中台各高 5 丈，上台高 2 丈，台与台之间有用汉白玉铺设的踏步。每台四周，围以玉石栏杆。含元殿龙尾道的建筑形制，直接影响了渤海国上京龙泉府，也影响到日本平城京的太极殿。

含元殿位于丹凤门正北 610 米，其间为历史文献记载的含元殿庭，也

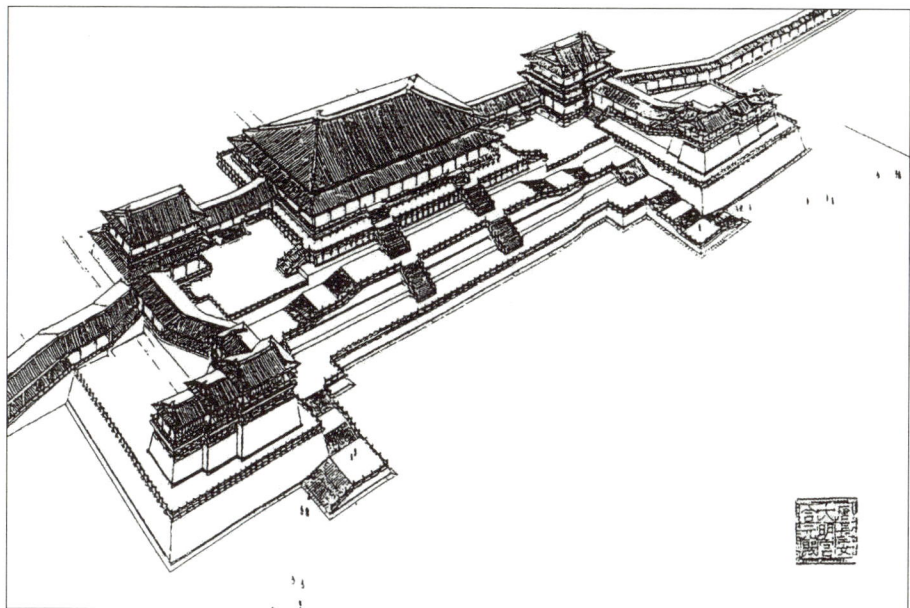

含元殿复原示意图

就是含元殿的殿前广场。从含元殿南至丹凤门，十分宽阔，是唐代皇帝的大朝正殿，外朝大典在此举行，元正、冬至的大朝及改元、册封、受贡、大赦等重大活动均在此举行。

含元殿的殿前广场南部，东、西列置左、右金吾仗院。二院以北，分别为东西并列的钟楼与鼓楼。再北则是东西并列的东朝堂与西朝堂，二者均为坐北朝南。考古发现了大明宫朝堂遗址，以东朝堂为例：分为早晚两期，早期朝堂基址，东西 73 米，南北 12.34 米，面阔 15 间，进深 2 间；晚期朝堂基址，东西 68 米，南北 16 米，面阔 13 间，进深 3 间。朝堂是百官候朝之处，官员在此由御史引导，依次入朝。因百官多在朝堂候朝，太子与宰相有时也利用这个地方与机会会见百官。大明宫的朝堂制度，继承了宫城正门承天门之外的朝堂之制。

含元殿与太极宫的承天门，在某些方面的功能有些相近，每当皇帝在含元殿举行朝会的时候，含元殿南边的庭中有威武、严整的禁军守卫，皇

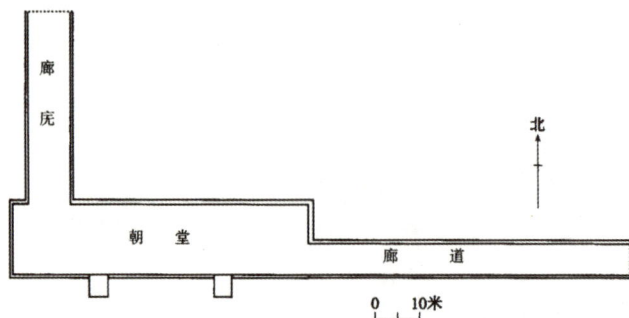

大明宫东朝堂遗址平面示意图

帝的仪仗队在大庭两边，文武百官穿戴朝服，少数民族酋长和外国使节服饰各异，他们都按照一定次序站立在含元殿之下。皇帝坐在高高的含元殿玉石宝座上，接受文武百官的朝见。

含元殿与其北部的宣政殿、紫宸殿，共同构成大明宫的三大殿。宣政殿位于含元殿北300米，勘探发现殿址东西约70米，南北约40米。宣政殿又称正衙殿，即中朝所在。宣政殿前也有庞大的仪仗队伍，百官上朝的时候，文官从东而入，武官由西而进。宣政殿前，东有门下省、弘文馆和史馆，西有中书省、殿中省和御史台。

宣政殿北35米为紫宸门，紫宸门北60米为紫宸殿，殿址保存较差。紫宸殿建筑规模相当可观，南北进深达50米，为内朝的正殿，皇帝的日常议事在此进行，故紫宸殿也称便殿或阁，因此皇帝召见文武百官到紫宸殿中处理政务又称为入阁。皇帝在宣政殿和紫宸殿中听政的日子有一定规定。龙朔三年（663），高宗李治因身体不好，让皇太子每五日在紫宸殿光顺门内协助处理一次一般政务，大概是沿袭汉宣帝"五日一听朝"的常式。若在不听政的日子，皇帝有要紧公事，则在紫宸殿西边的延英殿召见大臣，当时称为开延英。

紫宸殿附近广植奇花异草、名贵果木，其中樱桃树颇享盛名，樱桃成熟时，唐玄宗与百官在紫宸殿处理政务之余，让他们在樱桃树下用嘴摘食树上的樱桃，群臣丑态毕露，皇帝以此取乐。

园林风景区——太液池

大明宫北部，是以太液池为中心的园林风景区。太液池又名蓬莱池，开凿于唐代初年。太液池位于大明宫北部中央，分东、西二池，尤以西池重要。西池遗址平面近椭圆形，东西 484 米，南北 310 米，面积约 14 万平方米，池深 3 米至 5 米。东池遗址平面近圆形，南北 220 米，东西 150 米，

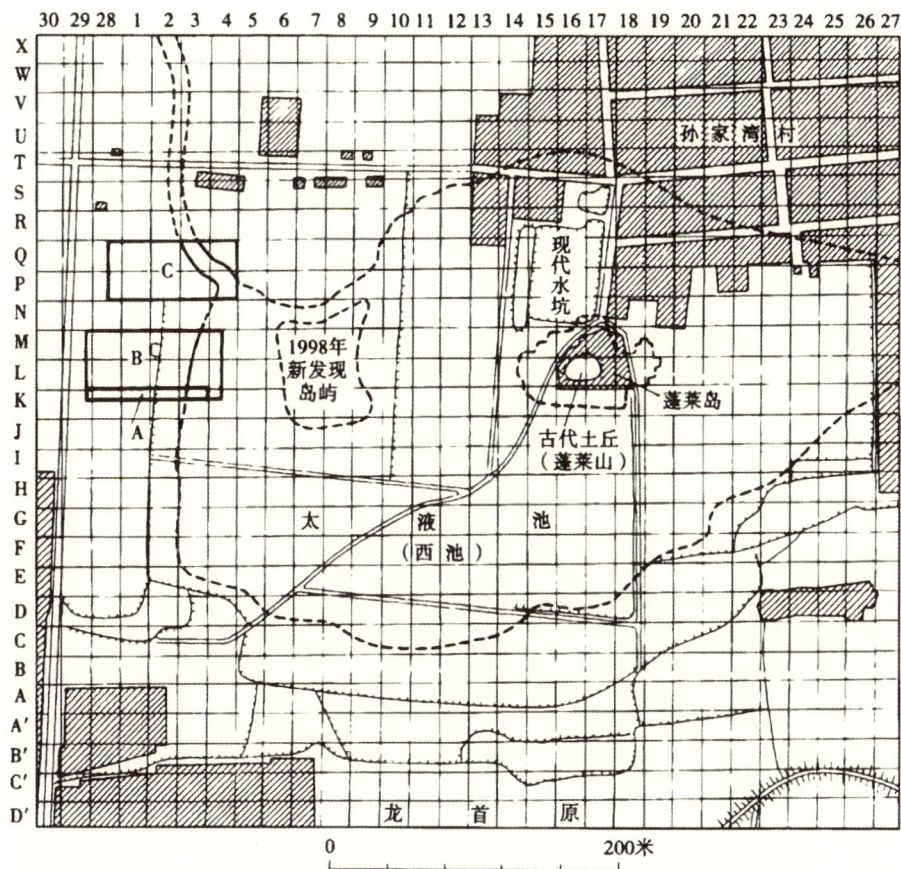

大明宫太液池遗址平面示意图

面积约 33000 平方米。太液池池岸，砌石加固。文献记载，太液池中有 3 个岛，其中的蓬莱岛台基，基址高 7.8 米，现在仍然矗立在太液池中部。在其南部，考古发掘了当年的假山、亭榭及道路遗迹。在蓬莱岛西部约百米，发现了三岛中的另一座岛，平面南北 70 米，东西 50 米。相传秦始皇到山东蓬莱的东海之滨寻求长生不老之药，故以蓬莱池为大海神池。海上有神山，名曰蓬莱山。唐穆宗曾让侍讲韦处厚等人，在太液亭内讲授《毛诗》《尚书》等古代经典著作。太液池四周建有回廊，唐宪宗时，就在池边修筑廊房 400 多间。此外，太液池南岸、紫宸殿以北 60 米，有蓬莱殿，殿西北有通往蓬莱池周廊的廊道。太液池的西池东部，有一条东西向渠道，向东通至东池，渠长 110 米，深 3 米。东池东部连接一渠道，应为太液池排水渠道。太液池的进水口，在其西北部。

　　太液池北部建筑群，以三清殿最为突出。三清殿位于大明宫西北部，在大明宫北城青霄门内的东侧，东南与麟德殿为邻。三清殿为高台建筑，

大明宫太液池蓬莱岛遗址

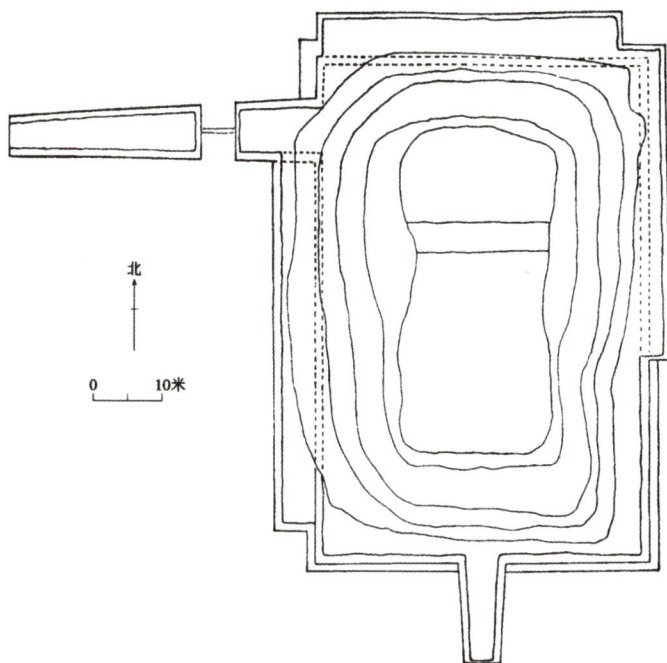

大明宫三清殿遗址平面示意图

基址平面为南北向长方形。基址高于唐代地面 14 米，南北长 73 米，东西宽 47 米。基址南部有一条南北向墁道，长 17.7 米；基址西北部有一条东西向墁道，长 44.3 米。道教以玉清、上清、太清为三清，故三清殿当与道教有关，为宫廷之内奉祀道教的建筑。大明宫中修建如此高大的高台建筑，与李唐自称是大哲学家、大思想家、道教鼻祖李耳之后有关。

太液池西部的建筑群中，以麟德殿与翰林院影响最大。

麟德殿位于大明宫西部，西邻翰林院，西距宫城西墙约 90 米。东为太液池，南近西宫门。麟德殿因建于唐高宗麟德年间（664—665）而得名。

麟德殿是座有着多种功能的建筑群体，规模巨大，整个建筑群南北长 200 米以上，东西宽约 120 米。

麟德殿遗址于 20 世纪 50 年代进行了全面考古发掘，基址夯筑，台基的平面呈长方形，南北长 130.41 米，东西宽 77.55 米，面积相当于明清北

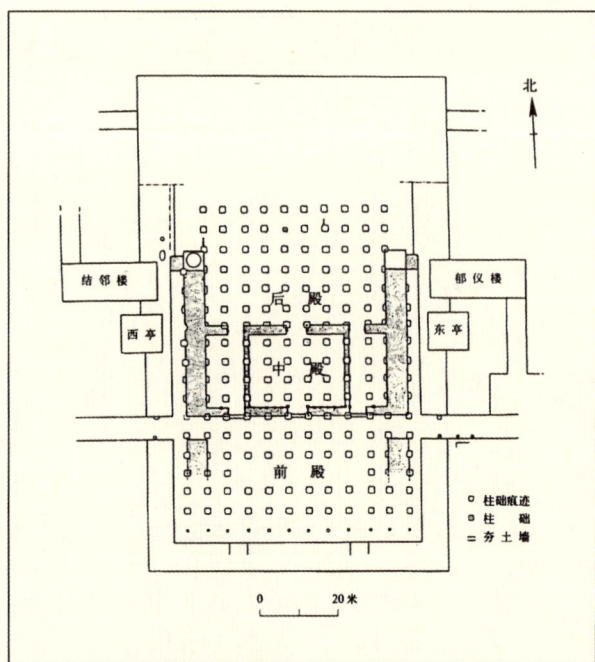

麟德殿遗址平面示意图

京城故宫太和殿面积的 3 倍，规模之大可想而知。麟德殿台基，是上下两层的重台。殿址于台基的上面，位置居中，殿堂的柱础南北 17 排，东西 10 排，共 164 个。麟德殿又名三殿。所谓三殿，即麟德殿由前殿、中殿、后殿组成，前（南）、中、后（北）三殿，以中殿为主殿。中殿面阔 9 间，东西 47.7 米，进深 5 间，南北 19.7 米。前殿与后殿，面阔各 11 间，进深各 4 间。中殿与后殿东西两侧，还有郁仪楼、结邻楼和东亭、西亭，上述建筑应为楼阁建筑。

麟德殿南部为庭，庭中可作为球场，宴会时还可以设置九部乐，举行百戏、角抵等娱乐活动，庭内种植着梧桐树。麟德殿的主体建筑，是南北相连的前、中、后三个大殿。前殿属于单层建筑，是麟德殿的主要殿堂，皇帝在麟德殿接见外国贵宾、使节、少数民族酋长等。前殿南面有副阶，副阶之前有东西并列的两条南北向阶道。

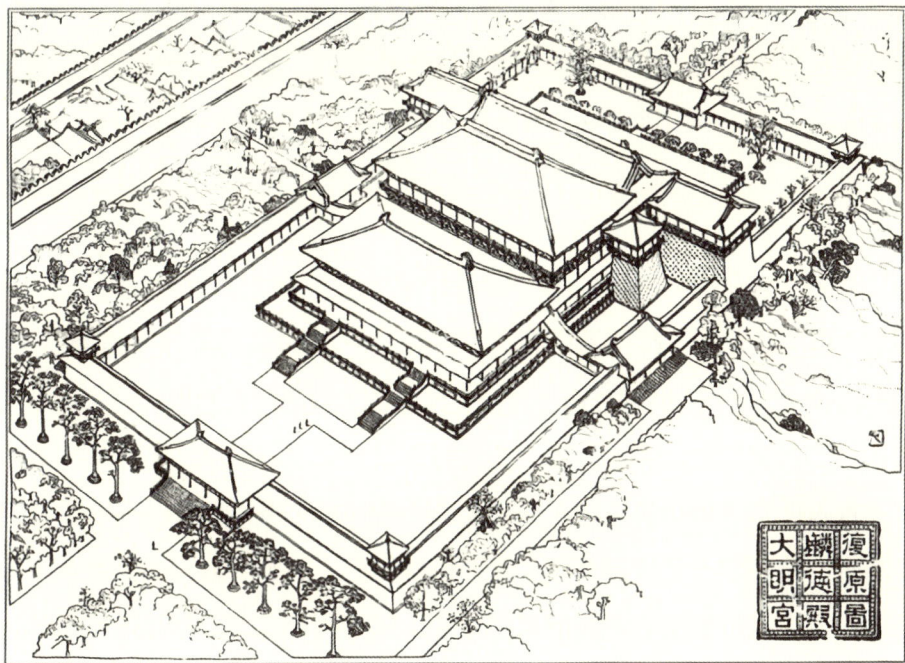

麟德殿复原示意图（《考古》1963年第7期）

麟德殿整体建筑主次分明，布局严密，形制规整。

麟德殿不同于宣政殿和紫宸殿，是内宴之地，皇帝在此召见近臣、宴会外宾、观赏乐舞表演、击球比赛、设置道场等。768年，唐代宗在麟德殿为3500名神策军将士举行宴会，规模之大可以想见。唐朝皇帝在麟德殿举行歌舞表演，尽情享乐，通宵达旦，"清风刻漏传三殿，甲第歌钟乐五侯"，就是记述这个场面的。唐敬宗还在麟德殿观看角抵，表演者碎首断臂，流血廷中，他才觉得大为欢心。麟德殿的球场为皇室所专用，唐玄宗、敬宗等都曾在此击球。宝历元年（825），道士赵归真等一行81人，还在麟德殿造九天道场，唐敬宗亲临受箓。

翰林院初置于玄宗开元年间，位于麟德殿以西、大明宫右银台门以北的西夹城中的南半部。考古发掘了翰林院遗址，东西宽55米，南北长400米。已经考古发掘的部分，应属于翰林院南院遗址，共有5座建筑遗址，其中 3 座（一、三、五号）建筑遗址南北排列，位于夹城东西居中位置，并且建筑规模较大，可能是翰林院中的主要建筑。翰林院南部东侧，有一门与大明宫连通，门道宽约 5 米，进深 8 米，此门辟于大明宫西宫墙之上。该遗址出土有"翰林"文字的瓷片，进一步佐证了该建筑遗址为翰林院故址。

开元二十六年（738），唐玄宗在原来专职于内廷供奉的翰林院以东的大明宫内，另建学士院，选任有词艺学识、文学才能的朝臣充任翰林学士。天宝元年（742），李白来到长安，贺知章读了他的《蜀道难》，称誉他为谪仙人。经贺知章向玄宗推荐，李白被玄宗诏令供奉翰林，学士院也就成了这位由巴蜀之地千里迢迢来到长安的大诗人的公务之所了。学士院直属于皇帝，翰林学士负责起草国家重要机密诏令、咨询要政。唐代晚期，翰林学士成为皇帝最亲近的顾问兼秘书官，时有内相之称，朝廷宰相也常以翰林学士升任，可见学士院在唐代政治中的重要地位。学士院内有南、北二厅堂，为学士院的主体建筑，居夹城中央，形成一条南北中轴线，东西两边则为厢房。

南内——兴庆宫

兴庆宫的营建与布局

兴庆宫，位于唐长安城东部，东至东城墙，南邻春明门大街。因其位于西内太极宫和东内大明宫以南，所以称南内。

兴庆宫故址，在今兴庆宫公园一带。据传说，武则天当政时，隆庆坊南边王纯家中的井水外溢，以至于浸成面积有数十顷大的水池，时称隆庆池。大足元年（701），临淄郡王李隆基、宁王李宪、申王李㧑、岐王李范和薛王李业兄弟5人，陪同武则天从东都洛阳来到西京长安，则天皇帝赐宅给这兄弟5人，名为五王子宅，在隆庆池北的隆庆坊中。因此，隆庆池又称五王子池。李隆基当皇帝后，因避讳隆字，改隆庆坊、隆庆池为兴庆坊、兴庆池。

玄宗时，宋王李成器等上书皇帝，请求献兴庆坊五王子宅为玄宗修建皇宫，唐玄宗采纳了这个意见。开元二年（714），动工修建新的皇宫，因其位于兴庆坊，所以取名兴庆宫。

兴庆宫平面为长方形，东西1075米，南北1250米，周长4660米，面积约1.34平方千米。南宫墙20米之外，筑有宽3.5米左右的复墙。

宫城四面辟门，西门有二，北边是兴庆门，是兴庆宫的正门，为进入兴庆宫宫殿区的宫门；南边是金明门，是进入兴庆宫园林风景区的宫门。宫城南门也有两座门，西边是通阳门，考古勘探门址，东西面阔41米，南北进深32米，为南部的主要宫门，北对龙池；东边是明义门，北对长庆殿。宫城东、北两面各有一座宫门，分别为初阳门和跃龙门，考古勘探，初阳门遗址南北面阔23.5米，东西进深16.5米。宫城中部有东西隔墙，将其分为南北两部分，南为园林风景区，北为宫殿区。

宫殿区建筑

兴庆宫的宫殿区中，分成东、中、西三路。东路有新射殿和金花落，中路有南薰殿，西路有兴庆殿和大同殿。

兴庆殿是兴庆宫的正殿，位于宫城西北隅，唐玄宗曾在此听政视朝。

大同殿与兴庆殿南北相对，其作用与太极宫和大明宫中的三清殿相同。大同殿之前，左右有钟楼和鼓楼。殿内供奉着道教始祖老子雕像，墙壁之上绘有栩栩如生、气势磅礴的壁画。

兴庆宫

跃龙门

新射殿

兴庆殿　　丽苑门　南薰殿　芳苑门

金花落

朝堂

睿武门

金花门

兴庆门　横街　宜天门　灌龙门　承云门　龙首渠

聚贤院

鼓楼　钟楼　　龙池殿　瀛州门　　义安殿　通乾殿　积庆殿　山池院

翰林院　　　　　　　　　　　　　　同光殿　咸宁殿　荣光殿　沈香亭

长生殿

□仙殿　会于殿　冷井殿

金明门　和风门　天同门　飞轩门　　仙灵门　玉华门

文泰殿

龙池

花萼相辉楼　勤政务本楼　龙堂　　　　　长庆殿

龙池颂碑　五龙坛

初阳门

长庆门

待漏院　勤政门　通阳门　明义门

0　50　100　　200m

兴庆宫平面示意图

中路北为跃龙门，南为瀛洲门，瀛洲门位于大同门以东 122 米。南薰殿左右两侧，辟有东门——芳苑门和西门——丽苑门。东路的金花落另辟一院，位于宫城东北隅，为兴庆宫的禁军驻地。

园林风景区

兴庆宫南部的园林风景区，以兴庆池为中心，兴庆池因兴庆宫而得名。兴庆宫原为隆庆坊，故名隆庆池，后因李隆基与其兄弟五王子在此居住，又俗称五王子池。隆庆坊改建为兴庆宫后，隆庆池则称兴庆池。兴庆池附近天空多云雾之气，时人并传有黄龙乘云雾之气而现，故亦称兴庆池为龙池。又有一说，龙池之名的来历，或因池水源于龙首渠。还有一说，龙是天子的象征，龙池则为皇帝的御池。实际上龙池所在地原为一处洼地，因井水溢灌成池。垂拱年间（685—688），连降大雨，池水骤增，池面扩大。后来，人们又将龙首渠水引入该池，使池水面积进一步扩大。到了唐中宗时，池水已广达数顷，深至数丈。龙池平面为椭圆形，东西 915 米，南北 214 米，面积约 18200 平方米。龙池景色宜人，唐代诗人沈佺期有诗描述龙池云："碧水澄潭映远空，紫云香驾御微风。汉家城阙疑天上，秦地山川似境中。"

龙池的主要附属建筑物是龙堂，位于龙池以南。龙堂东、西、南三面有墙，南对明光门，再南为通阳门。朝廷每年于仲春之时，都要在龙堂举行祭祀活动。

龙池东北的沉香亭，是座有名的建筑。据记载，这是为唐玄宗与杨贵妃在兴庆宫观赏牡丹而修筑的。因为此亭是用沉香木修建而成的，故名沉香亭。天宝二年（743）春天，玄宗带着杨贵妃到沉香亭观赏盛开的牡丹，看着国色天香的名花和姿色美丽的贵妃，听着梨园子弟的丝竹之音和歌唱家李龟年的动听歌声，畅饮着玻璃七宝杯中的西域葡萄美酒，玄宗游兴大

《清平调》图，清苏六朋绘

发，觉得李龟年的歌声虽然动人，但旧词的内容，不足以表达他和杨贵妃此时此地的新欢情景。玄宗于是让李龟年请诗仙李白到沉香亭赋诗。当时李白初来长安，任职翰林学士，常有怀才不遇之感，终日以酒浇愁。李龟年在长安市的酒楼上找到李白时，他正喝得酩酊大醉。杜甫的《饮中八仙歌》一诗中生动、形象地记述了这件事："李白一斗诗百篇，长安市上酒家眠。天子呼来不上船，自称臣是酒中仙。"李白被李龟年等人用冷水喷醒，送到沉香亭。李白根据玄宗的命题，写下了著名的《清平调》词三首。

李白没想到，他的这三首以花喻人、以人喻花的千古绝唱，竟被宦官高力士说成是对杨贵妃含沙射影的攻击，因此导致了他被迫离开京华，流落江南。

勤政务本楼与花萼相辉楼

龙池西南的勤政务本楼和花萼相辉楼，是兴庆宫的重要建筑，同时建于开元八年（720），位于兴庆宫西南部。

勤政务本楼，南邻春明门大街，位于兴庆宫南宫墙的内墙之上。楼的中间有南北向门道，其形制很像一座城门楼。楼的门道宽 4.9 米，门道中间有石门槛两道。门道设两重门，以加强安全防卫。两旁各有一长方形夯土台，二者大小、形制相同。两边墙上，各有 8 个壁柱。两处楼梯，东西对称分布于夯台两边。楼的东部与宫城城墙相连接。楼的南面，有勤政务本之楼的题额。勤政务本楼，本来是取政治上励精图治之意，曾作为唐玄宗移仗兴庆宫后的大朝之处，皇帝改元、朝廷大赦、国家宴会、外宾接待、节日庆祝等，都在这里举行。唐玄宗每年千秋节，还在勤政务本楼赐宴设醺。此外，唐玄宗也经常在这里观赏演员们的新奇节目，如王大娘的长竿表演。玄宗过生日时，还要将上百匹骏马和犀牛盛装隆饰，于勤政务本楼下表演各种舞蹈。至于这里的击球、斗鸡活动，则更是频繁。

花萼相辉楼，位于勤政务本楼以北 60 米，西邻胜业坊和安仁坊。玄宗的兄弟宁王李宪等人，就住在这二坊内。玄宗经常在花萼相辉楼与诸兄弟宴饮行乐，长枕大被，同卧共起。他为表明自己与兄弟间的手足情谊，取《诗经·常棣》中"常棣之华，鄂不韡韡。凡今之人，莫如兄弟"诗句，题名"花萼相辉楼"，比喻他们兄弟之间犹如花萼和花冠一样不能分离。从花萼相辉楼留下的许多玄宗活动轶事，我们可以看出他的奢华无度。如唐代无名诗人的《宫词》，曾形象地记述了玄宗在花萼相辉楼的一件事："花萼楼前春正浓，蒙蒙柳絮舞晴空。金钱掷罢娇无力，笑倚栏杆屈曲中。"玄宗与妃嫔们在花萼相辉楼上纵饮作乐之余，皇帝让宫女取来黄金制成的钱币，从楼上抛撒到楼下，命文武百官抢拾，美其名曰赏赐。群臣以此为恩宠，以抢拾到金币为荣幸。一时间楼下官员乱成一团，丑态百出，楼上观看的皇帝、妃嫔笑得前仰后合。

安史之乱以后，兴庆宫虽然已经失去了皇宫的地位，但仍是皇家的一处重要宫殿。玄宗即在兴庆宫养老；顺宗被宦官俱文珍等勾结大官僚及藩镇势力逼迫退位后，也居住在兴庆宫中；敬宗、宣宗时的郭太后、文宗时的萧太后，均居住在兴庆宫。直到唐代末年，皇帝还是把兴庆宫作为重要的游玩之地，如唐僖宗就经常到兴庆宫与诸王斗鹅。

大概到北宋初年，兴庆宫还是游人如织，龙池中还是戏艇追逐。宋代以后，兴庆宫逐渐荒芜，龙池干涸。

禁苑与西内苑、东内苑

唐长安城北部、西北部，分布着禁苑、西内苑、东内苑，既是皇家宫苑，又是安全屏障，为唐长安城的有机组成部分。

　　唐代长安的禁苑，就是皇家公园，犹如汉代长安的上林苑。禁苑始建于隋，时称大兴苑。禁苑北临渭水，南连京城，东至浐水，西括汉长安故城。文献记载，禁苑范围东西 27 里，南北 23 里，周长 120 里。因其位于长安城以北，相对长安城东南的芙蓉园，禁苑又称北苑。

　　禁苑共有 11 座门，南面 4 座门，由东而西为芳林门、景耀门、光化门（这三座门实系长安城北城门）和大明宫玄武门外的重玄门；东面有 2 座门，南为光泰门，北为昭远门；西面有 2 座门，南为延秋门，北为玄武门；北面 3 座门，由东而西为饮马门、启运门和永泰门。禁苑因是皇家活动重地，所以门禁制度很严格，出入都要出示通行证——籍。

　　禁苑之中有宫亭 24 所，如渭水之滨的临渭亭、汉长安故城东北的青门亭，以及望春亭、坡头亭等。神策军驻地北边的九曲宫中，殿舍山池俱全。禁苑西部为汉长安故城，当时除了利用保存下来的旧殿之外，又在那里修筑了不少新的殿堂亭榭。会昌五年（845），武宗在汉代的未央宫故址内改建了 249 间殿室，正殿叫通光殿，东西分别修建起诏芳亭和凝思亭，作为皇帝游畋休憩之所。禁苑中比较著名的亭台宫室，还有鱼藻宫、蚕坛亭和飞龙院等。鱼藻宫在大明宫以北的鱼藻池南边，宫人们经常在此地竞渡赛舟，皇帝在鱼藻宫中观看。据李健超先生考察，鱼藻池遗址在今西安市东北郊，唐大明宫遗址北约 6000 米，井上村北，帽珥冢南，杨家庄西北，百花村（唐禁苑白华殿遗址）东南。蚕坛亭在鱼藻宫旁边，是皇后亲自采桑养蚕之处，与汉代长安上林苑中的茧馆意义相同。飞龙院又称飞龙厩，位于重玄门附近，为皇帝的马厩，院内有骐德殿。禁苑之中饲养着不少野兽，皇帝狩猎时放出，供其猎获。

　　禁苑之内，还种植了各种各样的果木和蔬菜。果园的名称往往以出产的水果而得名，如梨园、葡萄园、樱桃园和桃园等。徐松的《唐两京城坊考》认为，禁苑之梨园不是唐玄宗梨园弟子的梨园，后者应在蓬莱宫附近。樱桃园遗址在含光殿北 500 米处，出土了保存较好的奇兽葡萄纹砖多块。

芳林门北的芳林园，实际是个果园，唐睿宗曾在百官陪同下来此游园，并让公卿骑马摘食树上的樱桃，以此取乐。

禁苑中的蔬菜种植面积也相当可观，和这里的水果一样，生产的蔬菜供皇家食用。禁苑中设置了司苑、典苑和掌苑等官吏，专门负责禁苑蔬菜、瓜果的种植。由于产量大，可能也有一部分产品进入长安市场。武则天当政时，尚方监裴匪躬就想卖掉禁苑中生产的蔬菜和水果以收其利。

禁苑位于皇宫北面，对皇宫起着重要的防卫作用。

西内苑在都城的宫城之北，故又有北苑之称。西内苑东临大明宫，据《唐两京城坊考》记载，西内苑"南北一里，东西与宫城齐"。1956年，曾在西内苑出土含光殿及球场的石志。1957年，考古人员对含光殿遗址进行了考古发掘。含光殿遗址，东距大明宫西宫墙210米。皇家宫殿区设置球场，可能是唐长安城的一大特点，同时也反映了这类体育运动在长安宫廷

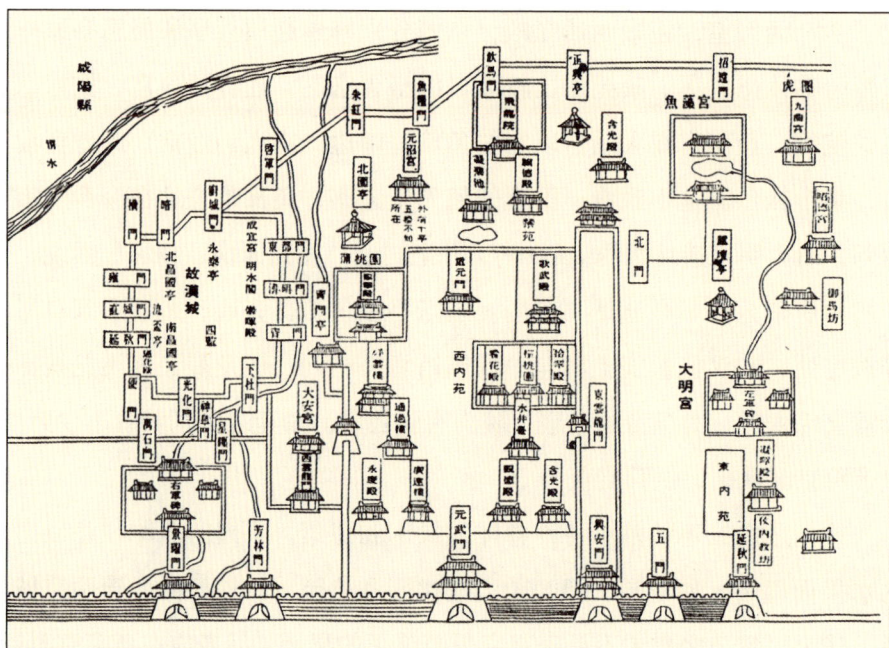

唐长安城三苑平面分布示意图

含光殿及球场石志

颇为流行。

东内苑在大明宫东部、小儿坊西侧，南邻大明宫南宫墙，南北 1050 米，东西 304 米，其中发现了龙首殿、龙首渠道和龙首池的遗址。

曲江池与南苑

曲江池

早在秦代，曲江池一带已经成为都城咸阳附近的著名苑囿——宜春苑。曲江池西南，今曲江池西村以南，有传称的秦二世胡亥墓。西汉王朝，将此地划入上林苑的范围之内。汉代的宜春苑中，广植西域的苜蓿和葡萄，颇为时人称誉。秦汉时代，宜春苑中已有池水，时称曲江，西汉文学家司马相如就记载有"临曲江之隑州"。曲江，因其水曲折而得名。

隋代营建大兴城，此地位于城东南角，因其地势高，没有规划成里坊，而是在原来曲江基础上，导入东部流来的黄渠水，使曲江水量增加，修成池苑，建起离宫。隋文帝认为"曲"字不吉利，厌恶曲江之名，遂更其名为芙蓉池，池旁建筑的离宫称芙蓉园。当时的芙蓉园和芙蓉池，已是"青林重复，绿水弥漫"的首都风景名胜地之一。

唐朝初年，此地仍袭隋制，太宗经常到芙蓉园游乐。曲江池的大发展，在盛唐时期。唐玄宗修建兴庆宫后，开始大规模扩建曲江池和芙蓉园。曲江池的扩建工程，是进一步疏凿黄渠，以便使更多的浐水流入曲江池中，增加水量，扩大池面。与此同时，曲江池岸边广建楼阁亭台，其中以尚书省亭子最有名，为进士及第后的欢庆宴会之所。此外，像彩霞亭也是一处重要的观赏美景的曲江亭子。由于曲江池附近大兴土木，楼台林立，亭阁相连，繁华异常，使得太子太师萧嵩都不得不把曲江池附近的家庙，搬迁到其他清静一些的地方去。

曲江池规划在唐长安城之内，现在人们所说的曲江池，包括曲江池、芙蓉园和杏园，位于今新开门村以西、大雁塔南边的庙坡头村以东、北池头村以南和春临村以北。

曲江池平面形状不甚规则，东西宽约 600 米，南北长约 1700 米，面积约 70 万平方米。曲江池周围筑有墙垣。当时的曲江池水比较深，距今地表约 6 米，现在发掘中发现池底淤泥厚达 2.8 米。联系古代文献记载的关于曲江池上沉船溺人的事，推测近年在曲江池底出土的唐代铁铠甲大概即溺水死者的遗物。曲江池是唐代长安的一处胜景，每年的中和节、上巳节，曲江也是长安最热闹的地方。上巳节是每年三月上旬的第一个巳日，人们这天多到水边祭祀，祈求除灾获福。因为这天多在三月三日，后来人们就确定三月三日为上巳节了。唐代长安市民十分重视这个节日，每逢阳春三月，长安已是万紫千红，满城春色，而曲江一带又是春意最浓的地方。当时，上巳节除了水边祭祀之外，春游是人们的一项重要活动。曲江池附近是长安春游最好的地方，自然也就成了京师上巳节活动的中心。杜甫《丽人行》中的诗句"三月三日天气新，长安水边多丽人"，就是描写曲江池上巳节盛况的。上巳节前后，曲江岸边的楼台亭榭装饰得五彩缤纷，人们驾驶着鲜艳车辆，公子王孙骑着高头大马，岸边游人摩肩接踵。曲江中一叶叶彩舟泛于池上，动人的乐声到处回荡，千树竞绿，万花争艳，烟水明媚，倾动京都。

除了上述节日活动之外，九月九日的登高节，皇帝也在曲江举行国宴，招待文武百官。

曲江最壮观的活动，要算曲江大会，或称曲江之宴、曲江宴。唐代，全国各地的文人汇集京师，参加考试，求取功名。考试揭榜后，新考中的进士，都要到曲江宴游庆贺。每逢这种盛大的宴游活动开始之前数日，各行各业的商人们，竞相在曲江岸边搭起棚市，奇货丽物，琳琅满目。千家

曲江池遗址

万户争相把自己培育的名贵花卉，摆放在通往曲江的道路两旁，看热闹的人们不可胜数，长安城中的居民几于半空。公卿百官，携妾带妓，毕聚曲江。皇帝也率领妃嫔亲临现场祝贺，可谓"举国胜游"。

南苑——芙蓉园

如果说曲江是唐代长安市民的公园的话，那么芙蓉园就是皇家的御花园了。

芙蓉园始建于隋文帝，当时园中已是"广厦修廊，连亘屈曲"。山坡上修建了避暑的凉堂，水池边营建了典雅的亭榭。

芙蓉园的大发展，也在唐玄宗执政时期。玄宗从大明宫移仗兴庆宫后，芙蓉园成了他经常游乐的地方。他不惜耗资千万，从兴庆宫至芙蓉园修建了夹城，园中建了紫云楼等建筑。芙蓉园当时已是一座皇家公园，由于它在长安城东南，位于禁苑之南，因而称南苑。又因芙蓉园规模小于禁苑，故又称小苑，禁苑称大苑。

芙蓉园四周筑有高大的围墙，东西约 1400 米，南北约 2000 米，周长约 7000 米，占地面积约 144.16 万平方米。芙蓉园在曲江池东南，其东北是新开门，为由夹城进入芙蓉园的唯一门道。芙蓉园中的主要建筑是紫云楼，位于芙蓉园北部。曲江大会时，皇帝在嫔妃们的簇拥下，登上紫云楼，观看万民欢腾的场面。皇帝宴会百官，也在紫云楼内。有时这里还接待重要的外宾，唐初就曾在此设宴招待过室利佛逝（今印度尼西亚西部的苏门答腊）的王子。

曲江池和芙蓉园由盛而衰的转折点是安史之乱，当时诗人杜甫来到这里，目睹眼前的萧条破败景象，咏出了"江头宫殿锁千门"的诗句。唐代宗登基后，曲江池和芙蓉园又相继遭到两次人为的破坏：一次是修建国子监中的祠堂和六馆院时，由于经费紧张，拆毁了许多曲江亭子，取其瓦、

芙蓉园遗址

木等建筑材料；另一次是宦官鱼朝恩为给章敬太后修建佛祠——章敬寺，拆除了曲江池和芙蓉园中的亭台楼榭，收取其建筑材料。70 年后，唐文宗曾经对曲江池和芙蓉园进行过一次大规模的修复，派 1500 名神策军士兵修淘淤浅的水池，调动各个部门，修复曲江岸边的建筑，组织了重建紫云楼等重要工程。唐代晚期，曲江池和芙蓉园虽有恢复，但一直没有达到玄宗时期的盛况。后来，随着唐王朝的灭亡，这里年久失修，加之泉塞渠阻，曲江水源已绝，逐渐干涸，昔日的胜景，已被农田禾稼所代替。

十四

唐代长安的皇家离宫

皇家离宫的分布与建设

唐代长安附近的离宫，主要有太和宫、翠微宫、玉华宫、九成宫和华清宫。

太和宫位于长安城南 50 里的终南山太和谷，宫因谷而得名。太和宫建于武德八年（625），贞观十年（636）废弃。

贞观二十一年（647）初夏，唐太宗身患风疾，苦于京师盛暑，又在已经废弃的太和宫旧址，修建了翠微宫。为此，进士张昌龄还献上《翠微宫颂》一篇。翠微宫依山势修建，云霞门（北门）是宫城的正门。翠微殿是正殿，含风殿是寝殿。翠微宫中为皇太子另辟一处宫院，相当于宫城中的东宫，其西门金华门为东宫正门，主殿为喜安殿。元和年间（806—820），翠微宫改为翠微寺。

唐太宗在终南山太和谷营建翠微宫后，深感那里山高路险，来往不便，于是在长安以北的渭北高原兴建了玉华宫，作为避暑的离宫。玉华宫的正门叫南风门，正殿为玉华殿，其后有排云殿、庆云殿等。此外，在玉华宫东部辟出太子宫，其正门为嘉礼门，正殿名晖和殿。玉华宫仿照长安的宫城和皇城，在宫中建筑了百官衙署。根据唐太宗的要求，玉华宫的修建要力求俭朴节约，除了用于朝政的正殿和皇帝的寝殿屋顶用瓦覆盖之外，其余房屋都要以茅草覆盖屋顶。然而，这不过是掩人耳目的宣传。玉华宫由于是仿照京师宫城而建，规模宏大，"苞山络野""所费以巨亿计"。

玉华宫建成后，唐太宗曾在这里召见过高僧玄奘。永徽二年（651），高宗下诏废宫为寺，将玉华宫改为玉华寺。显庆四年（659），玄奘曾由慈

玉华宫遗址（局部）

恩寺移居玉华寺翻译佛经，对这里十分留恋。到了盛唐时代，玉华宫已变成一片废墟。

　　玉华宫遗址，在今陕西省铜川市北 40 公里的山谷中，面临自西向东流的玉华河。遗址东西 1800 米，南北 200 — 300 米，中部为宫城区，东部为东宫，西部为官署区。遗址所在的北山谷石壁之上开有佛窟，石窟中发现有玄奘名的石刻佛座。

九成宫

　　有唐一代，长安的皇室离宫要以九成宫和华清宫最著名。

　　九成宫位于今麟游县城西边的天台山上，原为隋代仁寿宫。宫名取古代文献"仁者寿"的记载。仁寿宫建成后，隋文帝每年春天由京师来到这里，一直住到冬天，才返回首都，有时甚至连续在仁寿宫长住一年半之久。隋文帝的年号仁寿，与仁寿宫当有一定关系。

　　仁寿宫始建于开皇十三年（593），隋文帝让右仆射杨素负责，由将作大匠宇文恺设计并监督施工。由于仁寿宫所在的麟游县城，"因山为城，因涧为池，麟川绕而凤台峙，四山环而道路险"，所以仁寿宫的建筑工程相当艰巨。加之官吏"役使严急"，致使"丁夫多死"。据传说，仁寿宫建成后，每当夜幕降临，隋文帝登上高耸的仁寿殿，"周望原隰，见宫外磷火

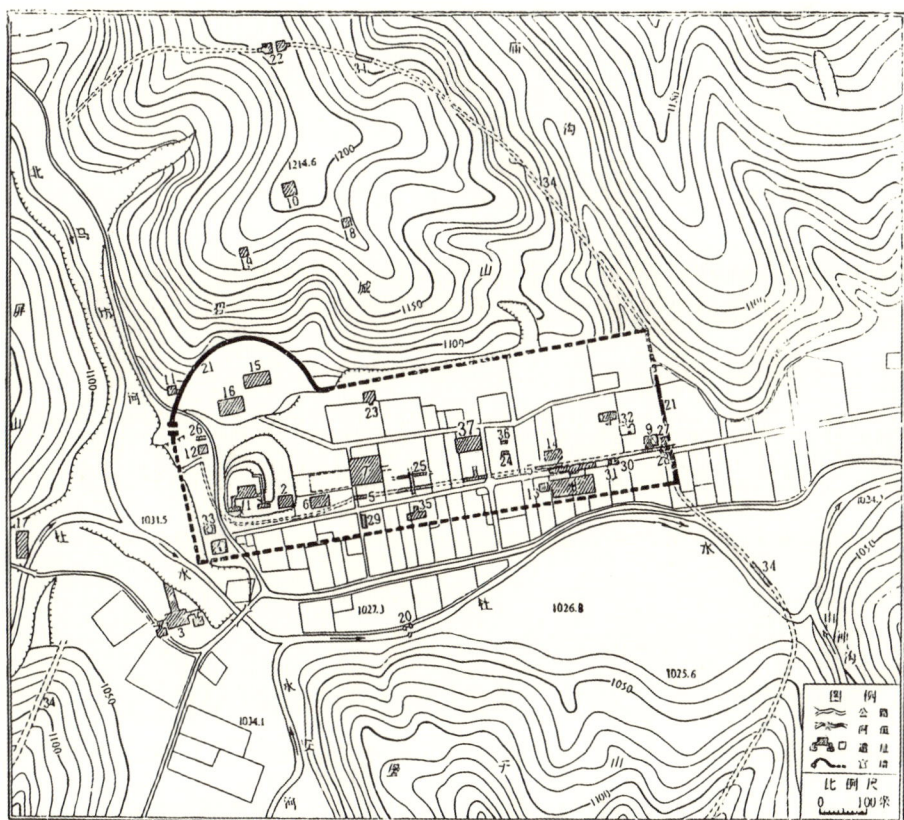

隋仁寿宫、唐九成宫遗址平面示意图

333

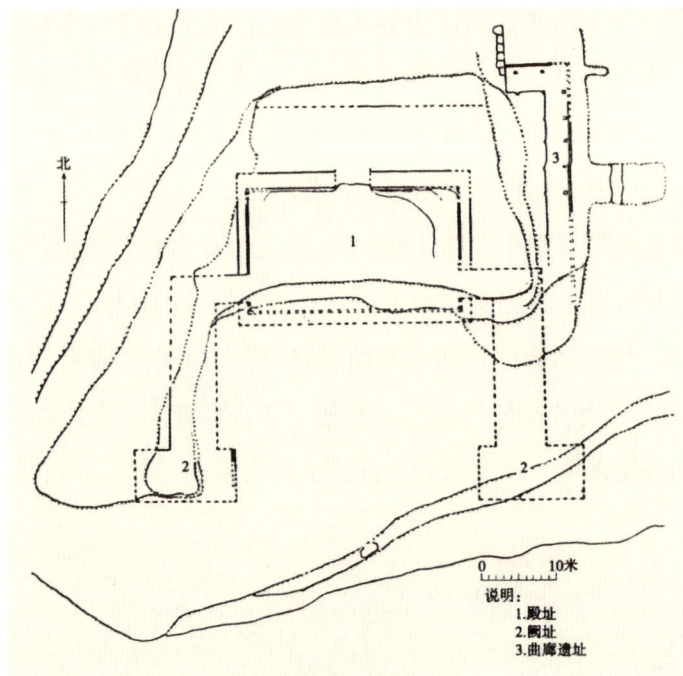

隋仁寿殿遗址平面示意图

弥漫，又闻哭声。令左右观之，报曰'鬼火'"，文帝以为这些都是"役死之魂"，由此也可想见亡灵之多了。隋恭帝义宁二年（618），隋王朝覆灭，仁寿宫也被废弃。

贞观五年（631），群臣建议修筑离宫，以避炎暑。当时国家刚刚摆脱内战，边疆的战事仍然连续不断，人力财力都很紧张。为了解决这个矛盾，唐太宗选择了个折中方案，即以仁寿宫为基础，加以修缮和扩建，改其名为九成宫。永徽二年（651），高宗又把九成宫改名为万年宫，直到乾封二年（667）才恢复了九成宫之名。

九成宫是以天台山为中心、仿造京师的宫城制度修建的，甚至一些建筑物的名称也相同。如九成宫的北宫门，像长安的宫城北门一样，也叫玄武门。九成宫宫城四面各辟宫门，南宫门叫永光门，也是九成宫的正门，门前矗立着高宗李治于永徽五年（654）亲自撰书的《万年宫铭并序》石碑。

九成宫的主体建筑是大朝殿，宫殿周施回廊，高低错落，参差有致。廊道包砌砖石，构筑精美。九成宫西部的丹霄殿，是皇帝举行宴会、接见臣僚的地方，唐太宗曾在此为其近臣举行宴会。咸亨殿是唐高宗宴会近臣诸亲的宫殿，位于天台山附近，建于咸亨年间（670—674）。

九成宫东部，分布着中央官署。

咸亨四年（673），高宗仿照长安城宫城中的东宫，在九成宫中建造了太子宫。

九成宫内有著名的《九成宫醴泉铭》碑。铭文由魏徵撰写并作序，大书法家欧阳询篆额并书。《九成宫醴泉铭》，是欧体的代表作。因此碑曾为中国人识字习书的楷模之一，因而九成宫也成了家喻户晓的名胜古迹。《九成宫醴泉铭》碑原来在九成宫的醴泉附近，现在天台山西北百余米处。

醴泉是九成宫的重要水源，水质好，"味甘如醴""其清若镜"。为了方便宫城内诸殿用水，宫内开凿了渠道，渠底和渠壁砌以石条，渠上以加工光滑的石板覆盖，保持渠水的洁净。渠宽 2 米，深 0.61 米。这就是魏徵所记述的唐太宗发现醴泉后，"承以石槛，引为一渠"的石渠。

除了水渠之外，宫中还开凿了不少水井。例如已经发掘的一眼水井，井口直径 0.9 米，井台以质地细密的白石砌成，井口和井台外侧均呈八角形。井台面略呈凸球状，台面白石上雕刻着精美的图案。石井台四周，又以大方砖砌成方形砖台，有踏步可拾级而上。井台四角保存下来的四个石柱础，说明原来井台之上建有井亭。

九成宫和禁苑周围，分别有缭墙环绕。初唐时代的皇帝，尤其是唐太宗和唐高宗，一年之中有多半年时间住在九成宫。因为那里每逢"炎暑流金"之季，"无郁蒸之气，微风徐动，有凄清之凉"，被认为是"安体之佳所""养神之胜地"。皇帝从京城到九成宫，皇后、妃嫔陪伴。贞观八年（634），文德皇后就曾带病陪太宗到九成宫。九成宫南面的玉女潭，相传是武则天陪伴唐高宗到九成宫避暑时的入浴之处。因为皇帝在九成宫要处

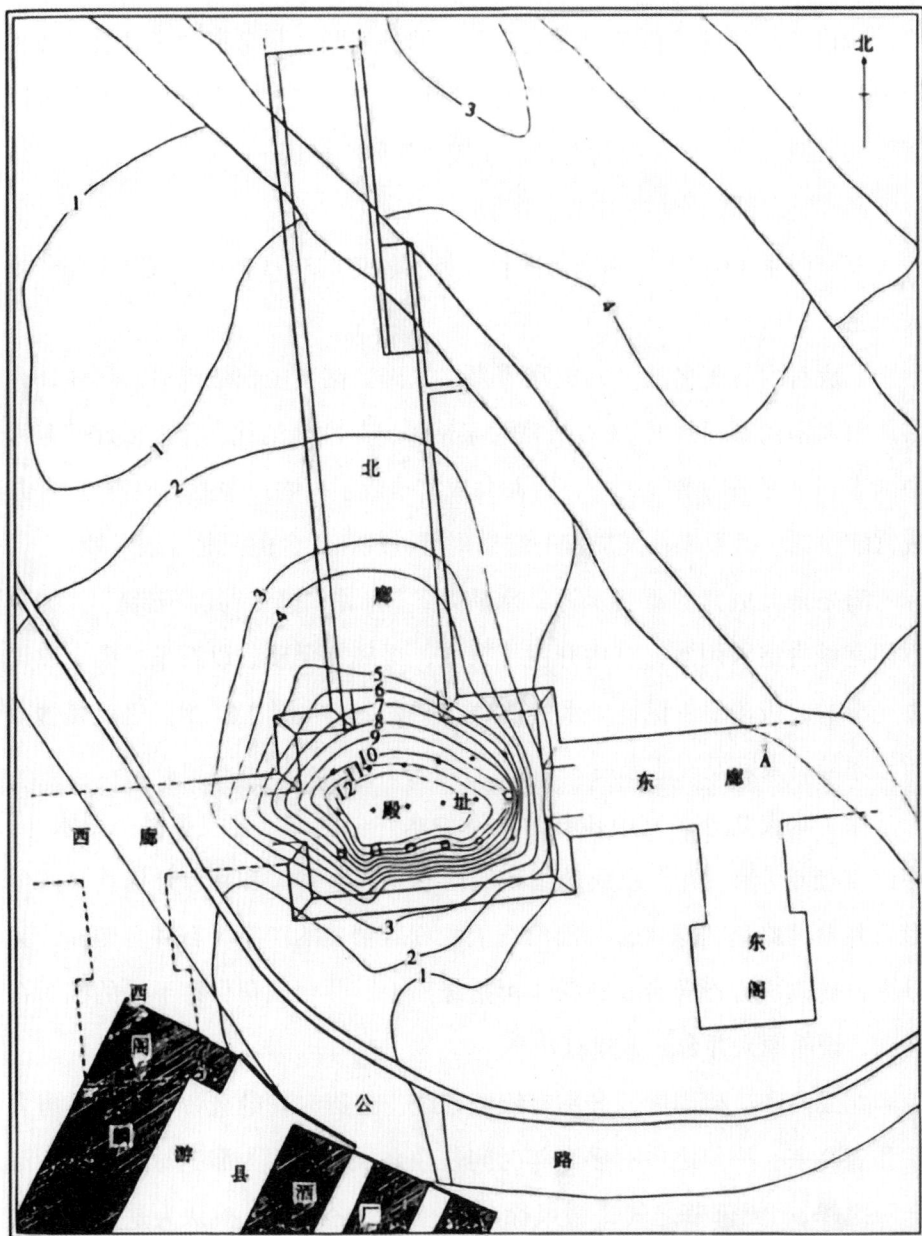

隋仁寿宫三号遗址平面示意图

理政务，所以皇太子和朝廷中主要文武官员，也要跟随天子到此。

自唐高宗以后，则天女皇久居东都洛阳，继之玄宗在骊山扩建离宫——温泉宫，唐朝皇帝就很少再去九成宫避暑了。主去境迁，辉煌壮丽的九成宫，盛唐后期已逐渐荒芜。唐文宗开成元年（836）夏天，麟游县暴雨成灾，九成宫被彻底破坏。

仁寿宫、九成宫遗址考古调查、勘探、发掘究明：宫城遗址平面长方形，东西约 1030 米，南北约 300 米。宫城及其外围的缭墙，依山势走向而建，相当于外郭城。缭墙南北最长约 1900 米，东西约 1700 米。缭墙与宫城之间设置了禁苑，其间还有一些重要宫室建筑遗址。经过考古勘探发现的隋仁寿宫即唐九成宫遗址，有 37 处，其中属于殿堂亭榭一类的建筑遗址有 23 处，经过考古发掘的有 4 处（编号为一、二、三、三十七号遗址）。最为重要的，应属一号殿址和三号殿址。一号殿址是仁寿宫（即唐九成宫）中的主要宫殿建筑，殿址由殿堂、门阙及曲廊组成。

华清宫

华清宫位于今西安以东 25 千米的骊山之下。骊山因骊戎所居而得名。又有一说，在临潼区以南的骊山，其状若马，其色似骊（青灰色），故称骊山。骊山左右群峰峻岭，有如云霞绣错，因而又有绣岭雅名。骊山山峰海拔一般在 600 米至 1200 米之间，主峰海拔 1302 米。山脉为东西走向，东高西低。苍翠的山峦，在夕阳余晖的映照下色彩斑斓，这就是长安八景之一的骊山晚照。

秦汉时代，骊山的温泉已闻名于世。北周武帝天和四年（569），大冢宰宇文护在骊山修建了一处温泉——皇堂石井。隋文帝开皇三年（583），

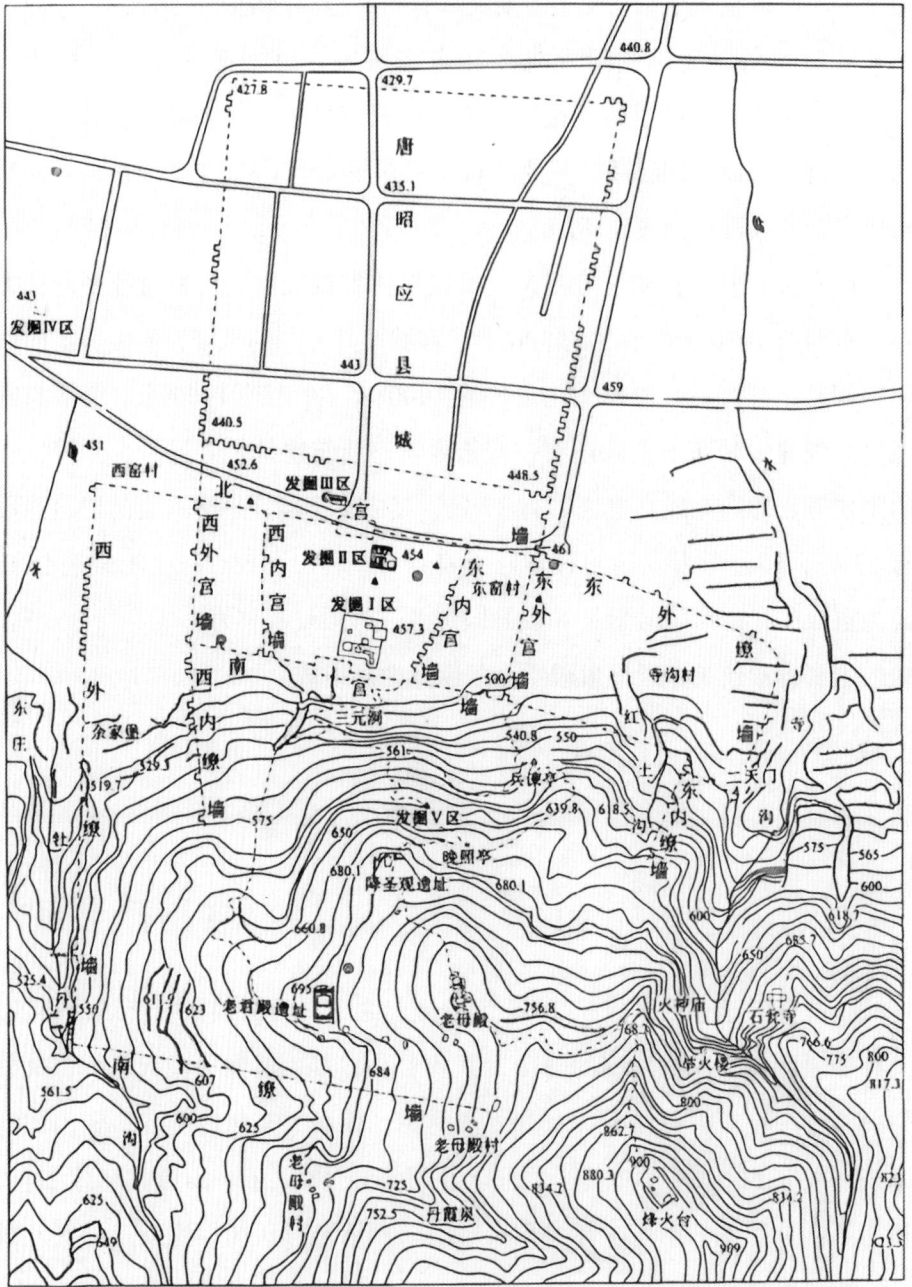

华清宫遗址平面示意图

朝廷又在骊山营筑殿宇，种植松柏千余株。唐初，高祖和太宗经常到骊山"温汤"沐浴。到了贞观十八年（644），唐太宗让左屯卫大将军姜行本、将作少匠阎立德负责骊山的建设工程，营建了大量宫殿，使这里初具行宫的规模，皇帝赐名温汤宫。咸亨二年（671），唐高宗更名为温泉宫。天宝六载（747），玄宗更名为华清宫。与此同时，又对华清宫进行了大规模扩建，开辟了更多沐浴的温泉，修建了众多奢华的浴池，并在骊山附近建起了大量宫室和官衙、王宅，周围筑起了城墙。华清宫与唐长安城之间有复道相连接。盛唐时期，华清宫已成为京畿离宫之冠。

华清宫坐北朝南，依照山势地形而建。宫城四面各辟一门，北门为津阳门，南门为昭阳门，有道路由此门通山上，因此又称山门。这条路是通往山上朝元阁的道路，为皇帝所专用的御辇便路。东门为开阳门。西门为

华清池御汤（九龙汤）遗址

望京门，门外向南有路通往山岭之上的望京楼，望京门之名或与此楼之名有关。津阳门是华清宫的正门，门外有壕堑，水上置桥，桥名望仙桥，桥前左右为讲武殿，实际上是华清宫守卫兵士的住地。桥后为左右朝堂，其后为宏文馆。

华清宫的主要建筑，在津阳门内东边。飞霜殿是皇帝的寝殿，殿后有皇帝和皇后沐浴的莲花汤（即御汤或九龙汤）和芙蓉汤，殿西有七圣殿和梨园，殿北为瑶光楼。

太子与皇宫诸妃嫔沐浴之所，集中在飞霜殿西边。另辟一院，所谓长汤十六所就在这里，包括太子汤、少阳汤、尚食汤、宜春汤等，诸汤之南为笋殿。

华清宫的温泉浴池十分豪华。唐玄宗的莲花汤周长达数丈，所需石料全部是安禄山从范阳采选运来的。池内砌以白石，石质精细，莹彻如玉，

华清池贵妃汤遗址

石面之上浮雕了栩栩如生的鱼龙、凫雁和洁净淡雅的莲花图案。池的四面砌置了石座，座分数层。池中央有两个白石瓮，连腹异口，瓮口中突出两个白石雕制的莲头，泉水自莲头中喷出，注入池内。池中安装有 6 个十字木质喷水口。池旁还有两条排水沟。

芙蓉汤又称杨妃赐浴汤，因浴池的砌石之上雕刻有海棠花纹，所以又名海棠池。芙蓉汤位于莲花汤西南，比莲花汤规模小一些。浴池的平面呈海棠花状，池内侧有两层台座，第一层台座深 0.76 米，长 3.6 米，宽 2.7 米，由 16 块券石砌成。第二层台座深 0.54 米，长 3.1 米，宽 2.1 米，由 8 块券石砌成。池底以青石板铺设，中央有一直径 10 厘米的圆形水口。池内四周砌石之上，有线雕花纹。芙蓉汤位于温泉总源正北 70 米，其间有水道相通。

除了华清宫内的皇家浴室，一些权贵也在华清宫附近修建了许多浴室和殿阁。如杨贵妃得宠于玄宗，杨氏一家便在华清宫东边修筑了规模宏大、建筑辉煌的宫馆和为数众多的奢华浴池。

宫城以南、北山山巅之上有朝元阁，又称降圣阁，在华清宫骊山建筑群中"最为峻绝"，是一座道观建筑。阁南有清凉的丹霞泉、名贵的连木，附近有老君殿，殿中供奉着老子李聃的玉石雕像。阁东边有钟楼、羯鼓楼、长生殿和明珠殿。朝元阁和长生殿是这组建筑群中的主要建筑物，有事于朝元阁，斋沐于长生殿。

为了平衡道、佛两教势力，开元年间（713—741），玄宗又在骊山东绣岭半山中，修建了石瓮寺。寺的名称，据说是因其西有瀑布，积年日久，山石被瀑布拍激成臼穴，形如瓮，故其地名石瓮谷，而此地所建古刹也就取名为石瓮寺。寺内有幽州范阳所进奉的白玉石佛像——塑圣杨惠之和雕塑家元伽儿塑造的佛像。大画家王维，还为该寺绘制了山水壁画。

华清宫东北隅以外，有观风楼和重明阁。观风楼附近，有舞马台、斗鸡殿和宜春亭等。玄宗经常携杨贵妃登上高耸的楼阁，放眼四望，山水宫室，骊山胜景，一览无余。此外，在这些殿台楼阁以南、开阳门东北，还有开展体育活动的球场。

唐代皇帝之中，到骊山次数最多、居留时间最长的要算唐玄宗了。他经常是每年十月到华清宫，第二年春天才回到长安。诗人白居易的《长恨歌》中写道："春寒赐浴华清池，温泉水滑洗凝脂。侍儿扶起娇无力，始是新承恩泽时。云鬟花颜金步摇，芙蓉帐暖度春宵。春宵苦短日高起，从此君王不早朝。"这是对唐玄宗和杨贵妃在华清宫中骄奢淫逸、纸醉金迷生活的真实记录。大诗人杜甫，755 年路经骊山华清宫时，目睹了统治阶级花天酒地的生活和广大劳动人民挣扎在死亡线上的惨状，发出了"朱门酒肉臭，路有冻死骨"的千古绝唱。由于唐玄宗晚年荒于朝政，终于酿成"渔阳鼙鼓动地来，惊破霓裳羽衣曲。九重城阙烟尘生，千乘万骑西南行"之后果。安史之乱，结束了盛唐时期的历史，唐玄宗和杨贵妃从"暖殿流汤数十间，玉渠香细浪回环"的华清宫，沉入了历史的深渊。

战争的烽烟，使规模宏丽、雕饰侈靡的华清宫遭到严重破坏。宦官鱼朝恩为取悦唐代宗，为章敬太后荐福，修建佛祠，拆毁了已经千疮百孔的华清宫中的大量建筑，收取建筑材料，遂使华清宫被彻底破坏。唐代晚期，华清宫再未修筑，这座华丽的宫殿最终落得"官曹尽复于田莱，殿宇半埋于岩谷"的结果。

近年来，考古工作者对华清宫遗址进行了大面积考古勘查、发掘，现在已经基本确定了与华清宫相关的缭墙、宫墙、唐昭应县城和华清宫内的部分建筑遗存。

华清宫，由宫城、骊山禁苑和昭应县城组成。昭应县是随侍皇帝游幸华清宫的百官府第所在，县城遗址平面呈南北向长方形，东西 627 米，南北 600 米，周长 2463 米，面积 378998 平方米。缭墙、宫墙发现多段，发现宫门遗址多处。华清宫宫城分为三区：东区、中区和西区。东区是皇帝和后妃游幸华清宫的沐浴、宴饮、娱乐之地。中区分布着宫城的主体建

清　余集《杨妃出浴图》

筑——前殿与后殿，是皇帝在华清宫处理政务、进行国事活动的地方。西区有果老药堂、十圣殿、长汤十六所等。此外，在宫城东部有游乐场，西部有珍禽异兽院和花园。华清宫遗址考古发现的主要内容，是 9 座汤池遗址的汤池及殿址、供水与排水设施遗迹，出土了一批与之相关的遗物。此外，还考古发掘了御书亭、梨园及小汤等遗址。

十五

唐代长安的宗教

唐朝政府对各种宗教兼容并蓄，唐长安城中既有佛教名刹、道教的道观，又有中亚和西亚地区流行的袄（xiān）教、摩尼教和景教等寺院，以佛教寺院最多、规模最大、社会影响最深。道教作为唐代的国教，在都城上层社会备受重视。国教——道教与域外的佛教、袄教、摩尼教、景教等在唐长安城和谐相处、共同发展，这在世界古代史上其他文明的大都会中是极为罕见的现象，充分反映了中华民族历史文化传统中和合文化、有容乃大的政治、文化基因。

佛教在长安

在唐代长安的宗教中，佛教占有主导地位。长安城内大多坊、市之中，都有佛寺，有的一坊之地（如崇贤坊）竟立有 8 座佛寺。当时全城之中，佛寺多达 153 座，其中有僧寺 122 座、尼寺 31 座，可谓古刹名寺遍京师。佛寺规模宏大，一些著名的佛教高僧，结交权贵或皇室，横行京师。如长安佛教徒慧范，依仗太平公主的权势，公开夺民邸肆，蓄资千万。佛教势力发展，以至"京畿良田、美利，多归僧寺"，甚至占有社会财富的百分之七八十。

唐代是我国古代佛教发展的鼎盛时期。佛教是一种外来宗教，佛教经典的翻译，是佛教在中国传播的重要前提。当时的译经水平与规模都超过了前代，长安则是全国的译经中心，主要的译经家也都生活、工作在长安的著名寺院之中。译经事业的发展，为佛教在中国各种派别和体系的建立奠定了基础。唐代中国佛教的天台宗、三论宗、法相宗、律宗、华严宗、密宗、净土宗、禅宗、俱舍宗、成实宗等十大宗派相继形成，除天台宗和禅宗之外，其他八大宗派都是在长安诸寺院中形成的，于是长安也就成了这些佛教宗派的祖庭和信徒们的圣地。如密宗的大兴善寺，法相宗、俱舍宗的大慈恩寺，三论宗、成实宗的草堂寺，华严宗的华严寺，净土宗的香积寺。此外长安的著名寺院，还有大荐福寺、青龙寺和西明寺等。

古刹名寺遍长安

国寺——大兴善寺

大兴善寺位于唐长安城朱雀大街东边的靖善坊内，即今西安市南郊小寨西北。大兴善寺原名遵善寺，始建于晋武帝司马炎执政期间（265—290）。隋文帝崇奉佛教，当他决定由汉长安故城徙都营建大兴城之时，对遵善寺进行了扩建。因为该寺位于大兴城遵善坊之内，从城与坊中取了三个字，名为大兴善寺。诚如《历代三宝记》卷十二所记载，隋代都城为大兴城，大朝正殿为大兴殿，国家大寺为大兴善寺。由此可见，大兴善寺是大兴城内最重要的寺院，故被誉为国寺。神龙年间（705—707），唐中宗追赠其岳父韦玄贞为郑王，改大兴善寺为郑国寺。景云元年（710），唐睿宗又恢复了大兴善寺之名。

大兴善寺占一坊之地，"寺殿崇广，为京城之最"，寺内佛殿制度与皇城的太庙相同。现存寺院占地面积约 8.5 万平方米。寺院建筑群坐北向南，东西居中处为主体建筑，自南向北起依次为山门、弥勒殿、转轮藏经殿、观音殿、大雄宝殿、法堂和方丈室，形成寺院的建筑中轴线，中轴线两侧，有钟鼓楼、十王殿、地藏殿及配殿、厢房等，上述建筑大多为明清时代修建。

　　大兴善寺是中国佛教密宗的发祥地。密宗是佛教的一支重要派别，尊奉摩诃毗卢遮那佛（即大日如来），经典为《大日经》及《金刚顶经》。密宗起源于天竺（今印度），早在隋代，天竺的密教高僧、开皇三大师那连提黎耶舍、阇那崛多、达摩笈多等，先后来到中国，在大兴善寺讲经、译经，所译佛经多达59部278卷。入唐以后，大兴善寺仍为首都长安的重要译经之地，是长安城中的三大译场之一。寺内著名的高僧，有唐玄宗开元年间来自天竺的高僧善无畏、金刚智和不空，他们住在大兴善寺传授密宗，号称开元三大士，善无畏和金刚智分别翻译了《大日经》和《金刚顶经》。不空是金刚智的弟子，译经多达500余部，其中密宗经典有77部120余卷，因此被列为长安佛经四大译家之一。不空作为著名高僧，住持大兴善寺，得到唐肃宗和唐代宗的宠信，"官至卿监，尊为国公，出入禁

大兴善寺复原鸟瞰图

闳，势移权贵"，曾被授予试鸿胪卿的荣誉官职和大广智三藏法号。皇帝又封他为肃国公，死后赐赠司空。

大兴善寺作为中国佛教密宗的发源地，在中国与印度佛教关系史上占有重要地位，是中印文化交流史上值得纪念的一座寺院。

会昌五年（845），武宗灭佛，全国绝大多数寺院被拆毁，僧尼还俗，大兴善寺也未能幸免，此后逐渐衰败。

世界文化遗产：慈恩寺与大雁塔

慈恩寺，原为隋朝大兴城内的无漏寺，武德初年（618）被废。贞观二十二年（648），皇太子李治为追念文德皇后的慈母之恩，选择了"林泉形胜"的无漏寺故址修建寺院，取名为慈恩寺。

慈恩寺位于长安城东南的进昌坊中，北对大明宫，南邻杏园，东为曲江，风景之优美，"为京都之最"。慈恩寺规模宏大，占地400多亩，包括

大慈恩寺鸟瞰图

13 座院落，1897 间房屋。寺内建筑金碧辉煌，"穷班倕巧艺，尽衡霍良木，文石梓桂橡樟栟桐充其材，珠玉丹青赭垩金翠备其饰"。建筑物内的墙壁之上，绘制五彩缤纷的壁画，进入殿中、塔内、廊间，壁画令人目不暇接。慈恩寺中的壁画，大多出自名家之手，如大画家吴道子、阎立本、王维、尹琳、郑虔等人，都曾在这里留下了壁画杰作。壁画内容大多与佛教有关。如翻经院殿堂内的"古今翻译图变"壁画，就是描绘历史上译经人物及其事迹的。为便于人们理解壁画内容，还在壁画旁题写了文字说明。

慈恩寺的 13 座院落，见于文献记载的有翻经院、元果院、太真院、浴室院、西院（即塔院）等。

翻经院在慈恩寺西北部，是法师们翻译佛经的地方，为慈恩寺中的重要活动场所，院内建筑"虹梁藻井，丹青云气，琼础铜沓，金环华铺，并加殊丽"。著名高僧玄奘就在此院之中居住、工作了 8 年之久，潜心翻译佛教经典。玄奘是河南缑氏（今偃师区）人，俗姓陈，名祎。

玄奘像

生于 602 年，13 岁出家为僧。629 年，他自长安取道西域，去印度取经，跋山涉水，行程 10 万多里，途经当时 100 多个国家和地区，历时 16 年，于 645 年回到长安。当时唐太宗在朱雀大街为他举行了盛大的欢迎仪式。玄奘从天竺带回了梵文大小乘经论 657 部，在其弟子窥基、圆测、神昉、嘉尚、普光等人的协助下，历时 20 余年，在慈恩寺译经 75 部 1335 卷，玄奘因此成了唐代成绩卓著的译经家，被誉为中国古代佛经四大译家（鸠摩罗什、真谛、玄奘、不空）之一。玄奘又是法相宗的创始人，他从事译经和布教，门下有弟子三千，达者七十，高徒四人。为了纪念玄奘作出的杰出贡献，显庆元年（656），玄奘入宫时，皇帝让吴智敏为他画了肖像，中宗李显又御驾亲临慈恩寺，送去了玄奘肖像，挂于翻经院的大堂之内。

玄奘留给后人的另一项巨大、宝贵的文化财富是《大唐西域记》一书，为研究中世纪中亚、南亚和东南亚古代历史、地理的宝贵文献资料。

664 年，玄奘圆寂于玉华寺（位于今陕西省铜川市）。

元果院和太真院，以院中的牡丹驰名。唐代长安牡丹甲天下，慈恩寺的牡丹甲长安，当时京师流传着"长安少年惜春残，争认慈恩紫牡丹"的诗句。慈恩寺中的牡丹，又以元果院和太真院中的最奇特。唐代长安流行观赏牡丹的风俗，三月十五日人们倾城出动，车水马龙、摩肩接踵，而"元果院牡丹，先于诸牡丹半月开；太真院牡丹，后于诸牡丹半月开"。因此慈恩寺元果院和太真院，几乎成为当时长安的花会中心。

慈恩寺中的西院，是一组重要建筑，主体建筑是驰名中外的大雁塔。大雁塔始建于永徽三年（652），是根据高僧玄奘的要求，为收藏他从天竺取来的经像舍利、防止其流散失落和避免火灾而修建的佛塔。原来玄奘要建造一座高 300 尺的石塔，由于所需经费太多，所以改变计划，建造砖塔。大雁塔是一座典型的印度式浮屠，初建时为 5 层，高 180 尺，塔基平面方形，每面边长 140 尺，砖表土心。大约 50 年后，慈恩寺塔坍塌、颓毁。长安年间（701—704），武则天又对慈恩寺塔进行了重建。新建塔，"依东

夏刹表旧式"，改变了过去的印度佛塔式样，由原来的 5 层增至 7 层。诗
人岑参与高适、薛据同登慈恩寺浮屠时，咏出"四角碍白日，七层摩苍穹"
的诗句。现在矗立在西安南郊的大雁塔，基本保持了当年的原貌。今存大
雁塔共 7 层，高 64 米，塔底平面方形，边长 25 米。塔身向上逐层收缩，
呈四角锥体。每层四面中央各辟一券门，塔的底层四面为石门，门楣和门
框之上，还保留着精美的线刻殿堂图和天王力士像、佛像等。塔身砖筑，
为仿木构式楼阁建筑，每层都用砖砌出枋、斗拱和栏额等木构建筑形式。
塔身造型古朴，线条简洁，气势巍峨。塔底南门两侧，分别镶有《大唐三
藏圣教序》和《大唐三藏圣教序记》石碑，前者是贞观二十二年（648）唐
太宗为玄奘所译诸经写的序言，后者是唐高宗为《大唐三藏圣教序》所作
的记文，二碑均为著名书法家褚遂良所书。

　　唐代一般称大雁塔为慈恩寺塔或慈恩寺浮屠。雁塔之名，在唐中宗神
龙年间（705—707）开始流行。当时及第进士在杏园宴会庆贺以后，又都

大雁塔

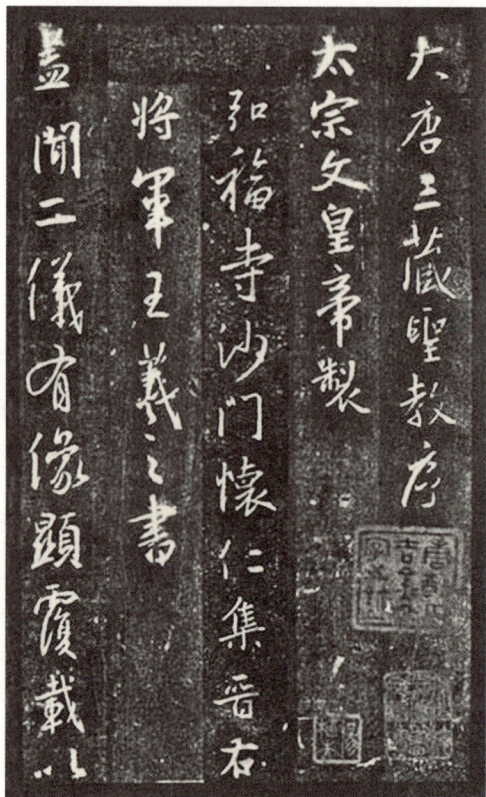

《大唐三藏圣教序》（局部）

来到慈恩寺塔下题名留念，时称雁塔题名。及第进士题名，是在雁塔所在的西院内经过特别处理的"滑腻光华玉不如"的屋壁之上。由于慈恩寺的浮屠成了进士题名之所，文人学士多会集于此。

关于雁塔之名的来源，说法不一。一种说法是：玄奘去西天取经，路过天竺摩揭陀国，当地寺院内有一座五级浮屠，名为雁塔，此塔是该寺和尚为安葬舍身布施、化身为雁的菩萨修建，故名雁塔。玄奘回国后，在慈恩寺所建浮屠照此塔形制，故也称雁塔。另一种说法是：《天竺记》记载，摩揭陀国有迦叶佛伽兰，筑塔五层，塔身底层犹如雁形，故称雁塔。玄奘修建慈恩寺浮屠，沿用了这个名字。

慈恩寺是皇家主持修建的佛寺，其中的寺碑都是皇室为寺院制作的。

显庆元年（656），玄奘法师迎接高宗送来的寺碑，长安士女观看者络绎不绝，可见慈恩寺在长安的影响之大。慈恩寺高僧云集，其中不仅有像玄奘那样的中国名僧，还有不少外国高僧来此传播或学习佛经，如天竺的布如乌伐耶（福生）、跋日罗菩提（金刚智）、牟尼室利（寂默），新罗的顺璟和圆测，日本的道严、道昭、定慧、智达、智通等。

慈恩寺和大雁塔建筑宏丽、风景优美，为众多文人学士所倾慕。唐代著名诗人杜甫、岑参、白居易、李商隐、韦应物和高适等，都曾到慈恩寺中游览过，并留下了近百首歌颂慈恩寺和大雁塔的脍炙人口的诗篇。慈恩寺还是长安城中一处重要的文艺活动场所，那里有京师规模最大、数量最多的戏场，戏场里上演的节目相当精彩，甚至贵为金枝玉叶的公主也来此观看演出，流连忘返。

世界文化遗产：荐福寺与小雁塔

荐福寺位于长安开化坊南半部，即今西安南门外 1500 米处。这里曾是隋炀帝杨广即位前的宅第，唐朝初年，高祖李渊又将这处豪华宅第赐予尚书左仆射萧瑀为西园。萧瑀的姐姐是隋炀帝之萧妃，萧瑀之子萧锐是唐太宗的女婿，其夫人即唐太宗长女襄城公主。襄城公主去世后，这里又做过英王（即唐中宗李显）的住宅。

唐睿宗文明元年（684），为给已故唐高宗"献福"，把这座隋唐两代沿用多年的皇室与达官显贵的豪宅改建为寺院，取名大献福寺，寺内僧人多达 200 人。天授元年（690），武则天改大献福寺名为荐福寺，并以飞白书为寺院题写了门额。寺门两边，还有大画家吴道子所画以鬼神为题材的壁画。此外，还有画家张璪、毕宏所作的壁画。

荐福寺在唐中宗执政期间，曾经进行过大规模扩建。寺院东边有放生池，池周 200 余步，提供了寺内用水。

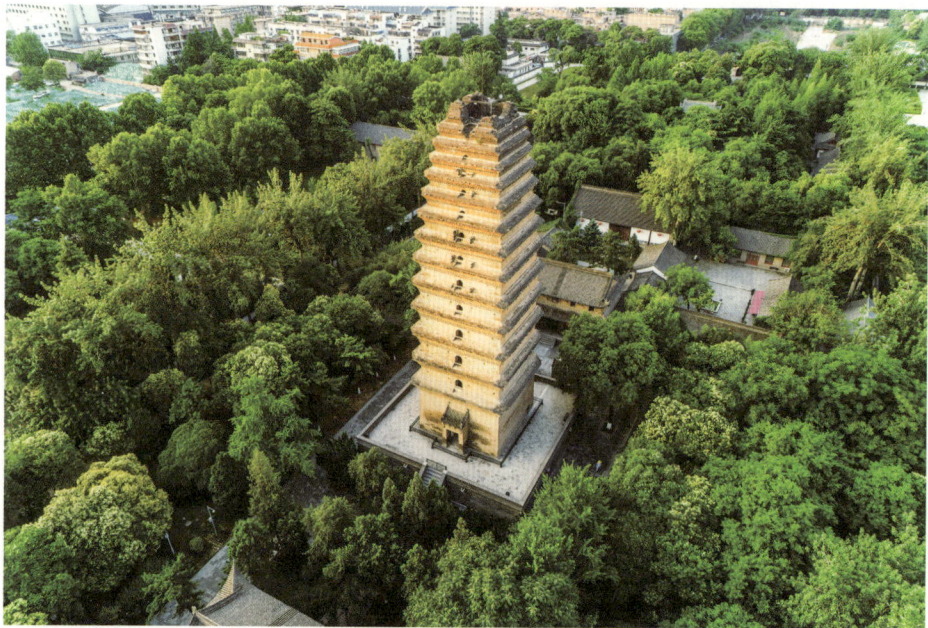

小雁塔（荐福寺塔）

　　译经被认为是唐长安城佛寺之中的重要佛事活动，神龙年间（705—707）及其后，荐福寺成为重要的译经寺院。高僧义净是荐福寺内的主要译经家，他早年（671）游历天竺，学习佛教，历时 25 年，695 年回到长安。以后在荐福寺内译经多达 31 部 106 卷，其中《金光明最胜王经》（10 卷）和《根本说一切有部毗奈耶杂事》（40 卷）是代表作品。荐福寺的义净译场，与玄奘主持的慈恩寺译场、不空主持的大兴善寺译场，被称为中国佛经翻译史上著名的长安三大译场。

　　荐福寺以律宗为代表，同时兼容佛教其他宗派，寺中的大德高僧就说明了这种情况，如律宗的义净、道岸、思恒、如净等，华严宗的实叉难陀、法藏，密宗的不空、一行，禅宗的道光、弘辨，三阶教的法藏等。

　　荐福寺塔建于景龙年间（707—710），由宫人捐资修筑。塔不在荐福寺内，而是另辟一座院落。塔院位于寺院所在的开化坊以南、安仁坊西北，院门北开，与荐福寺南门隔街相对，塔院名为"荐福寺浮图院"，院四周建有房屋——副屋。塔身原为 15 层，后经明代成化二十三年（1487）和嘉靖三十四年（1556）两次大地震，受到了一定破坏。现存 13 层，塔高 43.3 米。塔底平面为方形，边长 11.38 米。塔身原呈梭形，即上下两部分尖细，中间粗大。原来塔顶有圆形刹座、两重相轮和宝珠形刹顶组成的塔刹。塔身通体涂饰白垩，呈银白色，"素光耀日，银色贯空"。

荐福寺塔，就是我们常说的小雁塔。小雁塔与大雁塔形制不同，均属于我国古代的密檐式砖塔。

世界文化遗产：兴教寺与玄奘灵塔

兴教寺在今西安市长安区杜曲街道韦村西北，总章二年（669）因迁葬玄奘灵骨于唐长安城南郊，次年建寺，全称大唐护国兴教寺。唐代长安城南郊樊川，有著名的八寺，如华严宗的发祥地华严寺、净土宗的祖庭香积

兴教寺三塔

寺、律宗祖庭净业寺等，而兴教寺因玄奘灵塔而名列樊川八寺之首。

兴教寺历代屡经重修，但寺内的三座灵塔（玄奘灵塔、窥基灵塔、圆测灵塔）保存较好。兴教寺现在面积2.4万平方米，寺院建筑坐北朝南，建筑群中部自南而北依次为山门、大雄宝殿、法堂，形成寺院中轴线。在主体建筑两侧，分布有钟楼、鼓楼、僧房。主体建筑东部为藏经院，有藏经楼；西部为慈恩塔院，有平面为"品"字形排列的灵塔3座。

玄奘于麟德元年（664）圆寂于玉华寺，初葬白鹿原，总章二年（669）改葬于兴教寺。灵塔坐北朝南，为平面方形五层楼阁式砖塔，通高约21米，底层边长5.2米。灵塔底层南面龛室之内置玄奘泥塑像，北壁嵌开成四年（839）"唐三藏大遍觉法师塔铭"碣。

兴教寺玄奘灵塔

兴教寺圆测灵塔

　　窥基（632—682），玄奘嫡传大弟子。窥基出身豪门，是家喻户晓的唐开国大将军尉迟敬德之侄。窥基 17 岁出家，参与玄奘主持的译务，在阐发唯识宗精义上多有创新，被赞为"百部疏主"。窥基灵塔始建于永淳元年（682），大和三年（829）重建。坐北面南，平面为方形三层楼阁式砖塔，高 6.76 米，底层边长 2.4 米。底层龛室内有窥基泥塑像，北壁嵌有"大慈恩寺大法师基公塔铭并序"碣。

　　圆测（613—696），传为新罗王孙，唐初来中国，从学于玄奘法师。后至洛阳大内助译。武则天万岁通天元年（696）圆寂，遗骨分葬龙门香山寺北谷和终南山丰德寺东岭。北宋政和五年（1115），又将丰德寺的一部分遗骨葬于玄奘灵塔侧，与窥基灵塔并排相伴于玄奘灵塔。圆测灵塔与窥基灵塔形制相近，灵塔通高 7.1 米。底层龛室置圆测泥塑像，北壁嵌"大周西明寺故大德圆测法师舍利塔铭并序"碣。

国家大寺——西明寺

西明寺位于长安城延康坊西南部，即今西安南郊白庙村附近。西明寺故址，原为隋朝尚书令越国公杨素的宅第。隋炀帝当政时，杨素之子杨玄感谋反被诛，杨家的豪华宅第也被没收。唐初，这里成了万春公主的宅第。贞观年间（627—649），唐太宗又将此宅赐予魏王李泰。李泰死后，显庆元年（656），高宗为皇太子在此立寺，即西明寺。显庆三年（658），寺院建成。

西明寺是国家大寺，建筑规模宏大，寺院周长数里，寺内有 10 座院落，13 所大殿，房屋多达 4000 余间。寺内高僧讲经的座位高达百尺，可以想见其建筑物之高大与庭院之宽阔。西明寺之宏伟壮观，使著名的南朝梁同泰寺、北魏永宁寺相形见绌。我们只要看一下麟德二年（665）皇太子为西明寺所铸造的一口重达万斤的铜钟，就可想见与之相应的建筑物规模

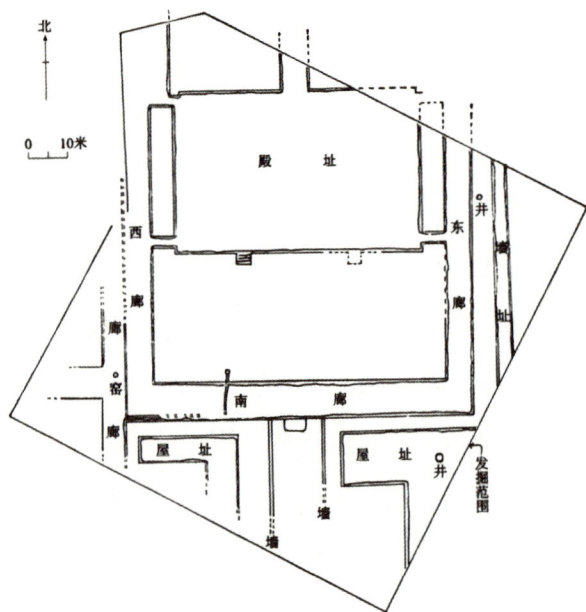

西明寺东院遗址平面示意图

之大了。章怀太子李贤还为这口巨大铜钟撰写了铭文。

西明寺作为皇室寺院，朝廷是其巨大的经济后盾，为其提供日常的财政供养。皇帝赐予寺院大量庄园，有一次赏赐寺院膏腴之田达百顷，豪华车子 5 辆，绢布多达 2000 匹。

西明寺建成后，唐高宗"出绣像长幡"，送到西明寺中供奉。又下诏书，聘请高僧玄奘到西明寺中；律宗高僧道宣，为西明寺上座，因而西明寺成了唐代长安的佛教重地。仅就寺院之内所藏经书而言，有唐一代，全国各地佛寺藏书（主要指经书）以长安西明寺和庐山东林寺最多。西明寺收藏的经书不少于万卷，而且这些经书的版本被认为是最好的。著名书法家柳公权就以书写西明寺的《金刚经》自傲，外国宾客、使节来长安者，都以重金相约，渴望得到柳公权书写的西明寺《金刚经》。正因为西明寺拥有大量藏经，汇聚了天下高僧，所以这里造就出中国佛教史上一批不朽的佛教著作家，佛教史上的百卷本大类书《法苑珠林》的编纂者道世、三十卷本《广弘明集》的撰写者道宣、百卷本巨著《大藏音义》的作者慧琳，都是西明寺的高僧。

西明寺出土石茶碾

如同慈恩寺一样，西明寺还是文人学士常去的地方，尤其一些新及第的进士，往往到西明寺中舞文弄墨。

西明寺内壁画也很多，其中不少题记是由书法大家褚遂良等所书。

西明寺在中日佛教文化交流史上占有重要地位，日本平城京的大安寺，就是根据入唐的日本高僧道慈回国后所描绘的长安西明寺图样，于716年建造的。西明寺与日本学问僧的关系也很深，像日本奈良朝的近江梵释寺的永忠及以后的空海，都曾住在此寺。就是日本前往天竺的真如法亲王，在长安办理官符之时，也曾住在西明寺内等候。

会昌五年（845），武宗灭佛，长安城中上百座寺院被拆除，唯有西明寺、慈恩寺、荐福寺和庄严寺四大寺院被保留了下来。

西明寺遗址，在唐长安城延康坊西南部，占有延康坊的四分之一，东西约500米，南北200米。考古发掘范围，主要在西明寺遗址东部，包括一座院落及其南部的两座院落的一部分。东部院落南北排列3座殿堂，形成三进院布局，周围置廊以为院墙。西明寺遗址出土的唐代建筑材料、佛教遗物及其他遗物中刻铭"西明寺"及"石茶碾"的茶碾至关重要，成为确认该建筑遗址为西明寺的最重要物证。西明寺作为唐长安城中一座非常重要的寺院，不仅是国家大寺，而且在中外文化交流方面，也发挥了重要作用，在国外影响深远。

密宗的著名寺院——青龙寺

青龙寺原为隋朝时的灵感寺，建于开皇二年（582）。灵感寺的兴建，与隋文帝修建大兴城有密切关系。隋文帝为修建新都大兴城，把原来那里的坟墓迁葬到郊野之处，为了追荐亡灵，"冥福"建寺，故寺名灵感。灵感寺建于大兴城东南，大概因为城中迁葬出去的坟墓距此不远。寺院靠近城门，可能是为了方便亡灵的来往。

唐初，武德四年（621），灵感寺被废。龙朔二年（662），城阳公主患重病，苏州高僧法朗为其朗诵《观音经》，乞求佛的保护，结果公主病愈。于是，公主请求皇帝在灵感寺的基础上，修建了以《观音经》命名的观音寺。景云二年（711），观音寺改名为青龙寺。会昌五年（845），武宗灭佛，青龙寺未能幸免。但唐宣宗翌年就恢复了青龙寺，改名护国寺。大中九年（855），又恢复了青龙寺本名。青龙寺的废毁，大概在北宋元祐元年（1086）以后。

青龙寺位于唐长安城新昌坊西南隅，在今西安市雁塔区铁炉庙村北，东临东城墙，南为延兴门大街，占有新昌坊的四分之一，面积约为 13 万平方米。

青龙寺南门面临延兴门大街，为寺院正门。寺院地势北高南低。西部有西塔院和灌顶院，寺内还有真言院、东塔院和戒坊院等，每座院自成一组建筑。如西塔院，周围筑有廊庑和僧房。

青龙寺地处长安城东南的乐游原上。诗人白居易就曾住在风景如画的青龙寺北面，描述自己宅第周围的环境："丹凤楼当后，青龙寺在前。市街尘不到，宫树影相连。"寺院"北枕高原，南望爽垲，为登眺之美"。寺内还有竹园、柿林。由于这里风景宜人，不少文人学士也常来这里游览。

青龙寺是唐代密宗的根本道场，唐德宗时的高僧惠果，得到开元三大士之一不空的亲传，惠果及其以后的义操、法全等，都住在青龙寺传扬密宗。惠果在青龙寺所授法的弟子中，以日本的空海、新罗的慧超、诃陵（今印度尼西亚的爪哇）的辨弘和中国的惟上和义圆最为突出。尤其空海和尚，在青龙寺的受学和回国后的传法，使青龙寺被日本人视为日本真言宗的发源地。

20 世纪 70 年代，考古工作者对青龙寺遗址进行了考古发掘，主要是该寺院遗址西部的两座东西并列的院落基址，其中包括殿址、门址等。两座院落分为西院遗址与东院遗址。

西院遗址，又分为早期与晚期院子。早期院子，由中三门、塔基、殿堂、僧房等组成。中三门为西塔院南门，系塔院正门，门北25米为塔基，塔基平面为方形，边长15米。塔基正中的地宫，平面近方形，南北4.4米，东西4—4.4米，此塔应为隋唐时期的木塔。塔基以北43米为殿堂基址，平面为长方形，东西57米，南北26米，面阔13间，进深5间。僧房遗址，在塔院之外。早期塔院，为隋代灵感寺遗存，前塔后寺布局是其特点。

晚期院子，为唐代青龙寺遗存，院子南北长132米，东西宽98米。此时寺内已无塔，殿堂建于早期殿堂基址之上，平面亦为长方形，东西40米，南北25米。

东院遗址在西院东侧，只发掘了殿堂基址，也分早晚两期。早期殿堂基址平面为方形，边长28米，面阔与进深各5间。晚期殿堂基址平面为长方形，东西28.75米，南北21.75米，面阔5间，进深4间。晚期殿堂南面置月台与露道，月台东西6.6米，南北4.4米；露道宽2.5米，殿堂北部正中，置7.2米宽踏道。

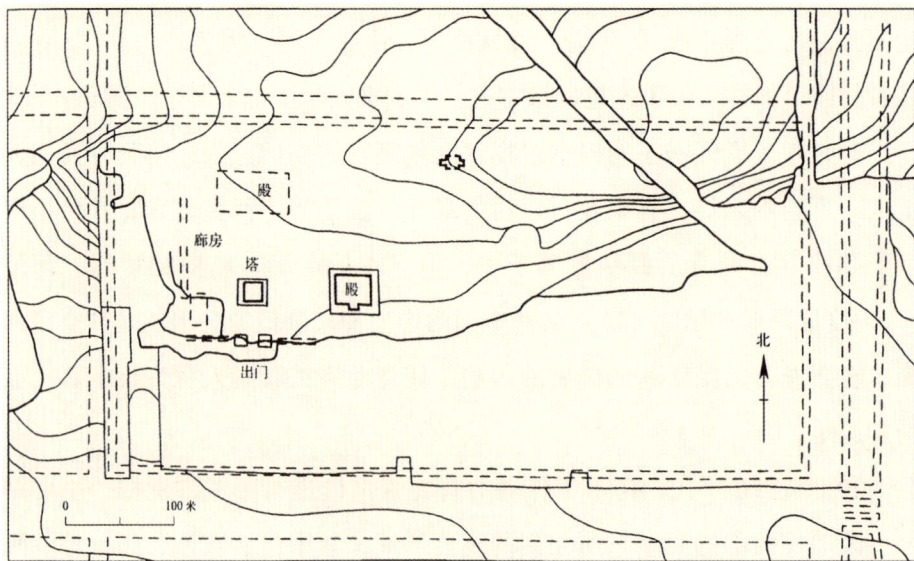

青龙寺遗址平面示意图

青龙寺真言密宗殿堂复原示意图（引自杨鸿勋《建筑考古学论文集》）

青龙寺是唐代密宗的根本道场，在唐代，与日本交往尤为密切，日本平安时期入唐求法的学问僧、请益僧众多，而日本著名的入唐八家，其中六家在长安青龙寺受法，最著名的当然是空海了，为开创东密的大师。

道教在长安

唐代皇帝认道家创始人李耳为远祖，道教也在有唐一代被奉为国教。据《唐两京城坊考》记载，唐长安城内有道观 33 座，女观 9 座，大多由达官显贵的宅第或故居改建，因而建筑豪华，规模庞大。

长安城中的道教建筑，以太清宫最重要。太清宫建于天宝元年（742），位于兴庆宫与大明宫之间的大宁坊西南隅。始建之时称玄元皇帝庙，后曾更名为太上玄元皇帝宫，天宝二年（743），定名为太清宫。

太清宫中广植青松、翠竹，犹如仙境。其主体建筑为一规模宏大的殿堂，面阔 12 间，殿内立四柱，四面开门，前后、东西各置二阶。正门为琼华门，东、西门分别称九灵门和三清门。殿堂之内供奉老子石像，石像用太白山的白石雕成，"衮冕之服，当扆南向"。玄宗、肃宗和德宗的石像，"朱衣朝服"，侍立于老子石像的左右。

太清宫的东西，分别为御斋院和公卿斋院，道士们杂居其间。

唐代制度，每岁四时及腊终，行庙献之礼于太清宫。皇帝郊祀必须先朝拜太清宫，第二天再享太庙，第三天才能行南郊礼，由此可见，太清宫之地位尚在太庙、天郊（即南郊）之上。

唐代皇宫之中均有与道教有关的建筑，如太极宫和大明宫中均有三清殿，兴庆宫中有大同殿。

大明宫三清殿，位于宫内西北部，在今西安市未央区大明宫街道炕底寨。

大明宫中的望仙台，也是宏伟壮观的道教建筑。据文献记载，唐武宗崇尚道教，朝思暮想成为神仙。他刚当皇帝，就把道士赵归真等 81 人召入大明宫内，在麟德殿中大设九天道场。后来就在紫宸殿东南即今含元殿村，修筑了望仙台。望仙台的台基平面为方形，边长 20 米。崇佛的唐宣宗即位后，望仙台被改名为文思院，不再作为道教建筑使用。

兴庆宫中的大同殿，与正殿兴庆殿南北相对。开元十七年（729），蜀州新津县兴尼寺殿堂木柱之上隐起的太上老君像，以及天宝元年（742）所得到的玉石老君像，都供奉在大同殿内。殿内壁画，都出自名家之手。如画圣吴道子和大将军李思训分别绘制的嘉陵江两岸三百里的山水画，或气势磅礴，或做工纤细，虽风格各异，但都惟妙惟肖，可谓异曲同工。大同殿的五龙壁画，在日光映照下，鳞甲闪动，腾飞之状，跃然壁上。这些灵动的壁画，增加了大同殿的神秘色彩和气氛。玄宗的一些重要道教活动，都在大同殿中进行。如天宝七载（748），玄宗受上清经箓于大同殿，并且在那里为李含光赐号玄静先生。

唐 汉白玉老君雕像

当时的道教建筑，不仅皇宫之中必置，离宫之内也有。如华清宫中的朝元阁，就是一座辉煌壮观的道教建筑。人们赞誉其"成仙阁之宏敞，配紫极之崇高"，成了"灵仙响集，品物交感"之地。朝元阁南有老君殿，供奉有"制作精绝"的汉白玉老君像。这尊盛唐时期的大型圆雕艺术珍品，现在陈列于西安碑林博物馆西安石刻艺术室中。老君像通高193厘米，其中人像高115厘米，底座高78厘米。人像面貌丰颐，身着道袍，仪态肃穆。雕像是由安禄山从幽州范阳延聘的石雕名家琢成，然后供奉于朝元阁老君殿中的。

长安城中道观林立，道观大多是因皇室成员出家或追福于先人而修建的。如位于保宁坊的昊天观，是唐高宗为太宗追福于显庆元年（656）修建的。昊天观规模宏大，尽占一坊之地。又如太平观、金仙观、玉真观、万安观、咸宜观等，均为公主出家入道所筑。这些道观建筑，自然也都相当宏伟。如金仙公主在辅兴坊修筑的金仙观，由公主的道师崇玄监修，每日动用民工多达万人。与金仙观东西并列于辅兴坊南的玉真观，是为玉真公主出家入道而立。她不只在西京长安立观，东都洛阳政平坊中还有唐玄宗为她修建的安国观。

长安城中皇室修筑的道观之壮丽，莫过于兴唐观。兴唐观，位于大明宫南面的长乐坊中，建于开元十八年（730）。为加快兴唐观的建设，唐玄宗下令拆除兴庆宫通乾殿造天尊殿；取大明宫乘云阁的建筑材料造兴唐观的大门及门楼，拆白莲花殿材料营建精思堂；拆太极宫中的甘泉殿建造老君殿。元和年间（806—820），唐宪宗又命中尉彭忠献对兴唐观进一步扩建。兴唐观是在长乐坊中司农园的基础上修筑而成的。由于此地风景优美，因而当时成了皇帝经常去的地方，为此还在大明宫与兴唐观之间，修建了便于皇帝往来的复道。

长安城中的道观规模一般比较大。如安道观、昊天观等，其范围均占一坊之地。兴盛于隋唐两代的玄都观内，仅桃树就栽种了上千株，因此成了长安城中观赏桃花的胜地。诗人刘禹锡《元和十一年自朗州召至京戏赠看花诸君子》一诗中，曾描述了"玄都观里桃千树"的景象。

建于中宗景龙年间（707—710）的景龙观，以景云二年（711）唐睿宗为此观所铸的景云钟名闻天下。此钟原来悬挂在景龙观的钟楼之上，现藏西安碑林博物馆。

唐代长安的道观建筑，不仅规模宏大，而且布局完整，结构复杂。每座道观，都由多种不同功能的建筑物组成一个完整的建筑群体。道观的门楼高大，大殿宏伟，时称天尊殿。老君殿则是专门供奉道教教主老君像的地方。精思院（或称精思堂）是道观中的道士们日常活动的场所，这里绘制有大量与道教内容有关的壁画。道观之中一般还有人工筑造的假山，以及从道观之外导入的渠水等。

唐代统治阶级为了从道士们那里得到所谓长生不老的仙丹，往往不惜耗资亿万，对道观盛加雕饰，有的道观建筑"朱楼倚阁""惊绝一时"。统治者自诩在长安城中修筑道观，是为了积德行善，但他们在修建道观的过程中占用老百姓住宅，"剔椽发瓦"，逼迫老百姓转移；而这些人"扶老携幼，投窜无所"，只好"吁嗟道路"，流浪街头。

长安城中的道教建筑，修建得如此宏伟豪华，还因为唐朝皇室一些人，往往把那里作为自己的归宿。如睿宗之女金仙公主、玉真公主、永穆公主、新昌公主，德宗之女文安公主，宪宗之女永嘉公主、太平公主、咸宜公主等，都曾出家入道，自然她们不会过道教徒那种清苦的生活。不要说这些贵人，就是道观中的一般女道士，也都是盛服浓妆。

当然，长安城的道观内，也有少数道士博学多闻，精通道教经典。如玄都观中的道士尹崇和天宝年间的道士荆朏等。荆朏是当时著名学者，太尉房琯对他都以师礼相待，京师的知名之士多与荆朏往来。一些道观中，往往拥有大量文化典籍，像玄都观中，仅儒家书籍就多达万卷。

祆教在长安

祆教为古代伊朗的宗教之一，起源于古代伊朗东部的琐罗亚斯德教。祆教又称拜火教、火祆教。由琐罗亚斯德（又称苏鲁支）在波斯东部创立的古波斯帝国阿契美尼德王朝（前550—前330），以及萨珊波斯王朝（224—651），均奉祆教为国教。该教以《阿维斯陀》为经典，基本教义是善恶二元论。祆教认为，火神是阿胡拉·马兹达的儿子，对国家起着保护作用。火象征着神的绝对和至善，因此礼拜圣火是祆教徒的首要义务。

根据历史文献记载，唐长安城中有6座祆教祠，醴泉坊2座，布政坊、普宁坊、靖恭坊、崇化坊各 1 座，其中以布政坊祆教祠时代最早，建于唐高祖武德四年（621）。上述祆教祠大多分布在唐长安城西市附近，因为那里是西域胡商的集中居住区。

唐朝政府沿袭北朝制度，设置萨宝作为兼职管理祆教的官员。萨宝还负责西域胡人的民政事务，是唐王朝专门设置的政教合一官员。西安地区考古发现了不少唐代西域胡人墓葬中的墓志铭，如永徽五年（654）《唐骑都尉安万通墓砖志》、天宝三载（744）《唐故米国大首领米公墓志铭并序》、咸通十五年（874）《唐苏谅妻马氏墓志》等，从其墓志铭可以看出与祆教相关的一些历史。

摩尼教在长安

摩尼教是古代伊朗的宗教。3 世纪，由波斯人摩尼创建。教义为明暗二元论，教徒实行禁欲主义，不茹荤饮酒，白衣白帽，死后裸葬。约于6—7 世纪，传入中国新疆地区。据《佛祖统纪》记载，武则天延载元年（694），波斯摩尼教高僧拂多来长安，开始在唐长安城传教。代宗大历三年（768），下令在长安建摩尼教大云光明寺。唐德宗贞元十五年（799），令摩尼师入宫祈雨。唐武宗会昌五年（845）灭佛时，摩尼教也遭严重打击，转而成为秘密宗教。

景教在长安

　　景教是基督教的一个支派，5 世纪由叙利亚人聂思脱里创立，又称聂思脱里派。贞观九年（635），波斯景教徒阿罗本来长安。十二年（638）七月，唐太宗下诏，准其传教，并敕于长安义宁坊建寺一所，度僧 21 人。天宝时，为了与祆教等其他波斯胡寺相区别，景教之寺称为大秦寺。景教的出名，与《大秦景教流行中国碑》的发现不无关系。碑文记载了景教徒阿罗本获准在长安建寺，并得到唐玄宗的重视，天宝三载（744），景教僧人佶和自大秦来长安，受诏在兴庆宫内与景教僧侣 17 人共修功德。玄宗皇帝还亲自为大秦寺题写榜额，所谓"天题寺榜，额戴龙书"，碑文称誉景教是"宠赉比南山峻极，沛泽与东海齐深"。景教僧人伊斯受到朝廷重用，被委以金紫光禄大夫、试殿中监等官职。

《大秦景教流行中国碑》拓片

十六

关中唐代十八陵

唐代长安附近留存至今的文物古迹很多，其中遗存规模之大、文化内涵之丰富者，莫过于关中唐十八陵及其陪葬墓群。唐代统治者，一方面继承了前代的陵寝制度，另一方面又参照长安城的格局，大规模修建帝陵。有唐一代，这些帝陵的形制、规模、地面石刻种类和数量，以及出土的文物不尽相同，其差异正是唐代历史变化的一个缩影。唐代帝陵，也是唐朝皇帝生前在长安城中历史活动的一面镜子，由此也向人们展示出唐代长安的历史。

唐陵陵区的分布

唐代帝陵陵区，在长安城北郊的北山山脉南麓，由西向东依次分布有高宗李治和女皇武则天的乾陵、僖宗李儇的靖陵、肃宗李亨的建陵、太宗李世民的昭陵、宣宗李忱的贞陵、德宗李适的崇陵、敬宗李湛的庄陵、武宗李炎的端陵、高祖李渊的献陵、懿宗李漼的简陵、代宗李豫的元陵、文宗李昂的章陵、中宗李显的定陵、顺宗李诵的丰陵、睿宗李旦的桥陵、宪宗李纯的景陵、穆宗李恒的光陵和玄宗李隆基的泰陵，号称关中唐十八陵。

唐十八陵地跨今乾县、礼泉、泾阳、三原、富平和蒲城6县，东西150千米。以长安为基点，分别连接西北的乾陵和东北的泰陵，形成了一个102°的扇面形。扇面形地区的地势，由南向北逐渐升高，可分为四层阶地：第一层阶地为京城长安，高程340米至400米；第二层阶地为咸阳原，高程450米左右；第三层阶地是献陵、庄陵、端陵和靖陵所在的渭北高原，其高程除西部的靖陵所在地为 800 米之外，其余则为 500 米；第四层阶地分布着昭陵、乾陵等 14 座唐陵，即北山山脉南麓或山上，高程 750 米至 1200 米。唐代帝陵陵区的这种地势，体现了唐朝皇帝作为最高统治者至高无上的思想。

唐代帝陵陵区位于北山之阳，明显受了古代堪舆之术的影响。唐陵"背倚山峰、面临平原"的地势，正说明了这点。至于唐代帝陵陵区放在京师以北，这是沿袭了传统的葬仪，《旧唐书·吕才列传》记载："古之葬者，并在国都之北。"父子陵墓相邻，也是为了表现晚辈的孝敬之心。唐玄宗朝拜高祖献陵、太宗昭陵、高宗乾陵、中宗定陵和睿宗桥陵，发现桥陵附近的金粟山风水很好，决定自己百年之后葬于此地，理由是死后仍然能够"孝敬"他的父亲。

渭北唐陵陵区前后沿用时间近 300 年，范围之广几达 300 里，因而唐朝最高统治者不可能开始就对整个陵区作出全面的规划安排。但就每座帝陵（或每组帝陵）而言，具体位置的选定，肯定是经过反复研究的。如高祖李渊的献陵，位于今三原县东 20 千米的徐木原上。献陵以东 7.5 千米处，有汉太上皇陵。李渊晚年当了太上皇，他想把自己的葬地选择在栎阳，因此献陵修建于汉太上皇陵西邻。献陵所在地，高程高于汉太上皇陵 50 米。这犹如唐代帝陵陵区比西汉帝陵陵区地势普遍要高一样，反映了唐王朝的最高统治者认为自己要高于前代帝王。有的皇帝的陵址，甚至由本人亲自选定。如昭陵和泰陵，就是由太宗和玄宗自己选定的。太宗认为昭陵所在的九嵕山，山势雄伟，孤耸回绝。玄宗则认为泰陵所在的金粟山，有卧龙栖凤之势。

从整个帝陵陵区看，高祖献陵东西居中。帝陵分布上，大多父子相邻。如太宗昭陵与高宗乾陵（其间的靖陵、建陵，为高宗以后所修）、睿宗桥陵与玄宗泰陵（其间的景陵、光陵，为玄宗以后所建）、宪宗景陵与穆宗光陵，都属这种情况。此外，也有兄弟相邻的，敬宗庄陵和武宗端陵即为此例。

唐陵的形制

根据营造形制的不同，唐代帝陵陵墓可以分为两种：积土为冢和因山为陵。积土为冢的唐代帝陵，有献陵、庄陵、端陵和靖陵，均分布于西安以北的第三层阶地之上。帝陵封土形如覆斗，外观与西汉帝陵酷似，唯其规模远逊于汉陵，仅与西汉的诸侯王陵墓封土大小相近。如积土为冢的敬宗庄陵、武宗端陵封土规模相近，高约 16 米，底部平面近方形，边长58 米。僖宗靖陵封土规模更小，封土高约 8.6 米，底部平面方形，边长仅40 米。

积土为冢的帝陵墓室结构，现在还不太清楚，根据已发掘的南唐二陵看，唐代帝陵的墓室，应前、中、后三室南北相连。石椁放在后墓室。石椁壁上线刻宫廷中的命妇像。帝陵之内放置哀册，而不使用石墓志。哀册由多枚刻字玉片组成，字内填金。

唐代大多数皇帝的陵墓，是因山为陵，始于太宗昭陵。李世民曾说，因山为陵是为"务从俭约"，并且规定随葬品，也不能用金宝珠玉。其实这不过是欺人之谈，因山为陵的真正目的，应该是依据山势的坚固，确保陵墓的安全。声称帝陵之内不埋葬金玉，是为了使"奸盗息心"。因山为陵不但不能"俭约"，反而由于凿石为墓，工程艰巨，劳民伤财之程度，远胜于积土为冢。

唐代因山为陵的帝陵，修筑在唐长安城北的北山山脉诸峰之上，陵墓的地宫开凿于山峰南面的半山腰上，根据已了解的乾陵等唐代帝陵墓道来看，一般墓道长 60—70 米，宽 3.5—4 米。墓道中以排列整齐有序的青石条填封，石条间以铁拴板套接，熔铅灌缝，坚固异常。乾陵、桥陵、定陵、泰陵、建陵、崇陵和简陵等唐陵墓道，均发现这类情况。推测墓室墓门为石门，多至数重。墓室应由前、中、后三室组成。墓室之内墓壁有精美浮雕，可能也有绚丽的壁画。这类唐陵的墓室，没有进行过考古发掘，有关情况又不见于记载，内部布局结构有待今后考古工作去揭示。

唐陵的陵墓四周，有夯筑的墙垣，以帝陵陵墓为中心，围成一周，形成陵园。唐陵陵园可分为两种类型。

积土为冢的唐陵，陵园平面近方形。如敬宗庄陵和僖宗靖陵的陵园，规模相近，陵园边长 480—490 米；武宗端陵陵园边长 540—593 米。这类陵园四面中央各开一门，门道正对帝陵封土。

依山为陵的唐陵陵园，因山势走向修建，因而平面不甚规整，但仍然是每面各开一门，南、东、西门道一般与陵墓地宫正方向相对，北门道与地宫方向不太正，多因山势地形而致。东、西、南、北门，分别称青龙门、白虎门、朱雀门和玄武门。朱雀门是陵园的正门，玄武门是一座重要的门。

陵园四角均建角楼。陵墓一般在陵园中央偏北，陵园南门内有献殿，

崇陵司马道

殿堂平面为长方形。陵园四门之外，一般各有一对土阙，双阙与门之间安置石刻门兽。南门以南有乳台，再南有鹊台。乳台与陵园南门间，为司马道（或称神道），其东西两边对称列置大型石雕，有蕃酋像、石碑、石人、仗马、鸵鸟、翼马和华表。鹊台和乳台间，有"下宫"建筑。

唐陵的鹊台、乳台和陵园南门，实际是陵区的三重门，颇似长安城外郭城的明德门、皇城的朱雀门和宫城的承天门。就大多数唐陵而言，陵园南门距第二道门阙（乳阙）600米以上；第二道门阙（乳阙）与第三道门阙（鹊台），一般相距 2000 米，少者 1500 米左右。陵南部的三重门，将陵区分为三部分：鹊台与乳台间为陵区南部，陪葬墓分布其间，这里颇似长安的郭城。众多陪葬墓，犹如分布在郭城里坊中达官显贵的宅第。乳台与南门间，颇似京师的皇城，司马道左右的石刻，可能象征百官衙署，以及皇帝的仪卫。南门内的陵园，颇似天子生前的皇宫。唐陵的总体设计，是坐北朝南，北高南低，陵区的三部分相对高度在 50 米至 100 米间（此就依山为陵的唐陵而言）。

唐陵石刻，主要布置在神道两侧和陵园四门之外，以神道石刻数量和种类最多，每种石刻均为左右对称分列。神道石刻东、西列间距一般 60 米，个别 25 米，远者 160 米。陵园北门之外的东、西列石马，间距一般 30 米，个别 25 米，远者 70 米。

唐陵石刻形制硕大，雕琢精湛，既继承、发展了汉魏陵墓的石雕艺术传统，又吸收了西域、中亚和南亚地区的艺术因素。石刻中的天马、鸵鸟和石狮等，集中反映了唐代中外文化交流的一个侧面。蕃酋或蕃民石像，则反映了唐代的中外友好关系。

从唐陵石刻的组合与雕刻艺术看，唐代帝陵石刻的发展，可分为三个时期。

初唐期，包括高祖献陵和太宗昭陵石刻。这一时期，帝陵石刻形制特大。如献陵的犀牛，独角、瞋目、合口，通体遍施鳞纹，所谓"皮有臻甲"，身长 3.4 米，身高 2.07 米，体态庞大，作走动姿态。这时的帝陵石刻组合，尚未形成定制，但对以后影响很大。乾陵以后诸唐陵陵园四门之外各置石狮一对，显然是源于献陵陵园四门之外各置一对石虎的形式。唐陵陵园北门外置石马 3 对，与昭陵陵园北司马门设六骏石刻也有一定关系。昭陵设置 14 尊蕃酋石像，开创了唐陵石刻中置蕃酋或蕃民石像的先河。

盛唐期，包括高宗乾陵、中宗定陵和睿宗桥陵石刻。这一时期不但继承了前期石刻形制大的特点，而且石刻种类和数量大为增加，石刻群的组合已基本形成制度，石雕艺术十分精湛。

中、晚唐期，包括玄宗泰陵至僖宗靖陵等 13 座唐陵石刻。安史之乱结束了盛唐局面，唐王朝开始走下坡路，此时期的帝陵石刻也变得卑小。盛唐时期的帝陵石狮一般高 2.7 — 3 米，而此时期唐陵石狮高仅为 1.5 — 1.7 米。石刻组合，形式上追求左右对称，如天马、石狮等按左右分雄雌，石人以文、武分左右。雕刻艺术上，线条粗简，有形而少神。

唐陵石刻，是我国古代社会鼎盛时期的石雕艺术，堪称我国古代大型石雕艺术的瑰宝，从不同角度反映了唐代的政治、经济和文化艺术的发展水平。

唐陵中的陪葬墓，以初唐的献陵和昭陵最多，盛唐的乾陵、定陵和桥陵次之，而中、晚唐时期的泰陵以下诸陵陪葬墓甚少，甚至没有。陪葬墓的位置，献陵多在陵北和东北，可能是受西汉帝陵陪葬墓制度的影响。

从昭陵开始，陪葬墓一般在帝陵南部和东南部。这种变化有两种原因：一是受唐陵坐北朝南布局所制约；二是受都城长安布局结构的影响。唐陵陪葬墓封土的形状，有覆斗形、圆锥形和山形。一般来看，覆斗形封土墓的墓主比圆锥形封土墓的墓主地位要高。山形冢墓主大多为战功卓著者。不但封土形状反映出死者身份，坟墓的高低也表现出死者的不同等级地位。唐代规定，一品官陪葬帝陵时，其坟墓高一丈八尺；二品官以下，每低一品，其坟高减低二尺。当然，这只限于一般文武大臣，建立丰功伟绩的功臣和特殊的皇亲国戚自然不在此列。如李勣墓高 18 米，长乐公主墓高 9.8 米。

在唐代帝陵中，选择具有唐陵代表性与历史重要性的积土为冢之高祖献陵、武宗端陵，依山为陵的太宗昭陵、高宗和武则天合葬墓乾陵作一介绍。

献陵

唐高祖李渊的陵墓。李渊（566—635）是唐王朝的建立者，在位 9 年，于 626 年传位于李世民，自称太上皇。635 年，李渊死于长安，葬于献陵。献陵是唐十八陵中时代最早的帝陵，位于今三原县东 20 千米的徐木乡永合村和富平县南庄南吕村一带。献陵以东 7.5 千米，即汉太上皇陵。献陵筑于汉太上皇陵西邻，当与李渊晚年的太上皇地位有关，也是他"归志栎阳"的心愿。

唐太宗李世民为给其父修建陵墓，曾经颁布命令，要把献陵营建成与

献陵神道的石犀牛

献陵石虎雕塑

献陵石华表

汉高祖长陵一样的规模。后来，鉴于文武大臣们的反复规劝，才同意按照东汉光武帝原陵的规模修筑，即封土高 6 丈（折今 18.18 米）。现存献陵封土规模，证实了上述记载。献陵封土形如覆斗，高 21 米，底部东西长 150 米，南北宽 120 米，顶部东西长 30 米，南北宽 10 米。陵墓周围修筑陵园，陵园东西长 467 米，南北宽 470 米。帝陵在陵园中央略偏北。陵园四面墙垣，正对陵墓各辟一门。陵园之内，陵墓之南有寝宫、献殿等建筑，后寝宫移出陵园，放在陵西南 5 里，更名下宫，遗址面积约 12000 平方米。

在献陵陵园四门之外 4.5 米处，各置石虎一对，石虎大小、形制相同，身躯浑圆，姿态凝重，虎头硕大，颈粗短，背平阔，四腿伫立，垂尾，腹下透雕，通高 1.8 米，身长 2.7 米，四足与石座相连。

陵园南门外的神道东西两侧，还分列石犀牛、石华表各一对。石犀牛距南门 314.5 米。石华表在犀牛南 70 米，东西二华表间距 39 米。石华表通高 7.23 米，分上、中、下三部分，下为石座，石座四面有线雕花纹，座上浮雕首尾衔接的二螭龙，二龙中央有卯。环座中立柱，柱下有榫，置于龙身环座的卯中。柱身八棱面，每面最宽 0.43 米，各棱面均线刻植物花纹。柱身向上收杀，上部为八棱形盖，盖径大于柱径，盖上蹲踞一圆雕石狮，狮高 0.9 米。献陵石刻在唐代诸帝陵中是比较特殊的。

献陵陪葬墓，集中分布于陵东北。文献记载，献陵陪葬墓中，有诸王 16 人、公主 1 人、功臣 6 人。现存陪葬墓 52 座，地面有封土者 26 座，已发掘和墓前发现石碑者有李凤、李神通、李孝同、臧怀恪、樊兴等墓。陪葬墓区东西宽 400 米，南北长 1500 米。

端陵

唐武宗李炎（814—846）的陵墓。李炎曾名李瀍，唐穆宗之子，840 年即位，846 年去世。端陵位于今三原县徐木原西边，献陵在其东 4000 米，庄陵于其西 6000 米。端陵积土为冢，封土高 15 米，底部东西长 58 米，南北长 60 米，陵墓居陵园中央。陵园东西长 540 米，南北长 593 米，四角有角楼遗址，四面中央各辟一门，正对陵墓。陵园四门之外 34 米，各有一对阙址，陵园四门外阙址内各有一对蹲狮。神道石刻东西列间距 66 米，自南向北应为石柱、天马、鸵鸟各一对，再北有石马、石人各若干对。根据敬宗庄陵在陵园南门石狮与石人间分布有若干小石人的情况推测，端陵原来亦应列置小石人若干。小石人均为蕃民石像，通高约 1.5 米，身穿圆领窄袖袍，腰系环带，有钚，佩刀，足着靴。华表位于乳台阙址北 65 米，柱身截面为八棱面，各面均线刻蔓草花纹，顶为仰莲盆，其上置八棱面盘，盘内承托宝珠。天马身长 2.85 米，身宽 1.1 米，身高 2.8 米。鸵鸟身高和长均 1.77 米，鸟首回顾，身躯肥大，尾部退化，腿短如鸭。石马置鞍鞯，披障泥。石人为左文右武，身高 2.84 — 2.95 米，肩宽 0.80 — 0.85 米，侧厚 0.46 — 0.66 米。

昭陵

唐太宗李世民（599 — 649）和文德皇后的合葬陵墓。李世民是李渊次子，曾策动其父起兵反隋，又统兵镇压窦建德、刘黑闼等武装力量，消灭薛仁杲、王世充等割据势力，逐步统一全国。626 — 649 年在位。他所创建的贞观之治，被誉为我国古代的盛世之一。李世民死后葬于昭陵。昭陵位于今礼泉县东北 22.5 千米的九嵕山上。这里山势突兀，东西为沟壑，山南孤耸迥绝，山北地势较平缓。

636 年，唐太宗按照预作寿陵制度，选址九嵕山，开始营建自己的陵寝，直至去世，长达 13 年，建设工程才算完成。

昭陵由著名建筑师和画家阎立德、阎立本兄弟设计，开凿于九嵕山山峰之南，开创了唐代皇帝依山为陵的先河。由于昭陵地宫选在九嵕山山峰之南，而此处地势又极为险要，为便于施工，从九嵕山山峰东南至西南，修筑了 400 多米长的栈道。大诗人杜甫到过昭陵，看到"悬绝百仞"之上的栈道，咏出"陵寝盘空曲"诗句。千千万万的修陵工匠，就是在这空中道路上奔波了 4000 多个日日夜夜，建成了昭陵地宫。

昭陵地宫规模很大，从墓门至墓室长 75 丈（230 米），前后安装了 5 道石门。地宫中央为中寝，东西厢列置石床，床上放置的石函中有铁匣，铁匣之内都是传世的珍贵图书及钟繇、王羲之的墨迹。由于入藏时间不久，加之封闭条件较好，温韬盗掘昭陵地宫时，发现这些书画墨色如新。其他金银珠玉贵重物品，也是应有尽有。在地宫之旁的山上，修建了殿堂，守陵人要像皇帝、皇后生前在宫中生活时一样，给他们定时祭祀供奉。后来，为了昭陵地宫的安全，把登临昭陵地宫和附近殿堂悬崖之上的栈道全部拆

昭陵及其陪葬墓分布示意图

除，九嵕山上的昭陵，就只能是可望而不可即了。

昭陵所在的陵园遗址，东西 15.45 千米，南北 12.65 千米，面积 113.15 平方千米。

九嵕山北面地势平缓，进昭陵陵园北司马门，为昭陵祭坛遗址，平面长方形，南北 86 米，东西 53 米，南高北低。著名的昭陵十四蕃酋石像和昭陵六骏石刻，就立在祭坛附近。这里至今还保存有部分蕃酋石像的石座及残石像。祭坛以南 50 米，为北山门遗址，东西面阔 12 米，南北进深 3 米。山门有门道 3 个，中间的门道宽 2 米，两侧的各宽 1.5 米。山门内为庭院，其南为正殿。庭院正中为方亭，东、西、北三面为廊，东、西廊各长 20 米、宽 7 米。

昭陵陵园南门在九嵕山南 800 米的皇城村，门外左右对称各有一阙，二阙东西间距 90 米，阙基夯筑，阙址底径 20 多米，残高约 8 米。门内为献殿，平面呈方形，边长 40 米，殿内四壁壁画光彩夺目，建筑雄伟壮观。

九嵕山

殿址出土的房顶鸱尾高 1.5 米，长 1 米，厚 0.65 米，重 150 千克，由此可以想见献殿之高大。九嵕山西南 1150 米的皇坪村，分布有昭陵下宫建筑群遗址，东西 237 米，南北 334 米。下宫周围筑有高大围墙，南、北墙中央各辟一门，陵事活动在此举行。下宫建筑规模庞大，殿阁林立。据文献记载，唐德宗贞元十四年（798），一次就在昭陵下宫重建房屋 378 间。

昭陵石刻，是留给后人的珍贵历史文物，前面谈及的十四蕃君长石像和昭陵六骏石刻，可谓其卓越代表。这些石刻的文化渊源，应与汉代霍去病墓上石刻以来的中国古代陵墓石刻有着直接、密切的关系，同时也进一步受到了域外文化的影响。

据文献记载，唐高宗为了纪念、宣扬其父李世民的丰功伟绩，令雕刻艺术家根据被征服的各地蕃君形象，雕刻成石像，并刻上其官名。石像高大魁梧，深目高鼻，携弓佩刀，头戴武冠，身穿战服，精神抖擞，器宇轩昂。他们被安置在享殿之前，长年拱立。近年，在昭陵北司马门内北廊遗址，先后发现了十四蕃君长石像中的 7 个石像座，其上刻有蕃君长的名字，他们是：突厥都布可汗右卫大将军阿史那社尔、焉耆王龙突骑支、吐蕃赞普、高昌王左武卫将军麴智勇、薛延陀真珠毗伽可汗、于阗王伏阇信和婆罗门那伏帝国王阿罗那顺。

636 年，唐太宗安葬了长孙皇后之后，怀旧之情使他追忆起当年战场上出生入死、功绩卓著的伟业。为了纪念这一切，他以与自己军事生涯息息相关的 6 匹战马为基本素材，命人雕刻成流芳千古的纪念碑式的艺术杰作——昭陵六骏。昭陵六骏，是由唐代大画家阎立本绘制图样雕刻而成的，原来陈列于九嵕山北司马门内东西两廊之中，东廊是特勒骠、青骓和什伐赤，西廊为飒露紫、拳毛䯄和白蹄乌。每个石马之上，均刻有唐太宗撰文、大书法家欧阳询书写的赞语，刻于骏马马头之上，每匹骏马为四句赞语。

昭陵六骏，浮雕在 6 块石板之上，每块石板高 2.5 米，宽 3 米。六骏均为侧面高浮雕，马的姿态或立或动，刻工纯熟、精湛，刀法洗练、简洁，表现准确、生动，可谓我国古代雕刻艺术的珍品。昭陵六骏还是现实主义的杰作，其名称、形象，都是有事实根据的，六骏中的每一骏，都有一个动人的历史故事，因而它们又是一部见证唐王朝蓬勃向上、初步走向强盛的生动历史连环画卷。李世民乘骏马特勒骠，统率精兵消灭了宋金刚；骑苍白杂色的骏马青骓，平定了窦建德分裂势力。什伐赤，是李世民平定王世充时所骑的一匹赤色战马，它身中数箭，依然勇往直前。飒露紫是昭陵六骏中最精彩的一件，也是唯一一件既有战马又有猛将的作品。李世民骑飒露紫与王世充浴血战斗，战马中箭，丘行恭跳下马来，把自己的战马让给李世民，他为飒露紫拔箭，掩护主帅。拳毛䯄和白蹄乌，则是李世民征战刘黑闼与薛仁杲时的坐骑。

昭陵陵园中设置十四蕃君石像，北司马门置六骏，开创了唐陵陵园中置蕃酋（或蕃臣）石像和北神门外设置石马（3 对）的先例。

昭陵陪葬墓数量之多，居唐代帝陵之冠。目前已发现的昭陵陪葬墓有200 多座。文献记载，昭陵陪葬墓中有皇妃 7 人、王 11 人、公主 21 人、三品以下文官 35 人、功臣大将军 67 人，此外还有一些附葬墓。从陪葬墓的分布位置看，靠近昭陵地宫的山上，陪葬墓的主人地位较高，如魏徵、新城公主、长乐公主、城阳公主等墓。这些墓或依山为冢，或冢呈覆斗形。墓园有阙。如魏徵葬于九嵕山上的凤凰山上，依山为墓，墓前置阙，唐太宗还亲自为他撰、书墓碑碑文。

九嵕山下的陪葬墓，一般是根据死者安葬年代早晚分布，早者距九嵕山主峰近，晚者离九嵕山主峰稍远。山下陪葬墓现有 102 座，冢形分山形和圆锥形两种，除李靖、李勣墓和文献记载的阿史那社尔、李思摩的墓冢为山形外，其余陪葬墓均为圆锥形。山形墓冢均有特殊意义，如初唐军事家李靖墓，起冢如山峦起伏之状，象征阴山、碛石山。据文献记载，这是为了纪念他平定吐谷浑的丰功伟绩。又如声名显赫的李勣墓，冢平面如倒品形，由 3 个各高近 20 米的锥形封土组成墓冢，据记载它们分别象征着阴山、铁山、乌德山。在李勣墓前，有唐高宗为他撰、书碑文的高大石碑，碑高 5.65 米，碑首六螭盘结，螭首下垂，碑座为 1.2 米高的巨型石赑屃（bìxì）。阿史那社尔墓起冢象征葱山，这应是唐王朝对他平定龟兹的纪念。值得一提的是，在昭陵陪葬墓中，除了阿史那社尔、李思摩外，还有阿史那忠、契苾何力、执失思力等一大批少数民族将领，他们大多为多民族唐帝国的统一和巩固立下过汗马功劳。

从已知墓主的墓冢来看，前期墓冢的高低大小可以反映死者身份的高低，而后期陪葬墓冢逾制现象大量出现。

陪葬墓中有附葬，一般是一个家族埋在一起，如唐俭和唐嘉会二墓、豆卢宽和豆卢仁二墓等。皇室嫡亲或皇帝妃嫔，则葬在山上帝陵玄宫附近的南边或东南边。

陪葬墓的石刻，既是昭陵石刻中的重要内容之一，又是反映陪葬墓主生前地位的重要载体。昭陵陪葬墓的封土形状和石刻组合关系密切。如覆斗形墓，墓前有石人 1 对（东西分列），其南面东列石羊 3 只、西列石虎 3 只，再南为石柱 1 对（东西分列），最南端为石碑 1 通。山形冢前均有石刻，冢墓前有石人 1 对（东西分列），再南东列石羊 3 只、西列石虎 3 只，南端为石碑 1 通。圆锥形冢前石刻组合一般为石羊、石虎和石柱。

唐代上流社会，流行为死者制作碑志之风，而碑志又以名家书写为荣。因而昭陵陪葬墓众多的碑志，保存了初唐至盛唐绚丽多彩的书法真迹。据宋代文献著录：昭陵陪葬墓有石碑 80 通，现在昭陵博物馆收藏了 40 多通石碑和 20 余方墓志，其中欧阳询书《温彦博碑》，笔力刚劲，开朗而谨严；褚遂良书《房玄龄碑》，行笔丰满，秀逸柔婉；王知敬书《李靖碑》和《尉迟敬德碑》，文字秀雅，工整有力；王行满书《周护碑》，字体工整，笔力挺拔；殷仲容书《马周碑》，书体挺秀恭谨。昭陵出土的墓志，大多保存完好，其中的尉迟敬德墓志石色晶莹，1.20 米见方，厚 0.25 米，

昭陵六骏之一青骓

昭陵六骏之二什伐赤

昭陵六骏之三拳毛䯄

昭陵六骏之四飒露紫

是昭陵陪葬墓已出土墓志中最大的一件，雕刻细致、瑰丽，为初唐时期"减底"雕饰的精品，墓志盖上的飞白书是目前已知唐代墓志中绝无仅有的书法艺术杰作。这批墓碑和墓志，是唐太宗李世民统治集团中重要人物的历史记录，是研究唐代政治、经济和文化的重要史料，现在多已陈列在昭陵博物馆中，号称昭陵碑林。

　　昭陵陪葬墓中，已清理发掘了李勣、张士贵、郑仁泰、阿史那忠、尉迟敬德、安元寿、越王李贞、临川公主、长乐公主等墓，出土了大量属于唐三彩前身的彩绘釉陶俑，以及色彩鲜艳、雍容华贵的三彩俑和保存众多的壁画。这些陶俑造型逼真，栩栩如生，人物俑性格各异，形象生动；马俑和骆驼俑，体健性悍。发掘出土的大量壁画内容丰富多彩、着色绚丽、布局谨严，是中国绘画史上极为珍贵的资料。

昭陵碑林

昭陵陪葬墓张士贵墓出土的白陶舞马俑

乾陵

高宗李治（628—683）是唐太宗的第九个儿子，其母为长孙皇后。得母舅长孙无忌帮助，于650年即位。在位期间体弱多病，皇后武则天实际执揽朝廷大权。高宗死后葬于乾陵。

武则天（624—705）名曌，原籍并州文水（今山西省文水县），出生于四川广元。14岁入宫为太宗才人。太宗死后，入感业寺削发为尼，后被高宗李治接入宫中，封为昭仪。655年，被立为皇后。690年，武则天废唐称帝，改国号为周，成为中国历史上唯一的女皇帝。705年，武则天病故于洛阳，次年与高宗合葬乾陵。乾陵是关中十八陵中最西边的一座帝陵，位于今乾县县城北4650米的梁山。梁山海拔1047米，西侧为南北向沟壑，漠河河道从沟中穿过；东麓和北麓较平缓，南面山势较陡。乾陵地宫，就开凿于梁山南麓半坡之上。

根据考古勘查，乾陵地宫位于梁山南边，在山体上开凿出一条长条形坑道作为墓道。墓道南北长 63.1 米，宽 3.9 米，墓门处深 17 米。墓道以石条填砌，从墓道口至墓门，共有 39 层石条。石条长 1.25 米，宽 0.4—0.6 米，多刻有文字，以千字文记位编号。平行石条间，以铁拴板左右连接，上下层用铁棍穿插，用铁水灌注缝隙固定，使墓道内 39 层石条犹如一体。墓道两边的石壁上绘有壁画。据记载，五代时关中唐陵多被温韬盗掘，唯盗掘乾陵之时，因风雨大作、雷电交加，未能打开地宫就仓皇撤离。从考古勘察情况看，乾陵地宫未发现盗洞，墓道结构仍为唐代原样，推测乾陵很可能是关中唯一未被盗掘的唐陵。

乾陵陵园平面约呈方形，东西 1438—1450 米，南北 1450—1582 米。梁山主峰，基本位于陵园中央。陵园周围筑墙，四面墙正对梁山主峰处各辟一门，门址宽 27 米，东、西、南、北四门，分别为青龙门（东华门）、白虎门（西华门）、朱雀门和玄武门，朱雀门是陵园正门。陵园四门之外 25—31 米处各筑双阙，分列门道两侧，间距 38—43.5 米。朱雀门外双阙，北距门址 25 米，间距 41.5 米。阙址平面为长方形，东西 26 米，南北 17.5 米。陵园四角筑有角楼，基址仍然保存。朱雀门内为献殿，殿址平面呈长方形。献殿与朱雀门之间东西两边，筑有东西阁。

乾陵是中国古代帝陵之中选址最具特色的一座。乾陵所在的梁山，由三座山峰组成，主峰居北，即乾陵地宫所在的山峰。主峰以南 1290—1550 米，又有二峰东西对峙，俗称奶头山。二峰东西间距 380 米，其上各筑一阙，阙址尚存，东阙址高 19.3 米，底部东西 18 米，南北 8.5 米。此二阙即文献记载的乳台，亦即乾陵的第二道门，北距陵园朱雀门 650 米。在乳台之旁原来建筑有画像祠堂，其中有狄仁杰等当时 60 位名臣的画像。

乳台以南 2350 米，为乾陵最南边的门，即文献所称的鹊台。鹊台有东、西二阙，间距 100 米。阙址尚存，底部平面为长方形，东阙址东西 34

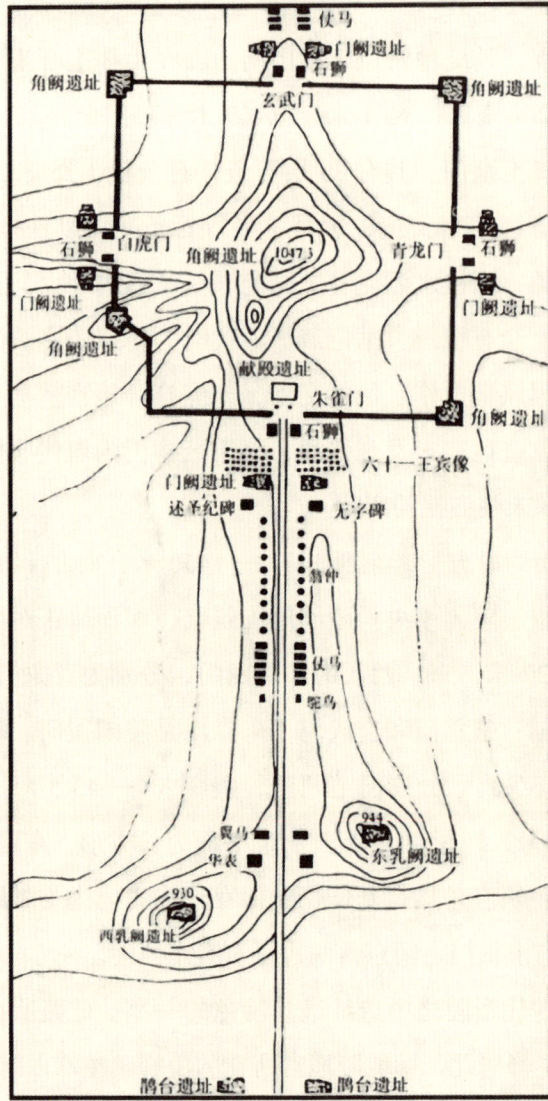

乾陵平面示意图

米，南北 25 米，现存高 10 米。

　　在乳台和鹊台之间的西部，今严家咀村东、陵前村南、邀驾宫村北，有大面积建筑遗址，似为乾陵下宫遗址。乾陵石刻制作之精美、组合之完整、保存之良好、对后世影响之深远，在诸唐陵中是突出的。乾陵石刻，

乾陵墓道及封石

主要分布在陵园朱雀门至乳台之间的神道两侧及陵园四门外。

陵园四门之外各置石狮 1 对，左右分列。石狮一般通高 2.9 米，宽 1.16 米。在北门之外，还应对称分布有石马和控马者石刻 3 对。

朱雀门外神道石刻，由南向北依次为华表、天马和鸵鸟各 1 对、石马和控马者 5 对、石人 10 对、石碑 2 通、蕃臣石像 64 尊。石刻分东西列，对称分布。华表、天马、鸵鸟、石马和石人，东西间距均为 25 米。

华表通高 7.47—7.67 米，下部由础石和石座组成，二者四周分别饰有线雕云纹与祥兽纹。柱身置于石座之上，各棱面线雕缠枝海石榴花纹，为抱合式二方连续图案。柱顶为石雕仰莲盆所托的宝珠。

乾陵华表

乾陵全景

天马位于石华表北 30 米，通长 3.5 米，高 3.45 米。天马披鬃，瞋目，合口，背平，体圆，尾垂，腿直立。腹下雕云纹，两胁雕饰有五层卷云纹翼翅。天马石座四周，线刻有龙纹、獬豸纹、狮象纹等形象，或龙腾欲飞，或张牙舞爪，奔驰追逐，栩栩如生。

鸵鸟位于天马北 23.6 米，高 1.8 米，宽 1.4 米，作侍立状，昂首挺颈，身高，腿长，颈直，浮雕于石屏之上。这是乾陵诸石刻中唯一一对高浮雕作品。

最南边的石马位于鸵鸟北 18.5 米，每对石马和控马者南北间距 18.2 米。石马通长 2.8 米，高 1.9 米。控马者均残，原高约为 1.55 米。石马头有衔镳，背置鞍鞯，披障泥，备马镫，身着鞅鞦。控马者，均身穿圆领窄袖袍，脚着靴，系带，双手拱握。

石人最南边者，位于石马北 17.7 米，每对石人南北间距 18.5 米。东西列石人，形制相同。石人身高一般为 3.86 米，最高者 4.65 米，最低者 3.1 米。石人均头戴束发冠，身穿宽袖长袍，袖长过膝，腰系带，脚着靴，双手拄剑。

石人北 17.4 米处为无字碑和述圣纪碑，二碑东西间距 61.6 米，碑北 21.6 米处为朱雀门外双阙。无字碑居东，通高 7.46 米，碑身高 6.3 米，宽 1.8 米，厚 1.2 米；碑座长 2.37 米，宽 2.61 米。碑身是用一整块巨石雕制而成的，重 98.8 吨。碑额浮雕 8 条螭首相交。碑身无字，故名无字碑。宋、金以后，此碑始有游人题字，现有题刻 13 条，其中 1134 年"大金皇弟都统经略郎君行记"，系用女真文字所刻，旁有汉字译文，是研究女真文字的珍贵资料。碑侧（东西面）线刻升龙纹，碑座四周线刻狮、马等祥兽纹。据说乾陵所立无字碑，是因武则天以其功德高大而文字无法表达。

述圣纪碑在神道西侧，通高 6.91 米，碑身高 6.3 米。碑身截面呈方形，边长 1.86 米，上下 5 段，连同庑顶和碑座共 7 段，所以又称七节碑。石碑重 81.6 吨。碑头为庑殿式顶盖，庑顶下西南角和东南角各有一浮雕蹲踞力士。碑文为武则天所撰，唐中宗李显楷书，内容是颂扬唐高宗李治的武功。碑正面（南面）刻文，字画上填以金屑。碑座四面，线雕獬豸等瑞兽纹样。

蕃臣像位于朱雀门外的东西两侧，南距南门双阙 18 米。蕃臣像建于神龙元年（705），现存东列 29 人，西列 32 人，身高 1.75 —1.8 米。根据平面分布推断，东列亦应 32 人，总计应为 64 人。东西列蕃臣像每边均为南北 4 行、东西 8 排，其范围东西 15.44 米，南北 7.47 米。蕃臣像中各个石

乾陵石雕天马

乾陵石雕鸵鸟

乾陵无字碑

人服饰和发型不尽相同，大多穿窄袖阔裾服装，有圆领、大翻领或斜叉领，腰束带，脚穿靴，双足并立，两手前拱。头发有卷发，也有披发。石人背后镌刻其国名、官职和姓名，如木俱罕国王斯陁勒、于阗国尉迟陁、吐火罗王子羯达健等。根据对蕃臣像背后所刻衔名的研究发现，这些蕃臣大多是唐王朝西北地区各少数民族的首领，其中还有相当一部分被任命为唐边疆地区的地方行政长官。同时他们又是唐中央朝廷统领宫廷警卫的十二卫大将军或将军。蕃臣像立于陵侧，表现出其侍卫宫阙的作用，象征着皇帝生前之仪卫，同时也反映了唐朝多民族统一国家的政治生活。

在乾陵东南部的陵区内，还分布有 17 座陪葬墓，分别是章怀太子贤、懿德太子重润、泽王上金、许王素节、彬王守礼，义阳、新都、永泰、安兴四公主及苏定方、刘审礼、中书令薛元超、豆卢钦望、杨再思、刘仁轨，李谨行、左武将军高侃的墓葬。其中永泰公主、懿德太子、章怀太子、中书令薛元超和李谨行 5 座陪葬墓已经考古发掘。5 座陪葬墓，虽然均被盗

乾陵述圣纪碑

掘，但仍出土了 4300 件各种唐代文物，在墓壁发现了大面积的珍贵壁画，其中永泰公主、懿德太子和章怀太子 3 座陪葬墓的墓道两侧、墓室周边与顶部，共有 200 多幅壁画。

　　乾陵陪葬墓中以懿德太子墓最重要，这是因其"号墓为陵"的埋葬规格。懿德太子李重润，是唐中宗长子。其墓平地起冢，封土形如覆斗，筑有陵园，南门外置二阙，神道两侧自北向南分布着石狮 1 对、石人 2 对、华表 1 对。懿德太子墓全长 100.8 米，墓道由 6 个过洞、7 个天井、8 个小龛、前后甬道和前后墓室组成，石椁置于后室。墓道东西壁绘有阙楼、出行仪仗等壁画，后室顶部壁画为天象图。懿德太子墓的壁画，是我国古代壁画的一个极为重要的发现，40 多幅壁画，着重表现了墓主人显赫的政治地位和宫中的奢华生活。巨幅《阙楼仪仗图》壁画，表现了首都长安皇宫

懿德太子墓出土的贴金铠甲骑马俑

乾陵蕃臣石像

门前宏伟壮观、雕梁画栋的三出阙，以及排列整齐、场面盛大的仪仗队伍。步队、骑队、车队依次前进，旌旗招展，画面人物多达 196 人，蔚为壮观。此外还有《侍女图》《驯豹图》《鹰犬畋猎图》，画面之上或侍女姿容端庄秀丽，或禽兽呼之欲出。墓内出土的大理石哀册，楷书，阴刻，填金，实属珍贵文物。墓内还出土了千余件陶俑、木俑和三彩俑，其中以贴金铠甲骑马俑为前导，配有大量乐队的出行仪仗。懿德太子墓的发掘，为我们了解、研究唐代帝陵地宫制度，提供了一个可靠参照物。

章怀太子李贤，是高宗李治和武则天的次子。作为一位学者，他以注释《后汉书》而享誉后世。然而作为政治家，他的一生则是悲剧性的。680年，他因与其母武则天政见不同，被贬为庶民，流放四川。684 年，年仅三十一岁的李贤，被武则天逼迫自杀。中宗李显复位后，被迁葬京畿，陪葬乾陵。

章怀太子墓为覆斗形封土，由墓道、4 个过洞、4 个天井、6 个便房、

甬道、前室和后室组成，全长 71 米，宽 3.3 米，深 7 米。墓内的壁画面积
400 平方米，50 多幅壁画保存较好。其中的《客使图》，再现了外国友好
使者来长安访问的场面；长 12 米的《马球图》，画面上有 20 匹马，骑手
身穿不同颜色的窄袖袍，足蹬黑色靴，头戴幞头，骑在马上，左手握缰，
右手握偃月形球杖，激烈角逐，或纵马击球，或反身拦球。击球运动是从
波斯传到中国的，唐代长安相当普及。当时城中球场多达几十个，大明宫
及其附近球场最多。有的皇室成员在自己的宅院中，也设置了球场。击球
运动在长安普及的原因，除了中外文化交流的影响之外，还与皇帝及上层
统治集团酷爱这项运动关系很大。唐朝皇帝不仅热爱击球运动，有些皇帝
还是出色的马球手，甚至以"击球状元"自诩。巨幅《狩猎出行图》，描
绘皇家出猎队伍，前呼后拥，奔向猎场的景象，是一幅活生生的唐代帝王

章怀太子墓壁画《客使图》

懿德太子墓《阙楼仪仗图》壁画局部

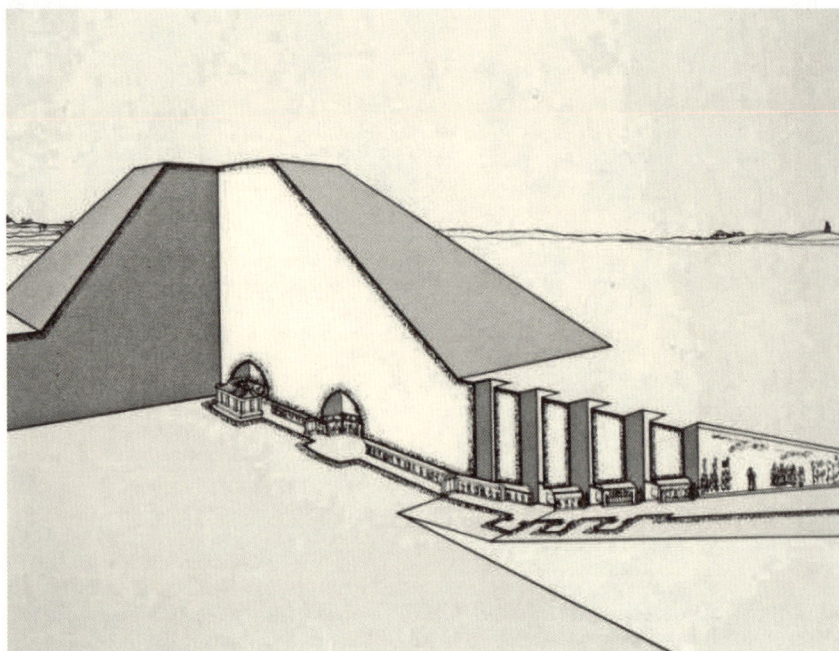

章怀太子墓剖面示意图

生活写照。《观鸟捕蝉图》，描绘 3 个宫女在花园内观鸟、捕蝉的景象。章怀太子墓壁画，生活气息浓，人物造型真实，神态生动，笔墨流畅，勾勒遒劲，色彩绚丽，达到了很高的艺术水平。章怀太子墓石椁上的线刻仕女人物画，具有与壁画同样重要的艺术价值。墓中还出土了一批唐代个体最大、造型最宏伟的三彩俑，如 1—1.5 米高的三彩骆驼及牵驼俑、三彩马及牵马俑、三彩文官武士俑、三彩镇墓兽等。

永泰公主墓封土为覆斗形，底部边长 56 米，高 14 米。封土周围筑围墙，形成墓园，东西长 220 米，南北长 275 米。墓园南面辟门，门外置双阙，神道有石狮 1 对、石人 2 对、华表 1 对。永泰公主墓，由斜坡墓道、6 个天井、5 个过洞、8 个便房和前、后甬道与前、后墓室组成，全长 87.5 米，宽 3.9 米，深 16.7 米。永泰公主墓虽经盗掘，但仍出土了精美的三彩陶俑及金、玉、鎏金饰品共 1353 件。壁画也属永泰公主墓内最重要的发现，内容丰富，墓道两壁由南向北为左青龙、右白虎，后续为肃穆的仪仗队，再后为男女各半的侍从人物。进入墓室，前室壁画以侍女为主，色彩鲜丽，技法娴熟，富有韵律。后室为星象图。石椁上的线刻仕女人物，可入我国古代线刻画中最优秀的代表作之列。墓志石侧的花叶卷草图案和十二生肖动物形象，细致繁丽，反映出唐代线刻画的卓越成就。

十七

唐长安城的行政管理

唐长安城的行政机构

　　长安城隶属于京兆府，京兆府的行政长官是京兆牧，一般由亲王担任。如李世民和李旦当皇帝以前，都曾出任过此职。这是个荣誉性的职务，实际上主持京兆府日常行政工作的是京兆尹，京兆尹有两名少尹辅佐。京兆府内，分别由司录参军事（正七品上）、功仓、仓曹、户曹、田曹、兵曹、法曹、士曹参军事（皆正七品下）等分管辖区内的政治、经济和文化事务。京兆尹奇日到京兆府、偶日去递院办公，平时住在自己的私人宅第中。后来，为了加强管理，崔郢为京兆尹时，就在京兆府内修筑宅第，以后京兆尹住在京兆府内，成为一种不成文的制度。

　　唐代京兆府管辖着首都和京畿地区的 21 个县。京师长安城内的县称京县，长安城外属于京兆府管辖的县谓畿县。京县有两个，即万年县和长安县。这两个县的县令，级别高于全国其他县的县令。京兆尹的官衙，设在长安城内的光德坊中。万年县和长安县的县衙，分别设在长安城内的长寿坊与宣阳坊中。

　　京师的地方官权力很大。唐代继承了以前的做法：京兆尹出行时，要清街回避，关闭坊里之门，如有冒犯者，格杀勿论。对于这种规定，就是皇家神策军的军官也不能例外。如京兆尹柳元公刚上任，一次去京兆府时，在街上与神策军小将相遇，后者骑着骏马未回避，于是柳元公便命随从在大街上当场用棍棒将其打死。

　　长安城内的基层行政管理单位是坊，全城的里坊由左右金吾卫大将军负责昼夜巡警，"坊角，有武侯铺"。隋炀帝时，大兴城的坊曾改为里，因此，唐代仍有称坊为里的，里、坊为同义。隋大兴城中各坊设坊主一人，管理坊中事务，又配备坊佐二人，协助坊主工作。唐代长安城中各坊只设里正一人，具体职责是掌管坊门的钥匙，督察各种奸盗等刑事犯罪活动，配合国家司法部门追捕、传呼罪犯。里正要执行地方政府的有关规定，如不按时开闭坊门，就要被处以两年徒刑。夜间坊门要安排专人值班，叫直宿。对于违反夜禁规定放行者，坊中的有关管理人员要受到杖笞三十的处罚。玩忽职守、让盗贼经坊门进入坊内者，值班人要被杖笞五十。

长安城郊区的基层行政管理单位为乡，乡下设里或村，百户为一里，五里为一乡，里、村、乡，分别设里正、村正和乡正。里正掌管其里内的户口，督促农桑生产，替官府催征赋税和徭役，检查举告违犯政府法规的人或事。乡正由所属诸村、里的百姓推举，通过里正、村正管理乡内工作。乡正也称乡老或父老。

唐长安城的治安管理

唐朝政府为了维护统治、确保首都安全，对首都居民采取了严密的控制措施，加强对长安城的治安管理，诸如城门的出入、街道的通行、武器的限制、服装的规定等。

中央政府设置城门郎，作为负责长安城城门开关的官员。城门开关有严格的时间规定，如要变更，必须向内阁报告，获准后方可执行。为了保证皇帝和中央政府的绝对安全，首都长安的郭城门、皇城门和宫门的开关先后，都有一定顺序。开门时要先外后内，关门时要先内后外。出入城门和宫门，要一律左入右出。

郭城门由卫戍部队派兵守卫，根据各城门的实际情况，兵力配备不尽相同，一般大城门多达百人，小城门也要 20 人。皇城和宫城城门附近，驻守有重兵。皇城有十六卫（左右卫、左右骁卫、左右武卫、左右威卫、左右领军卫、左右金吾卫、左右监门卫、左右千牛卫），分别由将军统率，可见其地位之重要。

皇城门和宫门，安排有全副武装的士兵守卫，号称立门仗。文武官员进出皇城和宫城城门，都要出示证件（即籍），证件之上写明本人的姓名、身份等基本情况。每个月，文武官员还要到监门卫的官衙办理一次验证更易手续。白天，卫兵在城门楼上八方瞭望；夜间，士卒在城内四处监听，时刻注意城内外的各种活动，稍有可疑，立即报告上司。长安城内的坊市百姓，不能居高临下窥视宫城之内，违犯者至少处以一年徒刑。对于向宫城之内投掷砖瓦、石块，以及翻越皇城、宫城城墙者，处刑自然更重了。若翻越宫城之内大朝、正朝所在地墙垣，就要处以极刑——绞刑。

宫城的守卫，由禁军负责。禁军包括左右龙武军、左右神武军和左右神策军，号称六军。此外，还有统领北衙禁兵的左右羽林军。宫城卫戍部队，均由大将军统率。他们平时守卫皇宫，关键时刻左右政局，在唐代政治生活中起着十分重要的作用。

皇帝在京师的卫戍部队相当庞大，兵士多达 10 万名。但这些军队的战斗力并不强，尤其在唐玄宗执政末年，六军的兵士多来自京畿，其中有钱人家的子弟以禁军军人的身份贩卖丝绸，从中获利，过着花天酒地的生活。也有些身强体壮的无赖之徒，被征召为六军士卒之后，只知角抵、拔河、争斗吵打。他们平时不习武练兵，一旦有事又拉不出去，不战而栗。这些人军事上无能，是群草包，却狗仗人势，横行京畿，欺压百姓。尤其在唐德宗以后，以神策军为代表的京师禁军更加残暴，鱼肉百姓，凌辱官吏，甚至连京兆尹对他们也无可奈何，只好忍气吞声。

长安城内的坊角，设置铺。根据坊角的地理位置、重要性的不同，铺的规模大小也不一样，一般大铺驻守 30 名士兵，小铺驻守 5 名士兵。城内主要交通道路的治安，由左右街使负责，其下设置有左右六街巡警。每天日落之时，城中擂响暮鼓八百声，关闭城门。至第二天五更二时，晨钟敲响之前，城内街道不准行人，违者叫犯夜或犯禁，这就是中世纪长安城中的夜禁。夜禁开始后，在人烟稀少的城内，街道中的骑卒巡行叫呼，武士督察警戒。遇到了行人，则厉声质问，对方若不回答，先弹响弓弦以警告，再旁射以示威，最后还不应声，则射杀之。对于查明确属犯夜的人，轻者鞭笞，重者杖杀。如郭曼因夜间酒醉而跑到坊外，触犯了夜禁，当场就被刘贞亮的随从乱棍打死。有的虽为官宦，因犯夜亦遭贬逐。当然，对于执行官府紧急公事者，可以例外。私人于夜禁后，有吉凶疾病之类紧急事情需要出门者，要持本县或本坊的文牒方可通行。

长安城中，全年只有上元节（即阴历正月十五日）及其前后各一天，皇帝特许取消夜禁。因而，上元节成了长安城非常热闹的节日。每逢这三天，全城之内，到处张挂着各式各样的花灯，千万盏灯照得长安城如同白昼。欢乐的市民充塞大街小巷，人们通宵达旦地沉浸在节日的欢乐之中。

唐代，在长安居住、学习的外国人数以几万计，地方政府对他们的治安管理也十分严格。一般来说，他们不能在外留宿。对于要离长安去外地者，必须向政府提出申请，得到允许方可出走。

当时皇室为了加强对京城驻军的直接控制，大历二年（767），唐代宗颁布命令：严格禁止皇亲国戚与军队高级将领之间通婚。在统治阶级上层集团的高级政治生活中，甚至驸马与军将交往都不允许。对于在宫城禁军中任职的诸王驸马，责令其离开禁军，改任他职。为了防止其他人员冒充京师卫戍部队，危及皇家安全，严禁达官显贵的家属及城市居民穿戴与京师官兵一样的服装，防止军民分辨不清。

盛唐以后，政局动荡，治安混乱，朝廷对长安城中的武器管理更严格。当时规定，严禁私人收藏武器。贞元元年（785），唐德宗宣布命令：刀枪铠甲等武器，任何私人不得藏蓄。在都城郊区携带武器捕猎，也是不允许的。过去私人收藏的弓箭长刀等武器，一律要上缴官府。

　　禁止私人收藏、携带武器的规定，不只限于长期居住在京师的人，外地进京人员亦在其列，甚至赴京的各地军人，也要遵照上述规定执行。到了唐代晚期，长安城中居民的习武练兵也被禁止了。

十八

唐代长安的社会经济

长安的农业与郊区庄园

唐代长安的高度文明，是建立在繁荣的社会经济之上的，农业在当时社会经济中又占有主导地位。由于唐代前期社会政治的开明，农民有了一定的劳动条件和生产积极性，到了开元、天宝年间的盛唐时期，诗人杜甫在长安目睹到的是"公私仓廪俱丰实"的景象。

长安地区农业经济的发展，与唐朝政府对水利建设的重视是分不开的。当时由工部下属的水部及都水监具体负责水利工程的建设和管理，都水监中的都水使者，掌管京畿地区河渠、堤堰、坡池的修筑。灌渠及其斗门，分别设置渠长和斗长，管理利用渠水灌溉农田的工作。

流入长安城的龙首渠、永安渠、漕渠和清明渠，虽然主要是提供城市用水，但水渠流经的东郊、南郊和西郊的农田，也得到了灌溉。

京畿地区最重要的农田水利设施，仍是秦汉以来渭北地区的郑国渠和白公渠。宝历元年（825），刘仁师曾对白公渠大加维修。此外，像升原渠，由宝鸡引渭向东通至京师，灌溉着长安以西的渭北农田，也是一条比较重要的水渠。

京畿的地方政府，对农业生产也很重视。京兆府曾把大量的灌溉工具如翻车和筒车，散发给郑国渠和白公渠灌区的农民，让他们用以灌溉农田。对于缺少牲畜的农户，唐朝政府还从外地调运大量耕牛，由京兆府分发给有地无牛的农民。当然，唐朝统治者的这些做法，是为了保证广大农民为统治阶级创造更多的社会财富；但是在客观上，也促进了京畿地区农业生产的发展。

唐代壁画《耕稼图》

　　唐代长安的农业，包括园艺和粮食种植业。园艺种植业，主要分布在城边一些坊中和皇室所属的宫苑之内，生产蔬菜和水果。大文学家柳宗元的家中，就在长安城西边有果园数顷。安乐公主在城西延平门外的庄园，也种植了大量果木。宫廷所需的水果、蔬菜和畜产、鱼禽等，在其所属的庄园或禁苑之中生产，专门设置官吏负责此项工作。

　　粮食种植业是农业生产的主体。唐代长安的农业生产的一个重要特点是：地主庄园得以发展并在农业生产中占有重要地位。唐朝皇帝往往以赏赐达官显贵大量田园，作为拉拢权臣、巩固统治的手段。因此，长安附近的大量田园被赐予统治集团的成员，官僚地主阶级为了发展自己的经济实力，也千方百计地巧立名目，霸占农民良田，因而这里的地主庄园特别发达。

　　唐代长安最大的庄园，当然要数皇家庄园，朝廷设庄宅使和内庄宅使进行管理。庄宅使管理皇家田产及其他生产设施，内庄宅使管理皇家庄园的房屋等不动产。皇家庄园的产品，直接提供给皇室。

皇亲国戚、官宦豪富在京城近郊，也占有规模可观的庄园。武则天的女儿太平公主"田园遍近甸，皆上腴"。高祖李渊一次就赏赐裴寂良田千顷。元载在长安城郊的庄园有数十区之多，均为膏肥良田。唐代中晚期，宦官逐渐得势，他们更加贪得无厌，当时"甲舍名园，上腴之田，为中人所名者，半京畿矣"。

长安的寺院，也拥有许多大庄园，唐代宗时，"凡京畿上田美产，多归浮屠"。长安城中的大寺院如慈恩寺、西明寺等，都有皇帝的敕赐田庄。

庄园的生产者，主要是租种土地的农民，也就是佃户，当时称之客户或庄客。广大农民由于土地被兼并，失去了生产资料，为了生存，只得忍受庄园主的重利盘剥，租种庄园土地耕种。

奴婢是庄园中的重要生产者。如唐代长安的皇亲国戚、达官显贵之家，奴婢甚多。唐高祖一次赏赐给冯盎的奴婢就多至万人，郭子仪有家奴三千，太平公主家"奴婢姬监"数以千计，奴婢在庄园中从事着各种各样的劳动。

以生产粮食作物为主的庄园，大多分布在长安城的远郊，主要在京师以北的泾河下游。这里是秦汉以来的关中粮仓，入唐以后，仍为京畿的粮食生产基地。唐德宗为了褒奖李晟的战功，曾在泾阳一带选择上等农田赐予他，作为其庄园。此外，如郭子仪、升平公主及王公百官甚至一些寺观，在白公渠灌溉区也都有自己的庄园。京畿西部的渭河流域两岸，也是京师的重要粮食产地，这里不但有官宦的庄园，还有军队的屯田。此外，还有一些专门从事养马的牧场。如郭子仪在眉县附近的马场，占地竟达百余里。

长安城附近的庄园，往往还是官僚、文人的游乐之地。庄园中往往修建有亭台楼榭，种植着奇花异草，建设成风景宜人的别墅。当时的庄园别墅，以城东和城南数量最多。城东的庄园别墅，多为皇室贵族所有，分布在灞河与长安城之间。这些庄园别墅，地近大明宫和兴庆宫，实际上成了

唐 王维《辋川图》(局部)

皇家的离宫别馆。城南的庄园别墅，多为达官和文人所有。如长安南郊大贵族韦氏和杜氏的庄园别墅，就在城南樊川一带。唐代的许多文人，也都设法在长安南郊购置庄园别墅，如岑参、郎士元、韩愈、郑谷、王维、权德舆、元稹、杜牧、员半千等人的庄园别墅，都集中分布在樊川附近。

传统与新兴的手工业

　　唐代长安的手工业生产，可分为官营和民营两种。官营以丝织业和金银器制造业为突出代表。民营手工业多与城市居民生活密切相关，如酿酒业、食品加工业、乐器制造业等，一般生产规模较小，但产品名声颇大。像长安城中长兴坊的毕罗店、崇仁坊的赵家乐器作坊等，就属于这种民营生产作坊，它们往往兼营商业。

　　长安是唐朝中央政府的所在地，又是丝绸之路的东方起点。当时全国各地，每年都要以赋税和土贡的形式，将当地生产的著名手工业品送到长安，供皇室享用，或为皇帝馈赠外宾的礼品或褒奖王公百官的珍品，因此，长安汇集了全国上乘的手工业产品。同时，活跃的中外关系，使许多外国的手工业品也输入长安。

传统丝织业

　　中国的丝织品手工业生产，有着悠久的历史，唐代社会经济的进一步发展，中外文化交流的扩大，进一步推动了丝织品手工业的发展。丝织品的产品数量和花色品种，都已达到了一个新的水平。

　　长安所生产的上乘丝织品，一般是由政府所属的官府作坊生产的。如在武则天当政时期的中央政府之少府监中，从事丝绸生产的就有"绫锦巧儿"365人、"内作使绫匠"83人、"掖庭绫匠"150人、"内作巧儿"42

唐　张萱《捣练图》（宋摹本，局部）

人。少府监中还有织染署，具体承办皇宫所用丝织品的纺织和练染。织染署中生产分工很细：织纴操作有布、绢、纱、绫、罗、锦、绮等 10 部分；组绶操作有组、绶、绦、绳、缨 5 部分；紬线操作有紬、线、缏、网 4 种；练染操作分成青、绛、黄、白、皂、紫 6 道工序。分工如此之细，反映出唐代官府丝织手工业的发达。

唐代官府丝织业的工艺技术不能外传，这样做主要是唐朝统治阶级为了独自占有、享受那些丝织业中的新产品。根据这一要求，官府中的工匠们要世袭为业。

唐代，朝廷还在长安设立了织锦坊。玄宗时，织锦坊中仅专为杨贵妃纺织锦帛的工匠就有 700 人。

京师官府丝绸业的产品，包括上至皇帝、皇后，下至群臣百官的冠冕、组绶，以及为他们制作各种服装的锦、罗、纱、縠、绮、绝、绢等，还有一些用于赏赐贵族、达官和外国使者的特制品。如唐中宗的女儿安乐公主有两条裙子，由上百种珍禽的羽毛织成，五光十色，图案新奇，一条计价百万，另一条价值亿钱，大概都属于官府作坊中的特制品了。

除了官府的丝织手工业之外，京师的显贵豪富之家，也有一定规模的家庭丝织手工业。如太平公主家中，从事丝织生产的工匠多达数百。像前面谈到的安乐公主的特制毛裙，到了唐代后期，不少达官之家也能让自己的工匠仿造。当时由于长安城仿造这种毛裙的人家甚多，羽毛用量极大，为了采集动物羽毛，以至把江南珍禽异兽都捕捉殆尽。这也从另一方面反映出，当时不少民营丝织作坊已经能够生产出相当高水平的丝织品了。

唐代，全国各地的上等丝织品，也以赋税、土贡等形式大量输入长安。如诗人王建在《宫词》中所说的"缣罗不著索轻容"的"轻容"，就是出产于亳州的一种无花薄纱，曾在京师享有盛名。又如唐宪宗时，宣武节度使韩弘献给皇帝绢 25 万匹、绝 3 万匹。像韩弘这种臣僚向皇帝的贡献，有唐一代是相当多的。因此，长安皇宫之内库存的丝绸堆积如山。

唐联珠华冠鸟纹锦

　　不但皇家仓库中拥有大量丝绸，长安一些豪富之家的丝绸数量也相当惊人。如商人邹凤炽曾向唐高宗说，他所拥有的丝绸，即使在终南山的每棵树上都挂一匹也用不完。

　　长安是丝绸之路的起点，全国各地的丝绸汇集长安，并由此经丝绸之路运往遥远的西方。唐代，也有一些西亚地区的丝织品运到长安，或由长安转运到其他地方。因此，当时长安的丝织品种花样繁多，琳琅满目。如仅以河北定州出产的绫为例，就包括细绫、瑞绫、两窠绫、独窠绫、二包绫和熟线绫等。又如名贵的锦，包括大张锦、软瑞锦、半臂锦和杂色锦等。丝织品的花纹争奇斗艳，有传统的盘龙、仙鹤、芝草、对凤等，也有不少异国情调甚浓的联珠对马、联珠对鸟等纹饰，其花纹间往往织有汉字，是唐朝的丝织业工匠们采用波斯锦新织法和新图案织成的丝织品。丝织品作为输往西方的商品，也是中外文化交流的历史见证。

新兴的金银器制造业

我国古代金银器（指容器）的大发展应始于唐代，在很大程度上是由于西亚地区广为流行的金银器对我国的影响。

金银属于贵金属，能以此制造器物使用者，自然只有皇室和极少数达官豪富，但其用量却很大。在唐代长安故地附近，曾出土了不少唐代金银器。如平康坊东北隅（今西安市和平门外），出土了 7 枚鎏金银盏托；长乐坊东部（今西安东南郊沙坡村），出土了银薰球及银碗、杯、盒、盆等15 件银器；兴化坊（今西安南郊何家村），出土的金银器多达 1000 余件，可谓唐代金银器的一次空前发现，其中精美的珍品有乐工八棱金杯、舞伎八棱金杯、刻花金碗、掐丝团花金杯、舞马衔杯纹仿皮囊银壶、宝相花银盖碗、双狮莲瓣银碗、双鱼纹银碟、双狐纹双桃形银盘等。

历年来，我国唐代金银器出土地点，以西安市及其郊区最为密集，这

1957 年西安出土的唐鎏金莲瓣银盏托

恰好反映了唐代长安金银器的使用情况。历史文献中，关于唐代长安金银器在社会生活中的使用情况，也多有记载。安禄山在长安城亲仁坊的宅第中，不只把金银器作为室内摆设，就连厨房、马厩中使用的器物，都是以金银制作的，甚至筐和笊篱等都以金、银丝编织。皇宫之内金银器的使用情况，自然要比达官显贵们有过之而无不及。唐玄宗为了制止朝廷的奢侈之风，曾下令皇宫之内不许使用金银器。他让人把宫内的金银器收集起来，集中在朝堂附近予以销毁，目睹者看到，那里的金银器堆积如山。由此可以想见皇宫中金银器数量之多了。

唐朝中央政府的金银器中，有些是各地官员向皇帝进贡的。如西安北

法门寺地宫出土的银香炉

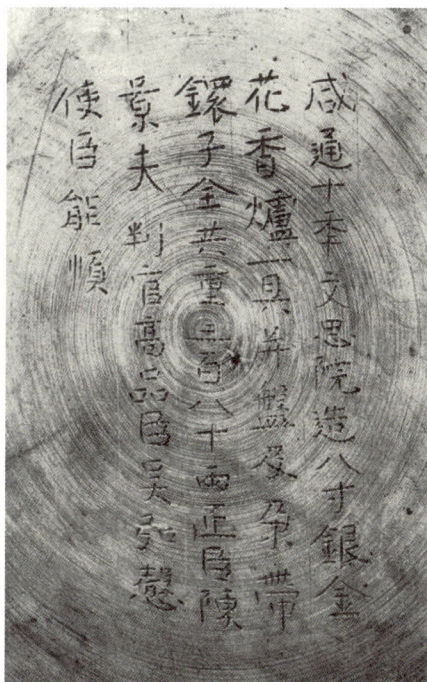

法门寺地宫出土的银香炉外底铭文

郊出土的唐代金花银盘，就是裴肃进贡的。一些蕃酋在与唐王朝的友好外交往来中，也以贡献金银器为重礼。如开元年间（713—741），吐蕃就曾多次把大量金银器作为贡物，献给唐朝政府。唐朝皇帝也经常用金银器赏赐达官显贵，馈赠外国使者。唐代长安的大量金银器，主要是本地生产的。当时长安是全国金银器的生产中心，金银器生产，以官府手工业作坊为主。唐朝中央政府的少府监之下，有金银作坊院与皇家的文思院专司其责。金银作坊院中的工匠，少时千人，多时数千人。金银器是贵重器物，对于生产者的技艺要求很严格。他们是各种手工工匠中需要培训时间最长的，官府对其技艺有着严格的考核制度。法门寺地宫出土的素面圈底金碗、银锡杖、银如意、银手炉、银香炉、银茶碾子、银茶罗子、银盐台等，均刻有文思院文字的铭文。

长安城中也有民营的金银器生产作坊，其中既有长安市民经营的，也有波斯人开办的。为了满足市场需要，东市和西市还专门开设了销售金银器的商店——金银行。由于金银器商业的兴隆，甚至在一些里坊之内，也办起了金银器商店。

唐代长安的金银器工艺制作水平很高。如西安南郊何家村出土的金银器中，已经普遍使用了钣金、浇铸等器物成形的主要方法，器物的精细加工和花纹的制作，用切削、焊接、抛光、铆、镀、锤打、錾刻和镂空等方法。对于多数金银器来说，需要综合运用多种工艺技术才能制造出来。就金银器制造中的每种工艺技术而言，几乎都达到了当时的最高水平。如焊接工艺已经有了大焊、小焊、两次焊和掐丝焊等多种，而且每种焊法都是焊口平直，焊缝几乎不见。又如切削工艺中，或加工痕迹螺纹清晰，起刀、落刀点显著；或螺纹同心度强，纹路细密，子扣经锥面加工，子母扣接触严密。几乎所有的金银器加工件，很少有轴心摆动的现象。因此，人们推测当时的工匠，很可能已经使用了简单的工作机。

唐代长安的金银器，从器物形制、装饰花纹方面看，都含有较多的波

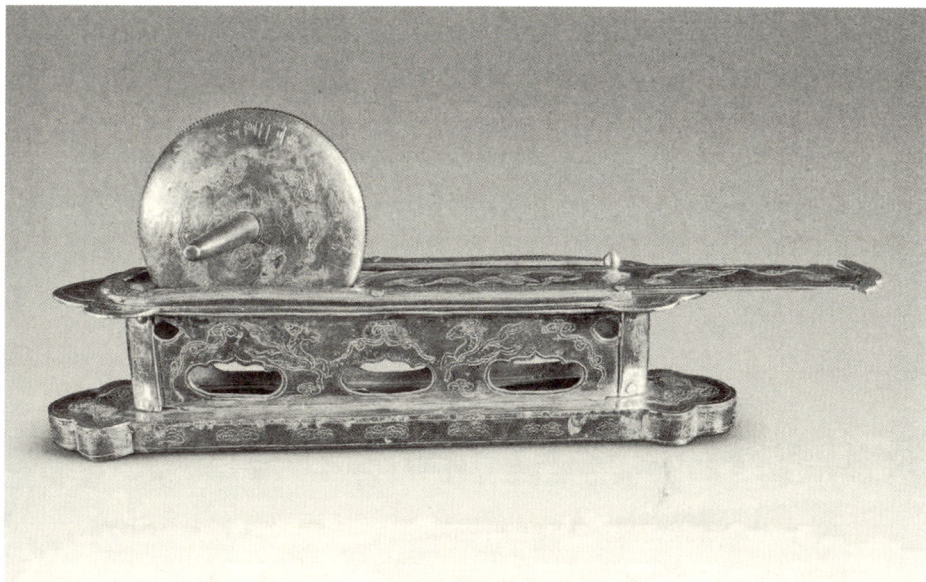

法门寺地宫出土的银茶碾子

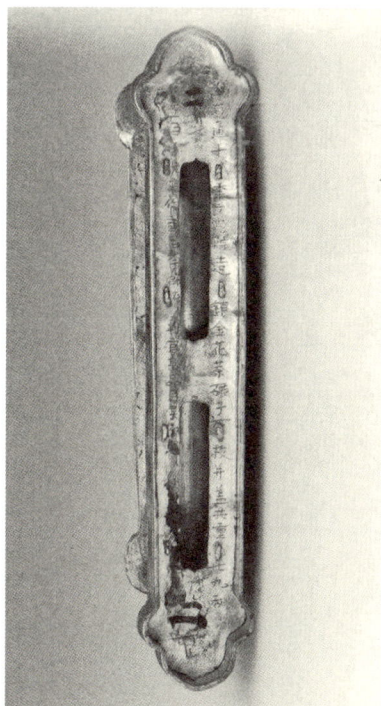

法门寺地宫出土的银茶碾子局部

法门寺地宫出土的银茶罗子

鎏金双狐纹双桃形银盘

斯萨珊王朝金银器工艺的因素。这种情况恰好反映了我国金银器工艺的发展受到了波斯金银器工艺的影响，可谓中外文化交流的佐证。

光彩夺目唐三彩

近年来，在西安附近发掘的唐代墓葬中，出土了为数众多、工艺精湛的三彩器，这是一种非常有时代特色的手工艺产品。

三彩器属于低温釉陶系统，介于釉陶和瓷器之间，盛行于唐高宗至唐玄宗时期，人们又称其为唐三彩。因为这类器物的釉面有黄、绿、白或黄、绿、蓝、赭等颜色，古代以三言其多，故称三彩。唐三彩，是盛唐时代陶瓷手工业中的新产品。

唐代长安的皇室和高级官僚墓葬中随葬的三彩器，数量之多、质量之

彩绘骆驼及牵驼俑

好，都是其他地区唐代墓葬不可同日而语的。如懿德太子墓和永泰公主墓中的三彩器各有约 170 件，章怀太子墓多达 232 件。这些墓葬中的唐三彩，往往以人物俑为主，神态逼真，色彩光辉照人。其中有高髻广袖、珠光宝气的贵妇形象，也有年轻貌美、亭亭玉立的宫廷侍女；有宽衣博带的百官，也有躬身听侍的宦者。唐三彩中的胡俑，深目高鼻，满脸胡须，头戴尖帽，身穿胡服，或怀抱西域乐器，或手牵骆驼、马匹。这些胡俑，是生活在唐代长安的胡人的真实写照。

唐代长安，不仅皇室人物和高级官僚的墓葬中随葬有大量三彩器，而且后来在商人及一般市民的墓葬中，也随葬有数量不等的三彩器。前者大多出于官府手工业作坊，后者多为民窑产品。社会上对三彩器的大量需求，促进了三彩器的生产，三彩器作为商品，也出现在长安的市场上。

唐长安城附近地区出土的大量唐三彩，应该是本地生产的。在今西安市未央区未央宫街道大刘寨村东北部（唐长安城醴泉坊）等地，均发现了烧造唐三彩的窑址。大刘寨村东北部为汉长安城武库遗址，唐代是皇家禁苑范围。西安地区规模最大的唐三彩生产地，应该是铜川市黄堡唐三彩窑址群。

长安作为一座国际性的大都会，盛唐时期流行的三彩器，很快连同其烧造技术流传到国外，日本奈良等地均出土过唐三彩残片，并且仿照唐三彩制成的奈良三彩，与西安地区唐墓中出土的唐三彩十分相似。

商业市场与商业活动

唐长安城中的商业市场，主要是东市和西市，分别是隋大兴城的都会市和利人市。唐长安城的二市之名，沿袭汉长安城中的东市和西市。

唐长安城东市与西市，分别位于皇城东南部与西南部，各占两坊之地，形制、大小基本相同。市的平面近方形，每市面积约 1 平方千米。市的四周修建有市墙，每面各辟两门，每市 8 座门。市内有东西向和南北向干路各两条，交叉而成"井"字形，分别与 8 座市门相通。市内沿市墙四周，还有一条 14 米宽的环市路。

市中通向 8 座市门的 4 条路，将市内分成 9 个区，每区四面临街，商店临街开设，店铺排列稠密。每区之内，又有巷道便于内部通行。市内各区的内部巷道之下，有砖砌排水道，城市污水流入市内大街两侧修筑的砖砌水沟之中。

市内除了店铺之外，还有商人居住的里巷。如商人鲁谦，就住在西市的锦行里。

市内 9 个区的中央一区，有市的行政管理机构，市令、市丞及市场其

东市复原示意图（引自肖爱玲《隋唐长安城》第 126 页）

他管理人员和卫兵们在此办公。这里的建筑物高大，登临其上，可以一览全市。此外，东、西二市的中央一区内，均有市局和平准局衙署，行政长官为市令与平准令，管理市内的商业活动。

市场管理中，国家有严格的法制。商品不允许以次充好、以假乱真、粗制滥造、缺斤短两，违者商品要被没收、商人要被杖打。市里有官府制作的标准尺、秤，作为公平尺、秤。度量衡器均由国家统一生产，禁止私人制作，违者以盗窃罪论处，或受杖笞。市场物价，由市的管理人员进行公正评议，不得假公济私，否则要以盗窃、坐赃论处。市局规定，市场出售的商品要有商标，注明制作人姓名，否则不允许在市场上出售。这仍是秦汉时代"物勒工名，以考其诚"的传统。对于诸如奴婢、牛马的买卖活动，必须到市局中公验立券。

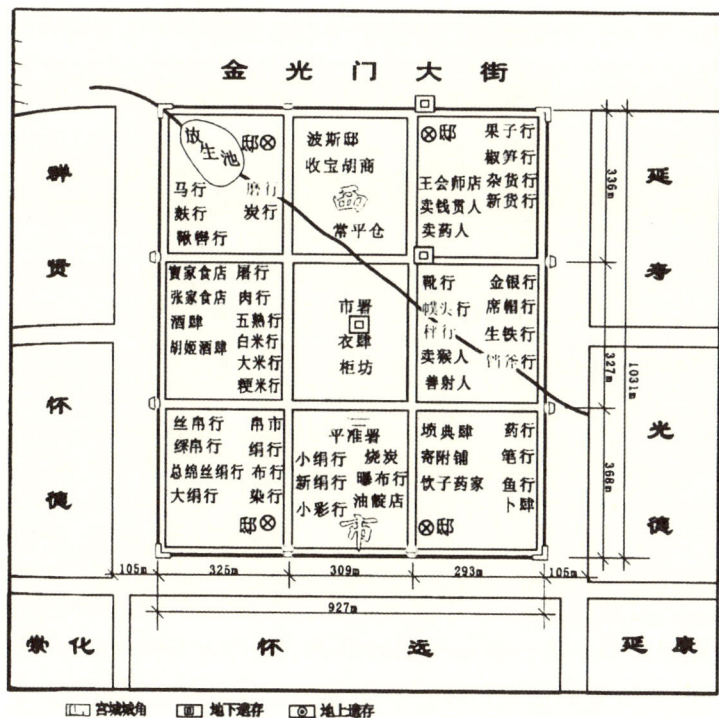

西市复原示意图（引自肖爱玲《隋唐长安城》第127页）

市场中的商业活动，仍然沿袭着古老的传统，每天中午击鼓 300 下，以示市场开始营业。日落之前 7 刻，击钲 300 下，以示市场要停止营业。

市场的商店种类很多，出售同一类商品的商店叫行，与汉长安城东市中的肆相近。唐长安城东市的商业有 220 行，全国各地的珍奇商品，都汇集到东市的市场上。关于东市的 220 行包括多少家店铺，历史文献没有明确记载，但有件事或许可以使我们能够想象出其商店数量之多。武宗会昌三年（843），一天夜里东市失火，烧毁了大量房屋。当时正在长安留学的日本和尚圆仁（慈觉大师），目睹并记述了这场火灾，根据他的记载，这次大火烧毁了东市曹门以西 12 行 4000 多家店铺。至于整个东市 220 行的店铺数量，那就相当可观了。

西市之内的店肆制度与东市相同。东、西二市的市内商业规模，初唐时期大致相近。高宗龙朔三年（663），唐朝皇帝把皇宫从太极宫迁至其东北的大明宫。开元、天宝之际，唐玄宗又听政、起居于城东的兴庆宫。皇亲国戚、达官显贵为了攀附皇室，竞相在大明宫和兴庆宫附近的朱雀大街以东各坊营建宅第。长安城中数以万计的商贾，大多数只好住在朱雀大街以西。他们就近于西市经商，因此这时西市的商业繁华程度超过东市，时称西市为金市。

如前所述，东市和西市的商业门类很多，东市有笔行、乐器店、丝绸店、铁行、凶肆、印刷厂、肉行、毕罗肆、酒肆等；西市的商店门类比东市更多，市内有饭馆、酒店、胡姬开设的酒肆、胡人的珠宝首饰店、书店（坟典肆）、服装店、大衣行、衣肆、帛肆、绢行、乐器店、药铺、秤行、鞦辔行、麸行、笔行、肉行、鱼行、铁行、油靛行、法烛行、金银行，还有寄附铺（即委托商店）、煎饼团子店、窦家店、张家楼饮食店、波斯邸（波斯人开设的商邸）等。西市的木材市场，是规模最大的一项商业活动。天宝初年，京兆尹韩朝宗从金光门至西市开凿一条渠道，把城外的渠水引入西市东北部，其目的之一就是便利西市市场上的大批木材运输。当然，这条渠道的开通也保证了市场的用水。

西市之内各同行店铺，基本分布在一起。如西市南大街的东部为饮食业店铺聚居之地，中部有珠宝商店；北大街中部集中了铁行、石刻店铺等；东大街南部有陶器店；西大街中部有凶肆。不少店铺都是前店后场的布局，即前面临街的地方是经营商品的商店，其后则是商品生产作坊或商品仓库。如位于西市南大街的骨器店遗址附近，既出土了大量骨制装饰品，同时又发现了不少制作骨器的骨料。

唐代长安的市场经济相当活跃，商业交易金额很大。在西市甚至专门有出售穿钱绳子的店铺。为了使商人们商业活动的巨额现金有安全保障，西市之中开设了柜坊，存放商人的现金。但柜坊不同于现代的银行，因为商人在柜坊存钱要交付保存费，而银行则要向存钱者支付利息。柜坊中的收存现金数量很大，有时国家还向其借款。建中三年（782），为了解决中央财政开支的困难，唐德宗就曾向柜坊借钱。

随着商业经济的发展，需要支付大量货币。铜钱是唐代主要的流通货币，铜钱单位价值不高，钱币沉重，不便大量随身携带，长途往来于各地也不安全。唐代晚期，商人们发明了一种货币汇兑办法，叫飞钱（或称便换），颇似现在的汇票。这个制度对长安的商业发展起了积极的作用。

东市与西市遗址进行了考古勘探与发掘，现在已经究明，东市遗址在

唐“开元通宝”铜钱

今西安市碑林区西安交通大学以西，范围东西 924 米，南北近千米。市场四周外边的大街宽约 120 米，东市之内的道路宽约 30 米。历史文献记载的东市东北部的放生池遗址，已经考古发现，遗址平面椭圆形，东西 180 米，南北 160 米，池深 3—6 米。

西市遗址在今西安市莲湖区，范围东西 927 米，南北 1031 米。市场四周外边的大街，宽约 94—120 米不等，西市之内的道路宽约 16 米，其中东西向 2 条道路，南北相距 327 米；南北向 2 条道路，东西相距 309 米。西市的 4 条道路纵横交叉为"井"字形，将市内划分为 9 个区域。西市市墙内侧有一周道路，与市墙平行，道路宽 14 米。西市遗址之中多处遗址进行了考古发掘，发现了临街的商业店铺遗址。根据这些遗址出土的遗物及相关遗迹可以看出店铺的经营范围，如饭店、珠宝店、铁器店、陶器店、石刻品商店等。

唐长安城中的商业活动，不只限于东市和西市之内，一些里坊之

清　苏六朋绘《李白醉酒图》

中也有店铺。这些店铺的商业活动，大多与居民日常生活较为密切。如永昌坊的茶馆、升平坊的胡饼店、长兴坊的毕罗店、平康坊的姜果店，以及为数众多、分布全城各处的酒店。长安市民饮酒之风甚盛，当时西域的高昌葡萄酒、波斯三勒浆等，都是长安人十分喜爱的名酒。长安城中西域胡人开设的酒店很多，生意也颇兴隆。在这些酒店中，往往有胡姬侍酒，长安的文人学士，则是胡姬酒肆中的常客。诗人李白在长安写下的《少年行》，就细致入微地记述了这些。

里坊之中除了摆摊设点的店铺之外，还有许多肩挑叫卖、走街串巷的小商贩，他们所卖的东西，包括柴、油、蔬菜、水果、活鱼、熟食等。

有些里坊中开设的经营传统名特商品的店铺，一直保持着自己的经营优势。如延寿坊的金银珠玉店、宣阳坊的彩缬铺（丝织品印染店）、丰邑坊的殡仪用品店、靖恭坊的毡子店、颁政坊的馄饨馆等。

长安城中还有一些临时性的市场，虽然属于临时开设，时间不长，但一般是定期举行，市场规模颇大。如城东南隅的曲江附近就有这种市场，属于行市。每年时逢朝廷公布新考中的进士名单后，这些人都要到曲江宴游，时称曲江大会或曲江之宴。在举行这种活动期间，长安城中各行各业的商人们，争先恐后地在曲江边搭起临时商店，同时还组织了丰富多彩的文艺演出活动助兴。长安城中的市民几乎倾城而出，来曲江看热闹、买东西。

长安城中除了一般的市场和商业活动之外，还有一种作为奴隶买卖的奴婢市场，位于城南的安善坊和大业坊之内，约占一坊半之地，市场规模很大。后来由于买卖活动不方便，才把这座奴婢市场迁移到东市和西市之内。当时奴婢市场上也兼营马、牛、驴等大牲畜，它们与奴婢各置槛内，同在市上出售，可见唐朝统治阶级把奴婢看成与牛、马一样的牲畜。奴婢的买卖要办理契约，由地方行政官吏验明身份，然后向政府交纳税收方可成交。当时一个奴婢的价格，约相当于10头牛的价格。

长安城的旅馆业相当发达。各地进京赴试的举子，为数众多，居留时间也比较长，他们是城中旅馆的常客。这些人大多居住在朱雀大街以东的兴道、务本、长兴、靖安、亲仁、道政、永崇和宣平等坊的旅馆之中。唐代，经常有些地方官被调集京师，他们也暂住在上述诸坊的旅馆之内。当时长安的客户坊、客院，属于文人学士们居住的旅店。这类旅店里的客人，有的居住时间很长。如诗人姚合在亲仁坊中租赁旅舍，长住 3 年之后才离开。各地来长安经商的人，大多住在朱雀大街西边的崇贤、延福和布政等坊的旅店之中。

唐代中晚期，由于长安城中旅馆业迅速发展，城市流动人口大量增加，促使了夜市的产生。最繁华的夜市，往往也是旅店最多的地方。如皇城附近的崇仁坊中旅店很多，当时各地来京城长安的选人（唐代称候补、候选的官员为选人）大多居住在这里。崇仁坊中的夜市通宵达旦，昼夜喧呼，灯火不绝，其热闹繁华在京城其他诸坊的夜市中，没有可以与之相比的，甚至东市和西市相形之下也有逊色。根据唐朝政府规定，长安城内实行夜禁，对于城中的夜市活动，政府多次发布禁令，但是夜市活动不但未能制止、取缔，反而规模越来越大、数量越来越多。朝廷的禁令犹如一纸空文，老百姓不听，当官的也置之不理。如京兆尹王式就常逛夜市、看热闹，兴致来了，还要开怀畅饮于夜市之中。

在长安繁荣的商业中，有不少大商人。如怀德坊的富商邹凤炽，家中的金宝不可胜数，所拥有的货邸、商店、庄园和宅第遍及京畿、布满海内。又如长安商人王元宝，唐玄宗曾深有感慨地说，皇帝只能做天下的权贵，而天下之富则要算王元宝了。当时，王元宝、杨崇义和郭万金等长安富商，被称为国中巨豪。像永阳坊的张通、崇贤坊的王道宾，以及任令方、王宗等商人，都成了京师的富族，财产多至数百万，号称"富拟王者"。这些人，在商业上取得成功的重要原因之一，是他们大多交游于朝贵，来往于名僚，依仗政府的势力开展商业活动。

十九

唐代长安的文化

最高学府——长安国子监

唐代国子监，相当于汉代的太学。晋武帝咸宁二年（276），起国子学，这是以国子名学之始。贞观五年（631），唐太宗于长安始置国子监，位于长安城内的务本坊，邻近皇城东南。国子监，是唐代的最高学府。

唐朝政府对国子监十分重视，唐太宗就经常到国子监视察。

国子监的建筑规模很大，唐太宗时，一次为学校增筑的校舍就多达1200间。国子监中开设六门专业：国子学、太学、四门学、律学、书学和

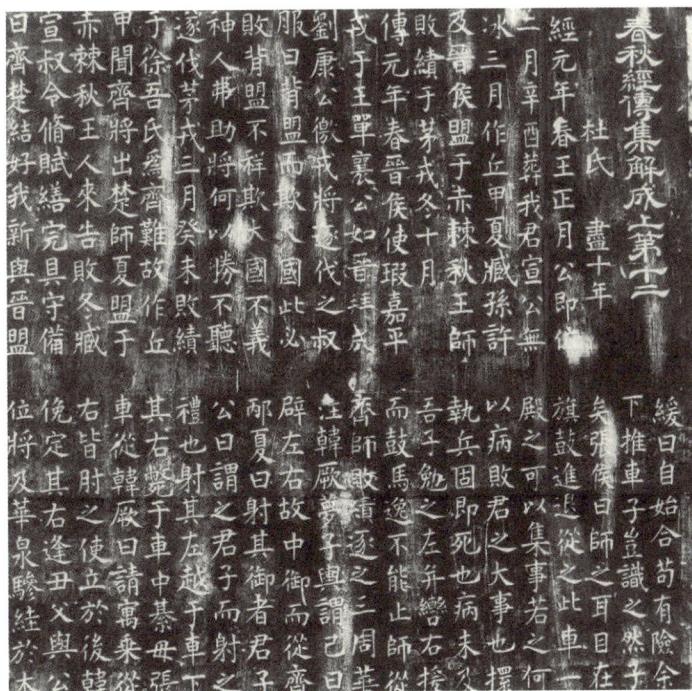

《开成石经》（局部）

算学。根据各门专业的特点，为不同专业的学生开设不同内容的课程。国子监中的教师，由博士、助教和掌教担任。

国子监中各门专业的学生人数多少不一，按照规定：国子学 300 人、太学 500 人、四门学 1300 人、律学 50 人、书学和算学各 30 人。各门专业对学生的家庭出身都有明确的要求。唐代社会讲究氏族门第，国子监学生的氏族门第，以国子学要求最高，其次是太学，再次是四门学，律学、书学和算学学生的出身门第要求最低。此外，国子监还分配给全国各地一些学生名额，属于定向招生。当时在国子监中学习的，除中国学生之外，还有不少外国留学生。如高丽、百济、新罗等国家，高昌、吐蕃等地区的国王、酋长，还派其子弟到长安国子监中求学。当时国子监中的学生相当多，最多时达 8000 余人。学生的年龄，除律学的学生一般 18 岁至 25 岁以外，其他各门专业的学生年龄大体相近，一般为 14 岁至 19 岁。

国子监中的教学，主要以儒家经典为教材。闻名中外的《石台孝经》和《开成石经》，就是作为国子监中的石质教科书制作成后被陈列在务本坊的国子监中。现在，这部石质教科书完好地保存在西安碑林之中。

唐诗与长安

唐代文化是我国古代社会文化的顶峰，唐代诗歌则是唐代文化中的杰出代表。唐代诗歌在我国古代文学史上占有突出地位，代表了我国古代诗歌的最高艺术成就。享有世界声誉的伟大诗人李白、杜甫、白居易，都成名于长安。唐诗中开宗立派的伟大诗人，无一不是从长安走向全国或从各地来到长安，在长安留下了许许多多名篇佳作，其中不少诗篇从不同角度、不同层次，描绘了长安这座世界名城。这些诗篇犹如一幅唐代长安的瑰丽画卷，成为长安的史诗。

被杜甫誉为"不废江河万古流"的初唐四杰，其中卢照邻写出了脍炙人口的长诗《长安古意》，骆宾王留下了被称为绝唱的《帝京篇》，王勃供职长安时，咏出了"海内存知己，天涯若比邻"的佳句。

盛唐时期，长安日益繁华，唐诗也达到了它的顶峰，其中的代表诗人是李白、杜甫和王维。

翰林学士李白，名满京师，被誉为谪仙人，颇受玄宗赏识，以至于皇帝亲自为他调羹。李白在兴庆宫沉香亭，为唐玄宗和杨贵妃"援笔成文"的《清平调》词三首，"婉丽精切"，千古传颂。他在《古风》第二十四首中，揭露了天宝初年的宦官豪奢无度、朝廷政治腐败。此外，李白的《子夜吴歌·秋歌》《阳春歌》和《灞陵行送别》等诗篇，也从不同侧面描述了长安的风情。由于李白不畏权贵，不愿充当皇帝的御用文人，得罪了杨贵妃和宦官高力士，被排挤出京师。但他对长安始终怀有深刻的感情。

盛唐时期，李白未到长安、杜甫未成大名之前，王维曾是长安的文苑霸主，号称天下文宗。王维久居长安，一生大部分时间都是朝廷命官，经常来往于他的京畿庄园——辋川别业与京城之间，过着亦官亦隐的生活。他经常出入朝廷官府与权贵宅第，写下了不少应制诗歌，如《和贾舍人早朝大明宫之作》等。他擅长音乐，曾任太乐丞，不少绝句成为长安艺苑中的绝唱。王维的山水诗，犹如描绘长安风光的清淡水墨画，如《渭川田家》《终南山》《过香积寺》《送元二使安西》和田园组诗《辋川集》等，就是这方面的代表性作品。

诗圣杜甫因久居长安少陵原，自称少陵野老，后人称其为杜少陵，其诗结集就名为《杜少陵集》。长安的生活，是杜甫思想光辉的起点，他在长安留下的200多首诗歌，包括了他一生创作的不少名篇。如《丽人行》《哀江头》《自京赴奉先县咏怀五百字》等诗歌，就反映了唐代长安由盛而衰的社会面貌。杜甫在长安还写出了《曲江二首》《同诸公登慈恩寺塔》等诗篇。安史之乱以后，他颠沛流离，晚年滞留夔州时，还写了《秋兴》，表达了自己对京华长安的怀念。

从《全唐诗》中我们可以发现，中唐时期"大历十才子"中的卢纶、韩翃、钱起、李端和司空曙等，都留下了歌咏长安的诗作。

中唐诗人名家莫过于白居易，他的诗歌更像是一幅长安的全息摄影作品。属于这方面内容的名篇有《长恨歌》《琵琶行》《卖炭翁》《杜陵叟》《宿紫阁山北村》等，或以唐玄宗和杨贵妃的悲剧故事，揭露社会复杂而尖锐的阶级矛盾；或以弹奏琵琶妇女的不幸，抒发自己对社会黑暗的愤慨；

《十八学士图》（局部）

或以长安街头卖炭老人的痛苦遭遇，鞭笞"宫市"的掠夺行为；或以京畿老农被贪官污吏急敛暴征之痛苦，为广大农民鸣不平。白居易的创作以"文章合为时而著，歌诗合为事而作"为宗旨，以深入浅出、平易通俗而著称，因此他的诗歌在长安"士人争传"，一般庶民、僧徒、妇女，都能吟咏白居易的诗歌。

唐诗之中有不少描述长安人文景观的作品，除了前面提到的名家之外，诗坛上还有许多诗人都留下了相关的诗篇。如张九龄的《登乐游原春望书怀》、高适的《同诸公登慈恩寺浮图》、岑参的《登总持阁》、韦应物的《慈恩寺南池秋荷咏》、孟郊的《长安早春》、李贺的《过华清宫》、韩愈的《同水部张员外籍曲江春游寄白二十二舍人》、王建的《春日五门西望》、元稹的《杏园》、刘禹锡的《曲江春望》、贾岛的《题青龙寺》、杜牧的《长安秋望》、温庭筠的《杨柳枝》、李商隐的《乐游原》等。

唐代长安是座诗城，京都的博大清新，为诗人提供了写不完、咏不尽的素材。数以百计的著名诗人被长安所陶醉，诗兴大发，创作了千千万万的名篇佳作。这些闪烁着时代智慧的诗句，书写在长安的官衙、寺观、民居、亭驿等建筑物上，王公、贵妇、士卒、牧童争相吟咏，誉满长安，传遍天下。

长安乐舞

唐代在继承秦汉以来乐舞的基础上，又广泛吸收西域乐舞，使二者融合为一体，开创了面目全新的东方乐舞。唐代长安，是这种东方乐舞的发源地和大舞台。

唐朝统治者对乐舞十分重视，一方面，他们通过乐舞为自己的统治歌功颂德、粉饰太平；另一方面，经济的发展使他们对文化生活的要求更多。唐朝有些皇帝，如玄宗、宣宗等，不仅是乐舞的爱好者、提倡者，而且还是乐舞创作与表演专家。

唐朝政府在长安设置了专门机构，负责乐舞工作。宫中乐舞，玄宗以前由太常礼乐司掌管。开元二年（714），玄宗在大明宫设置了教坊，为乐舞演员的管理机构和业务活动场所。为了区别皇宫之外、长安城中所设立的教坊，前者称内教坊，后者叫外教坊。外教坊根据乐舞的分工，又分为左右二教坊。左教坊善歌，右教坊善舞。前者位于延政坊，后者地处光宅坊。

教坊分置内外，是根据其各自业务活动特点而设的。内教坊以宫廷乐舞为主，此坊之中居住的，是新声、散乐和倡优之伎。外教坊以通俗乐舞见长，坊中演员为杂伎、倡优，男女都有。朝廷任命宦官为教坊官吏，管理教坊事务。

女舞俑

朝廷除了设立行政机构和业务部门管理乐舞工作之外，还开办了培养乐舞人才的学校。梨园就是唐朝中央政府设立的艺术学院，以教授乐舞和戏曲为主。玄宗以前，长安禁苑中有一座公园，名叫梨园，其中有花木、亭台和球场。唐中宗曾在梨园举行宴会，招待皇亲、百官及文人学士。皇帝和皇后，还在梨园球场观看拔河比赛。

梨园作为最高艺术学府，始建于开元二年（714），由唐玄宗亲自创立，他作为"崖公"（出自《教坊记》："诸家散乐，呼天子为'崖公'"，即梨园的校长）主持学校的教学工作。近人多称唐玄宗所创建的梨园故址即禁苑中的梨园，在今西安市未央区大白杨村附近。其实并非如此，唐玄宗的梨园，应该在大明宫中。

唐玄宗是位乐舞专家，既能作曲，又会演奏，尤其擅长打击乐器羯鼓和吹奏乐器横笛。传说玄宗学打羯鼓，曾经打坏了几箱子的鼓槌，可见其功夫之深了。玄宗所擅长的羯鼓和横笛，在器乐合奏中被认为是音之领袖，自然，没有很深的艺术造诣，是很难胜任这项工作的。由于唐玄宗在乐舞上的成就，他被后人称为戏曲、乐舞界的祖神或圣人。他所开设的艺术学院——梨园，则成了戏曲、乐舞的代名词，因此后人称演员为梨园弟子，世代以戏曲、乐舞表演为职业的家庭被称为梨园世家。

梨园的学员，是从皇家宫廷乐队中挑选的。唐代宫廷乐队分为二部：殿堂之上坐着演奏的称坐部伎；殿堂之下站立演奏的谓立部伎。只有技艺高超的演奏员，才能进入坐部伎。梨园的第一届学员，就是唐玄宗从坐部伎中挑选的300人。玄宗为这些人授课，在数以百计的合奏者中，他甚至可以辨别出其中某个演奏者的微小错误，并及时指出，予以更正。这些人在梨园的学习中进步很快。梨园的学生从招生到讲课，因为都是由玄宗亲自主持，所以被称为皇帝梨园弟子。这些人边学习边演出，会昌殿是梨园中的重要演出场所。皇家梨园弟子的演出是高水平的，颇为人们重视，有时皇帝都要亲自观看。太和四年（830），唐文宗就在梨园会昌殿观看过他们的文艺演出。

皇宫中的宜春北院是梨园的分校，招收数百宫女学习乐舞。

唐代朝廷在许多场合都要安排各种各样的乐舞演出，因此中央政府的乐舞管理部门和演出团体规模相当庞大，乐舞演员多至数万人。唐中宗时，长安城中仅在散乐（即百戏或角抵）中打鼗（táo）鼓的演奏员，就多达两万人。

宫廷乐舞的演员，唐代以前，大多挑选诸侯贵族子弟充任。演出时，他们身穿艳丽的服装。据说只有这样，神祇才能降福。到了唐代，改变了这个制度，倡优、杂伎充任了宫廷乐舞的演员。

唐代长安流行的乐舞很多，主要的就有 70 余种。白居易说皇宫之中"千歌万舞不可数"，虽为夸张之词，但于此也可看出当时乐舞数量之多。

唐代长安流行的舞蹈，主要有健舞、软舞、字舞、花舞和马舞等。健舞与软舞风格迥异，前者雄健威武，后者柔和婉丽。健舞包括柘枝、剑器、胡旋、胡腾等舞蹈，软舞包括回波、兰陵王、春莺啭、凉州、甘州和绿腰等舞蹈。字舞和花舞，是演员以不同队列组合成文字、花卉等图案。马舞类似现代的马戏，西安南郊何家村出土的唐代舞马衔杯银壶上的图案，生动地记录了这种舞蹈。上述舞蹈都有旋律优美的音乐伴奏，演员扮相俊俏，身段秀丽，舞姿如画。

乐舞大多为皇室演出，戏曲则普遍流行于民间。唐代京师的戏曲中最著名的曲目，有《大面》《拨头》《踏摇娘》《苏中郎》《窟垒子》和《弄参军》等。戏曲演出的戏院，一般设在古刹名寺附近。慈恩寺附近的戏院，在长安城中是数量最多、规模最大的，其次是青龙寺、荐福寺和永寿寺附近的戏院。当时的戏曲演出十分吸引观众，万寿公主因在慈恩寺看戏着了迷，竟连病危的兄弟都置之不顾。唐代长安还有一种说唱，颇似现代的某些曲艺节目。西安西郊出土的唐代彩绘说唱陶俑，是这方面的宝贵资料。这组陶俑由三个俑组成，一俑居中，做说唱之状；二俑分处两旁，一个吹

胡旋舞壁画

胡腾舞铜像

胡腾舞壁画

彩绘说唱俑

笙，一个拍鼓，作为伴奏。有的可谓是演出的"轻骑兵"，他们在骆驼上演出，吹拉弹唱，一应俱全。唐代长安的杂技节目，也是丰富多彩的，有走索、舞剑、球技等。走索，就是现代杂技节目中走钢丝的前身。

乐舞、戏曲的繁荣，与文化创作的发展是分不开的。当时长安演出的不少著名乐舞、戏曲作品，大都出自名家之手。如颂扬李世民武功的大型乐舞《秦王破阵乐》，就是由魏徵、褚亮、虞世南和李百药等人合作写成的。《霓裳羽衣曲》是唐玄宗参照婆罗门乐舞写成的，从白居易的《霓裳羽衣歌》，我们可以想见这个节目演出时，其音乐之动人、舞姿之优美，这是传统的中国古代乐舞与西域乐舞融合发展的最高成就。

唐代长安乐舞、戏曲能够取得辉煌成就，与当时京师荟萃了众多艺术家密切相关。如声乐方面，著名歌唱家有许永新、李龟年、李鹤年等。许永新在兴庆宫勤政务本楼上，面对唐玄宗都束手无策的楼下数万名观众的

三彩骆驼载乐俑

杂技俑

喧哗嘈杂场面，她引吭高歌，喧嚣之声立即停止，其艺术魅力之大，竟超过了至高无上的天子权威。器乐方面，琵琶是占有突出地位的乐器之一，这方面的演奏家人才济济，有白居易《琵琶行》中提到的琵琶演奏者曹善才、庄严寺和尚段善本，以及雷海青、康昆仑、罗程等。此外，还有笛子演奏家李谟、胡邹，箜篌演奏家李凭、张野狐，鼓师吕元真等。表演艺术家公孙大娘、李十二娘、张妙娘、黄幡绰、李彭年等。他们都是当时蜚声长安艺坛的名优。

唐代长安宫廷与市民文艺互相影响，外域乐舞被大量融会。宫廷的梨园和教坊中的乐舞，对长安市民影响颇大。如宫廷中的著名歌唱家李可及的演唱，在京师广为流传，甚至屠夫、沽酒之辈都竞相仿效。市民中也有不少颇具歌唱、表演天才的人，进入了宫廷乐舞队伍。一些由西域传到长安的乐舞，当时颇为人们所喜爱。从皇宫、王府，到坊市闾巷，上自达官显贵，下至市子街童，都能表演，也都爱表演，使唐代长安胡乐之声处处

乐器演奏俑

闻、胡舞之姿处处见。

长安美术

绚丽多彩的壁画

壁画在我国周秦时代的宫廷建筑中已经开始出现，汉代长安的壁画有了较大发展。我国古代壁画艺术的繁荣昌盛时期是唐代，而唐代壁画又以长安的壁画最为绚丽多彩。

唐代长安的壁画遍布地上地下，地上皇宫的楼台殿阁、贵族的豪华宅第、宗教的古刹名寺，地下的陵墓四周。这些壁画题材内容丰富多彩，艺术风格流派纷呈。

唐朝中央政府设立了专门机构——将作监右校，负责管理壁画绘制工作。参加壁画绘制的，不限于大量画工，还有许多著名画家。《历代名画记》《唐朝名画录》和《寺塔记》等历史文献记载的206位唐代画家中，有110位画家参加过当时的壁画绘制工作。其中不少名家，如阎立本、吴道子、王维、李思训等著名画家，都在长安留下了他们的壁画杰作。被尊为画圣的吴道子，一生创作绘制壁画多达300余堵。

唐代长安的宫廷壁画，除了太极宫凌烟阁绘制功臣像壁画外，其他建筑物上也有大量人物像壁画。如高宗在寝殿中绘制了长孙无忌像壁画，玄宗在集贤院内绘制了张果像壁画，德宗在御阁上绘制了李惟简像壁画，文宗在便殿内绘制了王起像壁画等。除人物像壁画外，还有一些表现一定故事内容的壁画。如太和二年（828），唐文宗亲自撰集了《尚书》中的君臣事迹，并让画工在大明宫太液池中央的太液亭上绘制成壁画。

宗教建筑物上的壁画，在长安的壁画中占有突出地位。长安的宗教以

章怀太子墓壁画《狩猎出行图》（局部）

佛教为主，佛教寺院遍及全城，寺院中五彩缤纷的壁画，使崇侈超过宫殿的古刹名寺更显得宏伟壮丽。

长安城中的国寺——大兴善寺中，曾留下了吴道子的杰作，他所绘神像壁画，"立笔挥扫，势若风旋"，围观他作画的人为之喧呼，寺院附近坊邑中的市民为之惊动。荐福寺中有吴道子绘制的《维摩诘本行变》壁画。他在常乐坊所绘《地狱变相图》壁画，鬼神犹如脱壁而出，观众看了个个惧罪修善，以至市场上出售鱼肉的店铺主人，由于害怕杀生招祸而关门停业改行，可见其艺术效果之强烈。吴道子的宗教壁画以豪放著称，在细腻处更见精神。如他在景公寺内所绘的天女，"窃眸欲语"，呼之欲出。

慈恩寺的壁画，几乎遍布寺内各处建筑物之上，无论是曲廊之内、殿堂之中，还是塔院附近，壁画随处可见。其中慈恩寺塔前壁上的《湿耳狮子跋心花》壁画尤为时人敬重。此外，像西明寺内的壁画，也名满长安。

除了宫廷、寺院中的壁画，长安城中一些达官士人的宅第，也绘制有壁画。如庾敬休在昭国坊的宅第中，就有画家王维为他绘制的壁画。随着长安的宫廷、寺院和宅第等建筑成为历史废墟，绘制其上的壁画自然也就荡然无存了。而长安附近的许多唐代墓葬中，却保存了大量精美的唐代壁画。考古工作者在西安地区所发掘的数以千计的唐墓中，曾发现了数量可观的唐代壁画。这些壁画，大多使用矿物颜料制作，一般绘制在墓道、过洞、天井、甬道和墓室的墙壁上。壁画题材，有象征方位的青龙、白虎、朱雀、玄武四神图像，有狩猎出行的场面和活动，有象征生前仪卫的仪仗出行图，有描绘各种各样宫廷生活与家居生活内容的图像，有反映中外友好往来和文化交流的礼宾图，有表现各种建筑物的建筑图，还有模仿天空群星绘制的星象图。

韩休墓山水图壁画

近年来，在西安地区的唐代达官显贵墓葬中，还考古发现一些山水图壁画，其中以西安市少陵原上的韩休墓中发现的山水图壁画尤其可贵，由以往纯粹的墓葬装饰壁画变为绘画作品，填补了中国山水画发展的缺环。上述长安唐代墓葬壁画，犹如一部唐代长安的历史画卷，成为人们研究唐代长安的珍贵历史资料。同时，作为绘画作品，这些唐墓中的壁画，又是我国古代艺术宝库中的辉煌篇章。

造诣精湛的书法

唐代是我国书法艺术的黄金时代。它的出现除了有政治安定、经济繁荣的背景外，还有以下三方面原因：

第一，唐朝最高统治者重视、爱好书法艺术。唐太宗李世民十分崇拜王羲之、王献之的书法，并派人到各地搜寻二王的书法作品。对于二王墨迹，时时观赏和临摹。生前爱不释手，死后他还要把墨宝带走。唐高宗李治也酷爱二王书法艺术，据传他曾仿效其父的做法，死后把王羲之的手书带入了地宫。唐代不少皇帝，不但爱好、重视书法艺术，本人在书法上也有相当造诣。太宗、高宗、中宗、睿宗和玄宗等皇帝，都写得一手好字，他们曾书写了著名的《魏徵碑》《李勣碑》《述圣纪碑》和《石台孝经》等。

第二，为了培养书法艺术人才，唐朝皇帝在全国最高学府——长安国子监中设置了书学博士和书法专业——书学。为了提倡和发展书法艺术，皇帝又在朝廷的科举中设置了书科，专门以书法艺术的高低来取舍举子。从此，书法成了文人学士进身的门路。因而，唐代学习书法的人很多，书法在社会上很受重视。中央政府在翰林院设置了侍书学士，大书法家柳公权就曾被唐穆宗召入朝廷，出任此职。当时，柳书极负盛名，为中外学者所仰慕。如朝鲜使者来到长安，就重金争购柳书。

第三，唐代权贵豪富之家为死者制作碑志之风甚盛，而碑志以名家书写的为荣。为此，有的碑志制作者，不惜重金相聘。如裴矩的儿子，为求高手撰书碑志，以万匹丝绢为礼，延聘于韦相门下，自称"宁饿不苟"。唐代晚期，长安的达官显贵之家立碑，如果得不到柳公权书写的字据以上石，就会被世人讥为不孝。

皇帝的重视、朝廷的提倡、社会的需要，使唐代长安的书法艺术得到了空前的发展。京师长安书道隆盛，名家辈出。初唐的虞世南、欧阳询和褚遂良，盛唐的颜真卿，晚唐的柳公权，他们在楷书方面创造了自己的书体和流派，欧、颜、柳体广为流传，延续至今，可见其影响之深远。篆体大家李阳冰，草书名家张旭、怀素、贺知章等，他们的书法艺术均为时人所推崇、后人所敬仰。这些人的书法大作琳琅满目，称誉京华，其中不少佳品刻于碑石之上，流传至今，现在大多保存在西安碑林或西安附近地区。这些艺术珍品，至今仍然闪耀着璀璨的光辉。如师承王羲之后人智永（王羲之七世孙）的虞世南（558—638）所书《孔子庙堂碑》；以浑厚遒劲见称的欧阳询（557—641）所书《皇甫诞碑》《九成宫醴泉铭碑》；唐朝新书体的一代宗师颜真卿（709—784）所书《颜氏家庙碑》《颜勤礼碑》《多宝塔碑》和《争座位帖》；与颜真卿齐名的柳公权（778—865）所书《玄秘塔碑》《李晟碑》等；号称"草圣"的张旭所书《千字文》和怀素所书《千字文》；李阳冰的篆书《三坟记》；史惟则的隶书《大智禅师碑》和梁升卿的隶书《御史台精舍碑》等碑石，都是唐代长安书海中遗存下来的珍贵书法艺术品的代表。

体育运动——击球

唐代长安的球类运动，有我国传统的鞠球（或称踏鞠）和从波斯传到中国的击球。二者的区别是，鞠球用足蹬，属于杂技一类。唐代鞠球一般用木球，球径 1—2 尺，由女伎用脚蹬，球转而行。击球是人骑马上，以杖打球，因此也称打球。击球与汉代的蹴鞠颇相似。击球运动在唐长安城中相当普及、活跃，当时城中球场多达几十个，其中大明宫及其附近的球场最多。1956 年，在含光殿遗址发现的奠基石上刻有"含光殿及球场等，大唐大和辛亥岁乙未月建"文字。据文献记载，麟德殿、清思殿、中和殿、左右军驻地、龙首池附近和大明宫北部，都设置了球场。此外，太极宫东北、皇城西北安福门外、兴庆宫勤政务本楼附近，也都有球场。禁苑之中的球场为数不少，分布在梨园、飞龙院、月坡和御马坊附近。

有些皇室成员的宅院中，也设有球场。如唐宣宗为诸侯王在十六宅营建雍和殿，并修筑了球场，他每个月要去那里打两三次球。

彩绘女子马球俑

达官显贵们的宅第附近，也竞相修建球场。驸马杨慎交、司徒兼中书令李晟、户部尚书王源中等，分别在其宅第所在的靖恭坊、永崇坊和太平坊内修建球场，有些球场建造得还相当讲究。

文人学士往往于曲江集会游赏后，在月灯阁球场打球。球场四周搭满了观看比赛的棚子，观众往往多至数千人。比赛结束后，运动员和一些球迷开怀痛饮于佛阁之上。

击球运动在长安普及的原因，除了中外文化交流的影响，还与唐朝皇帝及上层统治集团酷爱这项运动关系很大。唐朝皇帝不仅热爱击球运动，有些皇帝还是优秀的击球运动员。如李隆基即位前，曾与杨慎交、武延秀等组成一队，配合默契，技术高超，力克实力雄厚的吐蕃队；宣宗的球艺，曾经使"二军老手，咸服其能"；僖宗更以"击球状元"自诩。

唐代晚期，不少皇帝一心只想击球，以至于对生死置之不顾，对江山存亡不闻不问。击球是项对抗性很强的运动，如唐玄宗在麟德殿击球时，荣王在球场上坠落马下，当场死亡。长庆二年（822），唐穆宗在宫中与宦官击球，宦官从马上掉下，伤势严重，惨不忍睹，皇帝被惊呆，以至不能走路，卧床不起，直至身亡。敬宗没有接受其父穆宗的教训，他虽未死于球场，却成了他的击球将苏佐明的杖下鬼。唐朝末帝昭宗，亡国之际，丢弃长安，狼狈逃窜时，还不忘记带着他的"击球供奉内园小儿二百余人"。

关于击球运动的情况，陪葬于乾陵的章怀太子墓墓道西壁，留下了一幅珍贵的《马球图》壁画。据文献记载，击球比赛时，运动员一般骑在马上，马的高低有严格规定。也有个别以驴代马者。如郭英乂就曾教女伎乘驴打球。后来还有步行打球的，王建《宫词》中的"殿前铺设两边楼，寒食宫人步打球"，就是讲的这种情况。击球运动员手持的球杖长数尺，杖端形如弯月。球大小如拳，球心为木，外裹薄革，球面彩绘图案。双方运动员衣服颜色不同，以便识别。运动员每方约15人左右。球场大者千步，要求平整光滑，有的甚至涂以油漆。球场两端以木框为球门，门高丈余，

章怀太子李贤墓出土的《马球图》(局部)

门下置守门员。场内两方开始比赛后，场外有乐队为之奏乐助兴，观众为之呐喊助威。

击球一般是男子运动，但皇宫之内也有女子击球的，唐玄宗就曾让宫女击球供其观赏。

二十

国际大都会——唐长安城

唐王朝的重要国际地位，使长安成了当时著名的国际大都会。唐长安城是唐代丝绸之路的起点，中华民族的文化从长安传播到世界各地，同时又吸收、融会了来自世界各地的文化，创造了博大清新、辉煌璀璨、堪称当时世界文化高峰的唐文化。

长安城中的少数民族居民与外国使者

唐代的辉煌成就，吸引着世界上的许多国家和地区，它们与唐王朝建立了友好关系，派出的大量使节，络绎不绝来到长安。中央政府在长安的皇城之内设鸿胪寺、礼宾院，负责外宾的接待工作。元和九年（814），礼宾院迁出皇城，置于安上门大街东边的长兴坊之中。为了便于语言交流，鸿胪寺和礼宾院中配备有通晓各国、各地区语言的翻译人员（即译语掌客）。与唐王朝有外交往来的使节，一般持有唐朝政府颁发的铜鱼符。其中的雄鱼留在鸿胪寺，雌鱼由使节保存。

我国境内边疆地区的少数民族酋长或使者来长安的，有东北的契丹，西北的高昌、回鹘，西南的南诏、吐蕃等；长安城中还有亚洲和欧洲上百个国家和地区的外交使者；他们加强了唐王朝与周围地区少数民族的亲密关系，扩大了与世界各国的友好往来。当时东亚的日本、高丽、新罗、百济，南亚的天竺和中亚地区诸国，与唐王朝外交关系最密切，派使节到长安的次数和人数也是比较多的。如长庆元年（821），回纥为加深与唐王朝的亲密外交关系，采取了和亲政策，派出了包括宰相、都督、公主和摩尼教士的使团一行多达 573 人，来到长安，被安置于鸿胪寺。

派遣到长安的外国使团规模最大、次数最多的，莫过于日本。日本从舒明天皇二年（630）派遣犬上三田耜开始，到宇多天皇宽平六年（894）止，其间历经 26 代长达 264 年，共任命过 19 次遣唐使。其中以遣唐使名义出使唐土，到达长安的共 13 次。圣武朝的一次遣唐使团，到达长安的就有 594 人。仁明朝的一次遣唐使，更多达 651 人。日本的遣唐使团，由大使、副使、判官和录事率领，负责遣唐使团的工作。遣唐使团成员，包括翻译、医师、音乐长、画师等，其中为数众多的是学问僧和留学生。遣唐使一般选任有才学和通晓中国情况的人。他们来到长安，既学习了唐朝的政治、经济和文化等，同时在这个国际大都会中，也接触到了传播到长安的波斯、印度文化。这些友好往来，对日本历史上平安时代文化的繁荣，有着不可低估的作用。

唐代长安居住着唐王朝邻近地区和世界上一些国家的质子，他们是该地区或该国最高统治者的儿子，虽然名为质子，但并非是作为人质留居长安的，那些地区或国家的最高统治者，送质子到长安的重要目的之一，就是让他们学习唐代先进的文化。质子来到长安后，不少人被送进唐王朝的最高学府——国子监学习。这些人有的学成回国后传播唐文化，有的或留居长安，成为中外文化交流的友好使者。前者如高昌、吐蕃、高丽、百济和新罗等国的质子，后者如疏勒裴氏、于阗质子、名僧智严、画家尉迟乙僧。

陪葬于乾陵的章怀太子墓出土的壁画中，有一幅《客使图》（或《礼宾图》），图中形象地描绘了长安的一些外国使节。唐代皇帝陵墓之前的石刻蕃像，其中有不少就是长安的外交使节。

在长安供职的各族酋长与外国人

有唐一代，不少少数民族和外国的政治家、军事家，供职于唐朝中央政府，身居要位，长期留居长安。

我国边远地区少数民族中，突厥、吐蕃、于阗、疏勒、靺鞨和鲜卑的人员供职于唐朝中央政府的较多，其中尤以突厥人最多。如初唐的史大奈，曾跟随李渊、李世民攻占长安，征战王世充、窦建德、刘黑闼，战功卓著，贞观初年，唐太宗封其为右武卫大将军。又如突厥处罗可汗次子阿史那社尔，因在西北疆场上为唐朝屡建战功，与衡阳长公主结婚，成为驸马都尉，曾受任于检校北门左屯营，出任鸿胪卿和左卫大将军，死后陪葬在昭陵。昭陵祭坛前的十四蕃酋像中，就包括了阿史那社尔的石像。他的儿子阿史那道真，也曾任左屯卫大将军要职。突厥始毕可汗的孙子阿史那忠，也因屡建战功，被先后任命为左屯卫将军、右骁卫大将军，被封为薛国公，唐朝皇帝还把宗室之女定襄公主嫁与他。阿史那忠在京城宿卫长达48年，从未发生任何过失，人们把他比作汉代的金日磾，死后也陪葬于昭陵。

此外，像西突厥的俾失十囊，开元初年臣服于唐朝，玄宗授予他右卫大将军，留在长安，赐给他上等宅第于醴泉坊，宿卫京师，死后葬于长安城西边的龙首原南麓。另外，如靺鞨酋长之后李多祚，在唐朝军队中因勇敢善战而被任命为右鹰扬卫大将军和右羽林大将军，统领北门卫兵。其子李承训为卫尉少卿。鲜卑人尚可孤，为神策大将、检校尚书右仆射。玄宗和肃宗当政时期，曾任命吐蕃贵族后裔论惟贞为左武卫将军、卫尉少卿、光禄卿和殿中监。于阗国王尉迟胜与唐朝宗室之女成婚，被授予右威卫将军、光禄卿。安史之乱爆发后，他率领5000名士兵参加了平叛战争，战绩突出，被肃宗嘉奖，封为骠骑大将军、武都郡王。尉迟胜及其子尉迟锐，都留居长安，修筑了豪华宅第，广交朋友，京师的许多士大夫经常与其友好往来。疏勒王裴纠，早在唐朝初年就留居长安，被封为鹰扬将军、天山郡公。

外国人在长安为官供职于唐朝政府者，有波斯、天竺、日本、高丽、大食和西域诸国人，其中以波斯和西域人最多。

波斯国大酋长阿罗喊，高宗时被封为右屯卫将军、上柱国、金城郡开国公，侍卫皇宫。波斯首领穆诺沙，玄宗时被封为折冲都尉，宿卫京师。波斯人李元谅（即骆元光），长期担任皇室宿卫的要职。他曾与李晟为收复京师长安、消灭朱泚叛军，立下汗马功劳，被皇帝任命为尚书左仆射，并在长安赐予宅第。波斯人后裔安附国，总章年间（668—670）被封为右戎卫大将军，死于京师，埋葬于长安。

波斯萨珊王朝与唐王朝有着十分友好的外交关系，萨珊王朝被大食灭

昭陵出土十四蕃酋像之留辫发的突厥可汗

亡后，其王子卑路斯逃至长安，要求政治庇护，唐王朝授予他右武卫将军的荣誉军衔。卑路斯之子泥涅师，早在青少年时代就生活在长安，后来复国未遂，景龙初年，被唐朝皇帝任命为左威卫将军。

西域人在长安供职于唐朝政府的，多在神策军中。天宝末年，西域各国、各地区到长安朝贡的酋长及安西、北庭校吏，多达数千人。后来因为西域政治形势的变化，他们大多不愿回去，朝廷一次就安排了4000名胡人到左右神策军中，参照这些人原来在本国的不同官级，分别任命为神策军中的不同等级军官。从西安西郊出土的唐代苏谅之妻马氏的墓志可以知道，苏谅就是这次进入神策军的西域王子使者的后代。

此外，如天竺人迦叶济、罗好心，高丽人泉男生，日本人阿倍仲麻吕等，都曾在长安供职于唐朝政府。特别是阿倍仲麻吕，随日本遣唐使团来长安留学，学成后为官于唐朝政府。他留居长安50余年，与中国诗人王维、李白等结下了深厚友情，成为中日文化友好关系史上的佳话。

长安城中的外国商人及其商业活动

长安是丝绸之路的起点，始于汉代的丝绸之路，到唐代达到了鼎盛时期。唐代的丝绸之路，向着沿途更广阔的地域伸展。在西域地区，唐朝政府为了保证商旅安全，任命了军政官员，设置了政府机构。丝绸之路的繁荣，使长安以西唐朝境内12000里的丝绸之路沿线，"闾阎相望，桑麻翳野"。在陪葬于昭陵的郑仁泰墓中出土的四匹载重骆驼，均为双峰，骆驼背上铺有椭圆形花毯，其上置鞍架，架上驮有装满丝绸的长圆形花袋，有的袋上两旁仍放置有装不进去的丝绸。这种双峰骆驼，是中亚细亚巴克特利亚（即大夏）的。这批驮有丝绸的骆驼，大概就是中亚细亚商人来长安

阿倍仲麻吕纪念碑

骑骆驼胡人俑

经商，满载而归，行进于丝绸之路上的写照。墓主郑仁泰，曾在今甘肃武威、张掖、酒泉、安西、敦煌及新疆哈密等地为官，这些地方正是唐朝境内的丝绸之路必经之地。

长安城西边的开远门，是丝绸之路东端进出长安的门户。在开远门内的普宁、义宁等坊中，居住着许多西域胡人，其中尤以波斯人最多。二坊之中，还有专门为信奉祆教和景教的波斯人修建的寺院。

唐代的海上交通，也得到空前发展，广州、扬州等地都有许多远涉重洋而来的西方商人。像扬州一地，仅大食和波斯商人就有数千人。这些商人，往往以到长安经商为目的。唐代国内安定的局面、便利的交通，为商业活动提供了极大方便，也使作为世界商业贸易的都会——长安更加繁荣。

唐代长安的外国商人，主要来自西亚和中亚地区的大食、波斯和昭武九姓国。这些西域商人，大多住在长安城朱雀大街以西的西市附近，在西市开业，西市中有著名的波斯邸。长安的金银珠宝业，几乎被西域商人垄断。长安的西域商人中，有不少豪富巨商。京师的显贵之家和商人，有的还向他们贷款，他们则借机大放高利贷。西域大商人，能在唐朝京师站稳脚跟，迅速发展，很重要的一点，是结交皇室权贵。波斯大商人李苏沙，为了表示对唐朝政府的友好，把沉香亭木材进献朝廷，因而得到皇帝的信任，唐穆宗以千匹绢、千贯钱予以赏赐。有的西域商人，因为仰仗唐朝朝廷，多以不法行为，投机钻营，获取暴利。当时居住在长安数以千计的回纥人中，就有不少这样致富的商人。也有一些西域摩尼教徒，披着宗教外衣，从事商业活动。当然，在长安的外国商人中，上述不法商人是少数。大量的外国商人经营着各种各样别具特色的生意，他们的商业活动极大地丰富了长安市民的生活。如西域商人经营的食品业驰名长安，麻饼、毕罗、三勒浆酒等西域食品，颇为唐人乐道。遍布长安的胡人酒店，经常是座无虚席，酒店之中胡姬压酒、胡乐伴奏，曾使多少长安文人学士流连忘返。诗人李白的《前有一樽酒行》，就生动地描述了这种场面。

西安出土的唐三彩骆驼载乐俑

阿拉伯倭马亚王朝金币（正反面）　　　　东罗马拜占庭希拉克略王朝金币

近年来，西安地区出土的古代外国货币，如西安南郊何家村唐代窖藏中出土的拜占庭金币、西安唐墓中出土的拜占庭式金币和阿拉伯金币，分别是东罗马人和阿拉伯人铸造的。此外，还出土了波斯人使用的萨珊王朝银币。这些金、银币，可能是西亚和中亚商人在长安活动的遗物。

二十一

唐代以后的长安

唐代末年，爆发了黄巢农民大起义。经过长达 5 年之久艰苦卓绝的战斗，黄巢大军于 881 年攻克了唐朝首都长安。黄巢在大明宫含元殿即皇帝位，国号大齐。但是，由于农民起义军没有及时追击、消灭敌人，加之起义军将领朱温叛变等原因，得以喘息的唐军很快卷土重来，收复了长安。黄巢军队退出长安城时，进行了焚烧，致使"宫闱、省寺、居第略尽"。朱温的政治势力在河南，所以这个握有重兵的农民起义军叛徒，就逼迫唐昭宗于天祐元年（904）由长安迁都洛阳。与此同时，朱温对长安城又进行了毁灭性的破坏，烧毁了宫殿，夷平了坊市，驰名于世的国际大都会——唐长安城变成一片废墟。

南北朝以来，东南沿海地区经济崛起，中国历史上出现了政治中心东移和南移的趋势。唐王朝的灭亡，是这种政治中心大迁移的转折点。当时政治中心大迁移的集中表现，是长安失去了其首都地位。继唐王朝而起的五代十国首都，或在黄河下游的洛阳、开封，或在长江以南。北宋王朝统一全国后，建都开封，长安降为西北重镇。

早在唐昭宗被朱温挟持到洛阳后，驻守长安的佑国军节度使韩建，为了便于防卫，改建了唐长安城：舍弃原来的郭城和宫城，以皇城为新的长安城城墙。这座城就是文献记载的新城，由五代沿用到元朝。

宋代，长安更名京兆府，元代先后又更名为安西路、奉元路。元朝统治者在奉元城东北，即今浐河以西约 2000 米，修建了安西王府，这是元世祖忽必烈的儿子忙哥剌的王宫。安西王府周围修筑了城墙，实际是座城堡。城址平面为长方形，城垣周长 2282 米，四角有角楼。城址中央的台基，应为王府中的宫殿遗址。意大利旅行家马可·波罗曾经到过这里，他把自己目睹的这座豪华王宫如实地记录在了他的《马可·波罗行纪》里。

修复后的明代西安城的城墙与护城河

明代西安城的城门楼

明王朝建立后，虽然长安早已失去首都的地位，但明太祖朱元璋仍认为长安是个非常重要的城市，所以封其次子朱樉为秦王，镇守长安，并将长安改名为西安，这就是今天西安城市名称的来历。

鉴于宋元以来的长安城已不能满足统治者的要求，明朝皇帝命宋国公冯胜主持了西安城的扩建、修筑工作。西安城的西、南两面，仍沿用宋之长安城西、南二墙，东、北两面城墙各向外扩展约 1/4。扩建后的西安城，平面为长方形，东西约 3400 米，南北 2200 米，城垣周长约 11200 米。城墙高 12 米，城墙四面各辟一座城门，门道之上构筑了高大宏伟的城门楼。城垣四隅各有一座角台，台上筑角楼。城墙四面共设敌台 98 座，其上营建了坚固的敌楼。西安城周垣，设置了 5984 座垛口。以上设施，使西安城成为一座庞大而坚固的城堡。今天我们所见到的西安城城墙、城门楼等，基本保持了明西安城的原貌。现在西安城内主要街道的分布，基本上也保持了明西安城的格局。

明王朝修筑的固若金汤的西安城，在明末农民大起义中，成了农民起义军政权——大顺王朝的诞生地。李自成从这里率领浩浩荡荡的起义军队伍，东渡黄河，攻略山西，进河北，入居庸关，直捣明朝首都北京，结束了明王朝长达 277 年的统治。

清代 200 多年间，对西安城无多建树。随着清王朝的灭亡，古都长安也从中国古代社会的漫长历史长河中走了出来。但是，每当人们忆起中国古代社会历史的黄金时代——汉、唐时期，无不为长安光照寰宇的雄姿与气势所叹服。

参
考
文
献

一、古籍

1. ［西汉］司马迁:《史记》。

2. ［东汉］班固:《汉书》。

3. ［西晋］陈寿:《三国志》。

4. ［南朝宋］范晔:《后汉书》。

5. ［南朝梁］萧统编，［唐］李善注:《昭明文选》。

6. ［北魏］郦道元:《水经注》。

7. ［唐］魏徵等:《隋书》。

8. ［唐］杜佑:《通典》。

9. ［唐］虞世南:《北堂书钞》。

10. ［唐］欧阳询等:《艺文类聚》。

11. ［唐］李吉甫:《元和郡县图志》。

12. ［唐］韦述:《两京新记》。

13. ［唐］张彦远:《历代名画记》。

14. ［五代后晋］刘昫、张昭远等:《旧唐书》。

15. ［宋］宋祁、欧阳修:《新唐书》。

16. ［宋］李昉等:《太平御览》。

17. ［宋］司马光:《资治通鉴》。

18. ［宋］王溥 :《唐会要》。

19. ［宋］王钦若、杨亿等:《册府元龟》。

20. ［宋］乐史:《太平寰宇记》。

21. ［宋］王谠:《唐语林》。

22. ［宋］宋敏求:《长安志》。

23. ［宋］程大昌:《雍录》。

24. ［元］马端临:《文献通考》。

25. ［清］董诰等:《全唐文》。

26. ［清］彭定求等:《全唐诗》。

27. ［清］徐松:《唐两京城坊考》。

28. 刘庆柱辑注:《三秦记辑注·关中记辑注》,三秦出版社2006年版。

29. 何清谷校注:《三辅黄图校注》,三秦出版社2006年版。

二、专著

1. 中国社会科学院考古研究所编著:《新中国的考古发现和研究》,文物出版社1984年版。

2. 中国社会科学院考古研究所编著:《中国考古学·秦汉卷》,中国社会科学出版社2010年版。

3. 中国社会科学院考古研究所编著:《汉长安城未央宫——1980～1989年考古发掘报告》,中国大百科全书出版社1996年版。

4. 中国社会科学院考古研究所编著:《西汉礼制建筑遗址》,文物出版社2003年版。

5. 中国社会科学院考古研究所编著:《汉长安城武库》,文物出版社2005年版。

6. 中国社会科学院考古研究所、日本奈良国立文化财研究所编著:《汉长安城桂宫——1996—2001年考古发掘报告》,文物出版社2007年版。

7. 中国社会科学院考古研究所编著：《古都遗珍——长安城出土的北周佛教造像》，文物出版社2010年版。

8. 西安文物保护修复中心编著：《汉钟官铸钱遗址》，科学出版社2004年版。

9. 陕西省考古研究所：《西汉京师仓》，文物出版社1990年版。

10. 陕西省考古研究所编著：《陕西兴平侯村遗址》，三秦出版社2004年版。

11. 中国社会科学院考古研究所编著：《汉杜陵陵园遗址》，科学出版社1993年版。

12. 咸阳市文物考古研究所编著：《西汉帝陵钻探调查报告》，文物出版社2010年版。

13. 中国科学院考古研究所编著：《唐长安大明宫》，科学出版社1959年版。

14. 中国社会科学院考古研究所编著、西安市大明宫遗址区改造保护领导小组编：《唐大明宫遗址考古发现与研究》，文物出版社2007年版。

15. 中国社会科学院考古研究所编著：《隋仁寿宫·唐九成宫——考古发掘报告》，科学出版社2008年版。

16. 陕西省文物事业管理局、骆希哲编著：《唐华清宫》，文物出版社1998年版。

17. 陕西省考古研究院编著：《唐长安醴泉坊三彩窑址》，文物出版社2008年版。

18. 国家文物局主编：《中国文物地图集·陕西分册》，西安地图出版社1998年版。

19. 刘庆柱：《古代都城与帝陵考古学研究》，科学出版社2000年版。

20. 刘庆柱：《古都问道》，中国社会科学出版社2015年版。

21. 刘庆柱、李毓芳：《陵寝史话》，社会科学文献出版社2011年版。

22. 刘庆柱、李毓芳《汉长安城》，文物出版社2003年版。

23. 刘庆柱、李毓芳：《西汉十一陵》，陕西人民出版社1987年版。

24. 王社教：《古都西安·汉长安城》，西安出版社2009年版。

25. 张永禄：《唐都长安》，西北大学出版社1987年版。

26. 肖爱玲：《隋唐长安城》，西安出版社2008年版。

27. 龚国强：《隋唐长安城佛寺研究》，文物出版社2006年版。

28. 姜波：《汉唐都城礼制建筑研究》，文物出版社2003年版。

29. 韩保全：《西安的名刹古寺》，陕西人民出版社1990年版。

30. 李健超：《汉唐两京及丝绸之路历史地理论集》，三秦出版社2007年版。

31. 刘向阳：《唐代帝王陵墓》（修订本），三秦出版社2012年版。

32. 刘叙杰主编：《中国古代建筑史》第一卷，中国建筑工业出版社2003年版。

33. 傅熹年主编：《中国古代建筑史》第二卷，中国建筑工业出版社2001年版。

34. 杨鸿勋：《宫殿考古通论》，紫禁城出版社2001年版。

三、论文与考古资料

1. 刘敦桢：《大壮室笔记》，《中国营造学社汇刊》1932年第3卷。

2. 黄盛璋：《西安城市发展中的给水问题以及今后水源的利用与开发》，《历史地理论集》，人民出版社1982年版。

3. 王仲殊：《汉长安城城门遗址的发掘与研究》，《考古学集刊》第17集，科学出版社2010年版。

4. 中国社会科学院考古研究所汉长安城工作队：《西安汉长安城直城门遗址2008年发掘简报》，《考古》2009年第5期。

5. 中国社会科学院考古研究所汉长安城工作队：《汉长安城长乐宫发现凌室遗址》，《考古》2005年第9期。

6. 中国社会科学院考古研究所汉长安城工作队：《西安市汉长安城长乐宫四号建筑遗址》，《考古》2006年第10期。

7. 中国社会科学院考古研究所汉长安城工作队：《西安市汉长安城长乐宫六号建筑遗址》，《考古》2011年第6期。

8. 中国社会科学院考古研究所汉长安城工作队：《西安市汉长安城城墙西南角遗址的钻探与试掘》，《考古》2006年第10期。

9. 陕西省考古研究院、中国社会科学院考古研究所、西安市文物保护考古研究院渭桥考古队：《西安市汉长安城北渭桥遗址》，《考古》2014年第7期。

10. 中国社会科学院考古研究所汉长安城工作队：《西安市汉唐昆明池遗址的钻探与试掘简

报》,《考古》2006年第10期。

11. 中国社会科学院考古研究所汉长安城工作队:《汉长安城2—8号窑址发掘简报》,《考古》1992年第2期。

12. 中国社会科学院考古研究所汉长安城工作队:《汉长安城23—27号窑址发掘简报》,《考古》1994年第11期。

13. 中国社会科学院考古研究所汉长安城工作队:《汉长安城北宫的勘探及其南面砖瓦窑的发掘》,《考古》1996年第10期。

14. 中国社会科学院考古研究所汉长安城工作队:《1996年汉长安城冶铸遗址发掘简报》,《考古》1997年第7期。

15. 中国社会科学院考古研究所汉长安城工作队:《汉长安城窑址发掘报告》,《考古学报》1994年第1期。

16. 中国社会科学院考古研究所汉长安城工作队:《西安市十六国至北朝时期长安城宫城遗址的钻探与试掘》,《考古》2008年第9期。

17. 中国科学院考古研究所西安工作队:《唐代长安城明德门遗址发掘简报》,《考古》1974年第1期。

18. 马得志:《唐长安兴庆宫发掘记》,《考古》1959年第10期。

19. 中国社会科学院考古研究所西安唐城工作队:《唐长安城西市遗址发掘》,《考古》1961年第5期。

20. 中国社会科学院考古研究所西安唐城工作队:《唐长安皇城含光门遗址发掘简报》,《考古》,1987年第5期。

21. 中国社会科学院考古研究所西安唐城工作队:《西安市唐长安城大明宫兴安门遗址》,《考古》2014年第11期。

22. 中国社会科学院考古研究所西安唐城工作队:《西安市唐大明宫含元殿遗址以南的考古新发现》,《考古》2007年第9期。

23. 中国社会科学院考古研究所陕西第一工作队:《西安市唐大明宫遗址考古新收获》,《考古》2012年第11期。

24. 中国社会科学院考古研究所西安唐城工作队：《唐长安城安定坊发掘记》，《考古》1989年第4期。

25. 中国社会科学院考古研究所西安唐城工作队：《陕西西安唐长安城圜丘遗址的发掘》，《考古》2000年第7期。

26. 中国社会科学院考古研究所西安唐城工作队：《唐长安青龙寺遗址》，《考古学报》1989年第2期。

27. 中国社会科学院考古研究所西安唐城工作队：《唐长安西明寺遗址发掘简报》，《考古》1990年第1期。

28. 卢建国：《陕西铜川唐玉华宫遗址调查》，《考古》1978年第6期。

29. 刘庆柱、李毓芳：《陕西唐陵调查报告》，《考古学集刊》第5集，中国社会科学出版社1987年版。

30. 山东省文物考古研究所、菏泽市文物管理处、定陶县文管处：《山东定陶县灵圣湖汉墓》，《考古》2012年第7期。

31. 西安市文物保护考古研究院：《汉长安城沈水古桥遗址发掘报告》，《考古学报》2012年第3期。

32. 段清波、吴春：《西渭桥地望考》，《考古与文物》1990年第6期。

33. 张德臣、马先登：《咸阳沙河古木桥遗址T$_2$第一次调查简报》，《文博》1991年第3期。

34. 宿白：《隋唐长安城和洛阳城》，《考古》1978年第6期。

35. 马得志：《唐代长安与洛阳》，《考古》1982年第6期。

36. 徐苹芳：《唐代两京的政治、经济和文化生活》，《考古》1982年第6期。